パーニニ文法学講義

अथ शब्दानुशासनम्

Lectures on Pāṇinian Grammar

川村悠人／アダム・アルバー・キャット
Yūto Kawamura　Adam Alvah Catt

臨川書店

はじめに

本書は，古代インドの言語であるサンスクリット語（梵語）を分析して説明する土着の伝統文法学，パーニニ文法学に対する入門書である。

インドにおいて，文法学は伝統的に誰もが学ぶべき最重要の学問とされ，高い地位を与えられてきた。とりわけ，グプタ王朝（4世紀～6世紀頃）のもとサンスクリット古典文化が花開くインド中世以降にはサンスクリット語を用いた学術活動に携わる誰もが——程度の差はあるにしても——文法学を知り，文法学の理論をその活動の中で活用していった。

仏教徒も例外ではない。『大慈恩寺三蔵法師伝』によれば，かの玄奘（7世紀）もまたインドの地でバラモンの文法書を学んだと言う（長澤 1998: 167）。このことから，その当時，ナーランダーなどの仏教僧院で文法学が学習科目の1つであったことが推測される。すでに仏教哲学者の龍樹（Nāgārjuna 2世紀～3世紀）が，進行行為というものに関する言語表現の不可能性を論じるにあたって，文法学の理論に立脚していることは有名である。西洋で聖書学や神学を支えるべく自由七科の1つとして文法学が学ばれたように，南アジアの地でも学術活動に必須の知的体系の1つとして文法学が学ばれたのである。

それゆえ，文法学の伝統を背景とする哲学的な議論は，分野を問わずあちこちに顔を出してくる。文法規則や文法学の理論が明示的に論及されることもあれば，明言はされないが裏に意図されていることもある。したがって，パーニニ文法学を理解することは，インド古典文献に対する精密な理解およびインド学・仏教学のさらなる発展に欠かせない。桂紹隆が『インド人の論理学』の中で「インド人の思惟方法を知るためには，何よりもまずパーニニ，およびパーニニ派のインド土着文法学のなかにその答えを見いだすよう努力しなければならない」と指摘している通りである（桂 2021: 244）。別の論考では「パーニニ文法学を学ぶことなくしてインド人の学術的営みを真に理解することはできない」とも指摘している（桂 2022: 18）。

本書は，そのようなパーニニ文法学の入門書を意図して準備されたものであり，専門性が高く難解で近寄りがたいと思われがちなパーニニ文法学を，より身近なものにするための試みである。

文法学伝統のはじまりに位置する文法家パーニニの認知度自体は，そこまで低くはないかもしれない。言語学を学んだことがある人なら，その名をどこかで聞いたことがあるのではないだろうか。北米言語科学史協会会長を務めたマーガレット・トマスの『ことばの思想家 50 人』の冒頭を飾るのは，まさしくこのパーニニである。このトマスの書は言語学史上の重要人物を 50 人選んでそれぞれに説明を施していくものであるが，その 1 人目がパーニニなのである。2 人目にプラトン，3 人目にアリストテレスと続く（中島・瀬田・田子内 2016）。パーニニがプラトンやアリストテレスといった名高い賢哲たちの隣に並んでいるのを見るのは，なかなか気持ちがいいものである。

本書の第Ⅰ講では，まずパーニニ文法学というものについて鳥瞰する。続く第Ⅱ講では，パーニニ文法がサンスクリット語の名詞形，定動詞形，第一次派生形，第二次派生形，複合語のそれぞれをどのような過程を経て派生させるのか，その手続きの実際を具体的かつ丁寧に見ていく。そこでは，パーニニ文法における語形派生の手順が厳密に示される。そのなかで，パーニニ文法学における種々の文法用語についても説明することになる。つまりこの第Ⅱ講は，パーニニ文法の働き方を示すものであるとともに，文法学の用語を解説する辞典的な機能も果たすものである。第Ⅱ講の理解を助けるものとして「規則早見表」を別冊でつけている。この「規則早見表」では，それぞれの規則の内容を確認できるとともに，当該の規則が第Ⅱ講のどこで解説されるかを知ることもできるようになっている。第Ⅲ講では，パーニニ文法学を学び，研究していく上で役に立つ基本的な資料について書き記す。第Ⅰ講と第Ⅱ講においては，この第Ⅲ講で言及しないパーニニ文法学文献やその他の参考文献にも適宜言及しており，それらの書誌情報については本書末尾の「刊本情報」と「参考文献」の箇所にまとめて提示する。第Ⅳ講では，インドの言語学伝統と近現代の言語学のつながりを論ずる。そのなかで，われわれに馴染みの深い五十音図とインド言語学との関係や，言語学徒なら誰もが知る大言語学者ブルームフィールドとパーニニ文法学の関係などを見ていく。以上に加えて，文法学や文法家あるいはサンスクリット語について語るコラムもいくつか用意している。読者の方々のさらなる好奇心を呼び起こすものとなれば幸いである。最後の「索引」では本書に出る文法用語などを列挙し，本書のどこでその説明がなされているかがわかるようにした。

本書が，パーニニ文法学の大海原へこれから船出しようとする方々や，船出をしたはいいが行き先のわからなくなっている方々にとって，羅針盤の役割を果たしてくれるものであることを願う。サンスクリット語あるいは言語一般に興味がある方々にとっても，本書が新たな地平を開くものであってほしい。人類史が残した知的遺産の一景が本書を通じて少しでも世に伝えられたならば，これにまさる喜びはない。

川村悠人，アダム・アルバー・キャット

目　次

はじめに

第Ⅰ講　パーニニ文法学の概観――7

1　パーニニ以前または同時代の言語学者たち……9
2　パーニニの登場……15
3　パーニニ文典の方法……17
4　パーニニ文典の性格……22
5　パーニニ文典の対象……24
6　パーニニ文典の背景……28
7　パーニニ文典の伝承……30
8　パーニニ文典の学習……34
9　パーニニ文法学の三聖人……40
10　パーニニ文法学の展開……48
11　パーニニ文法学における権威……72
12　パーニニ文法学の役割と地位……79

第Ⅱ講　パーニニ文法学の派生体系――87

1　パーニニ文法が導出する名詞形と定動詞形……87
2　パーニニ文法の構成……91
3　パーニニ文法における名詞形の派生……101
4　パーニニ文法における定動詞形の派生……197
5　パーニニ文法における第一次接辞形の派生……224
6　パーニニ文法における第二次接辞形の派生……228

7　パーニニ文法における複合語の派生……235

第Ⅲ講　学習と研究のための工具類——243

1　パーニニ文法学の概説……243
2　パーニニ文法学文献の訳注……247
3　パーニニ文法学の用語辞典……260
4　パーニニ文法学の指標辞辞典……263
5　パーニニ文法学の適用例辞典……263
6　パーニニ文法学のオンライン教材……266

第Ⅳ講　インドの言語学と近現代の言語学——271

1　五十音図と古代インドの音声学……271
2　古代インドと19世紀の音声学……281
3　ブルームフィールドとパーニニ……285

刊本情報……307
参考文献……315
あとがき……333
索　引……337

コラム1　いかにして学生たちを文法学の世界へ引き込むか　37
コラム2　堅苦しい言葉遣いのせいで女性に嫌われた文法家　84
コラム3　話をごまかす文法家　131
コラム4　初学者が犯しやすい文法的な間違い　196
コラム5　御者に無知を指摘された文法家　222

第Ⅰ講
パーニニ文法学の概観

インド最古の文献は神々への讃歌を主とする宗教文献『リグヴェーダ』（*Ṛgveda*）であり，およそ紀元前1200年頃に編纂され，その形が固定されたと考えられている。その後，呪法の歌を集めた『アタルヴァヴェーダ』（*Atharvaveda*），祭式儀礼や儀礼中に行われる一定の所作の効果および神話的な背景を解き明かす祭儀書文献群ブラーフマナ（*Brāhmaṇa*），人前で安易に話してはならない秘儀的な祭式の内容を説く文献群アーラニヤカ（*Āraṇyaka*），世界の事象の背後に潜む原理の探究を眼目とする奥義書文献群ウパニシャッド（*Upaniṣad*）といった文献が紀元前500年頃までにかけて陸続と登場してくる。これらの文献や実際の儀礼の最中には，程度の差はあるが，サンスクリット語の古形態を多く保存するヴェーダ語が用いられ，上記の文献はヴェーダ文献と総称される。

紀元前5世紀から紀元前4世紀頃，北西インドの地に出た文法家パーニニ（Pāṇini）は，上記のような宗教文献や祭式儀礼に使われるヴェーダ語と，その傍らで日常的に使用されていたサンスクリット語を語形派生の仕組みによって説明する文典を著した。この文典は，およそ4000の文法規則からなる規則集であり，8章に分かれることから『八課集』（*Aṣṭādhyāyī*）という名を冠している。古代インドにおいて，言語に対する強い関心と緻密な考察は古くヴェーダ文献の時代から見られるが，言語に対する文法学的な考究の成果が体系的な形をとって現れるのは，パーニニのサンスクリット文典『八課集』においてである。この文典は，まとまった形で保存されている世界最古の文典でもある。文法家パタンジャリ（Patañjali 紀元前2世紀）によると，彼の時代，パーニニの名声は子供たちにまで及んでいたという[1)]。

1)　MBh on A 1.4.89（Vol. I, p. 347, lines 23–24）.

文法家パーニニがサンスクリット文典を世に放った後，彼が文典中で提示した文法規則をめぐってパーニニ文法学（*pāṇinīyavyākaraṇa*）の極めて重厚な歴史が幕を開けることになる。パーニニが残した文法規則をどう理解するかという問題は現代でも論じられている。それと同時に，パーニニが定式化した文法規則は，サンスクリット語のあるべき姿を教えるものとして権威化され，パーニニの文法規則に従うサンスクリット語こそが正しいサンスクリット語であると見なされるようになっていった。パーニニ文法の知識は，サンスクリット語を駆使して活動する詩人や哲学者たちにとって常識的なものであった。

インドには，チャンドラ文法学やジャイナ教文法学をはじめとしてパーニニ文法学以外のサンスクリット文法学伝統もあり，サンスクリット語だけでなくプラークリット語（仏教のパーリ語を含む中期インド語）を対象とする文典も著されている。しかし，それらはすべてインド古典文法学という大河の支流に過ぎず，その大河の主流をなすのはパーニニ文法学である。日本で「花」と言えば桜，中世の西洋で「哲学者」（*philosophus*）と言えばアリストテレスであるが，インドで「言語学」と言えばまさしくパーニニ文法学である。このことは，『言語学大辞典』に収められた「インドの言語学」がパーニニ文法学の解説である事実からも確かめられる[2)]。

もちろん，パーニニ文法学の亜種であるチャンドラ文法学やジャイナ教文法学など他の文法学伝統に全く価値がないというわけではない。それらについての一端を日本語で読むことができる書も近年刊行されている[3)]。その序章では，パーニニ文法学外のインド文法学体系についての基本的な情報と関連する先行研究を見ることができる[4)]。また，現存最古（3世紀～4世紀？）と目されるプラークリット語の文典『プラークリット語の光』（*Prākṛtaprakāśa*）に対する和訳研究の第一弾も，日本語で出版された[5)]。それを見れば，プラークリット語を扱う文典のとる方法もまた，サンスクリット語を扱うパーニニ文典に基礎を置くものであることがよくわかる。さらに言えば，パーリ語の文法学もチベット

---

2)　熊本 1996.

3)　矢崎 2022.

4)　矢崎 2022: 12–96.

5)　上田・堀田 2023.

で発達した文法学も，その源流を遡ればパーニニ文典に行きつく。パーニニ文典はチベット語やモンゴル語にも訳された。

本講では，このようなパーニニ文典およびその後に展開するパーニニ文法学の伝統について素描する。

1　パーニニ以前または同時代の言語学者たち

1.1　10 人の文法家[6)]

パーニニの文典『八課集』は現在に伝わるインド最古の文典である，しかしこのことは，パーニニが文法研究の鼻祖であり彼以前や同時代には文法学的な研究が全くなされていなかったことを意味するわけではない。パーニニが自らの文典中で他の文法家たちへしばしば言及していることから，パーニニはすでに始まっていた文法研究の伝統の中で育った人物であろうことが知られ，彼以前にも何らかの文典のようなものが存在していた可能性も示唆される。ソクラテス以前にすでに哲学者たちがいたように，パーニニ以前にもすでに文法家たちがいた可能性は高い。「この文法学の連鎖には始まりがない」（*anādiś caiṣā vyākaraṇaparaṃparā*）という伝統的な格言もある[7)]。つまり，インドには，無始以来ずっと文法学というものが途絶えることなく連綿と受け継がれているという理解である。

パーニニ以前やその同時代にすでに何らかの文典があったとしても，それらは失われ，今には伝わらない。おそらくパーニニの文典が極めて卓立していたために，他の文典は脇へと追いやられ，結果としてパーニニの文典が現存最古のものとして今に伝わったと思われる。パーニニ文法学の歴史において文法家たちの議論の源泉となるのは，このパーニニ文典『八課集』である。

パーニニ文典の中では，他の文法家の名として以下の 10 人の名が挙げられている[8)]。伝統的には「先代の師」（*pūrvācārya*）と言われるが，歴史的にはパ

6)　本節は川村 2022a: 24–26 に基づくが，ところどころ改訂を行っている。

7)　AP 27（p. 7, line 13）.

8)　これら 10 名の先師たちについては Yudhiṣṭhira Mīmāṃsaka 1984: I.146–192 が網羅的な情報を与えている。

ーニニと同時代の人物であった可能性も残る。

アーピシャリ Āpiśali（規則 6.1.92）
カーシュヤパ Kāśyapa（規則 1.2.25, 8.4.67）
ガールギヤ Gārgya（規則 7.3.99, 8.3.20, 8.4.67）
ガーラヴァ Gālava（規則 6.3.61, 7.1.74, 7.3.99, 8.4.67）
チャークラヴァルマナ Cākravarmaṇa（規則 6.1.130）
バーラドゥヴァージャ Bhāradvāja（規則 7.2.63）
シャーカターヤナ Śākaṭāyana（規則 3.4.111, 8.3.18, 8.4.50）
シャーカリヤ Śākalya（規則 1.1.16, 6.1.127, 8.3.19, 8.4.51）
セーナカ Senaka（規則 5.4.112）
スポーターヤナ Sphoṭāyana（規則 6.1.123）

これら他の学匠の名前は，「～の考えでは，～によると」を意味する属格形の表現によって文法規則中で指示される[9)]。このような規則によって，パーニニは他の文法家たちによって観察された異なる言語事象を報告している。後代の文法家たちの解釈では，他の学匠の見解を提示する文法規則は必ずしも適用されねばならないものではなく，任意に適用されるものである。すなわち，当該の規則が適用されて派生する語形と適用されずに派生する語形のいずれもが派生可能，すなわち正しい語形と見なされる。他の学匠の見解としての規定をなす文法規則に，さらに規則適用の任意性を示す *vā*「任意に」などの語があるときは，当該の学匠への言及はその学匠への崇敬を表すため（*pūjārtha*）に述べられていると後代の文法家たちは解する[10)]。個々の学匠名を挙げずに「師たちの考えでは」（*ācāryāṇām*）という複数表現でもって先師たちの見解が言及される場合もある（規則 7.3.49, 8.4.52）。

他の学匠への言及以外にも，他の文法体系の存在を示唆する証拠がパーニニ

---

9)　規則 8.4.67 では「ガールギヤ，カーシュヤパ，ガーラヴァ以外の見解では」（*agārgyakāśyapagālavānām*）という言い方で，3 人の先師が言及されている。この種の属格形は通常，*mate*「考えでは」という語を補って解釈される（Tubb and Boose 2007: 232）。

10)　Cardona 1976: 146.

文典にはある。たとえば，パーニニ文典では主格両数語尾と対格両数語尾は規則 4.1.2 でそれぞれ *au*, *auṬ* と提示されるが，規則 7.1.18 ではこれら主格両数語尾と対格両数語尾の両者を表すものとして *auṄ* も提示されている。また規則 4.1.2 で提示される具格単数語尾は *Ṭā* であり，規則 2.4.34 や規則 7.1.12 ではこの *Ṭā* が用いられるが，規則 6.4.141, 7.3.105, 7.3.120 では同じ具格単数語尾を指して *āṄ* も使われている。*Ṭ* という指標辞（本書第II講にて説明）ではなく *Ṅ* という指標辞を付されたこれら *auṄ* や *āṄ* は，前代の文法家の用語をそのまま反映したものと考えられており[11]，そう考える以外に，パーニニが *auṄ* や *āṄ* という指標辞 *Ṅ* を付した形を用いた理由は見つけ難い[12]。

また，パーニニの文法規則はところどころシュローカ韻律（一定の長短の配列をもつ 1 詩行 8 音節からなる韻律）の構成をとっていることがかねてから指摘されており，彼以前に存在した韻文の文法学文献からパーニニが諸々の言明を借用している可能性が想定されている[13]。たとえば，パーニニ文典の冒頭をなす 2 つの文法規則を並べてみると次のようになる。

規則 1.1.1–2 *vṛddhir ād aic, ad eṅ guṇaḥ* |
ā, ai, au は増大音と呼ばれる。*a, e, o* は従属音と呼ばれる。

ここに，ショローカ韻律に要求される音節の数と長短の配列を示す 1 つの詩行ができあがる。しかも，この詩句には交錯法（chiasmus）という詩的な技巧も成立している。すなわち，名称（*sañjñā*）を示す項目（*vṛddhiḥ* と *guṇaḥ*）を A，名称を与えられる要素（*sañjñin*）を示す項目（*ād aic* と *ad eṅ*）を B とすると，ABBA の形をとっている[14]。文法家パタンジャリがしばしば引用する韻文評釈（*ślokavārttika*）の存在は，韻文形式で著された文法学文献が当時あった可能

11) Cardona 1997: 51.

12) Cardona 2014a: 2, note 6.

13) Scharfe 2021.

14) インドの詩学者たちは ABAB のような型をとる表現を「順番対応」（*yathāsaṅkhya*）という詩的技巧として定義しているが，ABBA のような型にはとくに定義を示していないように思われる。しかし実際の詩作品を読んでいると，詩人たちは ABAB 型だけではなく ABBA 型の表現もたびたび用いていることがわかる（たとえば SN 2.4 や SN 2.10）。順番対応の概念について詳しくは川村 2017b: 209–213 を見よ。

性を示唆する[15)]。以上のようなことを考え合わせるとき，パーニニ文典における諸言明が何らかの韻文の文法学文献から受け継がれたものである蓋然性は決して低くはない。ただし，そのような韻文文献が上述した10人の文法家たちのいずれかの手によるものであったかどうかは，わからない。

パーニニより後の文法家たちは，パーニニ以前に文法研究が存在していたことを前提とする証言をなしている。たとえば，カーティヤーヤナ（Kātyāyana 紀元前3世紀）とパタンジャリはパーニニ文典中のいくつかの規則をパーニニ以前の文法学者によるものとする。そのような規則は「前代の文法規則」（*pūrva-sūtra*）と言われる。また，パーニニ文典では様々な文法用語が用いられるが，いくつかの用語はパーニニ以前の先師たちから借用されたものであることを後の文法家たちは述べている[16)]。そのような用語は「先師たちの用語」（*pūrvācāryasañjñā*）と呼ばれる。

1.2　シャーカリヤ

上述したように，現存するサンスクリット文典のうち，パーニニ文典より前であると言えるものは存在しない。ただ，もしシャーカリヤが『リグヴェーダ』に対して作った『単語読み』（*Padapāṭha*）をある種の文典，文法学文献と呼んでいいのなら，それはパーニニ文典以前の作品であると考えてよい。シャーカリヤはパーニニが文典中で言及する文法家のうちの1人であるが，パーニニは『単語読み』に挙がる形と『リグヴェーダ』本来の形が異なる場合に前者の形を説明することが明らかにされている[17)]。また，規則 1.1.16–18 ではシャーカリヤの『単語読み』に観察される言語事象が念頭に置かれている[18)]。つまり，パーニニはシャーカリヤの『単語読み』を知っていたのである。

シャーカリヤの『単語読み』では，連声を外した形で『リグヴェーダ』の讃歌を構成する諸語が1つずつ取り出され，時には語中の区切り（*avagraha*「休

15)　Cf. Scharfe 2021: 381.

16)　Scharf 2014: 264–265. なお，パーニニが言及する10人の文法家たちのうち，パタンジャリが作中で言及するのはシャーカターヤナとアーピシャリの2人だけである（Kielhorn 1887a: 102）。

17)　Cardona 1991.

18)　規則 1.1.16–18 についてはキャット・川村 2022: e193–e194 を見よ。

止」）が示される。単語の語基に当たる部分と接辞に当たる部分が区切られる場合もあれば，取り出される語がもし複合語なら，その複合語を構成している単語間に区切りが与えられる場合もある。この『単語読み』には語を構成要素に分解する姿勢が看取され，それはパーニニがなす語基と接辞の設定の先駆をなすと言ってよい[19]。§1.3 で述べる語源学者ヤースカ（Yāska 紀元前 5 世紀～紀元前 4 世紀）は，『単語読み』でなされる分析をまさしく「文法学」という学問分野がなす営みととらえている[20]。

これを機に，パーニニが観察した標準的な言語事象と，先代の師たちが通じていた言語事象の間に，どのような違いがあるのかについて一例を提示しておく。たとえばパーニニの規則 6.1.78 は *e, o, ai, au* という音に何かしらの母音が後続するとき，それらにはそれぞれ *ay, av, āy, āv* が取って代わることを規定している。

*har**e*** + *ehi* > *har**ay*** *ehi*
*viṣṇ**o*** + *iha* > *viṣṇ**av*** *iha*
*śriy**ai*** + *udyataḥ* > *śriy**āy*** *udyataḥ*
*gur**au*** + *utkaḥ* > *gur**āv*** *utkaḥ*

これがパーニニにとっての標準形である。これに対して，シャーカリヤの考えを示す規則 8.3.19 によれば，上記の例のような音の環境下では語末の *y* 音と *v* 音の脱落が起こる。

*har**ay*** + *ehi* > *har**a*** *ehi*
*viṣṇ**av*** + *iha* > *viṣṇ**a*** *iha*
*śriy**āy*** + *udyataḥ* > *śiry**ā*** *udyataḥ*
*gur**āv*** + *utkaḥ* > *gur**ā*** *utkaḥ*

19)　『単語読み』文献でなされる語分析の諸特徴については Cardona 1994: 29–30（§2.2.3）に良いまとめがある。シャーカリヤなどの『単語読み』文献の作者とパーニニとの間には考え方に違いがあることもある。たとえば *divé dive*「日に日に，毎日」といった型の反復表現を前者は複合語として扱うのに対し，後者は複合語としては扱わない（Cardona 1996）。

20)　詳細については川村 2019: 34–36（§3.2）を見よ。

これがシャーカリヤの観察していた言語現象である[21)]。

1.3 ヤースカ

次に，パーニニ以前かどうかは確定できないが，古代インドにおける言語研究の一側面として，語源学者ヤースカがなした語源に対する探求について述べておく必要がある。

古代ギリシアにおいてソフィストたちに重んじられ，プラトン（紀元前 5 世紀〜紀元前 4 世紀）の『クラテュロス』で示されるような語源解釈（今で言う通俗語源解釈）の伝統が，古代インドにもあった。対象の名前は対象の本質を規定するものであり，そのような名前の真の語源を知れば対象を真に支配してそれを思うがまま操ることができる，という発想が背景にある。

祭式行為の次第や意義などを説くヴェーダ祭儀書文献の時代（紀元前 800 年〜紀元前 650 年頃）からこのような語源解釈が頻繁になされるようになり，その方法はヤースカの『語源学』（*Nirukta*）の中で体系化される。ヤースカが『語源学』で語る語源説明の方法論は文法学による言語分析の存在を前提としたものであり，彼は「文法学」（*vyākaraṇa*），「文法学者」（*vaiyākaraṇa*），「非文法学者」（*avaiyākaraṇa*）という用語も使用している。そもそもヤースカは自身の語源学の役割の 1 つを「文法学の補完」（*vyākaraṇasya kārtsnyam*）にあるとしている。パーニニと同様，ヤースカも作中で先代あるいは同時代の学者たちに言及しているが，その中にはパーニニも言及する文法家シャーカターヤナとガールギヤが含まれる。

以上のことから，ヤースカの時代には文法学という学問分野がすでに確立されていたことが知られる[22)]。

1.4 音声・音韻学書類の作者たち

『単語読み』文献は，先に述べたシャーカリヤのもの以外にも複数存在して

21)　以上は Deshpande 2011: 87–88 に基づく。

22)　ヤースカ語源学の全体像については川村 2021a の序章および川村・堂山 2022 を参照されたい。これらでは触れていないが，語源説明の方法は後に「5 種の語源説明法」（*pañcavidhaṃ niruktam*）という言い方で 5 種にまとめられている。この 5 種の内容については Visigalli 2022 を見よ。

いる。『単語読み』で列挙された語ごとの形から本来の聖典の形（「続け読み」［*saṃhitāpāṭha*］）をもたらすための音韻規則を述べたり，音の発音法を教示したりする文献として，音声・音韻学書類（*prātiśākhya*「学派ごとのもの」）がある。それらのうち，『リグヴェーダ音声・音韻学書』（*Ṛgvedaprātiśākhya*）と『タイッティリーヤ音声・音韻学書』（*Taittirīyaprātiśākhya*）は，おそらくパーニニ以前の作品と考えらえる[23)]。これら2書の時代がもしパーニニより前だとすれば，その作者たちもパーニニ以前に活躍したインドの言語学者ということになる。後に述べるように，パーニニ文法では音声学の知識はすでに習得済みのものとして前提とされており，それが説明されることは基本的にない。このことは，パーニニ以前に音声学の伝統が確立されていたことを示唆する。

2　パーニニの登場

上で示したように，パーニニ以前から言語に対する考究はすでになされていたと考えられる。それらの成果をある場合には引き継ぎ，ある場合には咀嚼して改変を加えながら，パーニニは自らの文法体系を構築した。決して，先学による言語研究の成果を単にまとめたというわけではない[24)]。

パーニニ文法の基軸をなすのは文典『八課集』である。そこでは，ヴェーダ聖典や祭式の場に現れるヴェーダ語と当時の知識人たちが日常生活の中で使用していたサンスクリット語を，語形派生の仕組みによって説明するための文法規則群が定式化されている。同文典では言語の地方差も言及される。たとえば規則 7.3.24 によれば，複合語の後半部分に *-nagara*「町」という語が置かれ，その複合語に一定の接辞が後続するとき，東の地方では *-nagara* の部分が *-nāgara* として現れるという[25)]。また，すでに見たように，先代の文法学者たちが観察した言語現象も記録されている。

後の時代の文法家たちは，パーニニが残した文法規則をめぐって精緻な議論

---

23)　Cardona 2003: 107.

24)　Cardona 2012a は，*akṣaṇvat*「目を有する」という語形を例にとって，パーニニが自身の文法体系を構築するにあたり先学らの理論を批判的に検討したに違いないことを論じている。

25)　言語の地方差を教える規則は，後代には任意に適用可能な規則と見なされるに至る（岩崎 2005: 7）。

を展開することになる。現代論理学において，公理の体系が妥当な論理法則を証明するとき，公理の体系には健全性と完全性が求められる。前者は，公理の体系が不必要な論理法則をも証明してしまうものではないこと，つまり過剰性をもたないことであり，後者は，公理の体系が必要な論理法則をすべて証明するものであること，つまり不足性をもたないことである[26)]。パーニニの文法体系にも同じことが求められた。パーニニの文法規則が文法家たちに問題視されて議論を引き起こすのは，文法規則が不要な語形をも派生させてしまいかねないとき（過剰性），あるいは文法規則が必要な語形を派生させられそうにないとき（不足性），である。これら2つの欠陥が取り除かれたとき，パーニニ文法は健全性と完全性を得るのである。

パーニニは，西北インドのシャラートゥラ村（現パキスタンのアトック付近）の出身とされ，ガンダーラ国がアケメネス朝ペルシア（紀元前550年〜紀元前330年頃）の統治下にあった地域の学者と考えられる[27)]。7世紀にインドの地へ求法の旅にやってきていた玄奘の『大唐西域記』によれば，このシャラートゥラ村には，玄奘が訪れた当時，パーニニの像が安置されていたらしい。玄奘は，この村でパーニニ文典の学習が一向に進まないとして子供を鞭打って教育しているバラモンを1人の阿羅漢が目撃したことを伝えている[28)]。

パーニニが文法規則を通じて説明する対象の1つである知識人たちのサンスクリット語は，彼の時代にこの地域で話されていたものと考えられる。パーニニは使用される文において各語がどのような高低アクセントをもつかについても明確に規定している。この高低アクセントは後の時代には失われてしまったようで，7世紀の学匠クマーリラ（Kumārila）は，当時，世間の言語運用にはアクセントの区別がなかったことを「世間で使用されている諸語にアクセントが見られることはない」（*na ca loke prayuktānāṃ padānāṃ dṛśyate svaraḥ*）と述べている[29)]。インドが中期インド語（初期仏典やアショーカ王碑文などに見られる言語，いわゆるプラークリット語）の隆盛を迎える頃のサンスクリット語は，すでに古

26)　野矢 2006: 178–181.

27)　後藤 1990: 65.

28)　水谷 1999: 259–261.

29)　TV（p. 285, line 22）.

い時代の高低アクセントを失っていた。

インドの説話集『五篇の教え』(*Pañcatantra*) が伝えるところによれば，偉大なる文法家パーニニは，獅子に噛み殺されてその人生の幕を閉じたようである[30]。なお，パーニニという名の人物が『ジャーンバヴァティーの征服』(*Jāmbavatīvijaya*) または『地底界の征服』(*Pātālavijaya*) と呼ばれる詩作品を残したことを後代の文献は示しているが[31]，この人物が当該の文法家パーニニと同一人物かどうかは不明である。

3　パーニニ文典の方法

パーニニ文典は4000弱の文法規則から構成される。それぞれの文法規則は互いに連関しあって特定の名詞形や定動詞形といった語 (*pada*) を派生し，それらの語からなる文 (*vākya*) を派生する[32]。語の派生を説明するために，世の中に無数に存在する語それぞれに対してそれぞれ文法規則を設けることは，とてつもない労力を有することであり，効率的ではない。必要最小限の労力で言語を説明するためにとられるべき方法は，多くの対象に対して一般的に妥当する規則を設けつつ，それに当てはまらない対象がある場合には例外的な規則を別途用意するというものである。この例外的な規則は，一般的な規則の適用を妨げ，特定の事例を説明するのにその任を果たすことになる。このような方法によって，言語をより簡潔に説明することが可能となる。文法家パタンジャリの言葉を引いておこう。以下で述べられる「一般性と特殊性を備えた特定の文法規則」という表現は，一般的な規則と例外的な規則を指している[33]。

一般性と特殊性を備えた特定の文法規則が発動すべきである。それによっ

30)　PT 2.33 (p. 7, line 24).

31)　小林 1988: 1 with notes 6–8. Yudhiṣṭhira Mīmāṃsaka 1984: III.82–92 には，詩作品『ジャーンバヴァティーの征服』から引用された詩節あるいは詩節の断片が収集され，簡単な注記が付されている。

32)　パーニニが「文」とは何かを定義することはないが，彼が文を1つの言語単位と見なしていたことは明らかである (Cardona 1997: 143)。

33)　MBh (Vol. I, p. 6, lines 3–4). パタンジャリは言葉が使用される領域 (*prayogaviṣaya*) がどれだけ広大かを他の箇所で具体的に語っている (MBh on vt. 5 [Vol. I, p. 9, lines 19–24])。

て，少ない労力で膨大な言葉の越流を踏破できるように。

パーニニ文法はまさにこのような方法を採用している。パーニニ文法学の伝統において，多くの対象に対して一般的に妥当する規則は「一般規則」（*utsarga*），この一般規則に当てはまらない対象のために別途用意される規則は「例外規則」（*apavāda*）と呼ばれる。パーニニが規定する文法操作は，一般的な領域において適用されるものか，特定の領域において適用されるものかの２種のみである[34)]。一方，このように一般規則と例外規則を立てることは，およそ文法というものに普遍的に見出される特徴でもある。

パーニニ文法では，現実の言語運用の中にそのままの形では見出されない数々の要素を予め抽出，設定して語と文の派生が導かれる。たとえば定動詞形 *pacati*「調理している」を説明するにあたって，パーニニ文法では動詞語基 *pac*，語幹形成接辞 *a*，定動詞語尾 *ti* が抽出されており，それらが順次導入されていくことで，*pacati* という形が完成する。その過程は同時に，*pacati* という定動詞形の内部構造を説明するものにもなっている。パーニニ文法では，この定動詞語尾 *ti* の前の段階にある要素も立てられている（詳しくは本書第Ⅱ講）。

このように，語や文を派生するにあたり，パーニニ文法では言語の最小単位として動詞語基（*dhātu*），名詞語基（*prātipadika*），接辞（*pratyaya*）などが実際の言語資料から取り出され，文法規則が規定する操作の対象となる。語基や接辞を設定するパーニニ文法の方法は，現代言語学で使われる形態素（morpheme）の概念を引き起こしたものと言われる[35)]。これら語基や接辞を抽出する原理自体がパーニニ文法で説明されることはないが，後の文法家は，文の構成要素として一定の意味を有する語を，そして語の構成要素として一定の意味を有する語基や接辞などを言語運用の中から抽出する原理を説いている。それは「肯定的随伴（ＡがあればＢがあること）と否定的随伴（ＡがなければＢがないこと）」（*anvaya-vyatireka*）の原理として知られる[36)]。文法家パタンジャリによる説明の

34)　Cardona 1970: 41.

35)　中村・後藤 1992: 165.

36)　詳しくは Cardona 1997: 428–431 を見よ。日本語では桂 2021: 248–252 に要領を得た説明が与えられている。

一例を挙げておく[37]。

> ここに *pacati*「1人の *x* が調理している」と述べられたとき，或る音声が聞かれる。*c* 音で終わる *pac-* という音声と接辞である *-ati* という音声とである。意味もまた或るものが理解される：軟化作用と主体性と単数性とである。*paṭhati*「1人の *x* が朗唱している」と述べられたとき，或る音声が消え，或る音声が現れ，或る音声が継続する：*pac-* という音声が消え，*paṭh-* という音声が現れ，*-ati* という音声が継続する。意味も或るものが消え，或るものが現れ，或るものが継続する：軟化作用が消え，読誦作用が現れ，主体性と単数性が継続する。そこでわれわれは考える。消える意味は消える音声の意味であり，現れる意味は現れる音声の意味であり，継続する意味は継続する音声の意味であると。

動詞語基や名詞語基を出発点にすえて，それらに順次接辞が導入され，その接辞導入を契機として一定の音韻変化（厳密にはある音に対する別の音の代置操作）や加音の付加などが施されて，定動詞形や名詞形からなる文の派生が完了する。これらの操作はすべて文法規則を通じて規定されており，これらの操作を何らかの点で規制する文法規則，つまり文法規則のための文法規則であるメタ規則もパーニニ文典には定式化されている。

パーニニ文典に設けられている文法規則には大別すると以下のような種類がある。それぞれに対する具体的な例については，本書の第II講において適宜見ていくことになる。

操作規則（*vidhisūtra*）

動詞語基の後への接辞導入といった操作を規定する規則であり，これ以外の規則はすべてこの操作規則を補助する役割を果たす。パーニニ文典で規定される操作は，1. 何かの前に何かを導入するか，2. 何かの後に

37)　MBh on vt. 6 to A 1.3.1（Vol. I, p. 255, lines 13–20）. ここでパタンジャリは，*pacati* を *pac-a-ti* とは分けずに *pac-ati* と分け，パーニニ文法では *-a-* と *-ti* に分析される *-ati* を1つの単位として扱っている。この問題については小川 1993: 245–251 を見よ。

何かを導入するか，3. 何かを何かで取って代えるか，この 3 つのいずれかである。

名称規則（*sañjñāsūtra*）

特定の要素群ごとに特定の名称を付して，それ以降その名称を使用することで，それら要素群を指示できるようにするための規則である。これによって特定の要素群を一言で指示することが可能となる。

解釈規則（*paribhāṣāsūtra*）

文法規則を正しく解釈して正しく適用するための規則である。

主題規則（*adhikārasūtra*）

同じ主題を共有する後続の文法規則群を支配して，そこに読み込まれていく項目を提示する規則である。ときには，それ自体なにかしらの文法操作を規定する主題規則もあれば，解釈規則としての役割を果たすものもある[38)]。

制限規則（*niyamasūtra*）

文法規則の適用領域を制限して，それが過剰に適用されてしまうことを防ぐ規則である。

拡大規則（*atideśasūtra*）

文法規則の適用領域を拡大して，本来は適用できない条件下でも文法規則の適用を許す規則である。

禁止規則（*niṣedhasūtra/pratiṣedhasūtra*）

文法規則の適用を一定の条件下で禁ずる規則である。

パーニニ文典は，このような規則が網の目のように連絡し合いながら一定の順序で適用されて語や文を導出するものであり，たった 1 つでも歯車が狂うと望ましい結果に辿り着くことができない。

38)　Cardona 1997: 64–74 を見よ。

パーニニ文法では，語や文の派生過程を通じて，文が，そして文を構成する語がどのような構造をもっているかも示されることになる。近年カンドッティが指摘しているように，2＋1＝3という3を導き出す式から，3が2と1という要素からなっていることがわかるのと同じである[39)]。たとえば，パーニニ文法が教えるカーラカ（*kāraka*）「なす者，つくる者」という語の派生過程から，同語が動詞語基としての *kṛ-*（＞ *kār-*）と接辞としての *-aka* という2要素からなることが判明する。このような意味において，パーニニ文法は語や文を派生させるものであると同時に，それらの構造を説明するものとしての性格も有していると言える[40)]。文法学はヴィヤーカラナ（*vyākaraṇa*）と呼ばれるが，この語は「形成，派生するもの」と「区分，分析するもの」のいずれをも意味しうるものである[41)]。

なお，パーニニ文法では音の調音法に関わる音声学の知識は原則として前提とされている。このことは規則1.1.9や規則1.1.50の内容から明らかである。いずれの規則も本書の第II講で詳しく見るが，これらの2規則は，特定の音を発音するための調音位置や調音動作についての知識を前提としている。一方，パーニニ文法ではそのような調音位置や調音動作については基本的には規定されていない。このことはパーニニの文典がすでにサンスクリット音声学に対する知識を有している者を対象としていることを示す[42)]。パタンジャリは文法学を「後の学問」（*uttarā vidyā*）と呼んで，当時は音声学の学習の後に文法学が学ばれていたことをほのめかしている[43)]。

---

39)　Candotti 2020: 15.

40)　より詳しくは川村 2021b: 52–53を見よ。

41)　*vi-ā-kṛ* および *vyākaraṇa* の意味に対する精察は Thieme 1982–1983: 23–28 および Cardona 1997: 565–572 でなされている。川村 2017b: 11 では後者の解釈をまとめた。前者は *vi-ā-kṛ* の意味について次のように述べている。Thieme 1982–1983: 24: “TS 6.4.7.3 seems to give a clue how *vyā* ＋ *kṛ*, from which is derived post-vedic *ākṛti-* f. ‘form’, *ākāra-* m. ‘shape’, came to be used in the sense of ‘forming’. Originally, it must have meant ‘to drive asunder and thereby ‘unfold”. That’s why Indra in order to ‘drive asunder’ and thereby ‘form’ speech, had to step in the middle（inside）of it.” ここで言及される TS 6.4.7.3 は，混沌とした状態にあった言葉をインドラが区分／形成した物語（川村 2022c: 84–85）を伝える個所である。そこで使用される *vi-ā-kṛ* の派生形 *vyā́karot* にティーメは「分解」と「形成」の2つの意味を見てとる。後藤 1990: 69 には，*vyā́karaṇa* という語がどのような意味で「文法学」と見なされうるかについて，4つの説がまとめられている。

42)　Cardona 1983: 1–2.

वृद्धिरादैच् ॥ १ ॥
आ, ऐ und औ heissen Vṛddhi.

Pâṇini erklärt absichtlich वृद्धि vor गुण und setzt es als Prädicat gegen seine Gewohnheit an den Anfang des Sûtra, um sein Werk mit einem Glück verheissenden Worte zu beginnen.

अदेङ् गुणः ॥ २ ॥
अ, ए und ओ heissen Guṇa.

इको गुणवृद्धी ॥ ३ ॥
Wenn Guṇa und Vṛddhi vorgeschrieben werden, so ist implicite damit gesagt, dass sie an die Stelle von इ, उ, ऋ oder ऌ nebst deren Längen treten.

न धातुलोप आर्धधातुके ॥ ४ ॥
Wenn ein ârdhadhâtuka genanntes Suffix (s. 3, 4, 114 fgg.), vor welchem ein Verbalstamm eine Einbusse erleidet, folgt, finden Guṇa und Vṛddhi für jene Vocale nicht statt.

Beispiele लोलुव, मरीमृज, Adjective vom Intens. von लू und मृज्. Nach 2, 4, 74 fällt vor dem Suffix अच्, d. i. अ, das य vom Intensivstamm लोलूय und मरीमृज्य ab. Ohne unser Sûtra würde nach 7, 3, 84 लोलव und nach 7, 2, 114 मरीमार्ज zu bilden sein.

क्क्ङिति च ॥ ५ ॥
Auch nicht vor solchen Suffixen, die mit einem stummen क् oder ङ् versehen sind.

Nach 7, 3, 84 müssten die Participialendung त und die Personalendung तस् Guṇa bewirken, da aber jene क्त heisst und diese nach 1, 2, 4 ङित् ist, bildet man कृत, nicht कर्त, und चिनुतः, nicht चिनोतः. In Folge unseres Sûtra heisst es auch trotz 7, 2 114 nicht मार्जन्ति, sondern मृजन्ति.

दीधीवेवीटां च ॥ ६ ॥
Auch für die Endvocale der Wurzeln दीधी und वेवी, sowie für das Augment (Bindevocal) इ, treten jene Verstärkungen nicht ein.

Nach 7, 3, 84 würde man von den genannten Wurzeln das Nomen act. दीधयन und वेवयन bilden müssen; es lautet aber दीध्यन und वेव्यन. Der Charakter des periphr. Futurum (लुट्) ist तास् (तासि). Von भू lautet der Stamm dieses Fut. mit dem Augment इ (इट्) भवितास्; für die Endung der ersten (unserer dritten) Person wird nach 2, 4 85 आ (डा) substituirt, und vor dieser Endung fällt nach 6, 4, 143 आस् ab, so dass भवित् als Stamm übrigbleibt. Dieses müsste ohne unser Sûtra nach 7, 3, 86 mit der Personalendung आ nicht भविता, sondern भवेता ergeben.

हलोऽनन्तराः संयोगः ॥ ७ ॥
Unmittelbar aufeinander folgende Consonanten heissen Saṁjoga (Doppelconsonanz).

図 1　ベートリンク版『八課集』の冒頭部と独訳（1887 年）

4　パーニニ文典の性格

文典や文法書と聞くと，言語の正しいあり方を規定しているように思われるかもしれないが，パーニニ文典に規範的な語調はない。パーニニ文典は，パーニニの眼前にあった言語資料を語形派生の仕組みによって説明し，語と文の形成法や内部構造を教えるものであり，文法規則の中に「この語の正しい形はかくあるべし」や「この語はこのように使うべし／使うべからず」といったような文言は存在しない。また現代の文法書類に見られるように，あるべき名詞曲用の表や動詞活用の表を提示しているわけでもない。パーニニ文典は，当時の言語事情を分析，説明，記録したものである。この意味で，パーニニ文典は本来的には記述的なもの（descriptive）であったが，後の時代，パーニニ文典がサ

43)　Cardona 1983: 5; 1997: 142.

ンスクリット語を使用する際の権威と見なされるようになると，規範的な（prescriptive）性格を付与されることになる。

パーニニの文法規則は正しい言葉（*śabda*）を説明するものとして「特徴づけるもの」（*lakṣaṇa*）と言われ，そのような文法規則によって説明される正しい言葉は「特徴づけられるべきもの」（*lakṣya*）と言われる。文法家パタンジャリは「文法学」（*vyākaraṇa*）を説明して次のように述べている[44)]。

【主張】「特徴づけられるべきもの」と「特徴づけるもの」の両者を具えたものが「文法学」となる。

【 問 】しかし，特徴づけられるべきものと特徴づけるものとは何なのか。

【 答 】正しい言葉が特徴づけられるべきものであり，文法規則が特徴づけるものである。

先に触れたように，後の時代にはパーニニ文典は規範化されて，それに従った言語運用こそが正しい言語運用と見なされるようになる。この主な流れは，サンスクリット語を公用化したグプタ王朝の時代（4世紀～6世紀）にもたらされた。パーニニ文法学を基盤とするサンスクリット文化の威勢は南アジアの地に版図を広げただけでなく，東南アジアの地にまで進出することになる。

パーニニ文典に範をとるこのような時代，文法的な正しさを求めて同文典が積極的に学ばれたはずだが，パーニニ文典はサンスクリット語そのものを学ぶのには不向きである。パーニニ自身も明らかにそのようなことは想定していない。なぜなら，そこには高度に洗練された文法規則の数々がただ居並ぶだけだからである。それは，われわれが外国語を学ぶときに使用するような教科書としての機能は果たし得ない。現在でも，少なくとも日本の教育機関においてサンスクリット語が教えられるとき，いきなりパーニニ文典を頭から読んでいくという方法がとられることはまずない。

最古のギリシア語文法書であるディオニュシオス・トラクス（紀元前1世紀）の『文法術』（*τέχνη γραμματική*）についても，事情は同じだったようである。泉

44)　MBh on vt. 14（Vol. I, p. 12, lines 16–17）.

井によれば，この文典の目的は「ギリシャ語の全体と，その古典の文芸作品とに，すでに精通したギリシャ語圏の知識人たちに，なお注意すべきこの言語の急所を教え，ギリシャ語の構成全体への合理的な認識と反省の仕方を伝えること」にある。それゆえ，この文法書は「ギリシア語を知らない人たちに，それを教えるためのものでもなければ，ギリシャ語圏の子供たちのギリシャ語を正しく導くための低次の教科文典でもなかった」のである[45]。パーニニ文典が規範的な性格を帯びてきた時代にあっては，サンスクリット語の使用者たちは自らのサンスクリット語の正しさを確認するために同文典を学び，利用していたと考えられる[46]。

パーニニ文典の特徴としてもう1つ指摘しておくべきことは，そこに言語の歴史的な変化という観点は見出されないということである。言語は時代を通じて変化するが，パーニニがある語形の本来的な形やそこからの言語変化を語ることはない。パーニニ文典で多く規定されるヴェーダ語も，より古い段階にある言語として新旧性のもとに見られているわけではなく，パーニニの時代に存在した言語のあり方の1つとして記述と説明の対象になっている[47]。

インド文法学にはサンスクリット語を変化しない永遠なるものとして見る伝統があり[48]，この伝統のもとでは，仮に文法家たちが既存の規則には規定されていない新たなサンスクリット表現に出くわしたとしても，それは言語が変化した結果ではなくて，永遠なるサンスクリット語の一部として新たに「発見」され，認知された表現と考えられることになる[49]。

5　パーニニ文典の対象

パーニニ文典が説明の対象とした言語は，大きく分けるとヴェーダ聖典の言語（*vaidika*）と当時の知識人たちの話し言葉（*laukika*）である。広い意味ではどちらも「サンスクリット語」と言える。

45）　泉井 1976: 291.
46）　Cf. 後藤 1990: 78.
47）　Cf. Renou 1941: 249.
48）　Cardona 1999: 101 with note 70.
49）　Cf. Deshpande 1985: 137.

知識人たちが日常的に用いていた言語にこれといった区分は設定されていない。知識人たちの語法はパーニニ文典内で「話し言葉」（*bhāṣā*）として言及されることがあるが，われわれの感覚でいう，日常表現で使う少し砕けた話し方などという意味ではない。これは当時の知識人らが日常的に使用していた雅語としてのサンスクリット語である。

知識人たちの「話し言葉」には基本的に区分が設定されていないのに対し，ヴェーダ聖典の言語にはあれこれと細かい区分があり，その区分のもとで種々の文法規定がなされている。パーニニの時代に至るまでとその前後のヴェーダ文献群を年代とともに略示すれば，以下の通りである[50]。

前 12 世紀頃	リグヴェーダ・サンヒター	讃歌
前 10 世紀頃	アタルヴァヴェーダ・サンヒター	呪文
前 10 世紀頃	サーマヴェーダ・サンヒター	歌詠
前 10 世紀頃	ヤジュルヴェーダ・サンヒター	祭詞
前 8 世紀頃	ブラーフマナ群	祭儀書
前 7 世紀頃	アーラニヤカ群	秘儀書
前 6 世紀頃	ウパニシャッド群	哲学書
前 5 世紀頃	シュラウタスートラ群	共同体祭式綱要書
前 5 ～前 4 世紀頃	パーニニ文典	文法書
前 3 世紀頃	グリヒヤスートラ群	家庭儀礼綱要書

まず，パーニニ文典では「聖典では」（*chandasi*）という言い方でもって，知識人たちの日常表現とは異なるヴェーダ聖典の言語の規定が行われている。「聖典」（*chandas*）と言われるとき，そこには，神々を祭場に呼び寄せて讃えるための讃歌（*ṛ́c*），祭式行為に伴って唱えられる祭詞（*yájus*），旋律をつけて歌われる歌詠（*sā́man*），呪法に用いる呪文（*bráhman*, *atharvāṅgirás*），伝説・古潭（*itihāsa-purāṇá*）といったものが含まれうる[51]。パーニニが「聖典では」という表現を使うとき，彼がどのヴェーダ文献を念頭に置いていたかという問題には

50）パーニニ文典の箇所以外は主に梶原 2021: 9 に基づく。

51）尾園 2022: 294.

未だ検討の余地があるが，ティーメが下した結論によれば，パーニニの言う「聖典」はヴェーダ文献の本体である『リグヴェーダ』（*Ṛgveda*），『アタルヴァヴェーダ』（*Atharvaveda*），『サーマヴェーダ』（*Sāmaveda*），『ヤジュルヴェーダ』（*Yajurveda*）のサンヒター（*saṃhitā*）部分およびヤジュルヴェーダ文献の散文部の言語を意図する[52)]。ただし，インドの文法家たちが「聖典では～」という表現が現れるパーニニの諸規則を解釈するとき，このような領域の区別は意識されない。

特定の領域に制限される語法を規定する際には，「聖典では」に代わって「祭儀書文献では」（*brāhmaṇe*），「祭詞では」（*yajuṣi*），「讃歌では」（*ṛci*）といった言い方が規則中では用いられ，特殊な語法が規定される。さらに，「祭式行為の場面で」（*yajñakarmaṇi*）という言い方でもって，実際の祭式の現場で使用される語法が規定される場合もある[53)]。規則 2.3.61 には，その祭式行為の場面をさらに特定化した「神格への奉納がなされるとき」（*devatāsampradāne*）という条件も出てくる。

ティーメによれば，パーニニが精査し利用したヴェーダ語資料は，現存するものの中では『リグヴェーダ』，『マイトラーヤニー本集』（*Maitrāyaṇī-Saṃhitā*），『カータカ本集』（*Kāṭhaka-Saṃhitā*），『タイッティリーヤ本集』（*Taittirīya-Saṃhitā*），『アタルヴァヴェーダ』，そしておそらく『サーマヴェーダ』である[54)]。一方で，パーニニはインド東部に普及したヴァージャサネーイン派の資料（白ヤジュルヴェーダ文献）については利用しなかったとする見解が，同じくティーメによって提出されて以来[55)]，学界では受けいれられてきた。しかし，学界の定説となっていたこの「パーニニは白ヤジュルヴェーダ文献を利用していない」という結論には再考の必要があることが，近年，尾園により指摘された。尾園によれば，パーニニが定式化したヴェーダ語用の文法規則に対応する例が白ヤジュルヴェーダ文献である『シャタパタ梵書』（*Śatapatha-Brāhmaṇa*）に少ないのは，同文献に観察される言語事実の多くが通常の文法規則によって説明可能だ

52）Thieme 1935: 63–69.
53）尾園 2022: 294–295.
54）Thieme 1935: 63.
55）Thieme 1935: 74.

ったからである[56)]。

以上からわかるように，パーニニ文法は何か特定のヴェーダ学派の語法のみを説明するものではない。同文法は，伝統的に，「一切のヴェーダ学派に資するもの」（*sarvavedapāriṣada*）として認められている[57)]。ただし，ヴェーダ補助学として文法学が開始された時点では，それは何かしら特定のヴェーダ文献のみを対象とするものだった可能性はある。ルヌーは，「聖典では」という条件をもつパーニニの規則群が，元々はヴェーダ語の言語事実を個別的に扱っていた——ちょうど音声・音韻学書が個別的なヴェーダ文献を扱うのと同じ仕方で——何らかの規則群に起源をもつものであるかもしれない旨を述べている[58)]。

パーニニ文典では，以上のようなヴェーダ文献の言語と知識人たちの日常語が広範囲かつ綿密に説明される。後の文法家がパーニニを賛辞する言葉「規則作者（パーニニ）の観察眼は大にして微細なり」（*mahatī sūkṣmekṣikā vartate sūtra-kārasya*）は[59)]，パーニニ文典のこのようなあり方をとらえてのことであろう。

今から 100 年以上前にリービッヒは，パーニニが通常の規則で教える言語が統語論的にはヴェーダ祭儀書文献（ブラーフマナ）やヴェーダ祭式の綱要書類（スートラ）の言語とほとんど同じであることを指摘した。それと同時に，語形の面では，パーニニが日常語としては規定していないものがそこには現れることも述べている。リービッヒが注記するように，ヴェーダ祭儀書文献やヴェーダ祭式の綱要書類に統語論の点で一致するような言語をパーニニが描き出しているとしても，パーニニがそのような文献に基づいて文典を構築したと単純に理解すべきではない。むしろパーニニ文典の模範となったのは，第一に当時の知識人たちが話す生きた言語であったことを，リービッヒは根拠を挙げながら指摘している[60)]。以上の見解は現在にあっても基本的に受けいれられている。

---

56) 尾園 2018: 192–193.

57) Ogawa 2005b: 617–618.

58) Renou 1963: 167.

59) KV on A 4.2.74（Vol. I, p. 381, line 17）.

60) Liebich 1891: 47–48.

6　パーニニ文典の背景

ヴェーダ聖典の言語と当時の知識人たちの言語を語形派生の仕組みによって説明するような文典が登場してきた理由は何であろうか。もちろん，パーニニ以前から言語研究の営みはなされていたわけであるから，彼の文典が突如として登場してきたわけではない。ただ，パーニニの文法体系ほどの完成度を誇るものが舞台上に躍り出てくるには，それ相応の背景があったはずである。

1つのありうる考え方は，パーニニの時代には俗語（中期インド語）が横行しはじめており，正統なるバラモンたちの言語，聖典語であるヴェーダ語や日常語であるサンスクリット語がそれに影響されて乱れてしまうことを防ぐという目的がパーニニ文典の裏にあったということである。そのような「俗語，転訛語」（*apabhraṃśa*）を文法家たちは正しくない誤った言葉，正しい形から外れた言葉（*apaśabda*）と見なす。俗語がヴェーダ語やサンスクリット語に混入したり，それらが俗語によって何らかの悪影響を被ってしまう過程が繰り返され，それを放置してしまうと，正統なる言語の形は徐々に崩れていき，最終的には完全に失われてしまいかねない。しかし，パーニニ文典があれば，そのような異質な分子を炙り出すことができる。神聖で権威ある正統な言語が崩れ去るのを防ぎ，それを保存するために文典が残されるのである[61)]。

実際，パーニニが活躍した時代は――その興起した地域はパーニニのそれと異なるとはいえ――俗語を使って教説を展開した仏教やジャイナ教が活動しはじめる時代に近く，パーニニの後に出る文法家カーティヤーヤナとパタンジャリは俗語の存在を確かに報告している。たとえばパタンジャリは，*go*「牛」という正しい名詞に対して，意味は同じでも形は異なる俗語の名詞として *gāvī*, *goṇī*, *gotā*, *gopotalikā* の4語に言及している[62)]。動詞形としては，正規形である *vartate*「転ずる，起こる」や *vardhate*「増大する，成長する」に対する俗語形 *vaṭṭati* や *vaḍḍhati* を挙げている[63)]。固有名 *devadatta*「デーヴァダッタ」の

61）　Norman 1994: 24 は，サンスクリット語の性質を守り固め，この聖なる言語への中期インド語の侵入を見分けて喰い止めようとする試みの中で，パーニニや他の文法家たちが文法学の典籍を残した，と指摘している。

62）　尾園 2014a: 58–60 や川村 2022d: 315–317 を見よ。

63）　Kielhorn 1885: 327, Cardona 2003: 107.

崩れた形 *devadiṇṇa*「デーヴァディンナ」への論及もある[64]。さらに，パタンジャリが紹介する「聖仙ヤルヴァーナ・タルヴァーナの物語」は，当時バラモンたちも日常的に俗語を用いて生活していたことを示唆している[65]。カーティヤーヤナやパタンジャリの時代，文法家たちが正しくない俗語と見なす中期インド語が日常的に広く使用されていたであろう状況は，アショーカ王の碑文（紀元前 3 世紀）に使用された言語が中期インド語の特徴を有していることからも推測される（ギリシア語やアラム語による碑文もある）。

何かそれまでになかった新しいものが現れるときには，看過しえない何らかの圧力が外部から加えられている状況が一般に想定される。西洋の世界でラテン文法というものが頭角を現してきたのも，ローマ帝国が衰退してラテン語が黄金時代の形式を失い，俗ラテン語の時代に入ってきたとき，その古典期の形を正しく理解して保持するためであった[66]。文法学者アリストパネス（紀元前 3 世紀～紀元前 2 世紀）が学術都市アレクサンドリアでギリシア語のアクセント記号を発明したのも，ギリシア語がアレクサンドリアという国際都市で異質な諸言語の風にさらされて粗雑化することを防ぐためであった[67]。

以上が 1 つの可能性であるが，もう 1 つ，ギリシア語文法学がホメロスの叙事詩の原典を確定するために生まれて発展してきたこと，アラビア語文法学も神の言葉からなる聖典コーランを理解するために登場し発展してきたことに鑑みれば，パーニニ文典も第一にはヴェーダ聖典を正しく伝承し，また正しく理解するために現れてきたということも考えられる。伝統的に文法学が「ヴェーダ補助学」（*vedāṅga*）の 1 つに数え上げられるのもこの可能性を示唆する。文法学の営みは元来ヴェーダ聖典の言語に関心を寄せていたものであり，その領域が後に日常語としてのサンスクリット語にまで拡張されたというのが，パーニニ文法学の大家ジョージ・カルドナの見解である[68]。文法家カイヤタ（Kaiyaṭa 11 世紀）は，文法学を通じた「日常語の形成は二次的なものである」（*ānuṣaṅgiko laukikaśabdasaṃskāraḥ*）とすら断言している[69]。これは，文法学の対

64）　MBh on vt. 2（Vol. I, p. 20, line 12）.

65）　この物語については川村 2022c: 209–210 にて紹介している。

66）　亀井・千野・河野 1995: 303.

67）　有田 1970: 21–22.

68）　Cardona 2009: 122–123, note 15.

象はまずもってヴェーダ聖典の言語とする立場の表明である。

文法学がヴェーダ聖典に対して発揮する効能の 1 つを，詩論家ラージャシェーカラ（Rājaśekhara 9 世紀～10 世紀）は次のように述べている[70)]。

大地に対する第一の浄化具は水たち。
次に水たちに対する最高の浄化具は諸祭文。
そして歌詠，讃歌，祭詞からなるそれら（諸祭文）の浄化具，
それは文法学であると大仙たちは公言している。

大地は水をまくことによって浄化される。そのような水はというと，ヴェーダ聖典が規定する諸々の祭文を唱えかけることによって清浄性が担保される。しかし，ヴェーダ聖典が規定するそのような祭文は，文法的に誤った形で唱えられると効果を発揮しない。文法学の知識はそのような事態を未然に防ぐ。文法学によって祭文は清らかな形で，つまり文法的に正しい形で唱えることが可能となる。祭文を使って祭式儀礼を挙行するバラモンたるものは，文法学を修めておかねばならない。以上の言明もまた，文法学がまずもってヴェーダ聖典の言葉を対象とするものであることを物語っている。

7　パーニニ文典の伝承

インドでは当初，ヴェーダ聖典も初期仏教聖典もすべて口伝されていた。写本に書き写されるようになるのは後の時代になってからである。パーニニ文典も例外ではない。パーニニ文典の規則 3.2.21 は *lipikara/libikara*「文字を書き記す者，書記」という語の派生を規定しているから，パーニニ自身が何らかの文字の存在を知っていた可能性はある[71)]。しかし，彼自身が自らの文典全体を文字で書き記したかどうか，あるいは文典をこしらえたり推敲したりする過程で文字に頼った場合があったかどうかは定かではない。もし，あれだけの複

69)　Pradīpa on MBh to vt. 1 ad A 2.1.58（Vol. II, p. 634, lines 14）.

70)　KM（p. 25, lines 19–22）.

71)　Cf. Salomon 1998: 11–12.

雑で精巧な体系を頭の中だけで組み立てたのだとしたら，まことに驚くべきことである。ファルクによれば，パーニニが言及していると思われるのはアケメネス朝ペルシアのもとで使用されていたアラム文字であるが，パーニニ自身がその文字体系を自らの文典作成に役立てたとは考えられない。パーニニがそのような文字と書記の存在を前提とするような規則を設けているとしても，彼自身がその文字を読んだり書いたりできたかどうかは不明である[72)]。

いずれにせよ，パーニニ文典はすべて暗記され，暗唱を通じて師から弟子へと伝授されていった。現代でもパーニニ文典の全規則を順番通りそらんじる学者はいる。パーニニ文典が暗唱される際，少なくとも紀元前 2 世紀のパタンジャリの時代には，それぞれの文法規則の最初の音と最後の音の間には連声が適用された形で発音されていたようである[73)]。

パーニニの文法規則は内容を圧縮した短い句からなるものであり，このことは暗記と伝承に便宜を提供したと考えられる。しかし一方で，具体的な説明を欠くそのような文法規則は，後の文法家たちの間で多様な議論と解釈を生むことになった。

パーニニが著した文典はそのままの形で今に伝わっているわけではなく，伝承の過程で何らかの改変を被ったことが知られている[74)]。7 世紀に著されたパーニニ文典の注解書『カーシカー注解』（*Kāśikāvṛtti*）が提示するパーニニの文法規則の形は，文法家カーティヤーヤナやパタンジャリが見ていた文法規則の形とは異なる場合がある。『カーシカー注解』では，1. 文法規則の分割，2.

---

72)　Falk 1993: 258–259.

73)　パタンジャリは，規則 1.1.1 の最後に位置する語 *aic* の最終音 *-c* が，次の規則 1.1.2 の冒頭に位置する語 *ad* の語頭音 *a-* に影響を受け，本来は *j* 音になるべきであることを前提とする議論を展開している（MBh on A 1.1.1［Vol. I, p. 37, lines 4–5］）。このことは，当時，規則の末音と初音に連声がなされる形で規則が唱えられていたことを示唆する。またパタンジャリは，規則 1.1.50 の最後に位置する *antaratama* という語は *antaratamaḥ* という主格単数形でも *antaratame* という所格単数形でもありえることを論じている。次く規則 1.1.51 の冒頭には *ur* という語があり，この *u-* と連声を起こした結果，いずれの場合も *...antaratama ur...* となるからである（MBh on vt. 1 to A 1.1.50［Vol. I, p. 120, lines 22–24］）。この議論も，彼の時代に規則間の語には連声が施された形で，言い換えればそれぞれの規則は連続した形で読まれていたことを示唆する。

74)　パーニニ文典に見出される異読については Tanuja P. Ajotikar, Anuja P. Ajotikar, and Scharf 2021 が先行研究をまとめつつ，新資料を活用して異読研究に新たな地平を開いている。

文法規則に対する文言の付加，3. 文法規則中の表現変更，さらに 4. 新たな文法規則の追加，がなされているのである。その詳細を論じ，明らかにしたキールホルンによれば，『カーシカー注解』で提示されるおよそ 58 の文法規則は，カーティヤーヤナやパタンジャリが知っていたものと異なる形をしており，全体として文法規則の数は彼らの時代から 20 増加している[75)]。これらの改変の多くはすでに『カーシカー注解』以前のチャンドラ文法学（5 世紀）にも見られるものであり[76)]，このチャンドラ文法学は『カーシカー注解』に少なからぬ影響を行使したものとして知られている[77)]。後代には，本来のパーニニの文法規則を復元する試みもなされた[78)]。

すでにカーティヤーヤナとパタンジャリの時代においてパーニニ文典の伝承は一定ではなくなっていたようで，両者は文法規則に存する異読について議論している[79)]。パタンジャリはパーニニの規則 1.4.1 に対して 2 通りの伝承があることを述べている[80)]。

> なぜなら，師（パーニニ）は規則を弟子たちに二様に教示したからである。すなわち，或る弟子たちには *ā kaḍārād ekā sañjñā* と教示し，或る弟子たちには *prāk kaḍārāt paraṃ kāryam* と教示した。

規則 1.2.53 から規則 1.2.57 までの 5 規則は多くの学者によってパーニニ文典本来のものではないと見なされているが，それをパーニニ自身によるものとする立場もある[81)]。カルドナは，これら 5 規則はおそらくパーニニ文典本来のものではないと考えている[82)]。パーニニ文法学研究の指導的役割を果たしてきたジョシとロートベルゲンはかつて，パーニニ文典中において複合語の形成と第二次接辞の導入を規定する文法規則の一切を後代の付加とする極めて大胆

75) Kielhorn 1887b: 184.
76) Cardona 1976: 154.
77) Kielhorn 1886.
78) Cardona 1997: 6.
79) Cardona 1976: 153–154.
80) MBh on vt. 1 to A 1.4.1（Vol. I, p. 296, lines 12–13）.
81) Cardona 1976: 158–159.
82) Cardona 1997: 590–606.

な仮説を提示したが，カルドナによって具体的な証拠のもと断固たる論駁がなされた[83]。

パーニニ文典には伝承の過程でなんらかの改変が行われただけでなく，伝承の過程で失われた特性もある。それは特定の母音が発音されるときの母音の鼻音化や特定の母音が発音されるときに付されていた特定のアクセントである。まずパーニニ文典では，文法操作のための指標となる母音は鼻母音化されて言及されることが規定されているが（規則 1.3.2），そのように鼻母音化された形での読み方（*anunāsikapāṭha*）は失われ，現在に伝わるパーニニ文典は鼻母音化を伴わない形で読まれる。どの母音が鼻音化されていたかは，文法学の師たちが教えてきた通りに理解するしかない。このようにして示される鼻母音性は「[師の] 宣言に基づく鼻母音性」（*pratijñānunāsikya*）と言われる[84]。

また，パーニニ文典では，ある文法規則で与えられた項目が続く規則にも継続して読み込まれる場合，そのような項目は曲アクセントを付した形で発音されることが規定されている（規則 1.3.11）。しかし，継続項目であることを示す曲アクセントも，現行のパーニニ文典では失われている。どの項目に曲アクセントが付されており，どの項目が次の規則に継続していくかは，先の場合と同様，文法学の師たちの知識に頼って知るしかない。文法学の師たちが教えてきた通りに理解するのが道筋となるのである。このようにして知られる曲アクセント母音は「[師の] 宣言に基づく曲アクセント母音」（*pratijñāsvarita*）と言われる[85]。カーティヤーヤナとパタンジャリの時代には，継起する項目に曲アクセントが付された形での伝承はすでに失われていた。

---

83)　Joshi and Roodbergen 1983, Cardona 2004: 113–140. より簡潔な反駁は Cardona 1989: 50–52 に見られる。なお，Joshi and Bhate 1984: 252–253 は複合語の形成と第二次接辞の導入を規定する規則群に加えて，ヴェーダ語用の規則群と語形の直接提示を行う規則群（*nipātanasūtra*）もまた後代の手になるものとし，パーニニ文典の最終的な編纂者を 'clever compiler' とする。しかし，Smith 1986: 401–402 が言うように，仮にそのような 'clever compiler' がいたとして，それはパーニニその人であった可能性もある。

84)　KV on A 1.3.2（Vol. I, p. 51, line 11）.

85)　KV on A 1.3.11（Vol. I, p. 53, line 26）.

8　パーニニ文典の学習

パーニニ文典は正しいサンスクリット語の使用法を身につけるべく広く学ばれた。ただし，上述したように，サンスクリット語そのものをパーニニ文典から学ぶことは現実的ではないので，同文典は使用するサンスクリット語の正しさを確認し，保証するために学ばれたと考えられる。サンスクリット語が公用語化されたために，その語学力が要請されるようになった時代には，物語を描く中で使用する表現によってパーニニの文法規則の内容を例示することを企図した『バッティの美文詩』（*Bhaṭṭikāvya* 7世紀）や，すべての文法規則の規定内容と適用例を丁寧に解説する『カーシカー注解』（7世紀）といった作品が登場してくる。これらは時代の要求に呼応するものであった。

すでに述べた通り，玄奘の『大唐西域記』によれば，パーニニの出身とされるシャラートゥラ村でも当時パーニニ文典が学ばれており，あるバラモンはパーニニ文典の学習が一向に進まないとして子供を鞭打って教育していたという。玄奘の後にインドへ留学した義浄（7世紀～8世紀）は『南海寄帰内法伝』の中で，パーニニの短句は1000あり，8歳の童子がこれを学んで，8ヶ月で暗記し終わるとしている[86)]。義浄とほぼ同じ時代に著されたパーニニ文典の注解書『カーシカー注解』は4000弱の規則数を収録しているので，この1000という数は義浄の時代に知られていたと考えられる規則数のおよそ4分の1にしか満たないことになる。義浄は「一千頌」という言い方をしているから，この「頌」がもし4つの詩行からなる1つの詩節を指しているとするなら，パーニニの1つの文法規則を1つの詩行と見なし，4000を4で割った結果，おおよそ「一千頌」に相当するという意味かもしれない。

あるいは義浄の記録は，当時，パーニニ文典の中で現実に学ばれていたのが特定の約1000の規則だったことを示唆しているのかもしれない。より実用的な規則，より参照頻度が高い規則が選ばれて学ばれていた可能性がある。現代でも，伝統的なサンスクリット教育を受ける場合を除いて，パーニニ文法学を学ぶ際にパーニニの文法規則をすべて学ぶことは稀で，特定のものを学ぶこと

86)　宮林・加藤 2004: 346.

を通じてパーニニ文法の具体的な姿や方法論を学ぶのが通例である。面白いことに，先述した『バッティの美文詩』で規定内容が例示される文法規則もパーニニ文典のすべての文法規則ではなく，そこでは特定の文法規則が選択されている。やはり，より実用的なものが選ばれている可能性がここにも見てとれる。インド説話集『五篇の教え』導入部で語られる次の詩も思い起こされよう[87)]。

まこと，言葉の学（文法学）には果てがない。
けれど，人の寿命はいと短く，障害は多い。
ゆえに，瑣末なことは投げ捨てて，精髄をつかむべし。
水鳥たちが水の中から乳だけをえり分けるがごとく。

前半部は，古代ギリシアの医神ヒポクラテスの箴言「人生は短く，術のみちは長い」（ὁ βίος βραχύς ἡ δὲ τέχνη μακρή）を思わせるが，ともかくこの『五篇の教え』の一節にも，文法学の諸規則のうちで利用価値の高いものを学ぶべきとする発想が窺われる。

義浄の報告によれば，当時は注釈書類もパーニニ文典とともに学ばれていたようで，15 歳の童子が 5 年かけてその内容を理解するという[88)]。このパーニニの文法規則も注釈類も必ず暗誦できなければならなかったようだ[89)]。文法学文献をインドでは誰もが学んでおり，それを学ばなければ「多聞（たもん）」の尊称を得ることはできないと義浄は報告している[90)]。

義浄によれば，インドで学問を修めようとする場合には，まず文法学を学んでから他の分野の習得へ移る。ここで言う「他の分野」の中には，詩篇の作り方を教える詩学も含まれる。その後で，かのナーランダー大僧院や西北インドのヴァラビー国へ留学するという。そこで学識ある賢者として頭角を現した後，王から土地の寄進を得て，高い位につくことができるとのことである[91)]。ヴァラビー国ではサンスクリット文化が栄えていたことがわかる。この国は詩人

87)　PT（p. 2, lines 12–15）.
88)　宮林・加藤 2004: 351.
89)　宮林・加藤 2004: 352.
90)　宮林・加藤 2004: 357.
91)　宮林・加藤 2004: 353–354.

でありかつ文法家であったバッティが宮廷で活躍した地でもあり，このバッティは先程から言及している『バッティの美文詩』の作者その人である。

文法学を学んでから詩の作法を含む他分野を学ぶ，すなわち文法学は一切の学問の基礎であるという考えは，義浄と時代を同じくするインドの詩論家バーマハ（Bhāmaha 7 世紀）が述べるところでもあり，この時代の常識だったようである。バーマハの言葉を引いておこう[92]。

文法規則という水をたたえ，語という渦を巻き，読了を海底とし，
動詞語基，ウン接辞群[93]，語群という大魚が遊泳し，
熟慮による理解がそれを渡るための大船，
決意固き者らがその対岸を見て，知力なき者らが不平をこぼし，
他の諸学問という一切の雌象らが常に享受する，
深部に達し難いかの文法学という大海を渡り切らずして[94]，
正しい言葉という宝石を私が自ら獲得することはできない。

以上から，パーニニ文典は文法学者だけでなくサンスクリット語に携わる者たちに広く学ばれていたことが推測される。今に残されたあらゆる種類のサンスクリット文献の至るところに，明示的あるいは暗示的な形でパーニニの文法規則への言及が現れることも，その傍証である。

ちなみに，上で出した説話集『五篇の教え』の導入部では，「文法学は 12 年かけて学習を完了する」（*dvādaśabhir varṣair vyākaraṇaṃ śrūyate*）と言われているが[95]，この「文法学」がパーニニ文典だけを指すのか，他の学派の文典も意図されているのか，あるいは文典類に対する注解書類も含まれているのかはわからない。続く箇所では「言葉を扱う論書類は膨大な時間をかけてはじめて理解することができる」（*prabhūtakālajñeyāni śabdaśāstrāṇi*）と述べられている[96]。

---

92) KA 6.1–3.

93) 「ウン接辞群」（*uṇādi*）は『ウナーディ規則集』（本書第Ⅱ講§ 2.5）で規定される一連の接辞を指す。

94) *durgādham*「深部に達し難い」に対する訳語については野武美弥子先生よりご助言を得た。記して感謝する。

95) PT（p. 2, line 6）.

ここでも「言葉を扱う論書類」が文典類だけを指すのか注解書類も含むのか，はたまた言葉と意味を載せる辞書類など他の関連文献も含まれているかどうかは判然としないが，ともかく言葉の学問というものは長い時間をかけて学ばれるものだということはわかる。

コラム1　いかにして学生たちを文法学の世界へ引き込むか

パーニニ文法学はなかなか難儀な代物である。インド古典学領域にいる学習者や研究者の中にもパーニニ文法学に対して苦手意識をもつ人は少なからずいるだろう。好きこのんで積極的に学ぼうとする人は多くないかもしれない。

そのような事情は古代世界でも同じだったようである。文法家パタンジャリ（紀元前2世紀）は，文法学学習の18の目的を論じ終えた後で，そもそもなぜ学習目的のようなものを説く必要があるのかを述べている。それによれば，学習の目的を述べて生徒たちの気持ちを高めない限り，文法学をまじめに学んでくれないから，という事情らしい。パタンジャリは次のような言葉（愚痴？）を残している[1]。

> ヴェーダ聖典を学んだ後で［学生たちは］慌てて言う。「諸ヴェーダ聖典から私たちはもうヴェーダ語を覚えました。世間の言語慣習から日常語も覚えました。文法学なんて無意味です」と。このように誤った考えをもつ彼ら学生たちに，先生はこの学問（文法学）を説く。「これらが学習目的である。文法学を学びなさい」と言って。

ヴェーダ聖典の学習によってヴェーダ語は覚えられる。知識ある人たちのサンスクリット会話に触れることで日常世界のサンスクリット語は覚えられる。ゆえに，わざわざ文法学なんて学ぶ必要はない。これが文法学の学習を無意味とする生徒らの言い分のようだ。教師の役目は，文法学を学習することで得られる果報をあれこれと説いて，そんな学生たちを文法学の世界へと引き入れることである。

しかしいくら甘い言葉で誘惑したとしても，いざ文法学の本格的な学習が始まると，その内容に恐れをなしてすぐさま逃げ出す生徒もいるかもしれない。最初は頑張っていても途中で力つきて最後まで学習を完遂できない生徒もいるかもしれない。言語哲学者バルトリハリ（5世紀）によれば，文法学は「数々の苦行のなかでも最上の苦

---

96)　PT（p. 2, line 10）.

行」（*tapasām uttamaṃ tapaḥ*）と言われる[2]。

> 文法学はかのブラフマン（コトバ原理）に近座するものにして，数々の苦行のなかでも最上の苦行，ヴェーダ諸聖典に対する第一の補助学である。このように知者たちは言っている。

「数々の苦行のなかでも最上の苦行」という表現によって，文法学の学習が優れた果報をもたらしてくれる最高級の修行であることが意図されている。それは同時に文法学の学習が最難関の修行であるということも含意すると考えてよいだろう。文法学の苦行。恐るべし。

そんな文法学をどうやって教えればよいか。どうやって学んでいけばよいか。そのような要求に応えようとしたかのごとき作品が中世インドで著された。6世紀から7世紀頃に活躍した宮廷詩バッティ作，『バッティの美文詩』である。その名の通り，中身は美文詩であり，インドの大叙事詩『ラーマーヤナ』（*Rāmāyaṇa*）を題材としてラーマ物語を描き出している。しかしこの作品の真の目的は，ラーマ物語を表面上では描きつつも，その描写に使用する諸々の表現でもって文法学の文法規則を例示していく点にある。作中で使用される種々の表現が，何らかの文法規則が適用された結果としての例として提示されているのだ。読者はラーマ物語を楽しみながらも，そこで使用される表現を通じて文法学の文法規則の内容とその規則が適用された表現を具体的な文脈のなかで学んでいくことができる。

すでに文法学にある程度習熟している人であっても，この『バッティの美文詩』を通じて色々と学ぶことができるだろう。学習済みの文法規則やその適用例を再確認したり，新たな文法規則とその適用例を学んだり，具体的な物語のなかで文法規則に基づく表現をどのように用いるかを知ったりすることができる。他方，著者のバッティが作品の主な読者として想定しているのは，文法学の初学者のようである。そのことは彼が自身の作品を「解説を通じて理解されるべきもの」（*vyākhyāgamya*）と述べていることからわかる。ここで言われる「解説」とは，先生が生徒のためになす文法学の解説である。つまり『バッティの美文詩』は，先生が文法学について解説しながら初級の生徒たちと読み進めていく文法教科書として企図されたものと考えられるのである。この作品の性格については拙著『バッティの美文詩研究』で論じている[3]。

現代で言えば『漫画で学ぶ〜』のような本だろうか。『バッティの美文詩』に別の書名をつけるとしたら「ラーマ物語で学ぶ文法学」などが良さそうだ。文法学という苦い薬も美しく描かれるラーマ物語という蜜を舐めながらであれば，飲用することができるのである。詩論家バーマハ（7世紀）による以下の言明は，まさにそのようなことを述べたものである[4]。

美味なる美文詩の汁が混ざっていれば，人は論書でも味わう。
最初に蜜をなめておけば，人々は苦い薬を飲むものである。

本書もかの難解なパーニニ文法学の入門書なのであるが，少しでも蜜を混ぜて飲みやすくするために，こうしてコラムをせっせと設けている面もある。

もう 1 つ，似たような目的を持った作品を紹介しておこう。詩人ナーラーヤナ（Nārāyaṇa 10 世紀）によって作られた説話集『処世の訓』（*Hitopadeśa*）である。これは文法学の教科書ではないが，読んでいくなかでサンスクリット語の豊かな表現を学んでいける書としての側面をもつ。ついでに上手い世渡りの方法も学べることになっている。作品冒頭で作者ナーラーヤナは次のように言う[5]。

この『処世の訓』を学べば，諸々のサンスクリット表現に巧みとなり，
どんな場面でも多様な言い回しを使えるようになり，世渡りの知識も得る。

サンスクリット語の作文能力だけではなく，サンスクリット語の読解能力もまた，実際の文献を読んでいくなかで培われるものである。たとえばホイットニーの *Sanskrit Grammar* や辻直四郎の『サンスクリット文法』といった文法書類だけをいくら読んでいても，実際のサンスクリット文を読解する力はほとんど身につかないだろう。そのような力は具体的な文献を先生と一緒に精読していくなかで鍛えられていくものである。よちよち歩きの学生たちと最初に読解していく文献は，内容自体が面白おかしいものの方がよいだろう。できるだけ蜜が混ざっている方が，学生たちが離れずに付いてくるからだ。

1　MBh（Vol. I, p. 5, lines 8–11）.
2　VP 1.11.
3　川村 2017a: 32–38.
4　KA 5.3.
5　HP 2.

9　パーニニ文法学の三聖人

パーニニおよびその後に出た文法家カーティヤーヤナ（紀元前 3 世紀）と文法家パタンジャリ（紀元前 2 世紀）は合わせて文法学の「三聖」（*trimuni*, *munitraya*）と呼ばれ，彼ら三聖が確立した文法体系は「三聖の文法学」（*trimunivyākaraṇa*）と呼称される。パーニニについては上に説明したので，以下にカーティヤーヤナとパタンジャリについて見る。

9.1　文法家カーティヤーヤナ

9.1.1　作品

言語は生き物であり，変化する。パーニニの時代に彼が観察した言語のあり方も時とともに変化していったはずである[97)]。また，1 人の文法家が観察できる言語表現は限られていることから，パーニニの文典中から漏れてしまった言語表現もあったであろう。加えて，それぞれのヴェーダ聖典というのは原則としてそれぞれの学派内で保持され，師から弟子へと伝えられ，学ばれていったものである。パーニニ自身のヴェーダ聖典の知識およびヴェーダ語に対する記述も，そのような事情によって制限された性格のものである可能性も考慮に入れねばならない[98)]。

パーニニの後，紀元前 3 世紀頃に出た文法家カーティヤーヤナは，パーニニ文法に対して修正事項を議論する作品『評釈』（*Vārttika*）を残した。そこでは，問題があると考えられた文法規則に対して，短い文句をもって問題点や解決策が論じられる。扱われるパーニニの文法規則の数は 1200 を超え，それらに対してカーティヤーヤナが残した言明は 4000 を超える。パーニニの文法規則のすべてが議論の対象とされるわけではない点に注意したい。『評釈』は，§ 9.2 で述べる文法家パタンジャリの『大注釈』と同じく，パーニニの文法規則を順番に解説していくような注解書ではない。

カーティヤーヤナの『評釈』は単独では現存しておらず，パタンジャリの『大注釈』に組み込まれた形で今に伝わっている。『大注釈』中のどの部分がカ

97)　その一例と考えられる事象については Cardona 1977: 222 を見よ。

98)　Liebich 1891: 48.

ーティヤーヤナの発言であるかどうか確定的でない場合もあり，それによってカーティヤーヤナの言明の総数は上下する。

9.1.2　目的と性格

パーニニの定式化した文法規則に対しては現代に至るまで議論の伝統が続いている。すでに述べたように，それら文法規則が文法家たちに問題視されて議論を巻き起こすのは，文法規則が不要な語形をも派生させてしまいかねないとき（過剰性），あるいは文法規則が必要な語形を派生させられそうにないとき（不足性），である。基本的にカーティヤーヤナもこのような視点からパーニニ文法に対して新規規則の追加，既存の規則全体の削除やその語句の修正などを提案している。彼の残した評釈は，パーニニの文法規則中で「述べられていないことや悪しき仕方で述べられていることについて吟味をなすもの」（*anukta-duruktacintākara*）と定義される[99]。

カーティヤーヤナはパーニニの文法規則を不要として退けることもあるが，一方で，不要と思われる規則の存在を正当化するときもあり，パーニニを批判するよりも正当化することの方が多いようである[100]。そのようなカーティヤーヤナによる数々の立論は，続くパタンジャリによって厳正に吟味されることになる。カーティヤーヤナとパタンジャリがなした仕事は，伝統的には次のように言い表されている[101]。

> 規則作者（パーニニ）が伝承し忘れたこと，または見残したことを文作者（カーティヤーヤナ）が明確に語り，同じく彼（カーティヤーヤナ）が見残したことを注釈作者（パタンジャリ）が語っている。

カーティヤーヤナのそれぞれの評釈は，パーニニの文法規則のように圧縮された形で述べられており，それ自体から作者の真の意図を汲み取るのは容易ではない。カーティヤーヤナの評釈を理解するにあたっては，まずもってパタン

99)　Uddyota（Vol. I, p. 125, line 19）.

100)　Kielhorn 1876: 48–49.

101)　PM（Vol. I, p. 9, lines 10–11）.

ジャリのなす説明や討議が参照されることになるが，必ずしもそれがカーティヤーヤナ本来の意図を反映したものであるとは限らない点にも注意する必要がある。

パタンジャリの『大注釈』において明瞭に見られるようになる対話形式での議論の進行は，すでにカーティヤーヤナの『評釈』にも観察される特徴である。ただし『評釈』の場合，議論の転換点となる提言のみが与えられる[102)]。その転換点へと至る間の過程を示すやりとりは，実際にはあったとしても，収録されていない。

9.1.3　他の文法家たち

カーティヤーヤナは「或る者たちは」(*eke*) という言い方でもって他の文法家たちの見解にもしばしば言及している。その言及の数は合計で 10 を数える[103)]。この「或る者たち」が主張したとされる内容を見ると，すでにカーティヤーヤナより前に，パーニニの文法規則を検討し，一定の解釈を与え，必要があればパーニニ文典を改定しようとする試みがなされていたことがわかる。カーティヤーヤナ以前にすでに彼の『評釈』と同じような試みをなす伝統があり，おそらく何らかの作品も著されていたと考えられる。キールホルンの言葉を借りれば，カーティヤーヤナは決して「最初の『評釈』作者ではなかった」のである[104)]。さらに，カーティヤーヤナの『評釈』には文法学者と目される 3 名への論及もある[105)]。そのうち 2 人は，言葉の意味をめぐって普遍説を提唱したヴァージャピヤーヤナ（Vājapyāyana）と個物説を提唱したヴィヤーディ（Vyāḍi）である[106)]。

カーティヤーヤナやパタンジャリ以前あるいは彼らと同時代に，彼ら以外の多数の文法家たちが活動していたであろうことは彼らが残した数々の言明から推知される[107)]。パタンジャリは「他の者は言っている」(*apara āha*) という言い方で，他の文法家の見解に少なくとも 83 回も論及しており，「バラドヴァー

102)　Renou 1940: 21.
103)　Kielhorn 1887a: 103 にてそのすべてが簡潔に論じられている。
104)　Kielhorn 1887a: 103.
105)　Kielhorn 1887a: 103–104.
106)　言葉の表示対象をめぐるインド哲学諸派の議論については Scharf 1996 に詳しい。

ジャ学派」(*bhāradvājīya*),「スナーガ学派」(*saunāga*),「クローシュトラ学派」(*kroṣṭrīya*) という個別の文法学派の名も挙げている。『集成』(*Saṅgraha*) という具体的な文献の名もパタンジャリの議論には登場する[108]。パタンジャリの作品『大注釈』は，この『集成』という作品を他者の論難から守る鎧 (*pratikañcuka*) であると言われる[109]。しかしながら，カーティヤーヤナやパタンジャリの時代に属することが確実である文法学文献は現存しておらず，他の文法家たちの見解や作品に彼ら 2 人がどれほど負うところがあるのかも見当がつかない[110]。

9.2　文法家パタンジャリ

9.2.1　作品

紀元前 2 世紀頃，カーティヤーヤナの後に出た文法家パタンジャリは，文法学文献『大注釈』(*Mahābhāṣya*) を著して，パーニニの文法規則とそれに対して施されたカーティヤーヤナの評釈に詳察を加えた。難解さと深遠さをもって鳴るインド文法学史上の大文献であり，未だ研究が手つかずの個所も少なくない。パーニニの文法規則と同様に，パタンジャリが残した一言一句は簡潔ながらも極めて知的な香気を漂わせている。

5 世紀の言語哲学者バルトリハリ (Bhartṛhari) はパタンジャリの『大注釈』について次のように語る[111]。

> それ (『大注釈』) は，その深遠さゆえ底の知れないものであり，その巧妙さゆえに単刀直入の観を呈するかのようであって，知性をなしていない者が結論を導くことは決してなかった。

11 世紀頃に『大注釈』に対する注釈書を著した文法家カイヤタも，『大注

---

107)　他の文法学者の存在を示すカーティヤーヤナやパタンジャリの諸言明については Kielhorn 1887a が網羅的に扱っている。

108)　Kielhorn 1887a: 104–106.

109)　VP 2.484d.

110)　Kielhorn 1887a: 106.

111)　VP 2.483.

釈』を大海に例える次のような詩を著作の冒頭部に掲げて，『大注釈』のとてつもない奥深さを歌っている[112)]。

極めて深遠なる『大注釈』の大海と愚鈍の私，その差は一体いかほどか。
ゆえに，私は弟子たちの笑いの的となるだろう，もし彼らに悪意があれば。
だとしても，バルトリハリが著した精髄たる作品を橋として，足が不自由な者の如くに少しずつ歩を進めながら，私はその対岸へ到達しよう。

『大注釈』の内容を考究していることは，自国の文化的な洗練度の高さを示すものだったようで，12 世紀の詩人カルハナ（Kalhaṇa）が残した『王統流覧』（*Rājataraṅgiṇī*）によると，カシュミールの王ジャヤーピーダ（Jayāpīḍa 8 世紀～9 世紀）は，自国において『大注釈』の研究や学習を興起させたという[113)]。

王（ジャヤーピーダ）は他国から解説者らを呼び寄せて，途切れていた『大注釈』［研究］を自国で活性化した。

名だたる学者たちが一堂に会し，パタンジャリの深淵な文章を前にして日夜ああでもないこうでもないと議論と思索に耽っている様が目に浮かぶようである。次に，このようなパタンジャリの『大注釈』がどのような構成をとっているのかを見てみよう。

9.2.2　作品の構成

『大注釈』は，パーニニの『八課集』と同様に全体で 8 つの「学習課程」（*adhyāya*）に分けられ，それぞれの課程がさらに「4 部」（*pāda*）へと分けられている。そして，それぞれの 4 部はいくつかの「日課」（*āhnika*）から構成される。全部で 85 の日課がある。つまり理想としては 85 日，すなわち 3 ヶ月弱あれば『大注釈』を学び終えることができることになるが，現在のわれわれからすると，1 つの「日課」はとても 1 日で学び尽くせるようなものではない。義

112)　Pradīpa（Vol. I, p. 1, lines 12–14）.
113)　RT 4.488.

浄の『南海寄帰内法伝』によれば，パーニニ文典に対してパタンジャリが著した注釈書として『朱儞（しゅに）』（*cūrṇi*）というものがあり，人はそれを3年で学び終えるという114)。この『朱儞』がパタンジャリの『大注釈』を指しているとして，『大注釈』をわずか3年で学び終えるというのも――85日よりは期間が長いとはいえ――にわかには信じがたい。あるいは，『大注釈』すべてではなく，『大注釈』でより重要と判断された箇所が当時学ばれていたということなのかもしれない。

『大注釈』では対話形式で議論が進み，話題が展開していく。このような対話形式による哲学的な営みは，すでにパタンジャリ以前，奥義書文献ウパニシャッドに見られるものである。プラトンの対話篇にプラトン自身が登場人物としては現れないのと同じく，『大注釈』でもパタンジャリ自身は登場人物としては出てこない。『大注釈』に登場するのは，文法規則について質問を発する「学生」（*śiṣya*），完全には受けいれ難い回答，部分的には正しいが部分的には正しくない回答を提示する「未熟な先生」（*ācāryadeśīya*），最終的に受けいれられるべき回答を提示する「先生」（*ācārya*）である。『大注釈』の注釈家たちは「正しい最終見解の一部だけを知る者」（*ekadeśin*）や「正しい最終見解を確立する者」（*siddhāntin*）という言い方で，議論の参加者に言及することもある115)。

彼らのやりとり，議論の応酬が繰り広げられる『大注釈』は，その当時行われていた授業の風景や議論の場面を反映しているかのようである。『大注釈』に記載されているやりとりを，当時の会話風サンスクリット語（conversational Sanskrit）を示す好例と見る向きもある116)。

9.2.3　目的と性格

『大注釈』の目的は，パーニニの文法規則と，それに対して施されたカーティヤーヤナの『評釈』を細部に至るまで徹底的に討究することにある。『大注釈』はまず第一にカーティヤーヤナの『評釈』に対する注釈書と思われ，イン

114)　宮林・加藤 2004: 354. ただし，この『朱儞』はジャヤーディティヤの注釈書，すなわち『カーシカー注解』に対する注釈書ともされており，義浄の記述には現代の理解と相入れない点がある。

115)　Cardona 1976: 253.

116)　Houben 2018: 4.

ドの文法学伝統でもそのように考えられている[117)]。たとえば文法家ジネーンドラブッディ（Jinendrabuddhi 700 年頃）は『大注釈』を説明して「カーティヤーヤナがもたらした諸言明を詳らかにするものとしてパタンジャリがもたらしたもの」（*kātyāyanapraṇītānāṃ vākyānāṃ vivaraṇaṃ patañjalipraṇītam*）と述べている[118)]。

討究の過程においてパタンジャリは，カーティヤーヤナが提案した案を受けいれることもあれば，それを否定して他の方策を探ることもある。カーティヤーヤナが対象としていないパーニニの文法規則も議論の対象となることがあり，パタンジャリが扱うパーニニの文法規則の総数は 1713 である。この数は，パタンジャリが何らかの議論を展開する中で言及する文法規則を数に入れない場合のものである[119)]。彼はその長大な議論の中で，文法学で採用されるべき様々な解釈原則の存在も示している。上でも触れたが，カーティヤーヤナの『評釈』と同様，パタンジャリの『大注釈』もパーニニの文法規則のすべてを順番に解説していく類いの注解書ではない。パーニニの文法規則が取りあげられるとしても，それは，その意味内容を解説するためではなく，何らかの疑問点を論じるためである。

パタンジャリには，できるだけパーニニの規則本来の形を崩さない仕方で問題を解決しようとする姿勢が基本的には認められる。「それだと文法規則が損なわれてしまう。提示された通りのままでよい」（*sūtraṃ tarhi bhidyate yathānyāsam evāstu*）というのは，パタンジャリがパーニニ本来の文法規則の形を崩すことを嫌い，その通りの形を維持しようとする際の定形句である。しかし，いつもそうとは限らない。パタンジャリの『大注釈』は決してパーニニの文法規則を正当化する目的をもって著されているわけではなく，パーニニの文法規則や規則中の語句を不要として退けることもある[120)]。

パーニニの文法規則の形を変えない方向で話が進むとしても，当該規則をどのように解釈するかをめぐって複雑な議論を見せることも少なくなく，是非を明確にする論断なきまま議論が終わりを迎えることもある。議論の最後に提示

117)　Kielhorn 1876: 51.
118)　Nyāsa（Vol. I, p. 4, lines 24–25）.
119)　Scharfe 1977: 154.
120)　Kielhorn 1876: 50–51.

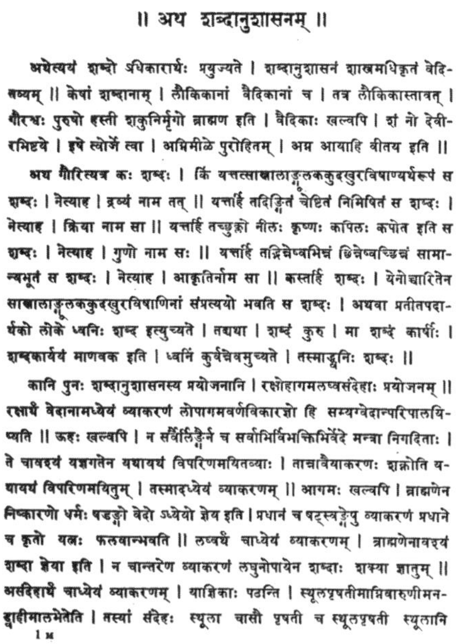

॥ अथ शब्दानुशासनम् ॥

अथेत्ययं शब्दो अधिकारार्थः प्रयुज्यते । शब्दानुशासनं शास्त्रमधिकृतं वेदितव्यम् ॥ केषां शब्दानाम् । लौकिकानां वैदिकानां च । तत्र लौकिकास्तावत् । गौरश्वः पुरुषो हस्ती शकुनिर्मृगो ब्राह्मण इति । वैदिकाः खल्वपि । शं नो देवीरभिष्टये । इषे त्वोर्जे त्वा । अग्निमीळे पुरोहितम् । अग्न आयाहि वीतय इति ॥

अथ गौरित्यत्र कः शब्दः । किं यत्तत्सास्नालाङ्गूलककुदखुरविषाण्यर्थरूपं स शब्दः । नेत्याह । द्रव्यं नाम तत् ॥ यत्तर्हि तदिङ्गितं चेष्टितं निमिषितं स शब्दः । नेत्याह । क्रिया नाम सा ॥ यत्तर्हि तच्छुक्लो नीलः कृष्णः कपिलः कपोत इति स शब्दः । नेत्याह । गुणो नाम सः ॥ यत्तर्हि तद्भिन्नेष्वभिन्नं छिन्नेष्वच्छिन्नं सामान्यभूतं स शब्दः । नेत्याह । आकृतिर्नाम सा ॥ कस्तर्हि शब्दः । येनोच्चारितेन सास्नालाङ्गूलककुदखुरविषाणिनां संप्रत्ययो भवति स शब्दः । अथवा प्रतीतपदार्थको लोके ध्वनिः शब्द इत्युच्यते । तद्यथा । शब्दं कुरु । मा शब्दं कार्षीः । शब्दकार्ययं माणवक इति । ध्वनिं कुर्वन्नेवमुच्यते । तस्माद्ध्वनिः शब्दः ॥

कानि पुनः शब्दानुशासनस्य प्रयोजनानि । रक्षोहागमलघ्वसंदेहाः प्रयोजनम् ॥ रक्षार्थं वेदानामध्येयं व्याकरणं लोपागमवर्णविकारज्ञो हि सम्यग्वेदान्परिपालयिष्यति ॥ ऊहः खल्वपि । न सर्वैर्लिङ्गैर्न च सर्वाभिर्विभक्तिभिर्वेदे मन्त्रा निगदिताः । ते चावश्यं यज्ञगतेन यथायथं विपरिणमयितव्याः । तान्नावैयाकरणः शक्नोति यथायथं विपरिणमयितुम् । तस्मादध्येयं व्याकरणम् ॥ आगमः खल्वपि । ब्राह्मणेन निष्कारणो धर्मः षडङ्गो वेदो ऽध्येयो ज्ञेय इति । प्रधानं च षट्स्वङ्गेषु व्याकरणं प्रधाने च कृतो यत्नः फलवान्भवति ॥ लघ्वर्थं चाध्येयं व्याकरणम् । ब्राह्मणेनावश्यं शब्दा ज्ञेया इति । न चान्तरेण व्याकरणं लघुनोपायेन शब्दाः शक्या ज्ञातुम् ॥ असंदेहार्थं चाध्येयं व्याकरणम् । याज्ञिकाः पठन्ति । स्थूलपृषतीमाग्निवारुणीमनड्वाहीमालभेतेति । तस्यां संदेहः स्थूला चासौ पृषती च स्थूलपृषती स्थूलानि

1 M

図2　キールホルン版『大注釈』冒頭部（1880年）

される見解が必ずしもパタンジャリ自身が最も望ましいと考えたものである保証もない。パタンジャリが張った難解な論理の網をくぐり抜けて彼が目指した最終地点に辿り着くこと，何が彼の是とする最終見解なのかを確定することは決して容易ではない。パタンジャリが真に意図したことを汲みとるためには，その論理の流れを峻厳な態度をもって丹念に追う必要がある。それに費やされるべき労力は1つの大国を治めるのに費やされるべきそれと比較される。

> 『大注釈』を読むべきか，はたまた大国を守るべきか。
> (*mahābhāṣyaṃ vā pāṭhanīyaṃ mahārājyaṃ vā pālanīyam*)[121)]

この寸言は，『大注釈』の読解と大国の統治が同じくらいの知力と体力を要するものであることを語っている。とにかく『大注釈』というのは並々ならぬ

121）　Scharfe 1977: 152.

代物なのである。あたかも人跡未踏の深山。それを踏破した者の眼前には，一体どのような景色が広がることであろうか。

10　パーニニ文法学の展開

10.1　チャンドラ師とバルトリハリ

パタンジャリが紀元前2世紀頃に『大注釈』を著した後，その次に歴史に登場してくるパーニニ文法学文献は，年代が確実なものとしてはバルトリハリ（5世紀）の著作である。パタンジャリの時代からバルトリハリの時代までのパーニニ文法学の歴史は必ずしも明らかではない。

パーニニ文典はサンスクリット語を語形派生の仕組みによって説明することを本領とするものであって，たとえば「名詞とは何か，動詞とは何か」といった意味論的あるいは言語哲学的な論題がそこで扱われることはない。この方面での論究は，パーニニに続くカーティヤーヤナにすでに見られ，パタンジャリによってさらに深められた。それを受けて登場してくるバルトリハリの『文章単語論』（*Vākyapadīya*）は，インド文法学の舞台を一変させた重厚壮大な言語哲学書であり，後のインド哲学（仏教哲学も含む）にも計り知れない影響を与えている。後の時代に他学派が文法学派の説として紹介したり議論の対象とするのも，基本的にバリトリハリの説であると言ってよいだろう。バルトリハリを中心とする言語哲学的な方面の研究は今も昔も盛んである一方で，バルトリハリが示す文法規則への解釈が，後の文法家たちの規則解釈にどれほど差し響いたかという点については，これからの研究に俟つところが多い。『文章単語論』は3つの部からなることから『三部集』（*Trikāṇḍī*）とも呼ばれる。

バルトリハリが伝えるところによると，当初パタンジャリの『大注釈』の学習は続けられていたようだが，『大注釈』の真意は理解されなくなっていったらしい。そして，ついにその学習伝統は一度途絶えることになったようである。そんな中，チャンドラ師という人物が『大注釈』の伝統を復興させたという[122]。

文法学の伝統的な教えはパタンジャリの弟子たちの手からこぼれ落ち，時が経って，南方で写本の中にのみ残っていた。『大注釈』の種子に従うチャンドラ師などは，山から［その文法学］伝統を獲得して，多くの支派を有する状態へと再び導いた。

カルハナの『王統流覧』の中にも，同様の記述が見出される[123]。

チャンドラ師などは，その場所（山）からその伝統的な教えを得てから，『大注釈』を活性化した。そして自らの文法学をもたらした。

この「チャンドラ師」は，十中八九，チャンドラ文法学を打ち立てた仏教文法家チャンドラゴーミン（Candragomin 5世紀）のことである。バルトリハリの言語哲学が育まれた苗床は間違いなくパタンジャリの『大注釈』なのであるが，それと同時に，バルトリハリの見解の節々にはチャンドラ文法学の見解を踏まえたと思われる形跡を見てとれる[124]。

チャンドラ文法学は，文法規則が配列された『チャンドラ規則』（*Cāndrasūtra*）とそれに対する注解書『チャンドラ注解』（*Cāndravṛtti*）からなる。前者の著者がチャンドラゴーミンであることに疑いはないが，後者もまたチャンドラゴーミンの手になるものかどうかについては意見が分かれている。いずれにせよ，これら規則集と注解書が一体となって「チャンドラ文法学」という1つの文法体系を構成するという考えは，学界において受けいれられていると

122)　VP 2.485–486. この2詩節にはいくつか文献上の問題が存在する。まず Rau 1977: 104 は，第485詩節第1詩行の1語を *pātañjaliśiṣyebhyo* と読むが，本書では Cardona 1978: 82, note 7 の指摘に従って他の写本の読みである *patañjaliśiṣyebhyo* を採用する。次に，Rau 1977: 104 は第485詩節第4詩行の1語を *granthamātro* と読むが，*grantha* は伝統的な教えそのものを指すものとして解するよりも伝統的な教えが存する場を指すものとして解する方が適切であるため，Cardona 1978: 82 が採用する他の写本の読み *granthamātre* に従う。さらに，Rau 1977: 104 は第486詩節第4詩行の1語を *cāndrācāryādibhiḥ* と読むが，同じく Cardona 1978: 82 が採用する読み *candrācāryādibhiḥ* をとる。この読みも他の写本によって支持される（Cardona 1980: 55）。*cāndrācāryādibhiḥ* で読む場合は，「チャンドラ［文法学］の師（チャンドラゴーミン）など」と解することができる。これら2種の読みについては Steiner 1997: 32–33, note 4 も参照せよ。

123)　RT 1.176.

124)　Kawamura 2018, Yazaki 2023.

言ってよい。

チャンドラゴーミンの規則集はパーニニの規則集をより簡略にした形，あるいはより明瞭な形に改訂したような様相を呈しており，そこではカーティヤーヤナとパタンジャリがなした立論が多く活用されている。このことは，チャンドラゴーミンがパタンジャリの『大注釈』の学習伝統を復興させたことと連絡する。さらに興味深いのは，チャンドラゴーミンが単にカーティヤーヤナとパタンジャリを盲信するのではなく，自らの裁量で改定を施していること，あるいは今は失われた別の文法学文献を参照している可能性があることである[125)]。明らかにパタンジャリとは異なる見解が示される場合もある[126)]。何にせよ，チャンドラゴーミンがパーニニ，カーティヤーヤナ，パタンジャリという三大文法家の作品に精通していたことは疑いえない。

パーニニの文典『八課集』が全 8 章からなるのに対して，『チャンドラ規則』は全 6 章からなり，そこではヴェーダ語や高低アクセントを規定する文法規則が欠けている。もともとなかったのか，本来はあったが後に欠落してしまったかについては判然としない。規則集の方にヴェーダ語や高低アクセントの規則がないにもかかわらず，その注解書である『チャンドラ注解』では，ヴェーダ文献からの引用が豊富になされている[127)]。

近年,『チャンドラ注解』に対するスマティ（Sumati 10 世紀）の注釈書『スマティ詳解』（*Sumatipañjikā*）の一部が出版され[128)]，またラトナマティ（Ratnamati 10 世紀）による別の注釈書『チャンドラ詳解』（*Cāndrapañjikā*）の一部もまもなく出版予定のようである[129)]。これら注釈書が利用可能となることでチャンドラ文法学の研究がより深まることが期待される。

10. 2　注釈書類

すでに述べたように，サンスクリット語を公用語化してサンスクリット文化の黄金期を築きあげたグプタ朝（4 世紀～6 世紀）の時代を経て，サンスクリッ

125)　Kielhorn 1886: 184.

126)　キャット・川村 2023: e190–e191.

127)　Rau 1996 がそれらを集め，それぞれの引用元を示している。

128)　Timalsina 2022.

129)　Deokar, Dimitrov, and Yazaki forthcoming.

ト語学習の需要が高まるが，その需要の高まりに呼応するかのように，パーニニ文典の文法規則を1つずつ逐語的に解釈，説明していく『カーシカー注解』（*Kāśikāvṛtti*）がジャヤーディティヤ（Jayāditya 7世紀）とヴァーマナ（Vāmana 7世紀）によって著されることになる。パーニニ文典第1章から第5章までに対する注解部はジャヤーディティヤによって，残る第6章から第8章までの注解部はヴァーマナによって著されたと考えられている[130)]。

『カーシカー注解』はパーニニ文典を理解する第一の糸口を与えるものとして，今でも最も頻繁に参照される文献の1つである。ただ，『カーシカー注解』はそれぞれの規則の要点を簡潔な形で提示してくれはするのだが，その背景にある考えを明確につかみとるためには，『大注釈』を筆頭とする先代の文献でなされた諸議論を踏まえる必要があり，本作品は決して楽に読解を進められるものでもない。

『カーシカー注解』はカーティヤーヤナやパタンジャリの論説を広く収録している一方で，同作品にはチャンドラ文法学からの影響も見られる[131)]。また，『カーシカー注解』の冒頭部に掲げられた第1詩節では，今はその存在が知られない注釈書や注釈伝統の存在も示唆されている[132)]。『カーシカー注解』だけが伝えている文法学的な言説も存在する[133)]。『カーシカー注解』で展開される議論の多くはカーティヤーヤナの評釈やパタンジャリの『大注釈』に基づくものではあるが，ときおりパタンジャリの見解に反する態度をとることもあり[134)]，この点においてパタンジャリを最高権威としたバルトリハリの態度は継承されていない。

『カーシカー注解』に対しては，8世紀頃にジネーンドラブッディが『提示』（*Nyāsa*），12世紀頃にハラダッタ（Haradatta）が『語の花房』（*Padamañjarī*）という注釈書を著しており[135)]，『カーシカー注解』で与えられる説明が掘りさげられている。まず，『提示』の特筆すべき特徴としては，余計な追加規定などを

---

130)　Belvalkar 1915: 36.

131)　Kielhorn 1886.

132)　Kawamura 2016では，そのような注釈文献や注釈伝統が存在した可能性を高める1つの論拠を提出している。

133)　Belvalkar 1915: 37.

134)　Kawamura 2016.

設定することなく，パーニニの文法規則そのものを何らかの仕方で解釈することによって問題を解決しようとする傾向があることである。パーニニが「提示」した通りの文法規則の形を守ろうとする姿勢がその作品名に反映されていると思われる。作中では「規則提示形に従う者」（*naiyāsika*）という表現も使用されている[136)]。どちらかと言えば『語の花房』よりも『提示』の方が親切な感があり，初学者が知りたい情報を教えてくれる。

『語の花房』は長大な注釈書である。そこでは前代の文法家たちがなした諸議論が提示され，検討される。次のような言葉からはハラダッタの高い自負心を読み取ることができる[137)]。

> 『カーシカー注解』に対して明瞭で魅力的な幾百もの説明が望むがままになされたとしても，学識ある人たちの心に届くのは，この［私の］説明だけであろう。

> 語形派生の論理の深みに入り込み，心を喜ばせながら，ハラダッタという獅子が楽しんでいるのを，誰が止めるだろうか。

1つ目の詩は，仮に多くの優れた注釈が『カーシカー注解』に対してなされたとしても，知者たちの間で真に認められるのは自身が『語の花房』でなす注釈だけであろうことを断言している。2つ目の詩は，自らの知的活動の力強さを宣揚するものとなっている。

---

135)　一般的にハラダッタはカイヤタ（11世紀）より後の人物とされるが，後述するダルマキールティ（10世紀）の『語形への悟入』の中でハラダッタの名が言及されていることを根拠としてダルマキールティ以前の人物とされ，それゆえ，カイヤタ以前の人物とされることがある。しかし，『語形への悟入』は原典にかなり問題があることが知られており，このハラダッタへの言及箇所も写本と照らし合わせて確定される必要がある。そのような作業がなされるまでは，ハラダッタはカイヤタよりも後，12世紀頃に活躍したとしておくのが無難である（D'Avella 2018: 42–43）。

136)　Bhattacharya 1946: 4は *naiyāsika*（文献では *naiyāyika* と出るが写本に基づき *naiyāsika* と読むべきとする）という語が使われる箇所として3箇所を指示しているが，そのうち 'Vol. II, pp. 1 & 202' における「1」は「4」の誤誤である。なお，ここで言及されているのは Chakravarti 1913–1925による刊本である。

137)　PM（Vol. I, p. 3, lines 16–17），PM on KV to A 1.1.4（Vol. I, p. 81, lines 14–15）.

注釈書が著されたのはパーニニ文典や『カーシカー注解』だけではない。パーニニ文法学の大源泉であるパタンジャリの『大注釈』に対しても注釈書が残されており，『大注釈』の理解に便宜を提供している。それらのうち，カイヤタ（11 世紀）による『灯火』（*Pradīpa*）とナーゲーシャ（Nāgeśa 17 世紀〜18 世紀）による『照明』（*Uddyota*）が最もよく知られているもので，かつ利用頻度が最も高い。上述したハラダッタの『語の花房』はこのカイヤタの注釈書から影響を受けている。そこではカイヤタと全く同じ文言が繰り返されることもある。カイヤタの『灯火』は，パタンジャリの『大注釈』の理解に欠かせないだけでなく，それ自体，パーニニ文法学の考え方を知る上で大変に有益な資料である。後代には「極めて長大かつ容易に理解の及ばない『大注釈』とカイヤタなどの偉大なる作品」（*ativistṛtadurūhabhāṣyakaiyaṭādimahāgrantha*）として，『大注釈』と並び称せられている[138)]。ナーゲーシャの『照明』は第一にはこの『灯火』に対する注釈書であるが，ナーゲーシャはしばしばカイヤタと意見を異にし，自らが正しいと認める『大注釈』の解釈を提示している[139)]。『灯火』よりも分量が多く，読み解くのに労力を要するが，『灯火』と同じく貴重な情報の宝庫でもある。

パタンジャリが『大注釈』にて展開する，微に入り細を穿つ議論を理解し，その論理の筋道を追うことは一朝一夕にはいかない。それはあたかもミノタウロスの迷宮である。大文法家の思考回路を正しく辿るにはアリアドネの糸が必要であり，カイヤタとナーゲーシャによる注釈書はその役割を果たしてくれる。彼ら両文法家の解釈が常にパタンジャリの真意を反映しているとは限らないが，進むに値する道の 1 つを照らしてくれるものであるのは確かである。カイヤタの『灯火』に対しては，アンナムバッタ（Annambhaṭṭa 16 世紀）が注釈書『照明』（*Uddyotana*）を著しており，しばしば利用される。『大注釈』の注釈書であるシヴァラーメーンドラサラスヴァティー（*Śivarāmendrasarasvatī* 17 世紀）の『宝石の光』（*Ratnaprakāśa*）は，カイヤタ説をほぼ全面にわたって批判する書としても知られる。そこでは一風変わった自説も展開される[140)]。

138)　BM（Vol. I, p. 2, line 6）.

139)　Cardona 1976: 245.

140)　Filliozat 2021.

『大注釈』に対しては，カイヤタやナーゲーシャ以前にすでにバルトリハリが『大注釈灯論』（*Mahābhāṣyadīpikā*）という注釈書を著している。『大注釈』に対する現存最古の注釈書である。そこでは細かな問題が詳論されるが，カイヤタやナーゲーシャのものとは違い，『大注釈』全体を網羅するものではない。12世紀の文法家ヴァルダマーナ（Vardhamāna）の言葉によれば，パーニニ文典における冒頭3つの節（pāda）に対応する『大注釈』の部分を説明した作品である[141]。それゆえ本作品は『3つの四半集』（*Tripādī*）とも呼ばれるが，バルトリハリ自身がこの箇所のみの説明を意図していたのかどうか，ヴァルダマーナの時代に『大注釈灯論』として伝わっていたのがその部分のみだったのかは，分明でない。現在出版されている刊本が依拠する現存唯一の写本は，『大注釈』第一の四半分の第七日課までしか含んでいない。カイヤタは，バルトリハリによるこの『大注釈灯論』を参照していたようで，キールホルンは，当該の第七日課までに対応する部分のカイヤタの注釈について「バルトリハリの当該の著作からの極めて貧相な抜粋物」と批評している[142]。

『大注釈灯論』のみならず，同じくバルトリハリの『文章単語論』もカイヤタの思索の源泉の1つであり，そこから豊富な引用を見せている。加えて，バルトリハリの『文章単語論』第3巻に対するヘーラーラージャ（Helārāja 10世紀）の注釈書『照明』（*Prakāśa*）にも，カイヤタは負う面がある可能性も指摘されている[143]。

なお，バルトリハリにはこれら『文章単語論』と『大注釈灯論』に加えて，もう1つの作品が帰せられている。一元論を擁護しつつも世界が地・火・水・風・空・識という6つの要素からなることを示すことを眼目とした『6要素の探究』（*Ṣaḍdhātusamīkṣā*）である。韻文作品のようであるが，残念ながら全文は伝わらない[144]。

バットージディークシタ（Bhaṭṭojidīkṣita 16世紀〜17世紀）が著した作品『言葉の海宝』（*Śabdakaustubha*）は，パーニニ文典の規則順序に従って，その規則に

141) Kielhorn 1883: 227.

142) Kielhorn 1883: 226.

143) Iyer 1969: 40.

144) Ratié 2018に現在知りうるすべての断片が収集され，訳されている。

関する詳論を展開する。ただし未完の作品であり，現存する部分はパーニニ文典の第1課～第2課，第3課第1節～第2節，第4課を扱う。本作品では文法規則の説明や適用例の提示がなされはするが，先に述べた『カーシカー注解』や後に述べる『口語注解』などのように手短な注釈類とは性格を全く異にする。各規則のありうる諸解釈について詳しい論説がなされており，前代の文法家たちの見解も注記される[145)]。言わば1つの文法哲学書である。『言葉の海宝』の冒頭第3詩節で「フード付きの蛇（文法家パタンジャリ）が語った『大注釈』の大海から私は言葉の海宝を引きあげる」（*phaṇibhāṣitabhāṣyābdheḥ śabdakaustubham uddhare*）と述べられる通り[146)]，パタンジャリを文法学の権威と見なしている。冒頭部の次の詩からは，文法学の三聖人とバルトリハリに敬意を払っていることもわかる[147)]。

世で尊敬されるに値するパーニニなどの三聖に私は敬意を表す，
聖バルトルハリを筆頭として定説を確立する知者たちにも。

10.3　ベンガル文法家

東インドはベンガルの地で，パーニニ文法学の活動が盛んとなる時期がある。この頃にこの地で活躍した文法家たちは，研究者たちの間で「ベンガル学派」（Bengal/Bengali School）と称されている。彼らベンガル学派の間では，ジャヤーディティヤとヴァーマナの『カーシカー注解』とジネーンドラブッディの『提示』が珍重されたようで，その理由は当時このベンガルの地では仏教が栄えたことにあると考えられている。『カーシカー注解』と『提示』はいずれも仏教徒の手になる作品とするのが学界では一般的である。

12世紀頃，『カーシカー注解』を簡略化したかのごとき注解書『口語注解』（*Bhāṣāvṛtti*）がプルショーッタマデーヴァ（Puruṣottamadeva）によって著される。本作品は『簡易注解』（*Laghuvṛtti*）という名でも知られる。文法規則に対する説明自体がかなり簡素であるのに加え，『カーシカー注解』とは違い，カーテ

145)　Cardona 1976: 283.
146)　ŚK（Vol. I, p. 1, line 10）.
147)　ŚK（Vol. I, p. 1, lines 7–8）.

ィヤーヤナの追加規定が頻繁に引用されて説明されることもない。ジネーンドラブッディの『提示』ほどではないにしろ，カーティヤーヤナの追加規定を可能な限り利用しない形で規則を解釈しようとする姿勢がそこには見られる[148)]。その一方で，後に述べるシャラナデーヴァの『難語注解』と同様，『口語注解』では文学作品からの豊富な引用がなされている。そのほとんどは『バッティの美文詩』からのものである[149)]。

『口語注解』という書名にある「口語」(*bhāṣā*) によって意図されるのは，聖典や祭式の言語たるヴェーダ語とは異なるサンスクリット語のことであり，パーニニが文典中でヴェーダ語規則以外の規則によって規定している言語を指す。『口語注解』の説明対象はそのような非ヴェーダ語を扱うパーニニの文法規則であり，ヴェーダ語を特別に規定する規則と高低アクセントの位置を定める規則については説明が省略されている。パーニニにとっては，高低アクセントの規則は決してヴェーダ語に固有というわけではないが，『口語注解』ではそれらもヴェーダ語にしか関わらない規則と見なされたためか，説明が省かれたようである[150)]。このことは，当時，ヴェーダ語以外のサンスクリット語では高低アクセントは問題とならなかったことを物語っている。

12 世紀後半期にベンガルを治めたラクシュマナセーナ王 (Lakṣmaṇasena) の要請により，年若い学者たちが容易に理解できるよう，このようにアクセント規則を省略した『口語注解』が著されたとする伝統がある[151)]。プルショーッタマデーヴァは，作品冒頭に掲げた詩節において，自身の作品の対象が「口語」のみであることを明言している[152)]。

> 仏陀に表敬あれ。口語に対して，三聖の文法規定に従いながら，
> プルショーッタマデーヴァによって簡潔な注解が著される。

この冒頭の詩から文法学の「三聖」であるパーニニ，カーティヤーヤナ，パ

148) Renou 1940: 78–79, note 2.
149) Bhattacharya 1946: 24.
150) Cardona 1976: 282.
151) Kanjilal 2007: 15–16.
152) BhV (p. 1, lines 4–5).

タンジャリの見解を重んじていることがわかるが，作品の終了部に設けられた詩の中では，プルショッタマデーヴァは自らの注解書が主に参照した文法学文献が何であったかを示唆している。それによれば，プルショーッタマデーヴァはジャヤーディティヤとヴァーマナの『カーシカー注解』に加えて，ヴィマラマティ（Vimalamati 9 世紀）の『区分注解』（*Bhāgavṛtti*）に多くを負っているようである[153)]。

『カーシカー注解』と『区分注解』の最終見解を知りたいとお思いなら，
兄弟たちよ，このわが『口語注解』を考察されたし。

ここで言及されるヴィマラマティの『区分注解』の全体は現存しておらず，他文献における豊富な引用からその存在が知られるのみである。ベンガル文法家たちの作中でしばしば引用がなされていることから[154)]，ベンガルの地では重要な作品と見なされていたことがわかる。この『区分注解』という名前は，おそらくヴェーダ語の規則と通常のサンスクリット語の規則を区分する形で検討する体裁に由来しており，これら 2 種の規則をわけて扱った最初の作品と目される。その内容は，『カーシカー注解』といった他の注解書文献よりも『大注釈』への傾倒が強いと言われ，そこでは『カーシカー注解』の見解が体系的に批判されている[155)]。

プルショーッタマデーヴァの『口語注解』では，ヴェーダ語規則に対する説明がアクセント規則を含めて省略されているが，同じくベンガル地方の文法家マイトレーヤラクシタ（Maitreyarakṣita 11 世紀）が著したパーニニ文典に対する注釈書『原理の灯火』（*Tantrapradīpa*）では，ヴェーダ語規則やアクセント規則の解釈についても論じられている。本作品はジネーンドラブッディの『提示』に対する批判的注釈書としての性格も合わせもつ。『原理の灯火』は『提示』に次いでベンガル学派の間で重んじられた作品であり，ベンガル文法家たちによって豊富に論及される。が，その地を離れて流布することはなかったようで

153)　BhV（p. 573, lines 14–15）.
154)　Bhattacharya 1946: 7.
155)　Renou 1940: 30, Cardona 1976: 284.

ある[156)]。

ベンガル地方は，同じ時期にもう 1 人，有名な文法家を輩出している。シャラナデーヴァ（Śaraṇadeva 12 世紀）である。彼が残した『難語注解』（*Durghaṭa-vṛtti*）は，パーニニ文法に抵触していると思われる文学作品中の語形が，パーニニ文法学の枠組みの中でどのように正当化できるかを説明する作品である。それゆえ，『カーシカー注解』や『口語注解』のように，パーニニ文典の規則 1 つひとつに説明を施していく類いのものではない。『難語注解』では約 500 の文法規則に解釈が与えられ，その解釈のもと問題のある語形に説明が与えられる[157)]。

作品冒頭部の言葉によると，本作品はシャラナデーヴァ自身が著した後，彼の師と思しきサルヴァラクシタ（Sarvarakṣita）という人物が改定したものらしい[158)]。

> 弟子たちが［理解を］妨げられているのに心を痛め，シャラナデーヴァは要請を出した。その要請を受けて，聖サルヴァラクシタはこれ（『難語注解』）を要約して改訂した。

この言葉から察するに，当初，『難語注解』の議論は長すぎて学徒たちの理解が追いつかなかったようである。その結果，学生の数も減少したのかもしれない。そのような事態に対応すべく，師匠が作品の改訂を行ったのであろうか。

『難語注解』において文学作品から引用される語形の数はおよそ 1100 であり，シャラナデーヴァはこれらをおよそ 500 の文法規則に関連させて正当化する。この数は示唆的である。パーニニ文典は約 4000 の規則からなるが，実際の言語運用で考慮される度合いが高いのはこれら 500 の規則という可能性がある。ヴェーダ聖典の語形はほとんど顧みられず，アクセント規則が問題となることもない[159)]。議論の通常の流れは，まず問題となる語形がどのように正当化で

---

156)　Bhattacharya 1946: 11.
157)　Cardona 1976: 284.
158)　DV（Vol. I-2, p. 7, lines 7–8）.
159)　Renou 1940: 52.

きるのか疑義が呈され，それに対して正当化の方法が回答として与えられるというものである。ちょうど，弟子が先生に質問し，先生が答えているような形式であり，当時のサンスクリット教育の現場のあり方を想像させる。議論のなかで多くの文法家の見解が引用されている[160)]。

10.4 『動詞語基表』の伝承文献

パーニニ文典は動詞語基が一定の形で列挙されたテキストを前提としており，それは『動詞語基表』(*Dhātupāṭha*) と呼ばれる。ただし，パーニニが前提としていた『動詞語基表』は当時の形そのままでは伝わっていない。現在利用される『動詞語基表』の形は，後代の文法家たちが注釈を施して伝えた『動詞語基表』のそれである。

『動詞語基表』全体に注釈を著す仕方でその形を伝承しているのは，クシーラスヴァーミン（Kṣīrasvāmin 11 世紀）の『乳河論』(*Kṣīrataraṅgiṇī*)，マイトレーヤラクシタ（Maitreyarakṣita 11 世紀～12 世紀）の『動詞語基の灯火』(*Dhātupradīpa*)，サーヤナ（Sāyaṇa 13 世紀から 14 世紀）の『マーダヴァの動詞語基注解』(*Mādhavīyadhātuvṛtti*) の 3 つである。

このうち，クシーラスヴァーミンの『乳河論』はマイトレーヤラクシタの『動詞語基の灯火』よりも長く，より均衡がとれていると言われるが[161)]，いずれの作品も比較的簡素である。そこでは，動詞語基とそこから派生する諸々の語形が関連規則とともに提示される。作品の冒頭部を除いて，これら 2 作品に豊富な文法学的議論は見られない。他方，サーヤナの『マーダヴァの動詞語基注解』は説明の詳しさの点で群を抜いており，動詞語基から派生するありとあらゆる動詞形と名詞形が，その派生過程の詳細とともに議論される[162)]。

10.5　派生教本類

パーニニ文典は文法規則の適用によって，語からなる文の派生と説明を目指すものであるが，それぞれの文法規則は語や文の派生を導く際の適用順序通り

---

160)　Wielińska-Soltwedel 2006: II.51.

161)　Renou 1940: 15.

162)　Cardona 1976: 288–289.

に文典中に配列されているわけではない。そのため，後代になると，パーニニの規則を主題別に再配列して，語や文の派生の際に適用される順番通りに規則を提示し，それに簡潔な説明を与える形式の文法学文献が現れるようになる。この種の作品は「派生教本」(*prakriyā*) と呼ばれる。パーニニの文法規則の順番を変えてしまうと，規則項目の正しい継起 (*anuvṛtti*) が失われることになってしまうが，派生教本文献では，文法規則の順番が変わっても規則項目の継起は本来のパーニニ文法の規則配列順序に従って維持されることになっている。

派生教本文献の嚆矢を告げるのは，10 世紀頃に出た仏教僧ダルマキールティ (Dharmakīrti 高名な仏教哲学者とは別人) による『語形への悟入』(*Rūpāvatāra*) である[163]。先述したプルショーッタマデーヴァの『口語注解』と同じく，ヴェーダ語規則とアクセント規則は省略されている[164]。「初学者を目覚めさせるために」(*bālaprabodhanārtham*) という作者自身による言葉からもわかるように[165]，本作品は初学者向けのものだったようで，当時，『語形への悟入』が文法学教育過程の中で学ばれるべき作品の 1 つに数えられていたことを示唆する碑文も見つかっている[166]。『語形への悟入』の同種の作品として，ヴィマラサラスヴァティー (Vimalasarasvatī 14 世紀) の『語形の花輪』(*Rūpamālā*) がある。

ラーマチャンドラ (Rāmacandra 14 世紀～15 世紀) によって著された『派生の月光』(*Prakriyākaumudī*) では，『語形への悟入』とは違い，ヴェーダ語規則が扱われている。しかし扱われるヴェーダ語規則はすべてではなく，注釈書『明瞭』(*Prasāda*) の中で孫のヴィッタラ (Viṭṭhala 15 世紀) が増補を行っている。ヴィッタラはまた，『派生の月光』では扱われていないアクセント規則に対する説明も補っている。が，これらの補いもパーニニの文法規則のすべてを網羅するわけではない。『派生の月光』にはシェーシャクリシュナ (Śeṣakṛṣṇa 16 世紀) による注釈書『光照』(*Prakāśa*) もある。シェーシャクリシュナは，後に述べるかの文法家バットージディークシタの師の 1 人である。シェーシャクリシュナの『光照』はヴィッタラの『明瞭』から多くを借用し，『明瞭』に対し

163)　語形の派生過程に対する説明自体はすでに『提示』においてよくなされている。

164)　Cardona 1976: 285.

165)　RA (p. 1, line 5).

166)　Cardona 1976: 285.

て多くの箇所で修正や批判を加えている[167)]。

ラーマチャンドラの『派生の月光』はパーニニ文典の文法規則を主題に合わせて網羅的に分類しようと試みた最初の作品であり（とは言え，省略されている規則もある），ダルマキールティの『語形への悟入』やヴィマラサラスヴァティーの『語形の花輪』よりも人気を博したと言われる。後に登場するバットージディークシタ著『定説の月光』の基礎となった[168)]。ただし，『定説の月光』には見られない『派生の月光』の大きな特徴の1つとして，非パーニニ文法学文献で提示される諸見解や非パーニニ文法的な語形を許容する場合があることが挙げられる[169)]。この特徴は彼に続くナーラーヤナバッタにも観察される。

ナーラーヤナバッタ（Nārāyaṇabhaṭṭa 16世紀～17世紀）による『派生大全』（*Prakriyāsarvasva*）では，ヴェーダ語規則とアクセント規則のいずれもが取りあげられる。しかし，両規則はその最終章である第20章で一緒に論じられており，アクセント規則はあたかもヴェーダ語だけに適用可能な規則であるかのように見なされている。

ともあれ，この『派生大全』ではパーニニ文典の文法規則は網羅的に説明されているのだが，それに対して，ダルマキールティの『語形への悟入』やラーマチャンドラの『派生の月光』ではパーニニの文法規則が網羅されていない。このことが『派生大全』の冒頭に設けられた詩節で非難の対象となっている。この詩節はナーラーヤナバッタの後援者であったデーヴァナーラーヤナ王が語ったものとして提示されている[170)]。

> 『カーシカー注解』において語形成立の説明は美しくない。さらに『語形への悟入』やこの『派生の月光』などにおいては，文法規則が全くもって網羅されていない。それゆえ，語形の導出とすべての文法規則を扱う明瞭で節度あるこの『派生大全』という名の作品を，お前（ナーラーヤナ）は私（王）の言う仕方に従って作るべし。

167）Trivedi 1925: li.

168）Trivedi 1925: xxxiii–xxxvi.

169）Trivedi 1925: xxxiv, Cardona 1976: 286.

170）PS（Vol. I, p. 2, lines 7–10）.

『派生大全』のもう1つの特徴として，パーニニ文法に反する語形であっても，偉大な作家たちが用いている事実を語形の正しさの根拠として認めるという態度がある。

ナーラーヤナバッタは『非パーニニ語形の正当性』（*Apāṇinīyapramāṇatā*）という作品も残している。これは，チャンドラゴーミンの文法学や，サンスクリット文典『弁才天の首飾り』（*Sarasvatīkaṇṭhābharaṇa*）をこしらえたボージャ王（Bhoja 11世紀）の文法学など，パーニニ文法学派外の文法学体系の見解を擁護するための作品である[171]。彼は本作品において次のように述べ，文法学の三聖が漏らしている事例をチャンドラゴーミンやボージャ王の文法学が網羅し，三聖の文法学を補完しているという見解を表明している[172]。

> 一群の文法学文献を実際の言語運用とともに観察してから，パーニニは概要を公言した。対して，彼が漏らした幾分かをカーティヤーヤナが公言した。彼（カーティヤーヤナ）から抜け落ちたものをパタンジャリ聖者が語った。彼（パタンジャリ）によってすら述べられなかったことを，ある場合には世間の言語慣習から，またある場合には先代の文法学文献から見てとって，ボージャなどが明言したのである。

このような考えのもと，ナーラーヤナバッタは，非パーニニ文法学派の見解やパーニニの文法規則に即していない語形を積極的に認めている。

バットージディークシタの『定説の月光』（*Siddhāntakaumudī*）は，派生教本文献の代表作であり，この種の作品のうちで最も高い人気を誇る。パーニニ文法学への導入としてまず始めに学ばれることが多い。本作品の基礎となったラーマチャンドラの『派生の月光』では説明が省略されている文法規則があるが，『定説の月光』ではすべての文法規則が取りあげられている[173]。もちろんヴェーダ語規則とアクセント規則も扱われる。

バットージディークシタの『定説の月光』は，ラーマチャンドラやナーラー

---

171) 『派生大全』と作者ナーラーヤナバッタについてはHouben 2012, 2015が詳しい。

172) AP 29（p. 7, line 26–p. 8, line 2）.

173) Trivedi 1925: xxxiii.

ヤナバッタの作品とは違い，非パーニニ文法学の諸見解と非パーニニ文法的な語形を受けいれることはせず，パーニニ文法学至上主義の立場をとる。パーニニ，カーティヤーヤナ，パタンジャリという三聖の見解を重んじ，とりわけパタンジャリに最大の権威をおく。『定説の月光』に対しては著者自らが注釈書『達士休心論』（*Prauḍhamanoramā*）を残している。その名の通り，文法学の「達士，熟練者」（*prauḍha*）向けの書である。この作品に対しては，バットージディークシタの孫にして，後に述べるナーゲーシャの師にあたるハリディークシタ（Haridīkṣita 17 世紀）が『言葉の宝石・小論』（*Laghuśabdaratna*）と『言葉の宝石・大論』（*Bṛhatśabdaratna*）という 2 つの注釈書を残している。後者の方がより長いが，この『言葉の宝石・大論』を実際に著したのはナーゲーシャであり，彼がそれを自身の師に帰したという説もある[174]。

バットージディークシタは，前代のパーニニ文法家たちの見解に異議を唱えて新たな道を確立した革新者として知られ，彼の見解は先代の見解に比べて「新しいもの」（*navya*）と言われる。上述したラーマチャンドラの『派生の月光』とヴィッタラの『明瞭』で提示される論に対してバットージディークシタは強烈な批判を見せており，『達士休心論』の中では自らの師であるシェーシャクリシュナにも公然と反旗をひるがえしている[175]。ラーマチャンドラの『派生の月光』，ヴィッタラの『明瞭』，そしてシェーシャクリシュナの『光照』に対するバットージディークシタの批判は，『達士休心論』のテキストにおいてほとんどすべての頁に見られるという[176]。

ラーマチャンドラの『派生の月光』，ナーラーヤナバッタの『派生大全』，バットージディークシタの『定説の月光』では，文法規則の規定内容を提示する際に，『カーシカー注解』や『口語注解』に見られる「〜である」（*bhavati*）ではなく「〜であるべし」（*syāt*）という表現が用いられる。これは一般に，パーニニ文法を規範化する明確な意思表示と見なされている。バットージディークシタはナーラーヤナバッタに会って自らの『定説の月光』を見てもらうべく，南インドのケーララを目指したが，道中でその訃報に接したという伝説がある。

174)　Abhyankar and Shukla 1977: 444.

175)　Cardona 1976: 288.

176)　Trivedi 1925: xxxiv.

一方，これとは逆の伝説，つまりナーラーヤナバッタの方がバットージディークシタに会うために北インドのベナレスを目指したが，やはり道中でその訃報に接したというものもあって，真偽のほどは定かではない[177]。

『定説の月光』に対して著された『達士休心論』以外の注釈書としては，ヴァースデーヴァディークシタ（Vāsudevadīkṣita 18世紀）の『初学休心論』（*Bālamanoramā*）と，ジュニャーネーンドラサラスヴァティー（Jñānendrasarasvatī 18世紀）の『真理覚知論』（*Tattvabodhinī*）が有名である。『初学休心論』は説明がわかりやすく，その名が示すごとく「初学者，未熟者」（*bāla*）に優しい作品となっている。『真理覚知論』はそれに比べて親切でなく，理解には一定の学識が必要となる。これら2つの注釈書はいずれもヴェーダ語規則とアクセント規則を扱う『定説の月光』の箇所に対する説明を欠く。その箇所についてはジャヤクリシュナ（Jayakṛṣṇa 18世紀以後）が『簡明論』（*Subodhinī*）の中で説明を施している[178]。さらに，『定説の月光』にはナーゲーシャによる2つの注釈書が知られている。『言葉の月冠・大論』（*Bṛhacchabdenduśekhara*）と『言葉の月冠・小論』（*Laghuśabdenduśekhara*）である。前者の方が仔細にわたる説明を含む。

バットージディークシタによる『定説の月光』を簡約化したものはいくつかあるが，その中でもよく教科書として利用されるものにヴァラダラージャ（Varadarāja 17世紀）の『定説の月光・小論』（*Laghusiddhāntakaumudī*）がある。その冒頭で述べられるように，本作品はパーニニ文法を学ぶための入門書として企図されたものである[179]。

> 清らかで美質に溢れるサラスヴァティー女神に表敬して，
> パーニニ文法への入門のために私は『定説の月光・小論』を作ろう。

このような性格のものとして，『定説の月光・小論』では限られた数の文法規則のみが扱われる。扱われる規則数はおよそ1300であり，ヴェーダ語のみを対象とする文法規則はすべて省略されている。『定説の月光・小論』はバッ

177)　Śāstrī 1931: 1.
178)　Cardona 1976: 286–287.
179)　LSK（p. 1, lines 4–5）.

トージディークシタの『定説の月光』と並んで現在でも文法学の教科書として使われている。

10.6　解釈規則文献

パーニニ文典には，規則を解釈したり適用したりする際の約束事を定めた規則が多く存在する。それらは規則のための規則として「解釈規則」（*paribhāṣā/paribhāṣāsūtra*）と呼ばれる。パーニニが文典中で直接に規定している解釈規則に加えて，後代の文法家たちはパーニニによる特定の言い回しを根拠として様々な解釈規則を導き出し，解釈規則を集めた規則集を編纂した。すでにカーティヤーヤナの『評釈』とパタンジャリの『大注釈』において，解釈規則を示すような言明が前者には40以上，後者には300以上述べられている。そのようなパタンジャリの言明の多くは後の解釈規則文献の中に解釈規則として収録された[180]。

最古の解釈規則集はヴィヤーディ（Vyāḍi 年代不詳）によりもたらされたと目され[181]，それには『ヴィヤーディの解釈規則注解』（*Vyāḍīyaparibhāṣāvṛtti*）という注釈書が著されて今に伝わっているが，この注釈書の作者自体は不明である[182]。『ヴィヤーディの解釈規則注解』は，バルトリハリ以前，パタンジャリの『大注釈』の権威がまだそれほど高くなかった時代に現れたものであると想定されている[183]。そこで扱われる解釈規則の数は87である。

続いて，プルショーッタマデーヴァが，解釈規則を集めて提示した『解釈規則一覧』（*Paribhāṣāpāṭha*）と，個々の解釈規則に対する説明とその必要性の証明をなす『解釈規則小注解』（*Laghuparibhāṣāvṛtti*）を著している[184]。前者と後者とでは解釈規則が扱われる順番と解釈規則の数に相違が見られる。プルショーッタマデーヴァのすぐ後に出たベンガル文法家の1人シーラデーヴァ（Śīradeva 12世紀）の『解釈規則大注解』（*Bṛhatparibhāṣāvṛtti*）は，ベンガルの地を越えて汎インド的に人気を博し，以下で述べるナーゲーシャの作品が登場する

---

180)　Abhyankar 1967: 6–7.

181)　ヴィヤーディという名の謎に包まれた人物については伊原 1992が情報をまとめている。

182)　Wujastyk 1993: II.xiii–xiv.

183)　Wujastyk 1993: II.xxvii.

184)　Abhyankar 1967: 27.

までは解釈規則に対する権威的作品と見なされた[185]。この『解釈規則大注解』の次に登場するのはニーラカンタディークシタ（Nīlakaṇṭhadīkṣita 17世紀）の『解釈規則注解』（*Paribhāṣāvṛtti*）であり，『解釈規則大注解』の簡略版のような様を呈する。『解釈規則大注解』が出てから次の解釈規則文献が現れるまで時代的にかなりの隔たりがあるが，それは『解釈規則大注解』が誇っていた人気の高さに起因するかもしれない[186]。ニーラカンタの『解釈規則注解』のすぐ後に，ハリバースカラ（Haribhāskara 17世紀）が『解釈規則の太陽』（*Paribhāṣā-bhāskara*）を著す。

ナーゲーシャが著した『解釈規則月冠論』（*Paribhāṣenduśekhara*）は解釈規則文献の最高峰である。解釈規則を学ぼうとするものは，この作品を注意深く読んで理解せねばならないと言われる[187]。ナーゲーシャの時代に至るまでパーニニの残した文言を根拠として多くの解釈規則が導出されてきたが，ナーゲーシャはパタンジャリが是と認める解釈規則のみを厳選し，それを『解釈規則月冠論』に集成した。そこに挙がる解釈規則の数は合計で122である。『解釈規則月冠論』に対する注釈書はいくつか著されたが，本作品以後，解釈規則を論ずる独立の作品はついに現れなかった。『解釈規則月冠論』は近現代のインドにおいて広く学ばれている。ナーゲーシャはパタンジャリを最高の権威にすえて議論を進めるが，文体と内容の点でシーラデーヴァの『解釈規則大注解』とニーラカンタディークシタの『解釈規則注解』から強い影響を受けていると考えられる[188]。

ナーゲーシャは，パーニニ文法学の歴史の最後期に属する大文法家であり，『解釈規則月冠論』以外にも実に多くの作品を世に送った。全体的にナーゲーシャはパタンジャリを最高権威とする姿勢が非常に強い。『解釈規則月冠論』を例にとると，自らの説の根拠として，パタンジャリの『大注釈』への論及が幾度となくなされている。『大注釈』に注釈『灯火』を残した文法家カイヤタへの論及もしばしばなされ，カイヤタの作品もまたナーゲーシャにとって情報

185)　Bhattacharya 1922: 205–206.
186)　Abhyankar 1967: 10.
187)　Abhyankar 1967: 32.
188)　Wujastyk 1993: II.xxii.

源の1つだったことがわかる。「『大注釈』とカイヤタ」（*bhāṣyakaiyaṭa*）と一組で言及されることもある。

ナーゲーシャは先行の学者たち（パーニニ文法家を含む）の考えを批判することに何の戸惑いも見せない。先哲パタンジャリの見解を確立するために鋭い論陣をはり，パタンジャリに反すると見てとるや否や，かたっぱしから切り倒していく。無論，しばしばパタンジャリの見解に従わないことがある『カーシカー注解』もその対象である[189]。ナーゲーシャの批判の矛先は自らの叔父にあたるバットージディークシタにも向けられている。

10.7　言語哲学文献

文法規則の解釈だけにとどまらず，言葉や意味そのものなどに対する言語哲学はすでにパタンジャリの『大注釈』に見られるが，その方面を大成した哲学書はバルトリハリの『文章単語論』である。『文章単語論』の第3巻「雑事の部」（*prakīrṇakāṇḍa*）に対しては文法家ヘーラーラージャによる注釈書『照明』がある。実に豊かな議論を含んでおり，バルトリハリ哲学の理解にとっても，インド文法哲学を知るための資料としても，すこぶる重要なものである。その論述をカイヤタが参照していた可能性を考慮するならば，なおさらである。ヘーラーラージャはバルトリハリの著書を深く学んでいたと思われ，小川は彼を「真正のバルトリハリ学徒」と評している[190]。

その後に現れた言語哲学の色彩が強い文献で，代表的なものはカウンダバッタ（Kauṇḍabhaṭṭa 17世紀）の『文法家の装飾』（*Vaiyākaraṇabhūṣaṇa*），ナーゲーシャの一連の「器」文献，すなわち『文法家の定説の大器』（*Vaiyākaraṇasiddhāntabr̥hanmañjūṣā*），『文法家の定説の小器』（*Vaiyākaraṇasiddhāntalaghumañjūṣā*），『極小の器』（*Paramalaghumañjūṣā*）である。これらの「器」文献のうちでは，最初のものが最も詳細である。カウンダバッタは自著『文法家の装飾』の簡略版として『文法家の装飾の精髄』（*Vaiyākaraṇabhūṣaṇasāra*）を著している。後者は

189)　Uddyota（Vol. III, p. 247, lines 19–20）.

190)　小川 2014: 65, note 23. 一方で小川は，同じく『文章単語論』に注釈を著しているプニヤラージャ（Puṇyarāja ヘーラーラージャ以降？）が果たしてバルトリハリ学徒と呼べるかどうか，疑義を呈している（小川 2014: 65, note 23; Ogawa 2004–2005: 148）。

前者の要点を簡潔に提示したものである。これらカウンダバッタの2作品は，バットージディークシタ作『文法家の定説の詩頌』（*Vaiyākaraṇasiddhāntakārikā*）で提示される諸見解を詳述するものである。

カウンダバッタとナーゲーシャはそれぞれ，パタンジャリの『大注釈』とバルトリハリの『文章単語論』の見解を擁立するために，作中で激しい論戦を行っている。他学派の見解が多く論及される点は『文章単語論』と同じであるが，異なるのは，それらを明確に批判する点にある。『文法学派の定説の小器』はカウンダバッタの『文法家の装飾』と同じような主題を扱うが，扱う順番や強調点は異なる。作中では他の哲学派の見解が否定されるにとどまらず，ナーゲーシャの批判の舌鋒はカンダバッタやバットージデークシタにも及んでいる[191)]。

10.8　文法家と作品一覧

以下，本書の本文や脚注において言及している文法学文献のすべてとその作者名を列挙しておく。年代が重なる文法家については，ここでの列挙順が文法家の活動した時代の前後関係を示すように可能な限り配慮したが，必ずしもそうなっていない場合もありうる。実際の前後関係が筆者らには不明瞭である場合があったためである。

文献名については日本語だけではなく原文も入れている。本書において作品名を挙げる際には原題の日本語訳をもって挙げ，脚注においてより具体的な文献の該当箇所を指示する際にはサンスクリット原題の略号をもって指示する。略号が指す文献とその刊本情報については本書末尾の「刊本情報」を見られたい。もちろん，ここに列挙するものが文法学文献のすべてではない。あくまで本書で言及するもののみである。

現在に伝わる『動詞語基表』と『語群表』の形はパーニニの時代に属するものではなく，その本来の形もパーニニ自身の手になるかどうかは確定し難いのだが，以下では便宜上，パーニニの著作の一部として提示する。

191）Cardona 1976: 305–306.

- シャーカターヤナ（年代不詳）
  『ウナーディ規則』（*Uṇādisūtra*）
- パーニニ（紀元前5世紀～紀元前4世紀）
  『八課集』（*Aṣṭādhyāyī*）
  『動詞語基表』（*Dhātupāṭha*）
  『語群表』（*Gaṇapāṭha*）
- ピンガラ（？）［年代不詳］
  『パーニニ派音声学』（*Pāṇinīyaśikṣā*）
- カーティヤーヤナ（紀元前3世紀）
  『評釈』（*Vārttika*）
- シャンタヌ／シャーンタナヴァ（パタンジャリ以前？）
  『名詞語基の規則』（*Phiṭsūtra*）
- パタンジャリ（紀元前2世紀）
  『大注釈』（*Mahābhāṣya*）
- 著者不明（5世紀以前？）
  『ヴィヤーディの解釈規則注解』（*Vyāḍīyaparibhāṣāvṛtti*）
- ヴァラルチ（4世紀～5世紀？）
  『ヴァラルチの集成』（*Vārarucasaṅgraha*）
- チャンドラゴーミン（5世紀）
  『チャンドラ規則』（*Cāndrasūtra*）
- バルトリハリ（5世紀）
  『大注釈灯論』（*Mahābhāṣyadīpikā*）
  『文章単語論』（*Vākyapadīya*）
  『6要素の探究』（*Ṣaḍdhātusamīkṣā*）
- ジャヤーディティヤとヴァーマナ（7世紀）
  『カーシカー注解』（*Kāśikāvṛtti*）
- ジネーンドラブッディ（7世紀から8世紀）
  『提示』（*Nyāsa*）
- ヴィマラマティ（9世紀）
  『区分注解』（*Bhāgavṛtti*）

- ダルマキールティ（10 世紀）
  『語形への悟入』（*Rūpāvatāra*）
- ヘーラーラージャ（10 世紀）
  『照明』（*Prakāśa*）
- カイヤタ（11 世紀）
  『灯火』（*Pradīpa*）
- ボージャ（11 世紀）
  『弁才天の首飾り』（*Sarasvatīkaṇṭhābharaṇa*）
- クシーラシヴァーミン（11 世紀）
  『乳河論』（*Kṣīrataraṅgiṇī*）
  『アマラ辞典の解明』（*Amarakośodghāṭana*）
- マイトレーヤラクシタ（11 世紀～12 世紀）
  『動詞語基の灯火』（*Dhātupradīpa*）
  『原理の灯火』（*Tantrapradīpa*）
- ハラダッタ（12 世紀）
  『語の花房』（*Padamañjarī*）
- プルショーッタマデーヴァ（12 世紀）
  『口語注解』（*Bhāṣāvṛtti*）
  『指標の集積』（*Jñāpakasamuccaya*）
  『行為実現要素の車輪』（*Kārakacakra*）
  『解釈規則小注解』（*Laghuparibhāṣāvṛtti*）
  『解釈規則一覧』（*Paribhāṣāpāṭha*）
- シーラデーヴァ（12 世紀）
  『解釈規則大注解』（*Bṛhatparibhāṣāvṛtti*）
- ヴァルダマーナ（12 世紀）
  『語群の宝石の大海』（*Gaṇaratnamahodadhi*）
- シャラナデーヴァ（12 世紀）
  『難語注解』（*Durghaṭavṛtti*）
- ウッジュヴァラダッタ（13 世紀）
  『ウナーディ注解』（*Uṇādivṛtti*）

- サーヤナ（13 世紀〜14 世紀）
  『マーダヴァの動詞語基注解』（*Mādhavīyadhātuvṛtti*）
- ヴィマラサラスヴァティー（14 世紀）
  『語形の花輪』（*Rūpamālā*）
- ラーマチャンドラ（14 世紀〜15 世紀）
  『派生の月光』（*Prakriyākaumudī*）
- ヴィッタラ（15 世紀）
  『明瞭』（*Prasāda*）
- シェーシャクリシュナ（16 世紀）
  『光照』（*Prakāśa*）
- アンナムバッタ（16 世紀）
  『照明』（*Uddyotana*）
- ナーラーヤナバッタ（16 世紀〜17 世紀）
  『非パーニニ語形の正当性』（*Apāṇinīyapramāṇatā*）
  『派生大全』（*Prakriyāsarvasva*）
- バットージディークシタ（16 世紀〜17 世紀）
  『達士休心論』（*Prauḍhamanoramā*）
  『言葉の海宝』（*Śabdakaustubha*）
  『定説の月光』（*Siddhāntakaumudī*）
  『文法家の定説の詩頌』（*Vaiyākaraṇasiddhāntakārikā*）
- ハリディークシタ（17 世紀）
  『言葉の宝石・小論』（*Laghuśabdaratna*）
  『言葉の宝石・大論』（*Bṛhatśabdaratna*）
- ニーラカンタディークシタ（17 世紀）
  『解釈規則注解』（*Paribhāṣāvṛtti*）
- ヴァラダラージャ（17 世紀）
  『定説の月光・小論』（*Laghusiddhāntakaumudī*）
- ハリバースカラ（17 世紀）
  『解釈規則の太陽』（*Paribhāṣābhāskara*）
- シヴァラーメーンドラサラスヴァティー（17 世紀）

『宝石の光』(*Ratnaprakāśa*)

- カウンダバッタ（17 世紀）
  『文法家の装飾』(*Vaiyākaraṇabhūṣaṇa*)
  『文法家の装飾の精髄』(*Vaiyākaraṇabhūṣaṇasāra*)
- ナーゲーシャ（17 世紀〜18 世紀）
  『言葉の月冠・大論』(*Bṛhacchabdenduśekhara*)
  『言葉の月冠・小論』(*Laghuśabdenduśekhara*)
  『極小の器』(*Paramalaghumañjūṣā*)
  『解釈規則月冠論』(*Paribhāṣenduśekhara*)
  『照明』(*Uddyota*)
  『文法家の定説の大器』(*Vaiyākaraṇasiddhāntabṛhanmañjūṣā*)
  『文法家の定説の小器』(*Vaiyākaraṇasiddhāntalaghumañjūṣā*)
- ジュニャーネーンドラサラスヴァティー（18 世紀）
  『真理覚知論』(*Tattvabodhinī*)
- ヴァースデーヴァディークシタ（18 世紀）
  『初学休心論』(*Bālamanoramā*)
- ジャヤクリシュナ（18 世紀以後）
  『簡明論』(*Subodhinī*)

11　パーニニ文法学における権威

> 陛下は人間に市民権をお与えになることはできますが，言葉に市民権を与えることは，できません[192)]。

これは，文法家ポンポニウス・マルケルスが時の皇帝ティベリウス（紀元後 1 世紀）の誤った語法を指摘した場面で語った言葉として，『文法家および弁論家について』(*De grammaticis et rhetoribus*) に記載されているものである。ローマ皇帝の権力をもってしてもラテン語のあり方を勝手に変えることはできない

192)　翻訳は柳沼 2003: 119 による。

ことを述べている。正しい言葉に対する知識という点では皇帝ですら文法家には敵わない。このことをはっきりと宣明する「皇帝より文法家たちが上である」(*Caesar nōn suprā grammaticōs*) というラテン語の格言は，この文法家ポンポニウス・マルケルスの逸話から生まれたものであるという[193]。サンスクリット語の歴史においても，言葉の是非を判断するにあたって文法家たちの力は絶大であった。そんな文法家たちの中でも，最高最大の権威を誇ったのが文法家パタンジャリである。

11.1　文法に困ったらパタンジャリに聞く

どんなに訝しい語形や表現であっても，パタンジャリ自身が作中で一度でも使っていたり，その語形や表現を認めるような発言をしていれば，是である。パタンジャリが白と言えばカラスの色も白，それくらいの権威を有しており，その名声はインドの地を越えて東南アジアにまで轟いている。パーニニの文法規則の解釈法や解釈の結果として導き出される語形について，最終的な拠り所とされるのがパタンジャリである。文法に困ったらパタンジャリ大先生にお聞きすれば間違いないというわけだ。

ただしサンスクリット語を用いて著作活動をした誰もがパタンジャリの見解に従った言語運用をしているわけではない。明らかにパーニニ文法学に通じている詩人や詩学者（詩人たちの詩について論ずる学者）が，パーニニの文法規則それ自体には反しないがパタンジャリの解釈には反するような表現を是認している例もある[194]。文法家の中にも，あくまでパーニニの文法規則それ自体を重視する者（ジネーンドラブッディなど）や他の文法学体系の考えも認める者（ナーラーヤナバッタなど）がいるのも確かである。

パタンジャリの『大注釈』を学んだ文法学者は「パタンジャリの水を飲んだ者」(***pītapātañjalajala***) と言われる[195]。日本語で言う「～の流れを汲む者」に似た表現である。太字で示したように，前半部で *p* 音と *t* 音の繰り返し，後半部で *jala* という単位およびそれに伴う *j* 音と *l* 音の繰り返しがあり，響きもい

---

193)　風間 2005: 54.

194)　たとえば川村 2017b: 275–287 や Kawamura 2017 を見よ。

195)　SDS (p. 288, line 3).

い。

パタンジャリの『大注釈』はあるべきサンスクリット語の姿を確定するための源であるだけではなく，後に発展するインド哲学にも甚大な影響を与えている。『大注釈』に展開された言葉と意味をめぐる種々の議論はバルトリハリの壮大な言語哲学の生成を促しつつ，インド哲学の至るところにその爪痕を残した。西洋哲学で言うと，古代ギリシアの哲学者プラトン（紀元前 5 世紀～紀元前 4 世紀）のような存在である。12 世紀のヨーロッパを代表する思想家ソールズベリーのヨハネスはプラトンを「すべての哲学と哲学者の君主」と呼んでいるが[196)]，これをもじってパタンジャリを「すべての文法学と文法学者の君主」と呼んでも異論は出ないと思われる。

それにしてもなぜパタンジャリなのか。精巧なサンスクリット文典を著したパーニニ，その文典の規定を種々議論する評釈を残したカーティヤーヤナ，これら文典と評釈を再度厳しく詳論したパタンジャリ，これら 3 者は文法学の「三聖」と讃えられていることはすでに述べた。その後も，パーニニの文法規則に対する文法学者たちの考究の歴史は続き，その伝統は現代にまで引き継がれている。なぜ，最初に文典をこしらえたパーニニでもなく，パーニニ以後に登場してきた如何なる文法家でもなく，パタンジャリその人に最大の権威が一般に認められているのか。

パタンジャリに最大の権威をおく文法家たちにとっては，三聖のうちパーニニよりカーティヤーヤナ，カーティヤーヤナよりパタンジャリの方が格上である。彼ら文法家たちの間には次のような約束事がある[197)]。

実に，三聖のうち時代がより後の者に権威がある。

これはカイヤタがはじめて明言した公理であるが，ナーゲーシャに言わせると，この公理はパタンジャリ自身の言葉から推測可能なものである[198)]。言い方は違うがナーラーヤナバッタやバットージディークシタも同種の言明を記録

196)　甚野・中澤・ペレス 2002: 592.

197)　Pradīpa on MBh to A 1.1.29（Vol. I, p. 293, line 14）.

198)　川村 2017b: 268.

している[199]。

三聖の文法学のうち，時代がより後のものに権威がある。

聖者らのうち，時代がより後の方に権威がある。

なぜこのような公理が成り立つのか。その背後にある理屈はなにか。それを明らかにするためには，サンスクリット語の模範的話者として仰がれる「知識人」について説明しなければならない。

11.2　サンスクリット語を母語のように操る知識人

パタンジャリによれば，サンスクリット語をまるで母語のように話す人々が当時いたようで，パタンジャリはそのような人々を「知識人」(*śiṣṭa*) と呼んでいる。この知識人たちは北インドに住まう品行方正なバラモンで，パーニニ文典を学ばずして文典の規定に沿った正しいサンスクリット語を使用する者たちである。そのようなことができるのは，この知識人たちが授けられている「神々の恩寵」(*daivānugraha*) か，あるいは彼らが生まれながらに有する「本性」(*svabhāva*) によるという[200]。彼らは，文典を学ばずとも自然と正しいサンスクリット語を使うことのできる者たちである[201]。

パーニニ文法学の伝統において，パーニニ，カーティヤーヤナ，パタンジャリという文法学の三聖が主な説明の対象としているのは彼ら知識人たちの言語運用であり，彼ら知識人たちこそが正しい言葉に対する「権威」(*pramāṇa*) と見なされる[202]。文法学の規定が彼ら知識人たちの言語のあり方を決めるのではなく，知識人たちの言語のあり方に従って文法学の規定が設けられるのであ

199)　AP 35 (p. 9, line 20), SK 222 (Vol. I, p. 223, line 2); 2875 (Vol. IV, p. 23, line 4).

200)　MBh on A 6.3.109 (Vol. III, p. 174, line 13).

201)　パタンジャリが論ずる「知識人」の概念についてはCardona 1997: 551–553を参照せよ。

202)　MBh on A 6.3.109 (Vol. III, p. 174, line 10). 実際にはパタンジャリが描く知識人たちの居住地域（北インド中央部）とパーニニが生きたと思われる地域（北西インド）は異なるが，いずれにせよ，パーニニが文典中で主な説明対象としたのも，ある種の知識人（エリート）たちの言語であったと考えられる (Cardona 1997: 553)。

る。この考え方は，後代に至るまで文法家たちの間で原則として一貫している。つまり，サンスクリット文法学伝統において，最も高い権威を仰がれるべき人物は，これら模範的話者としての知識人たちということになる。

文法学の三聖たるパーニニ，カーティヤーヤナ，パタンジャリは，知識人たちの言語運用を直に観察することができた人物として「実例だけに眼を向ける者」（*lakṣyaikacakṣuṣka*）と言われる。一方，もはやそのようにサンスクリット語を母語のごとく操る知識人たちがいなくなった時代，たとえば現代のわれわれは，どうすれば彼ら知識人たちが使ったサンスクリット語のあり方を知ることができるだろうか。

そのようなことを可能としてくれるのが，文法学の三聖が残した数々の文言である。それらを拠り所として，当時，どのようなものが正しいサンスクリット語であったかを，後の時代に生きる者たちは知ることができる。文法学が正しいサンスクリット語を知るための「眼」（*cakṣus*）となるのである[203]。人は三聖が残した文言を参照し，それに従うことで，古の知識人たちの由緒正しき言語運用に従うことが可能となる。彼ら三聖の文法規定に反する言語運用を行うということは，すなわち先賢たる知識人たちに反する言語運用を行うことに他ならない。

パタンジャリの後，三聖がなした種々の規定や彼らが残した言明に依拠してサンスクリット語を学ぶ者たちは「文法規定だけに眼を向ける者」（*lakṣaṇaikacakṣuṣka*）と言われる。これら「実例だけに眼を向ける者」（文法学の三聖）と「文法規定だけに眼を向ける者」（三聖より後の者たち）はそれぞれ「実際の言語運用を見る者」（*prayogadarśin*），「文法学の言明に従う者」（*vacanānusārin*）とも呼称される[204]。

ここで，パタンジャリ以後の文法学伝統においてなぜパタンジャリが最高の権威と見なされるのかという話に戻ろう。「知識人」の概念を見たいまや，その理由を明らかにすることができる。

1 人の文法家が現実の言語運用を観察できる範囲には空間的にも時間的にも限界があり，自身の文法体系からは漏れた事例が他地域に存在することや，時

203)　VP 3.14.80.

204)　Ogawa 2005a: 282.

代を経て新たな事例が現れることは避けられない。パーニニが説明していない事例をカーティヤーヤナができる限り網羅し，パタンジャリは自身の知る言語事情に適合するように両者の規定をさらに討究した。時代がより後の文法家は時代がより前の文法家に比べ，すでに定められている規定および自分が生きる地域や時代の言語資料の両方を通じて，知識人たちが使用する正しいサンスクリット語をより多く観察することができる。それに合わせて文法体系を改善することができたという意味において，知識人たちの言語使用に直接触れることができた三聖のうち，時代がより後の者により高い権威が認められることになる。ナーラーヤナバッタは「多く［の正しい言葉］を知っていることこそが，より後のものに権威がある理由である」（*bahuvittvaṃ eva uttarottaraprāmāṇye hetuḥ*）と端的に述べている[205)]。パタンジャリの『大注釈』は，パーニニの文典とカーティヤーヤナの『評釈』に比べ，より広範囲の言語運用の観察に基づく結果が記述されているものであり，ゆえに，そこに最大の権威が認められることになるのである。考察材料が多い方が，結論の確度はあがるからである。

これとは別に，実に奥深くかつ精緻な仕方で論議を尽くした文法学界最大の英哲として，パタンジャリに最大の尊崇と権威がおかれているという面もあるかもしれない。パタンジャリの『大注釈』を読んだことがある人なら，このような理由がありえることにも首肯してもらえると思う。

11.3　文法規則を「見てとった」文法家たち

上に見たように，文法学の三聖のうちでパタンジャリに最大の権威をおき，パタンジャリをパーニニ文法学の旗頭とする伝統がインドにはある。かく言われるパタンジャリ本人はというと，パーニニやカーティヤーヤナよりも自分の方が格上だ，と明言しているわけではなく，そういう態度をとっている風でもない。むしろ両者に対して一定の敬意を払っていることが彼の言葉遣いからはわかる。たとえばパタンジャリはパーニニやカーティヤーヤナに対して「尊者」（*bhagavat*）や「師」（*ācārya*）といった表現を使っているし[206)]，両者が文法の然るべきあり方やそれを表現する文法規則を「見てとる／見てとった」のだ

205)　AP 35（p. 9, line 21）.

として，両者に特別な地位を付与している[207]。

世界の真理やそれを表現する完璧な言語形式など，凡人には一生かかっても手の届かないような事柄を直感的に「見てとる」のはヴェーダ時代の聖仙（*ṛṣi*）たちの特徴である。パタンジャリがパーニニやカーティヤーヤナを「聖仙」と呼ぶことはないが，上述した言い方からしてパタンジャリは両者の地位を古代の聖仙たちと同じ位置にすえていたと見える。

バルトリハリになると，三聖たるパーニニ，カーティヤーヤナ，パタンジャリを合わせて「大聖仙，大仙」（*maharṣi*）と呼ぶようになり[208]，バルトリハリはその中でもパタンジャリを「大一級の知識人」（*ādiśiṣṭa*）として仰いでいる[209]。バルトリハリは，パタンジャリをパーニニ文法学の最高権威とする流れの劈頭に位置する人物である。このように文法学の三聖のうちでパタンジャリを最重視する考えがある一方で，必ずしもそうでない考えをもつ詩人や文法家がいたことにも上では触れた。三聖のうち，間に挟まれるカーティヤーヤナを絶対視するような立場を少なくとも筆者らは知らないが，最初のパーニニのみに依拠して語形説明を行う立場，すなわちパーニニに最も大きい権威を認める立場は存在する。そのような立場は「聖者一人見解」（*ekamunipakṣa*）と言われる[210]。現代のパーニニ文法学研究者たちの間でも，歴史上のどの文法家が自分の中で一番かと聞かれたなら答えは異なると思われる。

パーニニの文法規則を読み解くとき，なぜパーニニがある特定の言い方をしているのか，理解が及ばないことがある。『カーシカー注解』は奥底の知れない規則のあり方をとらえて「パーニニによる文法規則の作り方はまこと不可思議なり」（*vicitrā hi sūtrasya kṛtiḥ pāṇineḥ*）と述べた[211]。パーニニが「見てとった」文法規則の真髄に迫るには，われわれにも何か神がかり的な状態が要求されるのかもしれない。

---

206)　たとえば MBh（Vol. I, p. 6, lines 14–15）や MBh on vt. 10 to A 8.2.6（Vol. III, p. 393, line 1）を見よ。「尊者」はもっぱらパーニニに対して用いられ，1 箇所でのみカーティヤーヤナに対して用いられている（Kielhorn 1908: 503）。

207)　Scharfe 1977: 157–158.

208)　VP 1.23.

209)　川村 2017b: 275.

210)　Renou 1940: 78–79, note 2; 1942（1957）: 112–113.

211)　KV on A 1.2.35（Vol. I, p. 40, lines 5–6）.

12　パーニニ文法学の役割と地位

パーニニ文法学は，ヴェーダ聖典やヴェーダ祭式に資するヴェーダ補助学（*vedāṅga*）の1つに数えあげられている。ヴェーダ補助学には以下の6つがある。

韻律学（ヴェーダ聖典の足）	祭文の韻律構造を教える
祭事学（ヴェーダ聖典の手）	祭式の執行次第を教える
天文学（ヴェーダ聖典の目）	祭式の挙行にふさわしい時機を教える
語源学（ヴェーダ聖典の耳）	祭文に現れる難語の語源を教える
音声学（ヴェーダ聖典の鼻）	音の正しい発音法を教える
文法学（ヴェーダ聖典の口／顔）	正しい言語形式を教える[212]

パタンジャリは，これらヴェーダ補助学のうちで文法学こそが最も主要なるものであることを宣言している[213]。西洋においても，7つの自由学芸（文法学・修辞学・弁証術［論理学］の「三学」と算術・幾何学・音楽・天文学の「四科」）のなかで文法学は列挙の順序も重要さもその筆頭に位置するものであった。先にも名を出したソールズベリーのヨハネスは，文法学を「すべての哲学の揺籃」，「言葉に関わる学問の第一の乳母」とする。彼によれば「文法学を知らない者が哲学を行うことは不可能」である[214]。ここでヨハネスの言う「文法学」は，ラテン語の文法学である。

文法学がヴェーダ補助学であるならば，それが果たす役割は第一にはヴェーダ聖典の伝承や理解またはヴェーダ祭式の実践に資するものであるはずであろう。実際，パタンジャリが『大注釈』で説く文法学の計18の目的，言い換えれば文法学が果たすべき18の役割の中には，それらに資するものが含まれている[215]。一方で，その中にはヴェーダ聖典やヴェーダ祭式とは少なくとも直

212)　カイヤタによれば，パタンジャリの『大注釈』冒頭に提示される「正しい言葉の教示」（*śabdānuśāsana*）こそが文法学の直接目的である（Pradīpa on MBh［Vol. I, p. 2, lines 2–3］）。

213)　川村 2017b: 12.

214)　甚野・中澤・ペレス 2002: 625.

215)　これら18の目的については川村 2017b: 11–17にまとめている。尾園 2014aも参照せよ。

接的には関わらないようなものもある。

インド伝統が措定する文法学の主要な機能は，言葉を浄化すること，すなわち誤った言葉から正しい言葉を分け隔てることにある[216]。バルトリハリは言う[217]。

> 身体，言葉，思考に固着している諸々の汚れは，治療の学，文法規則の学，自己の学によって洗い落とされる。

言葉に潜む文法的な欠陥は文法学によって取り払われる。カーティヤーヤナやパタンジャリの言い方を借りれば，文法学は誤った言葉を「抑止するもの」（*nivartaka*）となってくれる[218]。上の詩節と同趣旨のことは次の詩節によっても言われている。同じくバリトリハリのものである[219]。

> それ（文法学）は，解脱への門，言葉の汚れの治療，すべての学問の浄化具として，諸学の上に輝き出る。

ここで文法学は，解脱への門，すなわち人を解脱へと導くものとまで断言されている。文法学によって浄化された正しい言葉を使用することで，人には功徳（*dharma*）が蓄積され，繁栄（*abhyudaya*）が約束されることは初期文法家のカーティヤーヤナやパタンジャリに認められる考えであるが[220]，当該のバルトリハリの詩節では，文法学の与える果報が解脱にまで高められている。この関連で，同じくバルトリハリの次の詩節も引用に値しよう[221]。

---

216) 誤った言葉は，恒常なる正しい言葉が能力の欠如（*śaktivaikalya*），不注意（*pramāda*），怠惰（*ālasatā*）といった理由から誤った仕方で発音されることにより現れる。そのような誤った言葉は正しい言葉を聞き手に想起させることで正しい言葉と同じ意味を聞き手に伝える（PM [Vol. I, p. 8, lines 8–11]）。

217) VP 1.174.

218) vt. 10 on A 1.1.1 (Vol. I, p. 41, line 1), MBh on vt. 10 to A 1.1.1 (Vol. I, p. 41, line 2).

219) VP 1.14.

220) 詳しくは川村 2017c を見よ。

221) VP 1.22.

一者であるものが，種々の語形成によって多様に区分される。その至高のブラフマン（コトバ原理）は，文法学に達して初めて証得される。

文法学が「解脱への門」と称揚された上の詩節についてもう1つ注目すべきは，文法学が「すべての学問の浄化具として諸学の上に輝き出る」ものであること，すなわち一切の学問を扶助するものであることが宣明されている点である。他の箇所でバルトリハリは文法学を「諸学問の最高の拠り所」（*vidyānām... parāyaṇam*）とも述べている[222)]。このような見方は，先に見た詩論家バーマハの「他の諸学問という一切の雌象らが常に享受する…文法学の大海」という言葉にも現れていた。ハラダッタの言い方では，文法学とは「一切の学問を照らす灯火」に他ならない[223)]。

力を尽くして偉大なる文法学に仕えるべし。それは一切の学問を照らす灯火として確立しているから。

いかなる分野に身をおこうとも，言葉を使用せずして自らの思索を披露することも他者と討論することもできない。そのとき，誤った言葉をもって議論をしようものなら，知者たちに見下されてしまい，本人は赤っ恥をかくことにもなる。このことからも，人は何としてでも文法学に通じ，正しい言葉遣いを習得しておく必要がある。バルトリハリは言う[224)]。

なぜなら，すべての者は概して自らの学問の中で文法学に従うからである。そして，人は崩れた語形を使ってしまうと必ず恥を覚えることになる。

カシミールの学匠ジャヤンタ（Jayanta 9世紀）によれば，文法学を知らぬ者は「田舎者」である。己を「田舎者ならざる者」（*agrāmya*）へと仕立てあげるべく，文法学が学ばれねばならない[225)]。

---

222) VP 1.15.

223) PM（Vol. I, p. 14, lines 19–20）.

224) Vṛtti on VP 1.13（Vol. I, p. 49, lines 4–5）.

あらゆる浄化具よりも浄化するものにして，アーリヤ人士らに尊崇され，人生の四目的を証得させる文法学を学ぶべし，已を田舎者ならざる者にするために。

ソールズベリーのヨハネスもまた，ラテン語の文法学を習得しておかないと学問の世界ではやっていけないことを述べている[226)]。

文法学はいわば，すべての者が批判されずに，悩むこともなく，歩ける公道である。誤った文法を用いることは，理に適った道を辿らないことを意味する。そのように誤った道を辿る者は，行き止まりの絶壁に至るか，批判者の攻撃の餌食になる。

サンスクリット文法学がすべての学問の基礎であり，それゆえすべての者に学ばれるべきものとして高い地位を得るということは，必然的に文法家という者の地位の高まりをも帰結する。文法家たちは，数々の文法規則に通じ，正しい言葉のあり方を見抜くことのできる慧眼（けいがん）の士として，周囲から一目置かれていたことであろう。9世紀の詩論家アーナンダヴァルダナ（Ānandavardhana）が残した言葉「第一級の知者とは文法家なり。すべての学問は文法学に基づくがゆえ」（*prathame hi vidvāṃso vaiyākaraṇāḥ | vyākaraṇamūlatvāt sarvavidyānām*）は，文法家の地位の高さを如実に物語っている[227)]。

パーニニ文法学が三聖によって確立された後，数多（あまた）の文法家たちが世に出てそれを継承していった。文法規則に対する議論はますます深まり，ますます広がりながら，パーニニ文法学の大伝統はインドの学問世界に圧倒的な影響力を行使し続けた。パーニニ文法学の遺風は未だ止むところを知らない。その背後には，パーニニ文法学に従う古典的なサンスクリット語を是とする気風がグプタ王朝を中心としてインドの地に沸き起こり，拡大したことが，大きな要因の1つとして横たわっている。

---

225)　NM（Vol. II, p. 260, lines 3–4）.

226)　甚野・中澤・ペレス 2002: 638.

227)　川村 2017b: 20–21.

インド中世にサンスクリット文化が拡大するなか，文法学の知識は，とりわけ文芸活動に携わる詩人や詩学者たちの間で重要視された。彼らが著し，また論評する美文作品（*kāvya*）は，言葉の芸術として一切の文法的欠陥を排したものであるべきだからである。7世紀の詩論家バーマハと8世紀の詩論家ヴァーマナの言明を提示しておこう[228)]。

> そして，詩文を創ろうとする者はそれ（文法学）の修得に向けて努力しなければならない。

> 言葉の浄化は，すなわち言葉の正しさの決定は，正しい言葉を伝承する手段，すなわち文法学に基づく。実に，動揺なき詩人たちによって使用されるのは清浄なる諸語である。

最後に，文法学を修めて正しい言葉遣いをなす人々を讃える，それゆえ文法学を讃えていることにもなるジャヤンタの言明を引いておこう。文法学の知識のもとサンスクリット語を正しく使う人々を，地上に降り立った神にも等しい存在と見る一言である[229)]。

> 神々は別の姿をとって大地の上で楽しまれる。
> それは，文法学のなす浄化で口の清められた人々。

もし読者の方々がサンスクリット語を学んでいるならば，古典インドの最重要の学に位置づけられるパーニニ文法学を一度は学んでみてはいかがだろうか。いよいよ次講から，パーニニ文法学の大海原へと帆を進めいくことにしよう。

---

228)　KA 6.4ab, KASV on KAS 1.3.4（p. 7, lines 11–12）.

229)　NM（Vol. II, p. 260, lines 13–14）. ジャヤンタの諸言明については友成 2015 により知り得た。

コラム2　堅苦しい言葉遣いのせいで女性に嫌われた文法家

5世紀から6世紀前半に著された文学作品に『4つのバーナ劇集』(*Caturbhāṇī*)と呼ばれるものがある。これは4つの劇を集めた戯曲集である。書名にあるバーナ劇とは古典サンスクリット劇の種類の一つで，1人の粋人（すいじん）役によって演じられる，一人狂言のような形をとった劇のこと。ここに描かれる滑稽な文法家の話についてはすでに拙著『ことばと呪力』でも取りあげたが[1]，本コラムでは拙著では触れなかった点も含め，改めて論じてみたい。

4つの劇のうちの第一劇「蓮華の贈り物」において，ダッタカラシいう名の文法家と粋人のやりとりがなされる場面がある。この文法家ダッタカラシのことば遣いがなんとも耳障りなものらしい。ダッタカラシとやりとりをしたくない粋人がその場を去ろうとしたとき，ダッタカラシがある台詞を放ち，粋人がそれに反応し，それに対してさらにダッタカラシが台詞を放つ。以下である[2]。

> ま，どうかお好きなように。さあ，私は失礼しましょう。何です？
> 「どこへ御出立召さるるや？　まあ，お待ちくだされ。何故に，かくあたふたされますや？」
> ですって。勘弁してください。そんな杖でぶったたくような，厳しい言葉の雷電で驚かさないでください。よろしいか，普通の言葉でお話しなさい。ラクダの口からごろごろ出てくる耳ざわりな音にも似た，毒を耳の中にたらしこむような，あなたがた文法家のうんざりする言葉の耽溺には，私ども辛抱しきれませんよ。
> 何ですって？
> 「何匹ものいななき散らす牝牛にみまがう雄弁家とのやりとりに鍛えられた，多くの語根（鉱物）からなる百人殺しのような言葉のスタイルを捨てて，この私にご婦人がたの身体のような甘く柔かなしゃべり方が，いったいどのようにできましょうか？」
> ああ，なんと参りましたな。いやいや，まったくあなたは度しがたい。

文法家ダッタカラシの言葉は「言葉の雷電」のようであり，それは杖で叩かれるようにきついものらしい。文法家自身，自らの言葉を「百人殺し」という古代インドの武器に例えている。自分の言葉遣いが普通ではないことに自覚があるようだ。

ダッタカラシの言葉のどこがそんなにいけないのか。「どこへ御出立召さるるや？　まあ，お待ちくだされ。何故に，かくあたふたされますや？」という彼の台詞の原文を見ると，難しい語形と ṣ「シュ」という荒い音が繰り返されていることがわかる。

ṣ「シュ」のような歯擦音は聞き手にきつい印象を与えるものである。そのような *ṣ*「シュ」の連続を生み出す原因になっているのは，*saṃcicariṣuḥ*（サンチチャリシュフ）や *dudrūṣuḥ*（ドゥッドゥルーシュフ）という語形の使用である。上の訳ではそれぞれ「御出立召さるる」と「かくあたふたされます」にあたる。

これらはいずれも意欲活用語幹「〜しようと試みる，〜しようと欲する」からつくられた形容詞である。この種の語形は高尚な文学作品には出てくるが，上のような日常会話の場面では滅多に用いられることのないものだったのだろう。そのような難しい語形を連続して使っている点と，それによって *ṣ* という荒い音が発話の中に連続して出てきている点をとらえて，粋人は文法家ダッタカラシのことばを「言葉の雷電」と表現していると思われる。

その先を読んでみると，別の場面でも文法家ダッタカラシは「触(さ)らないで」といった普通の物言いではなく「触(ふ)れるべからず」といった硬い言い回しをしていることがわかる。原文には *mā sprākṣīḥ*（マー スプラーックシーヒ）とある。*sprākṣīḥ* はアオリスト語幹指令法（injunctive）の形。この難しい語形のなかにはやはり *-ṣ-*（シュ）という音が現れている。さらに言えば，ここでは *-ṣ-* 単体ではなく *-kṣ-*（クシュ）という堅い音が連続する結合子音も現れており，それが耳障りな感を際立たせている。

この「蓮華の贈り物」では，凝った言い回しを避けるべき場面が次のように述べられている[3]。

> よしなき世間話，ご婦人がたや友人との礼儀正しき会話，
> 訴訟の場での訴え，世俗の話など口にするとき，
> 花の冠に棘を植え込むごとき，苛烈な語や音などを
> 誰が用うべきや？

われわれの日常世界を考えても，文法家ダッタカラシのような言葉遣いで話しかけられたら，思わずぎょっとしてしまうだろう。彼は普段からこんな風な言葉遣いをしているものだから，惚れ込んでいる女性を怒らせてしまったらしい。女性とのデート中に「ジュース飲みたい」と言うのは普通だが，「われはジュースを飲むことを欲す」などという言い方をしていたら，間違いなく二度目のデートはなさそうだ。そもそもこんな言葉遣いでは一度目のデートにもこぎ着けそうにないが。

1　川村 2022c: 205–208.
2　翻訳は藤山・横地 1994: 21 による。
3　翻訳は藤山・横地 1994: 21 による。

第 II 講
パーニニ文法学の派生体系

1　パーニニ文法が導出する名詞形と定動詞形

本講では，具体的な語形の派生過程を丁寧に追っていくなかで，パーニニの文法体系の実際を明示するとともに，文法学上のさまざまな概念についても確認していく。具体的な語形と言っても，多くの語形の派生を扱うことはせず，本講第 3 節において名詞形の代表例を，続く第 4 節において定動詞形の代表例をそれぞれ 1 つずつ取りあげる。以下に，パーニニ文法がその派生を導くことになる名詞形と定動詞形の性格を寸描しておく。

1.1　名詞形

まず，サンスクリット語の名詞形は性・数・格を区別する。性には男性・女性・中性の 3 つ，数には単数・両数・複数の 3 つ，格には主格・対格・具格・与格・奪格・属格・所格・呼格の 8 つがあり，名詞類はこれらのいずれかを示す語形に変化した形で姿を現わす。派生教本文献『定説の月光』が母音 *a* で終わる名詞の派生を扱う際に使用する *rāma*「ラーマ」という語を例にとろう。ラーマは古代インドの叙事詩『ラーマーヤナ』（*Rāmāyaṇa*）の主人公の名である。この *rāma* という名詞語基に *-s* という名詞語尾をつけて *rāmaḥ*「ラーマは」となれば主格単数男性の名詞形であり，*-am* という名詞語尾をつけて *rām-am*「ラーマを」とくれば対格単数男性の名詞形，となる。

この *rāma* の変化形の一覧を表で示せば以下の通りとなる。

表 1　名詞語基 *rāma* の変化形（アクセントは省略）

	単数	両数	複数
主格	*rāmaḥ*	*rāmau*	*rāmāḥ*
対格	*rāmam*	*rāmau*	*rāmān*
具格	*rāmeṇa*	*rāmābhyām*	*rāmaiḥ*
与格	*rāmāya*	*rāmābhyām*	*rāmebhyaḥ*
奪格	*rāmāt*	*rāmābhyām*	*rāmebhyaḥ*
属格	*rāmasya*	*rāmayoḥ*	*rāmāṇām*
所格	*rāme*	*rāmayoḥ*	*rāmeṣu*
呼格	*rāma*	*rāmau*	*rāmāḥ*

パーニニ文典では派生される語がとる高低アクセントについても規定が用意されているが，この表では，高低アクセントを示さない形で *rāma* の格変化形を提示している。本書では，高低アクセントを規定する規則は扱わないが，説明の便宜上，高低アクセントそのものについて以下に略述しておく。

サンスクリット語は古代ギリシア語や日本語と同じく高低型のアクセントをもつ。通常，高アクセント，低アクセント，曲アクセントの 3 種が区別され，ギリシア語の鋭アクセント，重アクセント，曲アクセントにおおむね対応する。古典期のサンスクリット語では高低アクセントは失われているが，ヴェーダ語ではそれが保持されており，パーニニが観察した知識人たちの日常会話の中でも保持されていたと考えられる[1)]。

パーニニ文典では，上記 3 つのアクセントを有する母音に対してそれぞれ「高アクセント母音」（*udātta*「揚げられた母音」），「低アクセント母音」（*anudātta*「揚げられていない母音」），「曲アクセント母音」（*svarita*「響かされた母音」）という名称が付与されている。それぞれの名称は次のように定義される。いずれも名称の付与を目的とする名称規則である。

1)　パーニニ文典が規定するアクセント体系については Cardona 1997: 376–400 に詳しい。なお，名詞語基の形や意味の上から高アクセントの位置を定めるシャンタヌ／シャーンタナバ（Śantanu/Śāntanava）の『名詞語基の規則』（*Phiṭsūtra*）と呼ばれる作品がある。おそらくパタンジャリはこの作品を知っていたと思われるが，パーニニの手になるものではない（Cardona 1976: 175–177; 1997: 377）。この『名詞語基の規則』（*Phiṭsūtra*）という作品名は，同作品が名詞語基をピシュ（*phiṣ*）と呼んでいることに由来する。

規則 1.2.29 *uccair udāttaḥ* ||（← *ac* 1.2.27）
高く発音される母音は高アクセント母音と呼ばれる。

規則 1.2.30 *nīcair anudāttaḥ* ||（← *ac* 1.2.27）
低く発音される母音は低アクセント母音と呼ばれる。

規則 1.2.31 *samāhāraḥ svaritaḥ* ||（← *ac* 1.2.27）
両者が組み合わされた母音は曲アクセント母音と呼ばれる。

高アクセントは，母音が高く発音されるときに観察される音の性質（*guṇa*）である。高アクセント母音は，調音位置の上部で生み出される音とされ，それが発音される際には調音器官の緊張，音の粗さ，声門の狭めが見出されるという。低アクセントは，母音が低く発音されるときに観察される性質である。低アクセント母音は，調音位置の下部で生み出される音とされ，それが発音される際には調音器官の弛緩，音の滑らかさ，声門の広がりが見出される[2)]。曲アクセントは，母音が部分的に高く（つまり高アクセントで），部分的に低く（つまり低アクセントで）発音されるときに観察される性質である。曲アクセント母音のどの部分が高く，どの部分が低いかは次の規則によって規定されている。

規則 1.2.32 *tasyādita udāttam ardhahrasvam* ||
それ（曲アクセント母音）の最初の部分である，短母音半分の長さに相当する部分は高アクセントで発音される。

曲アクセント母音の最初の部分をなす短母音半分の長さに相当する部分は高アクセントで発音されることを教えている。残りの部分は低アクセントで発音されることになる。

1.2　定動詞形

名詞語基に名詞語尾が付されて名詞形ができあがるのと同様に，動詞語基に

2)　キャット・川村 2023: e110–e111.

接辞や語尾が付されて定動詞形ができあがる。定動詞形は動詞語基の意味に加えて語幹・時制・話法・人称・数・態の情報を担う。同じく『定説の月光』が派生過程を説明する際に利用する動詞語基 *bhū*「〜になる，〜が生ずる」を例にとろう。この動詞語基 *bhū* に語幹形成接辞 *a* と一人称単数の動詞語尾 *mi* をつければ *bhavāmi*「わたしは〜になる」，*-si* という二人称単数の動詞語尾をつければ *bhavasi*「あなたは〜になる」，*-ti* という三人称単数の動詞語尾をつければ *bhavati*「彼／彼女／それは〜になる」という定動詞形ができる。この *bhū* の現在語幹・直説法・能動態の形を表で示せば以下の通りである。

表2　動詞語基 *bhū* の現在語幹・直説法・能動態の変化形（アクセントは省略）

	単数	両数	複数
一人称	*bhavāmi*	*bhavāvaḥ*	*bhavāmaḥ*
二人称	*bhavasi*	*bhavathaḥ*	*bhavatha*
三人称	*bhavati*	*bhavataḥ*	*bhavanti*

通常，定動詞形は文の主節にあるとき高アクセントを保持しない。対して，文の従属節に置かれるときなど，いくつかの条件のもとでは高アクセントを保持する。上の表2は定動詞形の高低アクセントを考慮しないものである。

上に示した2つの変化形，すなわち名詞語基 *rāma* の主格単数形から呼格複数形までの24種の名詞形と，動詞語基 *bhū* の一人称単数現在能動形から三人称複数現在能動形までの9種の定動詞形が，パーニニ文法ではどのような過程を経て最終的に派生されるのか，その詳細を本講第3節と第4節では説明する。その際，名詞形と定動詞形いずれについても，高低アクセントの説明は省略する。

その次に，本講第5節にて，名詞形派生の説明の際に言及することになる第一次接辞（*kr̥t*）とそれによる語派生について解説する。続く第6節と第7節では，同じく名詞形派生の説明の際に触れることになる第二次接辞（*taddhita*）とそれによる語派生および複合語（*samāsa*）の派生について説明を与える。

以上を通じて，そのすべてではないにせよ，パーニニ文法というものがどんな姿をしているかについて理解し，パーニニ文法学のいろはを身につけていただけたらと思う。語形派生の手順は文法学文献によって異なることがあるが[3]，本書では『定説の月光』が示す派生手順に従う形で説明を行っていく[4]。

2　パーニニ文法の構成[5]

語形派生の説明に入る前に，その前提条件としてパーニニ文法の構成を簡単に説明しておく。しかし，以下の記述だけを読んでも理解は難しいと思われるため，むしろ本講第3節以降，具体的な語形説明をなす箇所から読み始め，状況に応じてこの箇所を確認してもらう方がよいかもしれない。パーニニ文法の構成を説明するこの第2節の箇所には，第3節以降の具体例を用いた解説の中でもしばしば言及することになる。

2.1 『音素表』

パーニニ文典は一定の音素表を前提としている。この音素表は「音の一覧」(*akṣarasamāmnāya*)，「短縮記号の短句」(*pratyāhārasūtra*)，「神の短句」(*devasūtra*)，「シヴァの短句」(*śivasūtra*) とさまざまに呼称される。「シヴァ」という神の名前が現れるのは，表を構成する音がすべてシヴァ神から授けられたものであるという伝統的な考えがあるからである。次のよく知られた詩節ではそのことが明言されている[6]。

> 大主宰神（シヴァ）から音素群を証得し，文法学全体を公布したパーニニに崇敬あれ。

詩人ソーマデーヴァ (Somadeva 11世紀) が著した大説話集『物語の河の大海』(*Kathāsaritsāgara*) では，パーニニは文法学それ自体をシヴァ神から授かっ

---

3)　その一例としてはScharf 2008を見よ。

4)　『定説の月光』の該当箇所を読解して資料を作成するにあたっては，小川英世先生が東京大学での集中講義用に用意した訳注資料が大いに役立った。未公開の資料を共有していただいた小川先生に感謝する。

5)　本節はキャット・川村 2022: e176–e182に加筆修正を施したものである。

6)　PŚ 57 (Vol. IV, p. 640).

たことになっている[7]。

> そこ（ヒラーラヤ山）で彼（パーニニ）は，激しい苦行によってシヴァ神を満足させて，彼から全学問の頂点に立つ新しい文法学を獲得した。

以下にパーニニ文法が前提とする音素表を提示する。この音素表はパーニニ自身が構成したものであるとする立場が学界では普通であるが[8]，音素を一定の順序で並べた表のようなものはパーニニ以前から存在していた可能性がある。

(1) *a　i　u　Ṇ*
(2) *r̥　l̥　K*
(3) *e　o　Ṅ*
(4) *ai　au　C*
(5) *ha̱　ya̱　va̱　ra̱　Ṭ*
(6) *lÃ　Ṇ*
(7) *ña̱　ma̱　ṅa̱　ṇa̱　na̱　M*
(8) *jha̱　bha̱　Ñ*
(9) *gha̱　ḍha̱　dha̱　Ṣ*
(10) *ja̱　ba̱　ga̱　ḍa̱　da̱　Ś*
(11) *kha̱　pha̱　cha̱　ṭha̱　tha̱　ca̱　ṭa̱　ta̱　V*
(12) *ka̱　pa̱　Y*
(13) *śa̱　ṣa̱　sa̱　R*
(14) *ha̱　L*

このような音素表を設ける理由は，これによって複数の音，特に自然類（natural class）を一括して提示する短縮記号をつくり，この短縮記号を使うこと

---

7) KSS 1.4.20 (p. 82, lines 21–22). シヴァ神（大自在天）の力を借りてパーニニが文法学をこしらえるという逸話は，すでに義浄（7世紀）の『南海寄帰内法伝』にも見られる（宮林・加藤 2004: 346）。

8) Cardona 1976: 160–161.

で文法規則を簡略にして，文法規則による言葉の派生と説明を効率的に行うためである。

音素群（1）〜(14) それぞれの最終位置にある子音は *it* と呼ばれる指標辞である（規則 1.3.3）。これらの指標辞を使って，たとえば *aC*（[1] *a* から [4] *C* までの音，すべての母音），*ha̱L*（[5] *h* から [14] *L* までの音，すべての子音），*aL*（[1] *a* から [14] *L* までの音，すべての音）といったように，複数の音を指示する短縮記号が形成される（規則 1.1.71）。基本的に，パーニニは合計で 41 あるいは 42 の短縮記号を自身の文法の中で用いている[9]。

（5）以降に子音が配置されているが，それら子音に付されている *a* 音は，子音の発音を容易にするため，あるいは子音の発音を可能とするため（*mukhasukhārtha*「口の心地好さのため」，*uccāraṇārtha*「発音のため」）に付されているものである[10]。この発音用の母音がなければ，たとえば（5）の音素群を読みあげるとき，*hyvr* という子音連続を発音しなければならないが，そのままでは発音が困難である。あるいは，そもそも単独の子音それ自体，母音を後続させずには発音できないと考えられている[11]。母音に引いている下線は，それらが発音用の母音であることを示す。

（1）〜(6) に挙げられる母音や半母音は，その同類音も指示する（規則 1.1.69）。同類音とは，同じ調音位置と口腔内の同じ調音動作をもって発せられる音である（規則 1.1.9）。たとえば，それぞれの母音には短母音（1 モーラ），長母音（2 モーラ），延伸母音（3 モーラ）の区別，非鼻母音（口母音）と鼻母音の区別，高アクセント母音，曲アクセント母音，低アクセント母音の区別がある。これらはすべて同じ調音位置と同じ調音動作によって発音される音なので，同類音と見なされる。したがって，たとえば音素表冒頭の *a* は，3（短母音，長

9) Devasthali 1967: 9–10, Cardona 1997: 80–82.

10) 文法家たちは，（6）の *l* 音に付されている *a* 音は発音用の母音 *a* ではなく指標辞としての鼻母音 *Ã*（規則 1.3.2）と見なす（Cardona 1969: 12, note 31）。その目的は，規則 1.1.51: *ur aṇ raparaḥ* の *raparaḥ* における *ra-* を，「*r* 音」を意味する *ra* ではなく，*r* 音と *l* 音を指示する *rÃ* とする点にある。*ṛ* 音と *ḷ* 音は同類音と見なされるから（vt. 5 on A 1.1.9 [Vol. I, p. 62, line 27]），規則中の *ur* という *ṛ* の属格形によって *ṛ* 音と同類音である *ḷ* 音も指示される。以上により，たとえば母音 *ṛ* に *a* が代置されるときには *a* に *r* が後続し，母音 *ḷ* に *a* が代置されるときには *a* に *l* が後続するという規定内容が得られる（KV [Vol. I, p. 4, lines 9–10]）。

11) SK（Vol. I, p. 4, lines 3–4），BM（Vol. I, p. 5, lines 10–14）.

母音，延伸母音）×2（非鼻母音，鼻母音）×3（高アクセント母音，曲アクセント母音，低アクセント母音）で計 18 種の音を指示することができる。母音 *ḷ* には長母音がないので，それが指示する母音の種類は 12 種となる。複母音である *e*, *ai*, *o*, *au* には短母音がないため，それらが指示する母音の種類も同じく 12 種である[12)]。

音素表の音群に加え，パーニニは動詞語基，接辞，加音にも指標辞を付すことによって，語の派生手続き上でそれらが有する性質を指定している（規則 1.3.2–1.3.8）。指標辞は文法要素が具体的な派生手続きに入る前にゼロ化されて，音素としては存在しないものと見なされる（☞§ 3.1.6）。

2.2 『規則集』

文法規則（*sūtra*）が一定の順序で配列された『規則集』（*Sūtrapāṭha*）がパーニニ文法の基幹となる。『規則集』を構成する文法規則は，通常，短く簡潔な式のようなあり方をした短句であるが，項目を列挙するために長くなっているものも存在する（たとえば規則 3.2.21 や規則 4.1.2）。『規則集』は，8 つの課から構成されていることから，「八課集」（*Aṣṭādhyāyī*）または「八集」（*Aṣṭaka*）と呼ばれる。8 つの課はそれぞれ 4 つの節，すなわち四半分（*pāda*）に区切られ，このそれぞれの四半分は一定数の文法規則からなっている。このような仕方で，『八課集』には約 4000 の文法規則が配列されている。たとえば本書で規則 1.1.1 と言えば，パーニニ文典の第 1 課第 1 節第 1 規則を指す。

パーニニの文法規則は，言葉遣いの点で一切の無駄を排して極度に圧縮されたものであり，そのような規則が次々に淡々と提示されていく。ナーゲーシャが挙げる 1 つの解釈規則によれば，文法家は文法規則を 1 つの子音分の時間幅でも縮めることができれば，それを息子の誕生と同じくらい喜ぶそうである。

> 解釈規則 122: *ardhamātrālāghavena putrotsavaṃ manyante vaiyākaraṇāḥ* |
> 半モーラ（1 つの子音分の時間幅）を縮めることができれば，文法家たちは［それを］息子［が生まれた時と同じ］喜びと考える[13)]。

---

12)　*ṛ* 音と *ḷ* 音を同類音と見なす立場では，*ṛ* 音と *ḷ* 音はそれぞれ 30 種の母音（18 種の *ṛ* 音と 12 種の *ḷ* 音）を指示することになる。

このような文法規則からなる『八課集』は，ただ通読しただけでは何がなんだがわからない代物であり，その内容を真に理解するには先達による解説や先達が著した解説書が必要である。パーニニの文法規則を正しく理解するためにある種の解説（*vyākhyāna*）が必要であることは，すでにパタンジャリが述べていることである[14]。

言葉を極度に圧縮して完成されたパーニニの文法規則の性格は，伝統的な詩によって次のように歌われている[15]。

> 文法規則とは，少ない音節からなり，疑惑を生み出さず，精髄を備え，すべての方向に顔を向け，余分なものがなく，非の打ち所がないものであると，文法規則に通ずる者らは知っている。

パタンジャリは，パーニニが文法規則を定式化した様とそこから帰結することを次のように語る[16]。

> 権威に達した師（パーニニ）は，ダルバ草という浄化具を手に持ち，清浄な空き地に東を向いて座し，多大な労力をもって，文法規則をもたらしたものだった。そのような規則において，一音素たりとも無意味であることはあり得ない。

まるで高野の地で山林独座して観想にふける空海のように，パーニニが人里離れた奥地で高度な集中力をもって思索に沈潜(ちんせん)しながら文法規則を紡いでいった様が浮かんでくる。

文法家たちがパーニニの文法規則を議論する際には，ここで述べられている「パーニニは一音素たりとも無意味な音を使っているはずがない」という発想が働く。パーニニが残した 1 つひとつの金句には一切の無駄がないため，何か

13)　PIŚ 122.

14)　MBh（Vol. I, p. 6, line 26）.

15)　ŚKD（Vol. V, p. 394, lines 1–2）. この定義は，パーニニの文法規則に限らず，何であれスートラと言われるものの性格を説明する際に利用される。

16)　MBh on vt. 7 to A 1.1.1（Vol. I, p. 39, lines 10–12）.

余計に見えるものがあると，そこには何らかの意図が隠されているに違いないと文法家たちは考え，何らかの示唆される内容を見てとるのである。

パーニニ文典において何らかの内容を示唆していると解された表現は「知らしめるもの，示唆者，指標」(*jñāpaka*)，それによって示唆される内容は「知らしめられるべきもの，示唆対象」(*jñāpya*) と言われる。プルショーッタマデーヴァが著した『指標の集積』(*Jñāpakasamuccaya*) は，パーニニが規則中に残したさまざまな指標と，そこから導き出される結論について論じる作品である。議論はパーニニの文法規則の順番に沿って進んでいく。合計で400ほどの指標が取りあげられている[17)]。

2.3 『動詞語基表』

『動詞語基表』(*Dhātupāṭha*) は，多くの語形派生の出発点となる動詞語基を，現在語幹形成のあり方にしたがって10の群に分類して配置したものである。この10の群の中で，動詞語基は何らかの共通の性質に基づいてさらに下位の群 (*antargaṇa*) にまとめられる場合がある[18)]。全部で2000近くの動詞語基が挙げられており，パーニニの『規則集』には，この『動詞語基表』に現れる動詞語基を前提とした文法規則が設けられている[19)]。一方で，『動詞語基表』では提示されておらず，パーニニの文法規則のみで指定されていると見なされる動詞語基も存在し，それは「規則の［動詞語基]」(*sautra*) と呼ばれる。パーニニより前の時代に彼が利用したものとは何かしら異なる形の『動詞語基表』が存在したことを示唆する証拠があるが[20)]，そのような『動詞語基表』は現在には伝わっていない。

『動詞語基表』の中身は後代による付加を伴っており，後代に付加された文法規則 (*sūtragaṇa*) もそこには入り込んでいる[21)]。前者については「なぜなら動詞語基の群は増大しているから」(*vardhate hi dhātugaṇaḥ*) という言明が示すとおりである[22)]。その逆に，本来そこに提示されていた動詞語基が削減された

17) Abhyankar and Shukla 1977: 163.

18) 詳しくは Palsule 1961: 28–36 を見よ。

19) 『動詞語基表』の作者問題については Cardona 1976: 163–164 を参照せよ。

20) Palsule 1961: 14–15.

21) Cardona 1976: 161.

ことはおよそ考えられない[23]。

また，本来『動詞語基表』には動詞語基のみが挙げられていたが，後代にはそれぞれの動詞語基がもつ意味を説明する所格形の語が挿入されるに至る[24]。たとえば，『動詞語基表』の冒頭ではまず動詞語基 *bhū* が提示されるが，本来は *bhū́* とのみ提示されていたはずである。ここに意味を説明する語が追加されて，現在は *bhū́ sattāyām*「*bhū* は存在することを意味する」という形をとっている[25]。マイトレーヤラクシタ，クシーラスヴァーミン，サーヤナが残した『動詞語基表』に対する 3 つの注釈書は（☞第 I 講§ 10.4），いずれもこのような意味記載を含むものである。

パーニニが本来前提とした『動詞語基表』は意味記載を欠くものであった。カーティヤーヤナとパタンジャリの時代にもまだ意味記載は存在しなかったことは，彼らの論述から知られるところである。彼ら 2 人が活躍した時代には，『動詞語基表』に挙がる動詞語基は，音同士の連声が適用された形で続けて読みあげられていたこともわかっている。『動詞語基表』冒頭 3 つの動詞語基までを挙げるならば，カーティヤーヤナとパタンジャリの時代には，*bhvedha-spardha...* という形で伝承されていた。それぞれの動詞語基を離し，連声を適用しない形にすると *bhū edha spardha...* となる。パーニニ文法では，これら動詞語基は一定のアクセントおよび指標辞としての鼻母音を伴っていた。その本来の形を復元するならば，この箇所は *bhū́ édhÃ spárdhÃ...* となっていたはずである[26]。

このように，『動詞語基表』に挙がる動詞語基はアクセントや種々の指標辞の有無によって特徴づけられており，それによって，語の派生手続きにおいて当該の動詞語基がどの文法規則の適用を受けるのか，または受けないのかがすべての動詞語基に渡ってわかるようになっている。このようなアクセントや，

---

22) D'Avella 2018: 87.

23) Böhtlingk 1887（1977）: II.61.

24) このような意味記載（*arthapāṭha*）が後になされたものであることについては，Cardona 1984 を見よ。

25) 文法家バットージデークシタが伝えるところによると，『動詞語基表』に列挙される各動詞語基に意味記載を与えた人物の 1 人は，ビーマセーナという名の人物である（Ogawa 2005a: 96–97）。

26) Cardona 1984: 83.

動詞語基に付された母音が指標辞であることを示す鼻音化は，パーニニ文法家たちの間で動詞語基そのものに対しては書き記されることなく口頭で伝承されていった[27]。現在，それらアクセントや鼻母音は刊本中で見てわかるようになっている[28]。

高曲低いずれかのアクセント母音が指標辞として動詞語基に付される場合，それは子音で終わる動詞語基に付される。一方，*Ṅ*や*Ñ*などの子音の指標辞は母音で終わる動詞語基に付される[29]。これら指標辞は，動詞語基の後側ではなく前側に付されることもある。基本的にどのような指標辞が付されているか，あるいは付されていないかを根拠として，それぞれの動詞語基は 1. 能動語尾をとるもの（*parasmaipadin*，*parasmaibhāṣa*），2. 中動語尾をとるもの（*ātmanepadin*，*ātmanebhāṣa*），3. 両方の語尾をとるもの（*ubhayapadin*，*ubhayatobhāṣa*）の 3 種に振りわけられる。

2. 4 『語群表』

『語群表』（*Gaṇapāṭha*）は名詞類を 261 の群に分類して記載している文献である。パーニニは規則中でこの『語群表』の語群に言及して，当該の文法規則が規定する操作が適用される名詞類を指定している。このように，『規則集』は

27) Liebich 1920: 3–4.

28) Böhtlingk 1887（1977）が提示した『動詞語基表』にはアクセントの記載がないため，研究には使用することができない。高低アクセント付きの『動詞語基表』を再構成した業績は Liebich 1920 に帰せられる。そこでは，Liebich 1920: 4 が述べるように，アクセント記号は Aufrecht 1877 による『リグヴェーダ』校訂本に従ったものが用いられ，指標辞は斜体によって示されている。その後，Katre 1967 もアクセント付きの『動詞語基表』を提供したが，Liebich 1920 のものと基本的に同じと思われる。Katre 1967 の『動詞語基表』には Liebich 1920 のものと異なる記載も見られるが，Liebich 1920 のものが本来の形を示していると考えられる。Liebich 1920 の補遺として Liebich 1922 があり，そこでは 1.『語彙集』（*Nighaṇṭu*）と『語源学』（*Nirukta*）で言及される動詞形とそれに対応する『動詞語基表』の動詞語基，2.『動詞語基表』で与えられる動詞語基の意味を示す語，3. 能動語尾をとる動詞語基／中動語尾をとる動詞語基／両語尾をとる動詞語基，これらがサンスクリット語の字母順に整理されて，掲載されている。さらに，Liebich 1930: 290–359 にはそれぞれの刊本や文献が伝える『動詞語基表』中の動詞語基について索引が提示されている。現在見ることができるすべての『動詞語基表』を対象にして網羅的な総索引を与えたのは Palsule 1955 である。この Palsule 1955 は，Liebich 1922 や Liebich 1930 で提示された索引を大幅に拡大したものである。

29) Cardona 1997: 87–88.

『動詞語基表』と同様に『語群表』も前提とするものである。『語群表』はパーニニ自身に帰せられうるが，パーニニ以前にもすでに類似の語群表が構成されていたようである[30)]。

『動詞語基表』と同じく，『語群表』の中身も後代による増補を伴うが，この傾向は『動詞語基表』よりも著しい。われわれが現在手にして利用することができるのは，これも『動詞語基表』と同じく，すでに何らかの増補を経た形の『語群表』である。それゆえ，パーニニ自身が見ていた『語群表』の姿は不明であるが，その本来の形に可能な限り近づこうとする試みはなされている[31)]。パーニニ文法学文献のうち，パーニニが言及する語群の中身を伝える最古の文献はジャヤーディティヤとヴァーマナの『カーシカー注解』（7 世紀）である。ハラダッタ（12 世紀）によれば，彼の時代には，この『カーシカー注解』以外にパーニニが指示する名詞群の中身を示す注釈文献は存在していなかったらしい[32)]。このハラダッタの発言からすると，彼が自身の作品『語の花房』を著した段階では，ヴァルダマーナによる『語群の宝石の大海』（*Gaṇaratna-mahodadhi*）はまだ現れていなかったと思われる。この『語群の宝石の大海』は，『語群表』に収録されている語群を韻文形式で列挙するものであり，著者自身による自注を伴う。そこにはクシーラスヴァーミンの『アマラ辞典の解明』（*Amarakośodghāṭana*）を参照していた形跡が見てとれる[33)]。このクシーラスヴァーミンの書は有名な『アマラ辞典』（*Amarakoṣa*）に対する注釈書である。

『語群表』に挙がる語群には，「網羅的な語群」（*paripūrṇagaṇa*）と「例示的な語群」（*ākṛtigaṇa*）の 2 種がある。前者は，その語群を構成する名詞類が余すところなく列挙されている語群であり，後者は，その語群に属すべき名詞類のうちの代表例だけが列挙されている語群である。語群に特定の語が列挙されていなくても，その語群が例示的な語群であれば，当該の語をその語群に属するものと見なすことができ，文法規則の適用対象とすることができる。このことからわかるように，「例示的な語群」という概念は，難語の正当化（文法規則によ

30)　Cardona 1976: 165.

31)　Birwé 1961. その他の研究については Cardona 1976: 144 を参照せよ。

32)　PM（Vol. I, p. 5, lines 13–14）.

33)　Eggeling 1879: ix.

り派生の説明を与えること）にとって便利な装置である。その証拠に，時代が下れば下るほど，例示的な語群と見なされる語群は増える傾向にある。

2.5 『ウナーディ規則』

『ウナーディ規則』（*Uṇādisūtra*「*uṆ* 接辞などを扱う規則」）は，主にパーニニ文典が直接的には規定していない接辞による名詞造語法を定めた規則集である。特徴としては，名詞類のすべてを動詞語基から派生させようとする点にあり，動詞語基の後に多種多様な接辞の導入を規定している。『ウナーディ規則』には 5 章からなるもの（*pañcapādī*）と 10 章からなるもの（*daśapādī*）の 2 つが伝わっているが，後者は，前者を利用しながら構成された後代のものである[34]。

『ウナーディ規則』の作者や年代ははっきりしない。1 つ確かなことは，パーニニもまたこの『ウナーディ規則』で規定される類いの接辞を知っており，それを通じた単語の派生と説明を自身の体系において受けいれているということである。パーニニが『ウナーディ規則』の規定する接辞に言及する規則としては規則 3.3.1 や規則 3.4.75 がある。

『ウナーディ規則』の作者は，伝統的にはシャーカターヤナ（年代不明）と考えられている。このシャーカターヤナは，パーニニが文典中で文法学の先人の 1 人として言及する人物であり（☞第Ⅰ講§ 1.1），パタンジャリは名詞類の動詞起源説を唱えた文法学者としてこのシャーカターヤナに論及している[35]。

パーニニ文法学における解釈規則の 1 つとして「*uṆ* 接辞などで終わる項目は，派生されない名詞語基である」（*uṇādayo 'vyutpannāni prātipadikāni*）というものが定式化されている。これはもともとパタンジャリが提言したものである[36]。ここでは，『ウナーディ規則』の特殊規則によってはじめて形成が説明される名詞語基は，パーニニ文法学では「派生されないもの」（*avyutpanna*）と見なされることが表明されている。文法学には，世に存在する名詞類のすべてを，語基の後への接辞導入によって派生したものとして説明できるとする立場（*vyutpattipakṣa*「派生見解」）と，その一部のものは派生させることができず所与

---

34)　Cardona 1976: 170–171.

35)　MBh on vt. 1 to A 3.3.1（Vol. II, p. 138, lines 14–17）.

36)　PIŚ 22, MBh on vt. 5 to A 7.1.2（Vol. III, p. 241, lines 20–21）.

のものとして受けいれるべきものとする立場（*avyutpattipakṣa*「非派生見解」）の２つがある。ナーゲーシャによればパーニニ自身は後者の立場にあり，そう考えないとパーニニ文法の体系に不都合をきたす諸例が知られている[37]。

『ウナーディ規則』の注解書としては，ウッジュヴァラダッタ（Ujjvaladatta 13世紀）の手になる『ウナーディ注解』（*Uṇādivṛtti*）が名高い。『ウナーディ規則』の文法規則を解釈する折には，まずはこの注解書が参照される。この注解書の他にも，かつて豊富な注解書が存在したらしい。ウッジュヴァラダッタは自著の冒頭部で次のように語っている[38]。

> 多くの賢者たちによって『ウナーディ』に対する注解書が豊富に著されてきた。しかし今，それら及び規則，言葉と意味，動詞語基は廃れている。そこで，まさしくそれら諸注解書と他の諸作品を広く精査し，全体的に精髄を取りだした上で，私は注解書を構成しよう。

これによれば，廃れてしまっていた数多くの注解書やその他の諸文献を精査した上で，その精髄を凝縮した作品として『ウナーディ注解』が著されたようである。

3　パーニニ文法における名詞形の派生

以下，*rāma*「ラーマ」という語のそれぞれの格形がどのような過程を経て派生されるのかを具体的に見ていこう。第一に簡潔を旨とし，文法規則の解釈をめぐる細かい事柄には原則として立ち入らないが，その必要ありと判断した場合にはこの限りではない。専門的な注記を要すると判断した事柄については

37)　PIŚ 22（p. 36, lines 15–16）.
たとえば，*putra*「息子」という語はパーニニ文法の体系では一般に「派生されない項目」と見なされているが，『ウナーディ規則』では動詞語基 *pū*「清める」の後に *ṢtraN* 接辞を導入し，*pū* の *-ū* 音を短母音化することで，最終的に *putra* という語を派生させている（Deshpande 2012: 105）。パーニニ文法において「派生される項目」と「派生されない項目」の２つが設定される意義については，Deshpande 2012 による明瞭な考察がある。

38)　UV（p. 1, lines 9–12）.

注に記す。これらのことは，第4節以降でも同様である。

以下では実に多くの文法規則が登場する。同じ文法規則に繰り返し言及することもある。初出の箇所では文法規則に対する詳説を行うが，それ以降で出てくる際には説明を省略する。言及される文法規則がどのような文法規則であり，その規則の規定内容がどのようなものであったかを確認したい場合は，本書とは別刷でつけてある「規則早見表」をご覧いただきたい。そこでは，規則の訳を提示し，規則の内容を説明した本書の箇所を指示している。あるいは，本書の末尾にある索引を利用してもらってもかまわない。読者の方々にとって最も好ましいやり方で読み進めてもらえればと思う。

パーニニ文法学には，言葉の派生を説明する方法として大きく2つのものが知られている。1つは，語基に対して接辞などの要素を順番に導入していき，それぞれの段階で適用可能となる文法規則を順番に適用していく方法であり，「段階的説明」（*krameṇānvākhyāna*）と呼ばれる。もう1つは，言葉の構成要素を一挙に並べた後，それらすべての要素を考慮しながら適用可能な文法規則を順番に適用していく方法で，「分析的説明」（*vibhajyānvākhyāna*）と呼ばれる。さらに，この「分析的説明」には，語を1つの単位としてその派生過程を説明する「語形成の立場」（*padasaṃskārapakṣa*）と，語から構成される文を1つの単位としてその全体の派生過程を説明する「文形成の立場」（*vākyasaṃskārapakṣa*）という2つの立場が存在する[39]。パーニニ文法の働き方に親しむためには派生過程を段階的に見ていく方が望ましいと思われるので，本書では「段階的説明」の方法を採用する。

3.1　主格単数形 *rāmaḥ*

まず，*rāma* という語の主格単数形 *rāmaḥ*「ラーマは」がどのようにして派生されるのかを見る。

3.1.1　名詞語基の設定

名詞形の派生の出発点は，派生のもとになる名詞語基（*prātipadika*）の設定で

39)　間瀬 2011: 37–39.

ある。その名詞語基の後に接辞を導入するなどして最終的に目指す名詞形に到達することになる。

これからパーニニ文法における名詞語基について説明するが，規則解釈の細部に少し立ち入る必要があるため，いきなり難易度が高い。ここでは，語形派生の出発点として *rāma* という部分が「名詞語基」と見なされるのだ，ということを最低限理解してもらえればよい。

パーニニ文典では，名詞語基と呼ばれるものはまず次の規則によって規定されている。

規則 1.2.45 *arthavad adhātur apratyayaḥ prātipadikam* ||
意味を有し，動詞語基でも接辞でもない項目は名詞語基と呼ばれる。

この規則は，ここで述べられた条件を満たす項目に「名詞語基」という名称（*sañjñā*）を付与するものであり，本書第 I 講で述べた規則の種類のうち（☞§ 3），名称規則（*sañjñāsūtra*）と呼ばれるものにあたる。

当該規則によれば，何らかの項目が名詞語基たり得るには，まずそれは有意味なもの，つまり何らかの意味を担うものでなければならない。したがって，たとえば *k* や *kh* といった特定の意味を担わない音素（*varṇa*）は，名詞語基とは見なされない。次に，動詞語基や接辞は有意味な項目ではあるが，それらにも名詞語基の資格はない[40]。

規則中の *apratyayaḥ*「接辞でない」という表現によって「接辞で終わるものではない」という意味をも読み込む解釈もある[41]。たとえば主格単数形 *rāmaḥ* は主格単数語尾で終わるもの（*rāma-s*）であるが，このように名詞語尾で終わるものも名詞語基とは見なされないということになる。このように当該規則で言われる「接辞」は規則 3.1.1（☞§ 3.1.2）の支配下規則で導入が規定されるものだけではなく，名詞語尾も含む[42]。

---

40)　当該規則で言われる「動詞語基」（*dhātu*）は，規則 1.3.1 に基づく非派生項目としての動詞語基と規則 3.1.32 に基づく派生項目としての動詞語基（☞§ 4.1.1）の両方を含むと考えられる。

41)　SK 178（Vol. I, p. 173, line 3）.

42)　Joshi and Roodbergen 1993: 70, 79. またこのことは後代の文法学文献が出す例によっても示されている（KV on A 1.2.45［Vol. I, p. 43, line 9］, BM on SK 178［Vol. I. p. 175, lines 3–4］）。

一方，接辞は接辞でも，第一次接辞（*kṛt*）で終わる項目と第二次接辞（*taddhita*）で終わる項目は，次の規則 1.2.46 によって名詞語基と見なされる。この規則 1.2.46 も規則 1.2.45 と同様，特定の条件を備えた項目に「名詞語基」という名称を付与する名称規則である。

規則 1.2.46 *kṛttaddhitasamāsāś ca* ||（← *prātipadikam* 1.2.45）
1. 第一次接辞で終わる項目，2. 第二次接辞で終わる項目，3. 複合語も名詞語基と呼ばれる。

「（← *prātipadikam* 1.2.45）」という表記は先行規則 1.2.45 から当該規則 1.2.46 に *prātipadikam*「名詞語基」という語が読み込まれてくることを示す。先行規則から後続規則へ何らかの項目が読み込まれてくることを「継起」（*anuvṛtti*）と言うが，これについては§ 3.1.2 で詳しく説明する。

同規則で名称の付与対象として特定されている項目は，1. 第一次接辞で終わるもの，2. 第二次接辞で終わるもの，3. 複合語の 3 種である。規則 1.2.45 における *apratyayaḥ* を「接辞でない項目」を意味するものとして解するか，「接辞でない項目」と「接辞で終わらない項目」の両方を意味するものとして解するかで，規則 1.2.46 の果たす機能が変わる。

まず，*apratyayaḥ* を「接辞でない項目」を意味するものとして解する場合，動詞語尾，名詞語尾，第一次接辞，第二次接辞といった接辞で終わる項目は，規則 1.2.45 により名詞語基と呼ばれることになり，それらのうち，規則 1.2.46 はこの名称の適用対象を第一次接辞で終わる項目と第二次接辞で終わる項目だけに制限していることになる。結果として，動詞語尾で終わる定動詞形と名詞語尾で終わる名詞形が名詞語基と認められることはない。

次に，規則 1.2.45 における *apratyayaḥ* を「接辞でない項目」と「接辞で終わらない項目」の両方を意味するものとして解する場合，上記 4 種の接辞で終わる項目は名詞語基とは認められないことが規則 1.2.45 によって確立するが，それらのうち，規則 1.2.46 は第一次接辞で終わる項目と第二次接辞で終わる項目が例外的に名詞語基と見なされることを規定していることになる。結果として，動詞語尾で終わる定動詞形や名詞語尾で終わる名詞形が名詞語基と見なされることはない。いずれの解釈でも行き着く先は同じとなる。

さて，われわれの *rāma* という語は上記いずれの規則によって名詞語基と見なされるであろうか。それには2つの考え方がある。

rāma という語を，動詞語基 *ram*「休らう」の後に特定の第一次接辞が導入されて形成されたものと考えるなら（☞§5），この語は「第一次接辞で終わる項目」であるから，規則 1.2.46 によって名詞語基と見なされることになる。

一方，*rāma* という語を非派生の項目（*avyutpanna*），すなわち何らかの接辞が導入されて形成された名詞語基ではなく，そのまま *rāma* という形で現実の言語運用から供給される項目と考えるならば，それが名詞語基と見なされるのは規則 1.2.45 による[43]。*rāma* という語は何らかの意味を有する「有意味なもの」（*arthavad*）と考えられるからである。

いずれにせよ，*rāma* という語が名詞語基という名称を得ることによって，同語の後への名詞語尾の導入が可能となる。§3.1.3 では，そのような名詞語尾導入の規則を取りあげる。

次の§3.1.2 に入る前に，ここでもう1つ説明しておくべきことがある。パーニニ文法では語基や接辞などが豊富に言及されるが，それらに言及する言語項目はその語形のみを指示するものである。たとえば，規則 4.2.33 *agner ḍhak* における *agner* は「火」という意味ではなく，*agni* という語形そのものを指示する。続く *ḍhak* も *ḍhaK* という語形，*ḍhaK* という接辞を指示するものである。これによって，実際に燃えている「火」の後ではなく，「火」を意味する同義語の後でもなく，「*agni* という語」の後に *ḍhaK* 接辞が導入されることが確保される。対して，上に見た *prātipadika*「名詞語基」のように，指示する内容が文典中で規定されている文法上の用語（*śabdasañjñā*）は，語の形そのものではなく，その意味内容を表す。すなわち，たとえば接辞の導入規則中に *prātipadika* という語があれば，それは *prātipadika* という語形ではなく「名詞語基」という意味を表すことになる。以上のことは，次の名称規則によって取り決められている。

43)　BM on SK 187（Vol. I, p. 184, line 8）.

規則 1.1.68 *svaṃ rūpaṃ śabdasyāśabdasañjñā* ||
文法上の用語である場合を除いて，語はそれ自身の語形を指す。

このように，パーニニ文法では表現そのものを問題にする「言及」(mention) と表現の指す内容を問題にする「使用」(use) が峻別されている[44]。パーニニ文法を扱うにあたっては，語形と意味の境界を混同しないように注意する必要がある。

3.1.2　接辞一般の規定

パーニニ文法では，名詞語基の後にそれぞれの名詞語尾が導入されることによってそれぞれの名詞形が形成される。まず，次の2つの規則によって名詞語基や動詞語基に対して導入される項目が「接辞」(*pratyaya*) という名称で呼ばれること，そのような接辞が導入されるのは名詞語基や動詞語基の前でも中間でもなく「後ろ」(*para*) であることが確立する。

規則 3.1.1 *pratyayaḥ* ||
接辞と呼ばれる。

規則 3.1.2 *paraś ca* ||　(← *pratyayaḥ* 3.1.1)
そして，接辞と呼ばれるものは後続する。

規則 3.1.1 は，本書第I講で見た文法規則の種類のうち，主題規則 (*adhikāra-sūtra*) にあたる。規則 3.1.1 が提示する *pratyayaḥ*「接辞」という語は，パーニニ文典第5巻の最終規則 5.4.160 まで読み込まれるものである。つまりパーニニ文典の第3巻，第4巻，第5巻にわたって規則全体に読み込まれていく語であり，このような語は「主題項目」(*adhikāra*) と言われる。これら3つの巻を構成するすべての文法規則に *pratyayaḥ* という語を配するのではなく，それらに先行する最初の規則に *pratyayaḥ* という主題項目を提示し，それを後続する規則に順次読み込ませることで，1つひとつの規則に同じ語を読みあげる労力

44) Cf. Staal 1975: 331.

を省いているのである。カーティヤーヤナは，文法規則ごとに繰り返し問題の項目を提示しなくてよいように主題項目が設定されている旨を述べている[45]。

このように，ある先行する規則で提示された項目が後続する規則に読み込まれていくことを「継起」（*anuvṛtti*）と呼び，そのような項目の継起が止まることを「停止」（*nivṛtti*）と言う。また，後続規則に継起してそこに読み込まれることになる項目は，その継起先の規則で要求される構文に合わせて異なる格形をとることがある。たとえば，ある先行規則では奪格形として提示されていた項目が，ある後続規則には属格形として読み込まれる。このような現象を「語尾変換」（*vibhaktivipariṇāma*）と呼ぶ。パーニニ文法学において受けいれられている解釈原則である[46]。

パーニニは，どの規則のどの項目が主題項目として機能するのかを，その項目の音節に曲アクセントを付すことで示していた。曲アクセントのある音節は部分的に高く，部分的に低く発音される。高い音から低い音へと落ちるような音である（☞§ 1.1）。パーニニは次の規則によって主題項目は曲アクセントを付して発音されることを教えている。

規則 1.3.11 *svaritenādhikāraḥ* ||
主題項目は曲アクセント母音によって示される。

この規則は，パーニニの文法規則を正しく解釈するための規則であり，解釈規則（*paribhāṣā*）と呼ばれる規則の 1 つである。パタンジャリは解釈規則の役割を「解釈規則は 1 箇所に留まりながらも，灯火の如くに一切の文法規則を照らし出す」（*paribhāṣā punar ekadeśasthā satī sarvaṃ śāstram abhijvalayati pradīpavat*）と表現している[47]。他の文法規則を照らし出す，つまり文法規則の適切なあり方を教えてくれるのが解釈規則である。

本来は主題項目のそれぞれに付されていたはずの曲アクセントは，現行のパ

45)　vt. 1 on A 1.3.11（Vol. I, p. 271, line 20）.

46)　この原則が働く諸例については Joshi and Bhate 1984: 220–229 で詳しく扱われている。Cardona 1997: 73–74 も参照せよ。

47)　MBh on A 2.1.1（Vol. I, p. 359, lines 5–6）.

ーニニ文典では失われている[48]。すでにカーティヤーヤナとパタンジャリの時代において，支配項目に曲アクセントが付された形での伝承は失われていた。どの項目に曲アクセントが付されており，どの項目が次の規則に継続していくかは，文法学の師たちが教えてきた通りに理解するのが道筋となる。このようにして知られる曲アクセント母音は「[師の] 宣言に基づく曲アクセント母音」(*pratijñāsvarita*) と言われ，パーニニ文法家たちはそれに基づいて規則解釈と言語説明を行う[49]。

主題項目としての *pratyayaḥ*「接辞」は直後の規則 3.1.2 にも継起する。上に示した「(← *pratyayaḥ* 3.1.1)」という表記はそのことを意図する。この規則 3.1.2 は，接辞というものがどこに導入されるのかを教えている。接辞はある要素の前でもなく中間でもなく「後に」(*para*) 導入されることがこの規則によって確立する。当該の規則 3.1.2 も主題規則と考えることができ[50]，そこに提示される項目 *paraḥ*「後続する」は，パーニニ文典第 5 巻の最終規則まで継起する。一方，それを解釈規則とする見解もあり[51]，その場合，当該規則は「接辞は何らかの項目に後続する，何らかの項目の後に導入される」という約束事を定めるものとして，接辞の導入規則の規定内容を補完するものということになる。このように，1 つの規則をめぐって文法家たちの間で解釈が割れることは決し

48) Cardona 1997: 73.

49) KV on A 1.3.11 (Vol. I, p. 53, line 26). なお，パーニニ文典では *ca*「〜も」という語でもって他項目の継起が示されることもある。しかし，上述したように，継起する主題項目はすべて曲アクセントによって示されていたとするならば，わざわざ *ca* を使うことに意味はない。パタンジャリは，項目の継起を示すことは *ca* がなくても可能であるから，一切の *ca* は不要であると断じる (MBh on A 1.3.93 [Vol. I, p. 295, lines 15–18])。カイヤタが明確にするように，それは曲アクセントによって示すことが可能だからである (Pradīpa on MBh to A 1.3.93 [Vol. II, p. 296, lines 10–11])。ナーゲーシャによれば，ここでパタンジャリが必要性を否定しているのは，継起をもたらすもの (*anuvṛttiphalaka*) としての *ca* だけであり，その他の機能を有する *ca* (たとえば再規定を示す [*punarvidhānārtha*] *ca*) も含めて一切合切をパタンジャリが退けているわけではない (Uddyota [Vol. II, p. 296, lines 18–19])。ジネーンドラブッディは，このように文法規定上で何の役割も果たさないように見える *ca* に，言語表現上で文典を多彩なものにするという目的 (*vaicitryārtha*) を認め，その存在意義を説明している (Nyāsa on KV to A 1.3.93 [Vol. I, p. 494, lines 13–14])。「再規定を示す *ca*」については Joshi and Roodbergen 1976: 116 を参照せよ。

50) KV on A 3.1.2 (Vol. I, p. 175, line 7), SK 181 (Vol. I, p. 178, line 2).

51) KV on A 3.1.2 (Vol. I, p. 175, line 7).

て少なくない。

ともあれ，こうして，パーニニ文典の第3巻から第5巻までに規定されるものが接辞と呼ばれ，その接辞は何らかの言語項目の後に導入されるものであることが確保される。

3.1.3　名詞語尾の設定と導入

規則 3.1.1 と規則 3.1.2 の項目が読み込まれていく規則のなかに，名詞語尾が導入される対象と，導入される名詞語尾の種類を規定する規則が用意されている。まず次の規則を見てみよう。

規則 4.1.1 *ṅyāpprātipadikāt* || (← *pratyayaḥ* 3.1.1, *paraḥ* 3.1.2)
1. 女性接辞 *Ṅī*（*ṄīP*, *ṄīṢ*, *ṄīN*）で終わる項目，2. 女性接辞 *āP*（*ṬāP*, *ḌāP*, *CāP*）で終わる項目，3. 名詞語基，これらの後に接辞が起こる。

パーニニ文典第4巻冒頭をなす当該規則を構成する語は，同文典第5巻の最終規則まで読み込まれていく。この主題規則の設置によって，これ以降，第5巻の最終規則までに規定される接辞が，ここに挙げられた3種のもの（1. 女性接辞 *Ṅī* で終わる項目，2. 女性接辞 *āP* で終わる項目，3. 名詞語基）の後に導入されることが約束される。1. と 2. の2つは，今は無視してもらってよい。重要なのは，接辞の導入先として 3. 名詞語基が指定されていることである。こうして，続く規則 4.1.2 で具体的に列挙される名詞語尾が正しく名詞語基の後に導入されることになる。

規則 4.1.2 *svaujasamauṭchaṣṭābhyāmbhisṅebhyāmbhyasṅasibhyāmbhyasṅasosāmṅyossup* || (← *pratyayaḥ* 3.1.1, *paraḥ* 3.1.2, *ṅyāpprātipadikāt* 4.1.1)
1. 女性接辞 *Ṅī*（*ṄīP*, *ṄīṢ*, *ṄīN*）で終わる項目，2. 女性接辞 *āP*（*ṬāP*, *ḌāP*, *CāP*）で終わる項目，3. 名詞語基，これらの後に，接辞 *sŨ*, *au*, *Jas*, *am*, *auṬ*, *Śas*, *Ṭā*, *bhyām*, *bhis*, *Ṅe*, *bhyām*, *bhyas*, *ṄasĨ*, *bhyām*, *bhyas*, *Ṅas*, *os*, *ām*, *Ṅi*, *os*, *suP* が起こる。

当該規則は名詞語基の後に名詞語尾としての接辞を導入する規則であり，操作規則（*vidhisūtra*）と呼ばれるものにあたる。具体的な文法操作である接辞導入を規定する規則である。

規則 4.1.2 に列挙されている *sŨ* から *suP* までの計 21 の項目が，パーニニ文法において名詞語尾として措定されているものである。これらが名詞語基 *rāma* の後に導入され，種々の文法規則の適用を受けた後で，最終的に *rāma* の変化形ができあがるわけである。これらの名詞語尾と，それらを名詞語基 *rāma* の後に付した形を表で示せば以下の通りである。

表 3　パーニニ文典で措定される名詞語尾

	単数	両数	複数
主格	*sŨ*	*au*	*Jas*
対格	*am*	*auṬ*	*Śas*
具格	*Ṭā*	*bhyām*	*bhis*
与格	*Ṅe*	*bhyām*	*bhyas*
奪格	*ṄasĨ*	*bhyām*	*bhyas*
属格	*Ṅas*	*os*	*ām*
所格	*Ṅi*	*os*	*suP*
呼格	*sŨ*	*au*	*Jas*

表 4　名詞語基 *rāma* に名詞語尾を付した形

	単数	両数	複数
主格	*rāma-s*	*rāma-au*	*rāma-as*
対格	*rāma-am*	*rāma-au*	*rāma-as*
具格	*rāma-ā*	*rāma-bhyām*	*rāma-bhis*
与格	*rāma-e*	*rāma-bhyām*	*rāma-bhyas*
奪格	*rāma-as*	*rāma-bhyām*	*rāma-bhyas*
属格	*rāma-as*	*rāma-os*	*rāma-ām*
所格	*rāma-i*	*rāma-os*	*rāma-su*
呼格	*rāma-s*	*rāma-au*	*rāma-as*

上に提示した名詞語尾の中には，大文字で示された音素（たとえば最初の *sŨ* における *-Ũ*）を有するものがいくつもある。これら大文字で示された音素はすべて「指標辞」（*it*, *anubandha*）と呼ばれるものである（☞§ 3.1.6）。これら名詞

語尾に付された指標辞については，それぞれの名詞語尾を扱うときに順次説明していく。

パーニニ文法では，呼格形は主格形と同じ語尾の導入よって派生される。先の表で主格語尾と呼格語尾が同じであるのはそのためである。呼格形は主格形と同じ語尾の導入によって派生されるものの，呼格語尾にはある特定の名称が適用され，その名称を根拠として呼格形の派生が導かれるようになっている。詳細については呼格形の派生を扱う箇所にて説明する。

3. 1. 4 主格単数語尾の選択

名詞語尾のすべてが規則 4.1.2 によって出そろったわけであるが，これだけではどの格形のためにどの名詞語尾を導入すればよいのかわからない。*rāmaḥ* という主格単数形を導出するためには，*rāma* という名詞語基の後に導入される名詞語尾として主格単数語尾 *sŨ* が選択されなければならない。そのような選択規則がパーニニ文典には用意されている。

まず，主格語尾の 3 つ *sŨ*（単数），*au*（両数），*Jas*（複数）の導入条件は次のように規定されている。

> 規則 2.3.46 *prātipadikārthaliṅgaparimāṇavacanamātre prathamā* ||
> 1. 名詞語基の意味だけ，2. 性だけ，3. 量だけ，4. 数だけが表示されるべきとき，第一格語尾が起こる[52]。

主格単数形 *rāmaḥ* の派生に関わるのは，この規則の条件 1 である。主格語尾は，*rāma* という名詞語基の意味「ラーマ」そのものを表示するために導入されることが，当該規則にて規定されている。では「ラーマが，ラーマは」と言った場合，「が」や「は」によって表される主体性の意味合いは何によって伝えられるのか。この点については，定動詞形の派生を説明する際に詳説するが，結論だけ述べておくと，*rāmaḥ bhavati*（連声を適用すれば *rāmo bhavati*）「ラーマは〜になる，ラーマが生じる」において，ラーマが何かになる行為や生起

52) 本規則の規定内容はやや複雑である。川村 2017b: 358–359 では 1 つの解釈の仕方に沿った説明を与えている。

する行為の主体であることを教えるのは，定動詞形 *bhavati* に導入されている三人称単数の動詞語尾 *-ti* である。パーニニ文法では，能動文において何らかのものが行為の主体となっていることを表すのは定動詞形の人称語尾であり，名詞形の主格語尾ではない。

規則 2.3.46 において使用される *prathamā*「第一格語尾」という用語について説明しておく必要がある。この語は *prathama*「第一の」という形容詞の女性形である。なぜ女性形となっているのかと言えば，修飾先として *vibhaktiḥ*「語尾」という女性名詞が想定されているからである。すなわち，規則の *prathamā* という箇所を省略せずに提示すれば *prathamā vibhakatiḥ*「第一の語尾（第一格語尾）が起こる」となる。この *vibhakti* はパーニニ文典で使用される名称であり，以下の名称規則によって定義されている。

規則 1.4.104 *vibhaktiś ca* ||（← *tiṅas trīṇi trīṇi* 1.4.101, *supaḥ* 1.4.103）
名詞語尾と動詞語尾のそれぞれの 3 つ組は語尾と呼ばれる。

動詞語尾については後述する。ここでは名詞語尾にだけ集中しよう。この規則で言われる「それぞれの 3 つ組」とは，先に掲げた名詞語尾の表を横向きに見た場合の 3 つ組である。すなわち，主格語尾 *sU̐*（単数），*au*（両数），*Jas*（複数），対格語尾 *am*（単数），*auṬ*（両数），*Śas*（複数）…などの 3 つ組である。これら 3 つ組がそれぞれ「語尾」（*vibhakti*）と呼ばれる。そして，それらのうち，*prathamā*「第一の［語尾］」と言われれば，主格語尾 *sU̐*（単数），*au*（両数），*Jas*（複数）のことであり，*dvitīyā*「第二の［語尾］」と言われれば，対格語尾 *am*（単数），*auṬ*（両数），*Śas*（複数）のことである。以下同様である[53]。なおパタンジャリは，これら語尾のそれぞれの 3 つ組を指して *trika*「3 つの集まり，3 つ組」という用語も用いている[54]。

ここまでの規則によって，主格単数形 *rāmaḥ* を導出するために名詞語尾が第一格語尾 *sU̐*（単数），*au*（両数），*Jas*（複数）の 3 つに絞られた。ここからさ

53）パーニニ文典では一部の第二次接辞もまた *vibhakti* という用語でもって呼ばれることを注記しておく。

54）MBh on vt. 6 to A 1.1.38（Vol. I, p. 95, line 27）.

らに，名詞語尾を第一格単数語尾 *sŪ* に絞り込まなければならない。そのための規則が以下である。

規則 1.4.22 *dvyekayor dvivacanaikavacane* ||
両数または単数という数が表示されるべきとき，両数語尾と単数語尾が起こる。

この規則によって，ラーマの単数性を表示するためには単数語尾が起こることになるため，第一格語尾 *sŪ*（単数），*au*（両数），*Jas*（複数）のうち，主格単数形 *rāmaḥ* を導き出すためには *sŪ* が選択されることになる。

以上が要点であるが，この規則 1.4.22 の規定についてはあれこれと説明すべきことがある。少し長くなるが，お付き合いいただきたい。

まず，規則 1.4.22 における *dvyekayor*「両数または単数という数［が表示されるべきとき］」という所格形の解釈には，所格形の第七格語尾の意味を「前という場所」に特定する規則 1.1.66（☞§ 3.1.8）は関わらない。つまり当該の所格形 *dvyekayor* は「両数または単数という数の前で」という意味ではない。この所格形は，文脈上，語尾導入の意味条件を提示するものとして，「両数または単数という数が表示されるべきとき」（*abhidheye*）と解釈される。また，*dvi* と *eka* の 2 語をそれぞれ「両数のもの」と「単数のもの」という数えられる対象（*saṃkhyeya*）ではなく「両数」（*dvitva*）と「単数」（*ekatva*）という数（*saṃkhyā*）と解するのが伝統的な理解である[55]。この場合，*dvi* と *eka* という語は，それが表す属性（*bhāva/guṇa*）としての数である「両数」と「単数」をそれぞれ主たる意味（*pradhāna*）として表示していることになる。このように，属性を語の主たる意味として語を提示することを「属性主提示」（*bhāvapradhānanirdeśa/guṇapradhānanirdeśa*）と呼ぶ[56]。

次に，上の規則 1.4.22 では *dvivacana*「両数語尾」と *ekavacana*「単数語尾」という表現が使用されているが，それらが何を指示するのかが定義されていな

55)　KV on A 1.4.22（Vol. I, p. 79, line 23）.

56)　この解釈技巧と，パタンジャリが *dvi* や *eka* を「両数」や「単数」という数を表すものと解する理由については小川 1988 を参照せよ。

いと，その指す対象がわからない。それを定義しているのは次の規則である。

規則 1.4.103 *supaḥ* ||（← *trīṇi trīṇi* 1.4.101, *ekavacanadvivacanabahuvacanāny ekaśaḥ* 1.4.102）

名詞語尾の 3 つ組を構成する 1 つひとつはそれぞれ単数語尾，両数語尾，複数語尾と呼ばれる。

ここで言われる 3 つ組とは，先の場合と同様，上記の名詞語尾表を横向きに見た場合の第 1 行目 *sU̐*（単数），*au*（両数），*Jas*（複数）などのことであり，それらがそれぞれ「単数語尾」（*ekavacana*），「両数語尾」（*dvivacana*），「複数語尾」（*bahuvacana*）という名で呼ばれることがこの名称規則によって定められている。こうして，上記の表を縦向きに見た場合の第 1 行目の名詞語尾はすべて「単数語尾」，第 2 行目のそれは「両数語尾」，第 3 行目のそれは「複数語尾」という名称を得ることになる。主格単数語尾 *sU̐* を例にとれば，それは当該の規則 1.4.103 によって「単数語尾」（*ekavacana*）という名称で呼ばれ，先に引いた規則 1.4.104 によっては「語尾」（*vibhakti*）と呼ばれることになる。このように，パーニニ文法では同じ要素に 2 つ以上の名称が適用されることがある。これを「名称の同時適用」（*sañjñāsamāveśa*）と言う。

直前に挙げた規則 1.4.103 では *sup*（*sU̐P*）「名詞語尾」という言い方でもって規則 4.1.2 で提示される名詞語尾のすべてが指示されている。この *sup*（*sU̐P*）についてもここで説明しておかねばならない。

パーニニ文典では文法規則を簡略化するために一群の音を一括して指示する短縮記号（*pratyāhāra*）が用いられる。*sU̐P* はそのような短縮記号の 1 つで，それには規則 4.1.2 で提示される計 21 の名詞語尾を一括して指示する役割がある。*sU̐P* は最初の主格単数語尾 *sU̐* と最後の所格複数語尾 *suP* の *-P* を使って作られた短縮記号であり，*sU̐* に始まり *suP* で終わるすべての語尾，つまり名詞語尾のすべてを指示する。このような短縮記号の作り方とその短縮記号が指示する中身は以下の名称規則によって規定されている。

規則 1.1.71 *ādir antyena sahetā* ||（← *svaṃ rūpam* 1.1.68）

初頭の要素は，末尾の指標辞を伴ってその項目自身およびその間に含まれるすべての要素を指示する。

この規則によって，規則 4.1.2 で列挙される名詞語尾のうちの最初の項目である *sŨ* は，末尾の *suP* の指標辞 *P* を伴う形，すなわち *sŨP* という形で，自身を含むすべての名詞語尾を指示することが理解される。そして，所格複数語尾 *suP* の *-P* が指標辞であることは，次の名称規則に基づく。

規則 1.3.3 *hal antyam* ||（← *upadeśe...it* 1.3.2）
教示の段階で，末尾の子音は指標辞と呼ばれる。

パーニニ文法の中で何らかの項目が提示されるとき，その項目の末尾の子音は当該の名称規則によって「指標辞」（*it*）という名称を得る。これにより，規則 4.1.2 に提示される所格複数語尾 *suP* の *-P* 音は指標辞と見なされる[57]。

以上によって，*sŨP* という短縮記号が主格単数語尾 *sŨ* に始まり所格複数語尾 *suP* に終わる名詞語尾のすべてを指示することが確立される。なお，末尾の子音を指標辞と見なす上記の規則 1.3.3 によれば，上に表で示した名詞格語尾のうち，*-m* や *-s* を末尾に有する格語尾のそれら *-m* や *-s* も指標辞と呼ばれるため，本書のやり方では大文字で示さなければならない。大文字で示していないのは，それら *-m* や *-s* が指標辞と見なされることを禁じる規則 1.3.4 が別に用意されているからである（☞§ 3.3.2）。

話を規則 1.4.22 に戻そう。ここに再度提示しておく。

---

57)　規則 1.3.3 と規則 1.1.71 は，相互依存（*itaretarāśraya*, *anyonyāśraya*）の問題を抱えている。規則 1.3.3 では「子音」に言及するために *hal* という表現を用いているが，この表現は『音素表』第 5 列目にある *ha* から第 14 列目にある *l* までの音を包括する短縮記号である。このような短縮記号は規則 1.1.71 によって作られる。ここで，『音素表』で提示される末尾の子音が当該規則 1.3.3 によって指標辞と見なされなければ，「子音」を意味する *hal* という短縮記号を規則 1.1.71 によって作れることはできない。一方，この短縮記号が規則 1.1.71 によって作られていなければ，*hal* という表現でもって子音を指すことができず，規則 1.3.3 によって末尾の子音を指標辞と見なせない。このような問題に対して提出されている種々の解決法については本田 1993: 43–44 や Joshi and Roodbergen 1994: 9–10 を参照せよ。以上についてはキャット・川村 2023: e147 をやや改変して引用した。

規則 1.4.22 *dvyekayor dvivacanaikavacane* ||
両数または単数という数が表示されるべきとき，両数語尾と単数語尾が起こる。

この規則によって，両数という数を伝えるためには両数語尾が，単数という数を伝えるためには単数語尾が選択されることが規定されているわけだが，そのような理解を規則から得るためには「両数または単数という数」が「両数語尾と単数語尾」にそれぞれ順番に対応するという約束事が定められていなければならない。規則の文言それ自体だけでは，両数という数を伝えるために単数語尾が導入され，単数という数を伝えるために両数語尾が導入されてしまう可能性を排除できないからである。次の規則は，最初に提示されるものと後に提示されるものが提示される順番通りに連関することを規定している。

規則 1.3.10 *yathāsaṅkhyam anudeśaḥ samānām* ||
［先行項目と］同数の項目が続いて提示されるとき，その提示は［先行項目と］同じ順番でなされる。

これは文法規則を正しく解釈するための文法規則，すなわち解釈規則である。これによって，「両数または単数という数」と「両数語尾と単数語尾」はそれぞれこの順番通りに対応し合うことが了解される[58)]。

パーニニ文法の用語を使って名詞語尾の表を提示すると以下のようになる。これ以降，名詞語尾に言及するときには，主格語尾，対格語尾…という言い方ではなく，インド伝統に従う第一格語尾，第二格語尾…という言い方を用いる。

58)　規則 1.3.10 はこのような導入規則にも代置規則にも働く解釈規則である。代置規則の場合，そこで働く解釈規則が規則 1.3.10 か，それとも代置規則専用の解釈規則 1.1.50 なのかをめぐって，パーニニ文法学では見解の相違がある。Cardona 1981 はそのような見解の相違に触れながら，一定の代置規則において 2 つの解釈規則 1.3.10 と 1.1.50 がそれぞれどのような役割を担うのかを明らかにしている。

表 5　パーニニ文法の用語を使った名詞語尾の表

	単数語尾 (*ekavacana*)	両数語尾 (*dvivacana*)	複数語尾 (*bahuvacana*)
第一格語尾（*prathamā*）	*sŨ*	*au*	*Jas*
第二格語尾（*dvitīyā*）	*am*	*auṬ*	*Śas*
第三格語尾（*tr̥tīyā*）	*Ṭā*	*bhyām*	*bhis*
第四格語尾（*caturthī*）	*Ṅe*	*bhyām*	*bhyas*
第五格語尾（*pañcamī*）	*ṄasĨ*	*bhyām*	*bhyas*
第六格語尾（*ṣaṣṭhī*）	*Ṅas*	*os*	*ām*
第七格語尾（*saptamī*）	*Ṅi*	*os*	*suP*
第一格語尾（*prathamā*）	*sŨ*	*au*	*Jas*

おさらいをしておこう。まず規則 4.1.2 によって，これらの名詞語尾のすべてが何であれ名詞語基と見なされるものの後に導入されることが規定される。続いて，主格単数形を導出するために，第一格語尾の選択が規則 2.3.46 によって，単数語尾の選択が規則 1.4.22 によってなされて，第一格単数語尾 *sŨ* が選ばれる[59]。

以上で *rāma-s* という連鎖が得られた。ここで *rāma-sŨ* とは提示せずに，*sŨ* の -*Ũ* を消して *rāma-s* と提示したのは，この *Ũ* などの指標辞は要素の導入や要素の代置といった具体的な文法操作が始まる以前にすべてゼロ化されるからである（*sŨ* → *sØ*)。これについては§ 3.1.6 にて説明する。

3. 1. 5　代置操作について

rāma-s から *rāmaḥ* へと至るためには，いくつかの代置操作を経なければならない。関連する文法規則の説明に入る前に，パーニニ文法における代置操作というものについて解説しておく。

ここで言う代置操作（*ādeśana*）とは，特定の要素の代わりに別の要素を措定して置くことである。特定の要素が別の要素へと「変化する」ことを前提とす

59)　このような格語尾の選択と数語尾の選択を行う規則については，それを，語尾の導入を新たに規定する操作規則（*vidhisūtra*）と見なす場合と，すでに規則 4.1.2 によって導入操作が確立されている語尾の範囲を狭める制限規則（*niyamasūtra*）と見なす場合とがある。さらに制限規則と見なす場合には，何が制限されているかという点から 2 通りの解釈が生ずる。詳細については小川 1985 を見よ。

る音声・音韻学書類の諸規定とは違い，パーニニ文法では特定の要素が別の要素によって「代置される」と考える[60]。その際，代置される要素，すなわちもとの原要素（*sthānin*, *ādeśin*）は規則中で第六格語尾に終わる語形（属格形）によって示され，その要素に取って代わる要素，すなわち代置要素（*ādeśa*）は規則中で第一格語尾に終わる語形（主格形）によって示される[61]。次の解釈規則は，パーニニ文典中で属格形が使用されたとき，その属格形の指示する対象が規則中の主格形が指示する対象と代置関係（*sthānyādeśabhāva*）を結ぶことを教えている。

規則 1.1.49 *ṣaṣṭhī sthāneyogā* ||
第六格語尾は「*x* の所（代わり）に *y*」という関係を表す。

当該規則は，文法規則において属格形が用いられるとき，その属格形の第六格語尾は「*x* の代わりに *y*」という代置関係（*sthāneyoga*）を示すことを規定している[62]。第六格語尾が表示しうる「関係」（*yoga*, *sambandha*）には多くの種類があるが，どの関係が規則中で表示されているのかを文脈から特定できない場合，その関係は当該規則 1.1.49 によって代置関係という関係に特定されることになる。パーニニ文典において属格形が常に代置関係を知らしめるというわけではないことに注意したい。文脈によって第六格語尾の意味合いを特定できないとき，それを代置関係に絞り込むのが解釈規則 1.1.49 の役割である[63]。代

60) Wezler 1972: 18 は，「〜の代わりに」（属格形＋*sthāne*）という語法がとりわけ祭事書類（*kalpasūtra*）に頻出する事実に着目し，パーニニの時代に口語表現として使われ，広く認知されていた語法をパーニニが取り入れた可能性を指摘している。

61) *ādeśa* という語については，先行研究も含めて後藤 1989: 149–151, note 2 に詳しい注記が与えられている。それを受けて岩崎 2005: 11–12 は，先行研究の諸見を端的にまとめ，代置を「現象しない根源的な要素と現象する要素の間に保たれる価値の同一性，あるいは根源的なものの価値が現象するものへ譲渡される図式」として一般化している。

62) *sthāneyogā* における *sthāne* は *sthāna* の後に第七格語尾が導入された形である。通常，複合語中の名詞語尾は規則 2.4.71 によってゼロ化されるが（☞§ 7.3），*sthāneyogā* はそのようなゼロ化が行われていない複合語（*aluksamāsa*）である（KV on A 1.1.49［Vol. I. p. 21, lines 2–3］）。*sthāneyogā* は *ṣaṣṭhī* にかかる所有複合語として *sthāne yogo 'syāḥ*「『*x* の所（代わり）に *y*』という関係を表示するもの」と分析される（KV on 1.1.49［Vol. I, p. 21, line 2］）。*sthāneyogā* を Ōjihara and Renou 1962: 14 は '...exprime la relation « à la place de »' と訳す。

置関係を知らしめる第六格語尾は *sthānaṣaṣṭhī* と呼ばれる。

何かしらの原要素が属格形で示され，それに対する何らかの要素の代置が規定されるとき，具体的にその原要素のどの部分に当該の代置要素が取って代わるのかが特定される必要がある。さもなければ，当該の代置要素が原要素のどこに取って代わるべきなのかがわからない。そのことを規定する解釈規則が以下である。

規則 1.1.52 *alo 'ntyasya* ||
代置要素は最終音に代置される。

この規則によって，特定の対象に対して代置操作が規定されるとき，代置要素はその対象の最終音に取って代わることになる。これがパーニニ文法における代置操作の基本となる。以下に見る代置操作で考慮されるべきはこの規則であるが，代置要素は原要素の最終音ではなく初頭音に取って代わることもあれば（規則 1.1.54），原要素の全体に取って代わることもある（規則 1.1.55）。これらの点にも留意しておきたい。原要素の最終音に代置される要素は「最終音に対する代置要素」（*antyādeśa*），原要素の全体に代置される要素は「全体に対する代置要素」（*sarvādeśa*）と呼ばれる。

3. 1. 6　指標辞の設定とゼロ化

実際の代置操作に入る前にもう 1 つ確認すべきことがある。すでに述べたように，大文字で示した名詞語尾の要素は，パーニニ文法において指標辞（*it*, *anubandha*）として設定されているものである。パーニニ文法では，動詞語基や接辞などにこの指標辞と呼ばれる記号をつけ，その記号の有無によって種々の文法規則の適用を促すという方法がとられている。あるいは，要素の発音のため（*uccāraṇārtha*），疑念が起こらない仕方で発音するため（*asandigdhoccāraṇā*-

63)　属格形が提示される規則のうち，その属格形の第六格語尾が代置関係以外の関係を示す規則の例や，第六格語尾を，代置関係を示すものと理解するかそれ以外の関係を示すものと理解するかを決める基準については，Cardona 1974a: 307–312 を見よ。加えて Cardona 1973b: 218–221 も参照せよ。

rtha），他の要素と区別するため（*viśeṣaṇārtha*），要素に対する疑念を取り払うため（*sandehanirāsārtha*），または短縮記号をつくるため（*pratyāhāragrahaṇārtha*）に指標辞が付される場合もある[64]。

いずれにせよ，指標辞はパーニニ文典を構成する文法規則を効率的に働かせるための言語装置であり，その意味において言語のための言語，すなわちメタ言語と言いうるものである。さらに，もしパーニニの文法規則それ自体を，対象言語たるサンスクリット語を説明するためのメタ言語であると見なすならば，そのような文法規則を働かすための指標辞は「メタメタ言語」ということになる。このような指標辞は，実際の言語運用の中には現れない要素である。パーニニ文法で教示される段階[65]，すなわち言語項目がまだ具体的な文法操作に入っていない段階において，特定の要素は「指標辞」という名称で呼ばれ，無条件にゼロ化される。ゼロ化はされるのだが，それぞれの指標辞は必ず何かしらの機能を果たすと考えられている[66]。

われわれは今 *rāma-s* という段階にいるわけだが，ここにおける *s*（*sŨ* → *s*Ø）がもともと有していた *Ũ* もそのような指標辞である。パーニニは規則 1.3.2 から規則 1.3.8 までの一連の名称規則においてどの要素が指標辞として扱われるかを規定しており，そのうち，当該の -*Ũ* は次の規則によって指標辞となる。

規則 1.3.2 *upadeśe 'janunāsika it* ||
教示の段階で，通鼻音である母音は指標辞と呼ばれる。

ここで言われる「鼻を通る音，通鼻音」（*anunāsika*）はパーニニ文法上の用語であり，それは次のように定義される。

64)　Nyāsa on KV to A 4.1.2（Vol. III, p. 262, line 26–p. 263, line 25）. 指標辞が有する他の機能も含め，パーニニ文法における指標辞については Devasthali 1967: 1–45 や Cardona 1997: 47–52 を見よ。加えて，Cardona 1973b: 208–210 では指標辞の機能が 6 種に区分けされて簡潔に論じられており，指標辞の概要をつかむのに有益である。『動詞語基表』で動詞語基に付される指標辞については Palsule 1961: 64–88 に詳しい。

65)　ハラダッタは「教示」（*upadeśa*）を「語形が全く知られていないものの語形を知らしめるために，それを最初に発音すること」（*anirjñātasvarūpasya svarūpajñāpanārtham ādyam uccāraṇam*）と説明する（PM on KV to A 6.1.45［Vol. IV, p. 497, line 15］）。

66)　MBh on vt. 8. to A 1.3.9（Vol. I, p. 265, line 17）.

規則 1.1.8 *mukhanāsikāvacano 'nunāsikaḥ* ||
口と鼻の両方で発せられる音は通鼻音と呼ばれる。

この通鼻音は口と鼻を同時に使って発せられる鼻がかった音であり，より厳密に言うと，軟口蓋を下げることで空気を鼻に送り，鼻孔を通して響かせる音である。上の規則 1.3.2 では，通鼻音である母音，つまり鼻音化された母音が文法要素に付されている場合，それは指標辞と見なされることが規定されている。

ただし，指標辞であることを示す鼻音化された形での発音は伝承の過程で失われ，現在に伝わるパーニニ文典は鼻音化を伴わない形で読みあげられる。どの母音が鼻音化されていたかは，文法学の師たちが教えてきた通りに理解するしかない。このようにして知られる鼻母音性は「[師の] 宣言に基づく鼻母音性」（*pratijñānunāsikya*）と言われ，パーニニ文法家たちはそれに基づいて規則解釈と言語説明を行うことになる[67]。第一格単数語尾と第五格単数語尾の末尾に付された指標辞はただの母音ではなく，本来はこのように鼻音化された母音であった[68]。そのため本書ではそれらを *sŨ*, *ṄasĨ* と提示している。

上述したように，指標辞はパーニニ文法において何らかの要素が教示されるときにのみ現れ，語形の派生手続きのなかで何らかの機能を発揮する。それらが実際の言語表現において姿を現すことはない。指標辞は，語形に対して文法操作が行われる以前の段階において[69]，次の規則によって無条件に脱落する運命にあるからである。指標辞のこのような性格は，指標辞に対して付されている名称 *it* の意味「立ち去るもの」に符合する[70]。

規則 1.3.9 *tasya lopaḥ* ||
それ（指標辞）にゼロが代置される。

67)　KV on A 1.3.2（Vol. I, p. 51, line 11）.

68)　BM on SK 183（Vol. I, p. 181, lines 11–14）.

69)　Cardona 1976: 199, Bhate 2022: 61–62.

70)　*it* の意味については Renou 1942（1957）: 93, Abhyankar and Shukla 1977: 69, Roodbergen 2008: 91 を見よ。

指標辞が他の文法操作の適用前に脱落することは，パタンジャリが引く詩節中で「［指標辞の］脱落は［他の文法操作］より強力である」（*lopaś ca balavat-taraḥ*）と表現されている[71]。このように，指標辞は教示の段階において発音されるときには存在するが，無条件に脱落し，その指標辞を根拠とする文法操作が適用されるときにはもはや存在しない[72]。しかし，存在しないながらも，指標辞は指標辞を根拠とする文法操作を確立させる。その傍ら，自らがゼロ代置以外の文法操作を受けることはない[73]。指標辞が機能する具体的な事例については，第一次接辞と第二次接辞による派生形を扱うところで見る（§5.3, §6.5）。

代置操作の一般規則 1.1.52 に従えば，*ÑĪ* などのように 2 音以上からなる指標辞の場合にもその最終音だけにゼロ代置が適用されることになり（**ÑĪ* → *ÑØ*），指標辞を構成する音のすべてをゼロ化することができない。パーニニ文法家たちの解釈によれば，パーニニは規則 1.3.9 に *tasya*「それ（指標辞）に対して」と述べることで，指標辞を構成する音のすべてがゼロ化の対象となることを示している。それはつまり，代置の一般原則はここでは考慮されないことを意味する。そう考えない限り，パーニニがわざわざ *tasya* と規則中に言明したことが無意味となる。代置の一般原則に従って指標辞の最終音にだけゼロが代置されるのであれば，文脈上，規則 1.3.9 に *lopaḥ*「ゼロが代置される」とだけ述べれば指標辞に対してゼロ代置が行われることは明らかだからであ

71)　MBh on vt. 15（Vol. I., p. 32, line 24）. 指標辞が具体的な文法操作が行われる前の段階，すなわち教示の段階を越えない段階において脱落するとパーニニ自身が考えていたことは，たとえば規則 6.1.186 に示唆されている。そこでは「教示の段階において短母音 *a* で終わる項目」（*ad-upadeśa*）という表現が出てくるが，ある事例において同表現は *ŚaP* 接辞の指標辞である *Ś-* と *-P* がゼロ化された *ØaØ* を指す必要がある。*ØaØ* を指して「教示の段階において短母音 *a* で終わる項目」という言い方がなされているということは，教示の段階で指標辞の脱落操作が完了していると考えられていることを意味する。一方，『カーシカー注解』によれば，*ŚaP* がここで「教示の段階において短母音 *a* で終わる項目」と言われているのは，指標辞が実際には言語項目の部分ではないこと（*anaikāntikatva*＝*anavayavatva*）によるという（KV on A 6.1.186［Vol. II, p. 644, line 5］, Vasu 1891［1977］: II.1124）。パーニニ文法学では，指標辞を言語項目の部分と見なすか（*ekānta*）見なさないか（*anekānta*）で 2 つの立場が知られている（PIŚ 4–5）。ナーゲーシャは前者の立場をとる（Bhate 2022: 76）。

72)　Joshi and Roodbergen 1990: 102, note 406.

73)　Pradīpa on MBh（Vol. I, p. 108, lines 12–13）.

る[74]。

このように，何らかの要素を消去する操作は，パーニニ文法ではその要素にゼロ（*lopa*）を代置することによってなされる。そのようなゼロという要素は次の名称規則によって規定されている。

規則 1.1.60 *adarśanaṃ lopaḥ* ||
不知覚はゼロと呼ばれる。

この名称規則は，実際の言語使用の場では知覚されることのない代置要素，知覚される形では現れることのない代置要素に「ゼロ」という名称を与えている。「措定されるもの」（*ādiśyate*）が代置要素（*ādeśa*）であり，ゼロも措定されるものとして代置要素である[75]。

rāma という名詞語基の後に第一格単数語尾 *sŨ* が導入されようとするとき，*sŨ* の -*Ũ* という指標辞は上記の規則 1.3.9 によってゼロ化される。その結果，*rāma* の後に導入される実際の文法要素は *s* となる，このことを本書では *rāma-s*（*sŨ* → *s*Ø）といった形で表す。

規則 4.1.2 において *sŨ* が -*Ũ* という指標辞を付された形で提示されているのは[76]，単独では発音できない *s* という音素の発音を可能とするため，あるいは発音の困難さを取り除くためと解される。このような指標辞は「発音用のもの」（*uccāraṇārtha*）と言われる[77]。したがって，この -*Ũ* という指標辞は，*rāmaḥ* という語形を派生するなかで何かしらの文法規則の適用を促す機能は有していない。上でも述べたが，指標辞にはこのような種類のものもあることに再度注意しておきたい。

これ以降，それぞれの指標辞の目的については，問題の語形派生に関わらない限り本文で逐一説明することはせず，注を与えるに留める。

---

74) MBh on A 1.3.9（Vol. I, p. 264, lines 18–19），Nyāsa on KV to A 1.3.9（Vol. I, p. 404, lines 24–26）.

75) MBh on vt. 14 to A 1.1.62（Vol. I, p. 164, lines 20–21）.

76) 『カーシカー注解』は名詞語尾に付されているものをすべて指標辞と見なす（KV on A 4.1.2 [Vol. I, p. 317, line 17]）。

77) Nyāsa on KV to A 4.1.2（Vol. III, p. 262, line 26）.

3.1.7　*rŨ* 音の代置

rāma-s となった段階で，この *-s* に *rŨ* という音が代置される。そのことは次の操作規則によって規定されている。

> 規則 8.2.66 *sasajuṣo ruḥ* ||（← *padasya* 8.1.16）
> *s* で終わる屈折形の最終音と *sajuṣ*「同好の士」の最終音に *rŨ* が代置される。

この規則は 1. *s* 音で終わる屈折形の最終音に *rŨ* が代置されること，そして 2. *sajuṣ* という語の最終音に *rŨ* が代置されることを述べている。われわれに必要なのは 1. である。規則を理解するためにいくつか説明を加えておく。

まず，この *s* 音を示すために規則中では *sa-* という語形が用いられている。*s-* に後続する *-a* は子音 *s* の発音を可能あるいは容易とするためのものであり，指標辞とは見なされない[78]。一方，発音用の母音が指標辞と見なされる場合があることを上では見た。つまり「発音用のもの」と文法家たちが考える母音には，指標辞と見なされるもの（本書では大文字と鼻音記号で示す）とそうでないもの（本書では下線で示す）とがあることになる。しかも，文法家によってこのような母音を指標辞と見なすか見なさないか意見が異なる場合があり，統一的な解釈を与えることは難しい[79]。子音を指示するために *a* 音を付すことはパーニニの時代に習慣的になされていたと考えられるから[80]，子音に *a* 音が後続する場合，それは鼻母音としての指標辞ではなく単なる発音用の *a* 音であると本来は意図されていたのかもしれない。対して，ナーゲーシャは発音のために付された母音は何であれすべて指標辞と見ている[81]。そう考えない限り，そのような母音を最終的にゼロ化することができないからである。指標辞であれば，規則 1.3.9 によりすべてゼロ化することが可能である。

規則 8.2.66 の規定に戻ろう。「*s* で終わる屈折形」という箇所に「屈折形」

78）BM on SK 162（Vol. I, p. 156, line 6）.

79）Cardona 1973b: 210–211.

80）Cardona 1997: 51. パーニニは *a* 音だけではなく *i* 音を子音に付けるときもある（Cardona 1997: 51）。

81）Cardona 1973b: 211.

という用語が現れている。原語は *pada* であり，規則 8.2.66 はこのような屈折形を根拠とする操作（*padakārya*）を規定する規則の 1 つである。屈折形とは，名詞語尾で終わる項目および動詞語尾で終わる項目を指す。つまり，名詞語基そのものや動詞語基そのものではなく，それらに名詞語尾や動詞語尾が導入された段階の形を指す。「屈折形」の意味は次の名称規則によって定められている。

規則 1.4.14 *suptiṅantam padam* ||
名詞語尾で終わる項目と動詞語尾で終わる項目は屈折形と呼ばれる。

rāma-s は，*rāma* という名詞語基の後に第一格単数の名詞語尾 *s* が後続している形であり，規則 8.2.66 が言うところの「*s* 音で終わる屈折形」にあたる。

もう 1 つ説明すべきことがある。当該規則 8.2.66 には「*s* 音」を示す *sa-* という語形と「屈折形」を示す *pada* という語はあるが，「*s* 音で終わる屈折形」の「～で終わる～」にあたる言葉が見当たらない。この「～で終わる～」はどこからきたのか。ここで次の名称規則を見られたい。

規則 1.1.72 *yena vidhis tadantasya* ||
適用条件を課す *x* をもって規定がなされる場合，その *x* は，*x* で終わるものを指示する。

文法規則において何らかの項目 *x* により文法規則の適用条件が定められている場合，その項目 *x* は，「*x* で終わるもの」を理解させる。このことを許すのが当該の名称規則 1.1.72 である。規則 8.2.66 は *sa̱-*「*s* 音」という要素によって代置の適用条件が与えられているから，この *sa̱-* は「*s* 音」ではなく「*s* 音で終わるもの」を表すことができる。そこに *pada*「屈折形」という語が組み合わせられて，「*s* 音で終わる屈折形」という意味が得られるのである[82)]。こ

82)　規則 8.2.66 に読み込まれる *padasya* という語は *sasajuṣo* という複合語中の *sa-* の方にだけかかる。この種の語法はパーニニ文典においてしばしば見られるものであり，Cardona 2004: 130–131 にその諸例が示されている。

のように，何らかの項目それ自体ではなく，その項目で終わるものに適用される文法操作を「*x* で終わるものに対する操作」（*tadantavidhi*）と言う。

こうして得られた「*s* 音で終わる屈折形」の最終音，すなわち *rāma-s* における *s* 音に *rŨ* という音が代置される。ここで代置が起こる位置が，対象となる項目全体である *rāma-s* の最終音 *s* に特定されるのは，代置操作の一般規則 1.1.52 による。

s 音に代置されることが規定される *rŨ* の *-Ũ* は規則 1.3.2 により指標辞である[83]。この指標辞は規則 1.3.9 により代置操作の前に脱落する。かくして *rāma-s* → *rāma-r*（*rŨ* → *r*Ø）となる。

3.1.8　*ḥ* 音の代置

rāma-r における *r* には次の規則によって *ḥ* が代置されて，*rāmaḥ* が完成する。

規則 8.3.15 *kharavasānayor visarjanīyaḥ* ||（← *padasya* 8.1.16, *saṃhitāyām* 8.2.108, *raḥ* 8.3.14）

連接の領域において，*kha̲R*（無声閉鎖音と歯擦音）または終止の前で，*r* で終わる屈折形の最終音に *ḥ* が代置される。

当該規則についても説明すべきことがいくつかあるが，最初に *rāmaḥ* を導くために必要な要点だけ述べておこう。この規則は，何らかの屈折形の後に何らかの音がそれ以上続かないとき，*r* 音で終わる屈折形の最終音，つまり *r* 音に *ḥ* 音（*visarjanīya*）が代置されることを規定している。まず，*rāma-r* は *r* 音で終わる屈折形である。そして，この *rāma-r* という連鎖の後にもう何もこないと考えるなら，当該の規則 8.3.15 が適用されて，*rāma-r* は *rāma-ḥ* となる。当該規則を解釈する際に，「〜で終わる〜」という内容が理解されること（☞§ 3.1.7）と代置操作がこの屈折形の最終音に適用されることを確認しておこう（☞§ 3.1.5）。

次に，当該規則についておさえるべきことを説明する。まず当該規則は，音

---

83)　BM on SK 162（Vol. I, p. 156, line 5）.

同士が連接の領域にあるときに適用される。「連接」（*saṃhitā*）とは音と音が最高度に接近していることである。

規則 1.4.109 *paraḥ sannikarṣaḥ saṃhitā* ||
音が最も接近することは連接と呼ばれる。

ここで言う音の最高度の接近は，具体的には，半モーラ（1つの子音を発音するのに要する時間幅）を越える時間幅を隔てないことであると説明される[84)]。

このような連接の領域において，終止の前で *r* 音が *ḥ* 音に取って代わる。つまり *rāma-r* の直後に音の終止がくるとき，言い換えれば何の音も続かないとき，*rāma-r* の *r* は *ḥ* によって代置される。この「終止」（*avasāna*）の内容は次の名称規則によって定められている。

規則 1.4.110 *virāmo 'vasānam* ||
音の休止は終止と呼ばれる。

音の終止とは音が存在しないことであるから，「終止（音が存在しないこと）の前で」や「終止（音が存在しないこと）が後続するとき」という言い方は奇妙に聞こえるかもしれない。ここでは頭の中でこの終止というものをモノ化して，つまりそれを何らかのモノであるかのように見なして，そのようなモノとしての終止が何らかの項目に後続している場合，と考えることになる[85)]。視覚的に示せば「*rāma-r*＋終止」といった具合である。

次の説明に移る。規則において「終止の前で」という条件は *-avasānayor* という所格形で表されている。第七格語尾が担う通常の意味は場所（*ādhāra*）であるが（☞§ 3.19.1），ここで第七格語尾は，場所は場所でも文法操作が起こる場所として「前の場所」を指定している。つまり「終止の場所で」*r* 音に対する *ḥ* 音の代置が起こるのではなく「終止の前という場所で」それは起こるのである。パーニニ文典において第七格語尾を伴う所格形が使用される場合，その

84)　BM on SK 28（Vol. I, p. 39, lines 12–13）.
85)　Cf. BM on SK 76（Vol. I, p. 92, lines 8–9）.

第七格語尾は「前の場所」という意味を伝えることがある。このことは次の解釈規則によって示されている。

規則 1.1.66 *tasminn iti nirdiṣṭe pūrvasya* ||
x によって第七格語尾の意味が示されるとき，*x* が指示する項目の前の項目に対して文法操作が行われる[86)]。

この解釈規則は，パーニニの文典において所格形がどのような目的で使用されるのかを定めている。規則内で何らかの項目が所格形をもって提示される場合，当該の所格形はその項目の前にある項目に対して文法操作が行われることを知らしめる。つまり第七格語尾は，それが含意しうる意味の中で「前の場所」という意味を伝えることになる。しかし，規則 1.1.49 の場合と同じく，パーニニ文典において第七格語尾が常にこの意味を表すわけではないことに注意したい。文脈から他の意味が期待される場合，規則 1.1.66 がその意味を妨げることはない。文脈上，第七格語尾の意味合いを決定できないとき，それを同規則が特定するのである[87)]。

最後の説明に移る。上記の規則 8.3.15 では代置操作の対象が「*r* で終わる屈折形」であることが述べられている。この「*r* で終わる屈折形」という言い方がくせ者である。上では *rāma-r* がこの「*r* で終わる屈折形」にあたるとして，*rāma-r* の *r* 音に対する *ḥ* 音の代置を説明したが，*rāma-r* は「屈折形」の条件

---

86)　通常，サンスクリット語では *iti* が語の後に置かれることで語形そのものが問題となっていることが示されるが（*x iti* で「*x* という語」を表す），パーニニ文典では，語が提示されるとき仮にそれが *iti* を伴っていなくても語形だけが指示されることが，規則 1.1.68 によって規定されている。逆に，当該規則におけるように *iti* が使用される場合，それは語形ではなく意味が問題となっていることを知らしめるものである。後に見る規則 1.1.67 や規則 1.1.44 でも同様である（☞§ 3.2.4, § 3.13.3）。規則中では語の意味よりも語の形を指示する場合が圧倒的に多いため，全体の簡潔さの観点から，*iti* の用法を通常の用法とは逆転させていると考えられる。
　当該規則 1.1.66 の *pūrvasya* と後に見る規則 1.1.67 の *uttarasya* はいずれも属格形であり，パーニニ文典では，文法操作の適用対象（*kāryin*）はこのように属格形でもって示されるのが普通である。ただし，パーニニ以前の文法学では，主格形でもってそれを示していたようである（Kielhorn 1887a: 101; Cardona 1976: 320, note 51; Pradīpa on MBh to vt. 1 ad A 6.1.163［Vol. IV, p. 500, lines 15–16］）。

87)　Cardona 1973b: 218–221.

を満たしているだろうか。読者の中には疑問を抱いた方もおられるかもしれない。屈折形の定義を思い出そう。

規則 1.4.14 *suptiṅantam padam* ||
名詞語尾で終わる項目と動詞語尾で終わる項目は屈折形と呼ばれる。

この規則によれば，屈折形の 1 つは「名詞語尾で終わる項目」である。名詞語基 *rāma* の後に名詞語尾 *s* が導入されてその名詞語尾が残っている段階の形，つまり *rāma-s* は確かに「名詞語尾で終わる項目」であるから，屈折形である。しかしその *s* 音が *r* 音に取って代わられた段階の形，つまり *rāma-r* では，もはや名詞語尾である *s* は消えているから，*rāma-r* を「名詞語尾で終わる項目」，すなわち屈折形と見なすことはできないのではないか。この問題が解決されなければ，規則 8.3.15 による *ḥ* の代置を *rāma-r* の *r* に適用することはできない。
しかし，心配ご無用。パーニニ文典には次のような解釈規則が用意されている。

規則 1.1.56 *sthānivad ādeśo 'nalvidhau* ||
原要素の音を根拠とする操作が行われる場合を除いて，代置要素は原要素のように扱われる。

この規則は，ある本来の要素（原要素）に何らかの要素（代置要素）が代置されているとき，その代置要素は本来の原要素のように扱われること，すなわち，本来の原要素が有していた性質を受け継ぐことを規定している[88]。したがって，この規則は特定の規則を正しく解釈するための解釈規則であると同時に，その中でも，ある要素がもっている何らかの性質を別の要素に付与する拡大規則（*atideśasūtra*）でもある。これによって，*rāma-r* における *r* という代置要素

88)　『カーシカー注解』によれば，代置要素には 1. 動詞語基（*dhātu*）に対する代置要素，2. 接辞前語基（*aṅga*）に対する代置要素，3. 第一次接辞（*kṛt*）に対する代置要素，4. 第二次接辞（*taddhita*）に対する代置要素，5. 不変化詞（*avyaya*）に対する代置要素，6. 名詞語尾（*sŨP*）に対する代置要素，7. 動詞語尾（*tiṄ*）に対する代置要素，8. 屈折形（*pada*）に対する代置要素の 8 つがある（KV on A 1.1.56［Vol. I, p. 22, line 16］）。

は，原要素である名詞語尾 *s* の性質たる名詞語尾性（*suptva*）を引き継ぐものと見なされ[89]，*rāma-r* が「名詞語尾で終わる項目」，すなわち屈折形であることが担保される。このように代置要素を原要素に等しいものとして扱うことを「原要素扱い」（*sthānivadbhāva*）と言う。

代置要素が原要素に等しいものとして扱われると言っても，代置要素の語形が原要素の語形に変形するわけではない点に気をつける必要がある。代置要素は原要素が有していた何らかの性質を受け継ぐことで，その性質を根拠とした何らかの文法操作の拡大適用を促す。このとき，代置要素の語形自体は変わらない。上の例で言えば，原要素である名詞語尾 *s* に対する代置要素 *r* は，原要素 *s* が有している名詞語尾性を引き継ぐことで，規則 8.3.15 の適用を可能とする。代置要素 *r* が *r* であることには変わりなく，それが原要素 *s* に戻ったりするわけではない。ジネーンドラブッディは，規則 1.1.56 がもたらすのは「文法操作の拡大適用」（*kāryātideśa*）であり「語形の拡大適用」（*rūpātideśa*）ではないと述べている[90]。

解釈規則 1.1.56 で述べられる「原要素の音を根拠とする操作が行われる場合を除いて」という条件はいま問題にしている *rāmaḥ* の派生には関係ないので説明は省く[91]。これまで説明を与えてきた規則 8.3.15 における *kha̱R*「無声閉鎖音（*k*, *kh*, *c*, *ch*, *ṭ*, *ṭh*, *t*, *th*, *p*, *ph*）か歯擦音（*ś*, *ṣ*, *s*）」の部分についても，*rāmaḥ* の派生には関係がないので触れないでおく。

ようやくわれわれは *rāmaḥ* に辿りつくことができた。このように派生手続きの完了した語形を「完成形」（*niṣṭhita*, *pariniṣṭhita*）と呼ぶ。この完成形に至るため実に多くの規則を考慮しなくてはならなかったが，その派生の流れを文法規則とともに簡潔に示せば以下の通りである。わかりやすいように，音の導入や代置が起こった箇所を四角で囲ってある。［ ］内に示されている操作は，要素の導入や代置が起こる以前に行われるゼロ代置操作である。

---

89)　BM on SK 187（Vol. I, p. 183, lines 15–16）.

90)　Bhate 2022: 70 with note 57, Nyāsa on KV to A 2.4.49（Vol. II, p. 292, lines 27–28）.

91)　この条件が具体的にどのように機能するかについてはキャット・川村 2022: e213–e214 を見よ。また§5.3 と§6.5 も参照せよ。

rāma（規則 1.2.45/46）
rāma-s [$s\tilde{U} \rightarrow s\varnothing$]（規則 1.3.9, 1.4.22, 2.3.46, 4.1.2）
rāma-r [$r\tilde{U} \rightarrow r\varnothing$]（規則 1.3.9, 8.2.66）[92)]
rāma-ḥ（規則 8.3.15）
rāmaḥ

このように，パーニニ文法において，第一格単数語尾 *-s* はまず *-r* によって代置され，次にその *-r* が *-ḥ* によって代置されることになる（*-s* → *-r* → *-ḥ*）。ここで *-s* から直接 *-ḥ* へはいかずに，*-r* が介在することになるのには文法体系上の理由がある。これを説明するにはかなり込み入った議論が必要となるため，詳説は省く[93)]。

コラム3 話をごまかす文法家

インドでは，サンスクリット文法家の地位は今も昔も高い。しかし中には，へなちょこ文法家もいたようである。文法家パタンジャリ（紀元前 2 世紀）の時代から，いまいち知識のない文法家がいたらしく，パタンジャリはそのような文法家を「空を示す文法家」（*vaiyākaraṇakhasūci*）と表現している。パタンジャリはこれ以上の説明を与えないが，後代の文献によると，何らかの語形の形成法に対する説明を尋ねられているのに，話をはぐらかそうとして「ああ，空は雲 1 つない快晴だね」などと言う奴のことらしい。後代の文法家たちの説明は以下の通り[2]。

> 問われているのに，知的な閃きがないので，問いを忘れさせるべく「ああ，空には汚れ 1 つない」と言って空を示す者，そういう者は，文法学の学習が実を結んでいないため，非難される。

---

92) もし規則 8.2.66 による *rŨ* 音の代置操作が適用された後に規則 1.3.9 よって *rŨ* の指標辞 *Ũ* が脱落すると考えると，不都合が生ずる。規則 8.2.1（☞§ 3.25）によって規則 8.2.66 の文法操作は先行する規則 1.3.9 が適用されるべきときに不成立（*asiddha*）と見なされるため，規則 1.3.9 によるゼロ代置を施すことができないことになる。このような問題が起こらないのは，規則 1.3.9 が規則 8.2.66 による文法操作が施される前に働いて指標辞をゼロ化するからである。

93) 詳細については Cardona 1997: 452–457 を参照されたい。

語形の形成法を問われているのに，問いを忘れさせるために空を示す者，あるいは空を見る者，そのような者がこのように［「空を示す文法家」と］言われる。ここで，文法家は語形の形成法を忘れているため非難に値する。空を示すことが非難の原因である。

この事例からは，サンスクリット語の語形成について文法学的な説明を施せることこそが，文法家の文法家たる所以の1つと考えられていることがわかる。文法学者たるもの，一時たりとも訓練を怠ってはならない。尋ねられているのにちゃんと答えられない文法家は，上では「知的な閃きのない者」（*niṣpratibha*）と呼ばれている。

一方，当該の問題をちゃんと論じられないからといって，その問題と全く関係のない文法学的な知識をひけらかすのもよろしくない。インドには古くより討論の伝統があり，その勝ち負けの条件が事細かく定められている。論者が負けと見なされてしまう状況の1つに，問題に何の関係もない文法学的な事柄を語り始める，というものがある。以下のような規定である[3]。

例えば，文法学者が次のような議論をするとしよう。
「語（音声）は恒久的である。触れることができないからというのが理由。
実に『理由』（hetu）とは，動詞語根 hi のあとに接尾辞 tuN を導入するとき形成される，第一次接尾辞に終わる語である。ところで，『語』には名詞・動詞・動詞接頭辞・不変化詞の四種がある。『名詞』とは，表示対象がある特定の行為と結びついた結果，語形変化する語である。」云々。

本来ならば「音声というものは恒常である。触れることができないから」という命題を証明する実例をきちんと提示しなければならないのだが，ここで論者の文法家は無関係な小難しい話を突如として始めている。これにより，この文法家は討論に敗北したと見なされる。

現代の研究者が日常的に参加する学会の場面を考えてみると，自身の発表後に会場から質問があったとき，それにちゃんと答えず，自分の専門領域に引きつけた無関係な事柄をしゃべってその場をやり過ごすのがこれにあたるだろう。それは，発表者の負けを意味するのである。

ちなみに，質問をするときにも「この語形はどのようにして文法学的に説明されるのですか，どの文法規則に基づいているのですか」などと言って，論旨とあまり関係のない事柄を自らの得意とする領域のもとで問いただすのも，あまり好ましい態度とは言えない。気をつけたいところである。

1　MBh on A 2.1.53 (Vol. 1, p. 397, line 2).
2　Pradīpa on MBh to A 2.1.53 (Vol. II, p. 619, lines 8–10), BM on SK 732 (Vol. II, p. 72, lines 7–9).
3　桂 2021: 140–141.

3.2　主格両数形 *rāmau*

続いて主格両数形 *rāmau*「2 人のラーマは」に移る。

3.2.1　1 つの語形の残存

rāmau は主格両数形であり，ラーマと呼ばれる人物が 2 人いることを前提としている。したがって，「ラーマ」という意味を伝える *rāma* という名詞語基も 2 つ必要である。意味が 2 つ以上あれば，それを表すための言葉も 2 つ以上いるからである[94]。すなわち *rāma-rāma* という段階が措定されることになる。この *rāma-rāma* の後に主格両数語尾 *au* をそのまま導入すると **rāmarāmau* となるが，望まれる形式は *rāmau* である。次の規則は，連続する同じ名詞語基のうち，1 つだけが残存することを規定している。複数の項目のうちで 1 つだけが残ることを「一語残存」(*ekaśeṣa*) と言う。

規則 1.2.64 *sarūpāṇām ekaśeṣa ekavibhaktau* ||
同じ語尾の前で，連続する同じ語形のうち 1 つが残存する。

この規則の解釈は一筋縄ではいかないが，1 つの理解の仕方は以下の通りである。当該規則は，何らかの同じ格語尾で終わる同じ語形が連続することになるとき，それらの語形の名詞語基のうち，1 つの名詞語基だけが残ることを規定している。当該規則によって，たとえば {*rāma-s-rāma-s*}「ラーマとラーマ，2 人のラーマ」というように，同じ第一格単数語尾 *sŨ* が同じ名詞語基 *rāma* に後続して同じ語形が連続することになるとき，名詞語基 *rāma* が 1 つだけ残存することになる。

---

94)　KV on A 1.2.64 (Vol. I, p. 48, line 16).

rāma-rāma　「2人のラーマ」を表すために2つの名詞語基が生起

rāma-s rāma-s　第一格単数語尾の生起（規則 1.4.22, 2.3.46）

{*rāma-s-rāma-s*}　並列複合語の形成（規則 2.2.29）

{*rāma-s-rāma-s*}*-au*　複合語の後に第一格両数語尾が生起（規則 1.4.22, 2.3.46）[95]

{*rāma-s*}*-au*　1つの *rāma-s* だけが残存（規則 1.2.64）

{*rāma-Ø*}*-au*　残存した *rāma-s* の第一格単数語尾のゼロ化（規則 2.4.71）[96]

{*rāma*}*-au*

このような過程を経て，1つの名詞語基 *rāma* が残存し，最終的に *rāmau* ができあがる。上記の過程の詳細に入ろうとするならば，パーニニ文法学における複合語形成の話をしなくてはならなくなる。それはひとまずおいておき，ここでは規則 1.2.64 によって名詞語基が1つだけ残存するということを理解してもらえればよい。なお，{ } の記号は，それに囲まれている語が複合語を形成していることを示す。以下でも同様である。

3. 2. 2　第一格両数語尾の選択

以上が，名詞語基を1つだけ残す操作の説明である。次に，名詞語尾の中から第一格両数語尾 *au* を選択する操作の説明に移る。

規則 4.1.2 が導入を規定する名詞語尾の中から第一格語尾である *sŨ*（単数），*au*（両数），*Jas*（複数）の選択を可能とする規則はすでに見た規則 2.3.46 である。

> 規則 2.3.46 *prātipadikārthaliṅgaparimāṇavacanamātre prathamā* ||
> 1. 名詞語基の意味だけ，2. 性だけ，3. 量だけ，4. 数だけが表示されるべきとき，第一格語尾が起こる。

次に，3つの第一格語尾の中から，両数語尾 *au* の選択を可能とする規則は，

---

95)　複合語（*samāsa*）は規則 1.2.46 により名詞語基としての資格を得る。それゆえ複合語の後に名詞語尾の導入が成立する。

96)　規則 2.4.71 については本講§ 6.3 で見る。以上の派生過程については Scharf 1996: 42–43, note 45 を参照した。

これも同じくすでに見た規則 1.4.22 である。

規則 1.4.22 *dvyekayor dvivacanaikavacane* ||
両数または単数という数が表示されるべきとき，両数語尾と単数語尾が起こる。

これら 2 つの規則によって，名詞語基 *rāma* の後に主格両数語尾 *au* が導入される。

3.2.3　短縮記号の形成，同類音の設定，特定の音への指示方法

次の文法操作に移る前に，§ 3.2.4 で引く文法規則を理解するための前提としてパーニニ文法における短縮記号の作り方，同類音の設定，そして特定の音への指示方法について解説しておく。すでに触れた点もある。

何らかの母音が文法規則で提示される場合，その母音はそれ自身に加えてその同類音も指示することができる。そのことは次の名称規則によって規定されている。

規則 1.1.69 *aṇudit savarṇasya cāpratyayaḥ* ||（← *svaṃ rūpam* 1.1.68）
aṆ（母音と半母音および *h*）または指標辞 *Ū̆* を有する音は，接辞の場合を除いて，それ自身と同類音を指示する。

この規則によれば，『音素表』（☞§ 2.1）で列挙されている母音や半母音が規則中で提示される場合，それらは音素表で列挙された音そのものだけではなく，自らの同類音をも指す。加えて，同じく規則中で何らかの要素に *Ū̆* という指標辞が付されている場合，その要素は，自らの音だけではなくその同類音をも指す（一例については§ 3.3.2）。ただし，文法規則内で言及されるものが接辞である場合，同類音への指示はなされない。

この規則について 2 つ説明すべきことがある。1 つ目は，規則中で「母音と半母音」は *aṆ* という短縮記号によって指示されている。この短縮記号は，『音素表』の第 1 列目にある *a* と第 6 列目の最後にある指標辞 *Ṇ* を組み合わせ

て作ったものであり，この *a* から *Ṇ* までに含まれるすべての音を指示することができる。このような短縮記号の作り方およびその短縮記号が指示する内容については次の名称規則が規定している。

規則 1.1.71 *ādir antyena sahetā* ||（← *svaṃ rūpam* 1.1.68）
初頭の要素は，末尾の指標辞を伴ってその要素自身およびその間に含まれるすべての要素を指示する。

この規則によって，列挙される一群の要素のうち，最初の要素は一定の群の末尾にある何らかの指標辞と組み合わせられて短縮記号を形成する。そうして形成された記号は，当該の最初の要素から始めて指標辞が現れるまでの要素すべてを指示するものとして機能する。かくして *aṆ* は音素表の *a* から *Ṇ* までの音，すなわち母音（*a, i, u, ṛ, ḷ, e, o, ai, au*）と半母音（*y, v, r, l*）および *h* 音を指示することができる。

文法家たちの解釈では規則 1.1.69 において *aC*（すべての母音のみを指示する短縮記号）ではなく *aṆ*（母音に加えて半母音および *h* 音を指示する短縮記号）が述べられているのは，半母音のうち *r* 音を除いた *y, v, l* を規定内容に含めるためである。この考えによれば，*aṆ* と述べられているとは言え，規定内容に *h* 音と *r* 音は意図されていない。少なくともこれが後代の文法学において受けいれられている解釈である[97]。ある要素が何を指示するかを規定する当該規則 1.1.69 は「指示記号の規定規則」（*grahaṇakasūtra*, *grahaṇakaśāstra*）と呼ばれる。

規則中で提示される母音は自身に加えて同類音をも指示することを上に述べた。次にこの同類音とは何かについて説明する。「同類音」（*savarṇa*）は名称であり，それが指す内容は次の名称規則によって定められている。

規則 1.1.9 *tulyāsyaprayatnaṃ savarṇam* ||
同じ調音位置と調音動作で発せられる音は，同類音と呼ばれる。

97) BM on SK 14（Vol. I, p. 29, lines 14–19）. Deshpande 1975: 135–149 も参照せよ。

音が発せられる場所である調音位置（*āsya*「口の中にあるもの」）には，軟口蓋（*kaṇṭha*「喉」），硬口蓋（*tālu*），口腔内の最上点（*mūrdhan*「頭」），歯（*danta*）または歯茎（*dantamūla*），唇（*oṣṭha*）の5つがある[98]。調音動作（*prayatna*）とは調音器官（舌とこれら5つの調音者）が行う動作のことである。1. 母音は調音器官に接触がない開いた形で（*aspṛṣṭa/vivṛta*）で[99]，2. 歯擦音は少し開いた形（*īṣad-vivṛta*）あるいは母音と同じく開いた形で（*vivṛta*），3. 半母音は少しの接触がある形で（*īṣat-spṛṣṭa*），4. それ以外の子音（閉鎖音）は調音器官を完全に接触させる形で（*spṛṣṭa*）発音される[100]。

ある2つの音がこのような調音位置と調音動作を同じくしているとき，それらの音は同類音と見なされる。母音には短母音，長母音，延伸母音という持続時間（*kāla*）の点での区別，非鼻母音と鼻母音という鼻音性（*ānunāsikya*）の点での区別，高アクセント母音，曲アクセント母音，低アクセント母音というアクセント（*svara*）の点での区別があるが[101]，それらは同じ調音位置と調音動作をもって発音される同類音である。したがって，たとえば規則中で *a* 音が提示されれば，その *a* 音はこれらの組み合わせによって計18種の音（3×2×2）を指示することができる。そのような同類音のすべてを記していては煩雑を極めるので，本書では「*a/ā* 音」のように短母音と長母音のみを記すことにする。上に述べた *y, l, v* には鼻音化されていない音と鼻音化された音の2種がある。そのため，規則中でこれら *y, l, v* が提示されれば，それは鼻音化されていない音（*y, l, v*）に加えて，その同類音である鼻音化された音（*ỹ, l̃, ṽ*）も指示することができる[102]。

なお，規則1.1.9で言われる調音動作は，口腔内で行われるものが意図されており，口腔外の動作は意図されていない。したがって，口腔外の調音動作に

98)　*āsya* という語は，一般的な用法では唇から喉ぼとけまでの場所を指すが，より限定された意味として口腔内の調音場所を指す（Cardona 1983: 1, note 2）。

99)　短母音 *a* は本来的には閉じた狭い音（*saṃvṛta*）と考えられているが，文法操作を発動させるため開いた広い音（*vivṛta*）として仮に設定される。§3.25を見よ。

100)　この配列の仕方は音の相対的な大きさ・聞こえ度（sonority）を基準にして母音＞接近音＞摩擦音＞閉鎖音の順番に並べる現代の音韻論とは異なる。古代インドにおける調音動作の分類の仕方と問題点についてはAllen 1953: 24–32を参照せよ。

101)　vt. 1 on A 1.1.69（Vol. I, p. 178, line 9）.

102)　サンスクリット語に鼻音化された *r* 音（*r̃*）は存在しない（Cardona 1981: 398, note 3）。

よって生み出される有声音（*saghoṣa*）と無声音（*aghoṣa*）の区別や有気音（*mahā-prāṇa*）と無気音（*alpaprāṇa*）の区別は，特定の2つの音が同類音と見なされることを妨げない。たとえば，*k* 音は無声音，*g* 音は有声音であるが，両者は同じ調音位置（喉）と口腔内の同じ調音動作（完全閉鎖）を有する点で同類音と理解される。*k* 音という無気音と *kh* 音という有気音の場合も同様である。

規則中で母音が提示されるときには当該の母音自身とその同類音が指示されることになるが，短母音 *a* や長母音 *ā* など特定の母音のみを指示しなければならないときには，その母音の後に *t* 音が付された形で提示される。たとえば規則中で *at* と言われれば，それは「短母音 *a*」のみを指示する。この取り決めは次の名称規則によってなされている。

規則 1.1.70 *taparas tatkālasya* ||
t に後続される母音は，自身と同じ持続時間を有する母音を指示する。

ここで注意すべきは，この *t* 音によって限定をうけるのは母音の持続時間だけであり，母音がもつアクセントや鼻音性は考慮されないことである。したがって，*at* と言われれば，長母音 *ā* や延伸母音 *a3* は指示対象から除外される一方，特定のアクセントを有する短母音（高曲低のアクセントを備えた *á*, *à*, *a*）や鼻音化された短母音（*ã*）は除外されない[103]。

当該規則 1.1.70 で規定される *t* 音は，規則 1.3.2 から規則 1.3.8 で規定される指標辞ではないことを付記しておく[104]。

---

103)　「*t* に後続される母音」と訳した規則中の *tapara* には2通りの解釈がある（KV on A 1.1.70 [Vol. I, p. 29, line 21]）。1つ目は，*tapara* を所有複合語として「*t* を後続要素とする［母音］」と解するもので，この場合，*t* は母音に後続することになる。本書の訳はこの第一解釈に従ったものである。2つ目は，*tapara* を奪格限定複合語として「*t* に後続する母音」と解するもので，この場合，*t* は母音に先立つことになる。パーニニ文典中では第一の場合の方が多いと思われる。また，文法学上，大きな問題を引き起こさないのは第一の場合であり（Cardona 1973a: 54），それゆえ望ましいものである。Renou 1966: I.21 は “un phonème suivi ou précédé de *t*” と訳して，上記2つの解釈を翻訳に織り込んでいる。

104)　Cardona 1976: 335, note 215.

3.2.4　*au* 音の代置

今われわれは *rāma-au* という段階にいる。ここで，先行する *rāma* の *-a* と，それに直接後続する *au* の両者に *au* が代置されて，*rāmau* ができあがる[105)]。このように，2つの要素に対して代置される1つの要素を「唯一の代置要素」（*ekādeśa*）と言う。当該の代置操作は次の規則によって規定されている。

規則 6.1.88 *vṛddhir eci* ||（← *saṃhitāyām* 6.1.72, *ekaḥ pūrvaparayoḥ* 6.1.84, *āt* 6.1.87）
連接の領域で，*a/ā* の後に *eC*（*e, o, ai, au*）が続くとき，先行音と後続音に増大音（*ā, ai, au*）が唯一代置される。

当該規則を理解するためにいくつか確認，説明すべきことがある。まず「連接の領域で」（*saṃhitāyām*）という条件である。「連接」（*saṃhitā*）とはある要素が別の要素に直接後続する事態を言うものである（☞§ 3.1.8）。また，*eC*「*e, o, ai, au*」は『音素表』の第3列目の最初にある *e* と第4列目の最後にある指標辞 *C* を用いて構成された短縮記号であり，その間に含まれる音のすべてを指すことができる（☞§ 3.1.4, § 3.2.3）。

次に「*a/ā* 音の後に *eC*（*e, o, ai, au*）が続くとき」を説明する。先行規則から読み込まれてくる奪格形 *āt* における第五格語尾は，*uttara*「〜の後で，〜に後続する」や *para*「〜の後で，〜に後続する」と相関するものとして使用されている。規則中で奪格形が使用された場合，その奪格形は，それが *uttara* や *para* という語と相関するものとして使用されていることを知らしめる。言い換えれば，奪格形によって何らかの要素が提示される場合，当該の奪格形は「〜の後で，〜に後続する」を意味し，その要素の後にある要素に対して操作が行われることを示すことになる。このことは次の解釈規則によって規定されている。

規則 1.1.67 *tasmād ity uttarasya* ||
x によって第五格語尾の意味が示されるとき，*x* が指示する項目に後続す

105)　操作規則 6.1.102 の適用は禁止規則 6.1.104 によって妨げられる（SK 188［Vol. I, pp. 184, line 2–p. 186, line 1］）。

る項目に対して文法操作が行われる。

代置関係を示す属格形の用法や「前という場所」を示す所格形の用法と同様に，「〜の後で，〜に後続する」を示すことになるこの奪格形の用法は，パーニニ文典においてのみ許容される特殊なものというわけではない。日常世界で観察される奪格形の用法のうち，*uttara* や *para* という語と共起する用法が意図されることを教えているのである。このような奪格形の用法は，実際に規則 2.3.29 によって規定されている[106]。

かくして規則中の *ād eci* は「*a/ā* 音の後に *eC*（*e, o, ai, au*）が続くとき」を意味するが，先に見たように，奪格形 *āt* の語幹である母音 *a* はそれ自身およびその同類音を指示する（☞§ 3.2.3）。「*a/ā* 音」という表記はそのことを示す。

以上の「連接の領域で，*a/ā* 音の後に *eC*（*e, o, ai, au*）が続くとき」という条件が満たされるとき，先行する音と後続する音の両者に「増大音」（*vṛddhi*）が代置されることになる。増大音という名称が指す中身は次の名称規則によって規定されている。

規則 1.1.1 *vṛddhir ād aic* ||
ā, ai, au は増大音と呼ばれる。

この規則によって，増大音という名称は *ā, ai, au* を指示することが取り決められている[107]。規則中の *āt*「長母音 *ā*」に付された *t* 音は，規則 1.1.70 によ

106)　パーニニが規定する第五格語尾，第六格語尾，第七格語尾の用法が，パーニニの文典内だけで許容される特殊なものではなく一般に観察され得たものであること，そしてパーニニの文法規則はそれら名詞語尾の特殊な用法を規定する点にあるのではなく，もともとあり得る用法の中から状況に応じて特定の用法を選択させる点にあることについては，Cardona 1974a を見よ。
規則 3.1.1 の支配下にある接辞導入規則（パーニニ文典第 3 巻，第 4 巻，第 5 巻の規則）には，規則 3.1.2 から *para*「〜の後で」という語が読み込まれるので，それら接辞導入規則で提示される奪格形はこの *para*「後で」と相関するものとして説明可能である。それゆえ，そこに規則 1.1.67 を当てはめて奪格形の機能を特定する必要はない。規則 1.1.67 は *para*「〜の後で」や *uttara*「〜の後で，〜に後続する」がない場合，そこにそれを補う形で奪格形を解釈することを許すものである。接辞導入規則において規則 1.1.67 は働かないことについては，Cardona 1973b: 221; 1974a: 323–324; 1976: 202–203 を見よ。

って持続時間の点で母音を限定する装置である。*aiC*「*ai* 音と *au* 音」は，『音素表』の第 4 列目にある *ai* と *C* を使って作られた短縮記号であり，その間に含まれる音を指示する（☞§ 3.1.4, § 3.2.3）。

ここまでで，*rāma-au* における先行音 *-a* と後続音 *au* の両者に増大音が代置されることがわかった。しかし，増大音には *ā*, *ai*, *au* の 3 種がある。代置されるべきはこのうちの *au* である。この *au* への絞り込みは，次の解釈規則によってなされる。

規則 1.1.50 *sthāne 'ntaratamaḥ* ||
原要素の代わりに，最も近似したものが起こる。

この規則は，音の代置操作が行われるとき，原要素に最も近い音が代置要素として選ばれることを規定している。これにより，代置要素に複数の可能性がある場合に適切な代置要素が選ばれることが保証される。当該規則は「最近似要素の解釈規則」（*antaratamaparibhāṣā*）と呼ばれる。

当該の *rāma-au* の例では，代置をうける対象である原要素は *-a* と *au*，それに取って代わる代置要素の候補は *ā*, *ai*, *au* である。これら *ā*, *ai*, *au* のうち，原要素である *-a* と *au* の両者に最も近いものが選ばれることになる。パーニニ自身は原要素と代置要素の間の「近さ」を決める基準を明確には語っていないが，『カーシカー注解』によれば，原要素と代置要素の間の「近さ」は音の調音位置（*sthāna*），語の意味（*artha*），音の性質（*guṇa*），音の持続時間（*pramāṇa*）という 4 つの基準をもって判断される[108)]。これらのうち，いま考慮すべきは調音位置である。*a* と *ā* は喉（声門）で発音される音（*kaṇṭhya*）[109)]，*ai* は喉と硬口蓋で発音される音（*kaṇṭhatālavya*），*au* は喉と唇で発音される音（*kaṇṭhauṣṭhya*）

107)　パーニニ文典における規則中の一般的な語順としては，名称を示す語は名称を付される要素を示す語の後にくるが，当該規則においては名称を示す語 *vṛddhi* が最初に置かれている。「増大，成長，繁栄」という意味合いをもつ *vṛddhi* という語を規則 1.1.1 の冒頭，つまりパーニニ文典の冒頭に掲げることで，幸先のよさを確保しようとする意図があると解される（MBh on vt. 7 to A 1.1.1［Vol. I, p. 40, lines 5–9］）。なお，増大音（*vṛddhi*）である *ā*, *ai*, *au* は，従属音（*guṇa*）である *a*, *e*, *o* に対してそれぞれ音の量が増大しているという点で増大音と呼ばれる，と考えることができる。

108)　KV on A 1.1.50（Vol. I, p. 21, line 5）.

である。したがって，代置が行われる対象となる原要素 *a* と *au* の 2 音は，調音位置の点では合わせて「喉と唇」をもつことになる。この原要素 *a* と *au* に取って代わることが規定される増大音 *ā*, *ai*, *au* のうち，*au* は「喉と唇」を調音位置とするため，この点において，原要素に最も近い代置要素と見なされる。

かくして，*rāma-au* の -*a* と *au* には増大音 *au* が代置されて，*rāmau* となる。派生の流れを文法規則とともに簡潔に示せば以下の通りである。

rāma（規則 1.2.45/46）
rāma-au（規則 1.2.64，1.4.22，2.3.46，4.1.2）
rāmau（規則 6.1.88）
rāmau

3. 3　主格複数形

続いて主格複数形 *rāmāḥ*「複数のラーマは」の派生を見よう。サンスクリット語で複数形と言うとき，対象の数は 3 つ以上である。

3. 3. 1　1 つの語形の残存

rāmāḥ が仮に「3 人のラーマ」を指すとすると名詞語基 *rāma* が 3 つ必要である。それらのうち，先に見た規則 1.2.64 によって 1 つだけが残存する。

rāma-rāma-rāma　「3 人のラーマ」を表すために 3 つの名詞語基が生起
rāma-s rāma-s rāma-s　第一格単数語尾の生起（規則 1.4.22，2.3.46）
{*rāma-s-rāma-s-rāma-s*}　並列複合語の形成（規則 2.2.29）
{*rāma-s-rāma-s-rāma-s*}-*as*　複合語の後に第一格複数語尾が生起（規則 1.4.

109)　何であれ母音が発音されるとき，それは声門にある声帯の振動を伴う。インド音声学において，母音 *a* や *ā* が「喉の音」（*kaṇṭhya*, 声門音）とされ，*i* や *u* など他の母音はそう見なされないのは，おそらく *a* や *ā* が発音されるときには声帯の振動だけが起こり，口腔内の調音動作は何ら行われない点で，それら *a* や *ā* は中立的な（neutral）母音と考えられるからである。*i* や *u* など他の母音を発音する場合には，声帯の振動に加えて口腔内の調音動作（舌や唇の動作）を伴う点で，これら *i* や *u* などの母音は *a* や *ā* とは異なるものである。そのようなものとして，*i* と *u* はそれぞれ「硬口蓋の音」（*tālavya*），「唇の音」（*oṣṭhya*）とされる。詳しくは Allen 1953: 58–59 および Hock 2014: 65–72 を参照せよ。

21, 2.3.46）
{*rāma*-s}-*as*　1つの *rāma-s* だけが残存（規則 1.2.64）
{*rāma*-Ø}-*as*　残存した *rāma-s* の第一格単数語尾のゼロ化（規則 2.4.71）

このような過程を経て，1つの名詞語基 *rāma* が残存した *rāmāḥ* が最終的に形成される。

3. 3. 2　第一格複数語尾の選択

以上が，名詞語基を1つだけ残す操作の説明である。次に，名詞語尾の中から第一格複数語尾 *Jas* を選択する操作の説明に移る。

規則 4.1.2 が導入を規定する名詞語尾の中から第一格語尾である *sŨ*（単数），*au*（両数），*Jas*（複数）の選択を可能とする規則はすでに見た規則 2.3.46 である。

規則 2.3.46 *prātipadikārthaliṅgaparimāṇavacanamātre prathamā* ||
1. 名詞語基の意味だけ，2. 性だけ，3. 量だけ，4. 数だけが表示されるべきとき，第一格語尾が起こる。

次に，これら3つの第一格語尾の中から複数語尾 *Jas* の選択を可能とする規則は，次の操作規則である。この規則を解釈する際の要点は規則 1.4.22 の場合と同様である。

規則 1.4.21 *bahuṣu bahuvacanam* ||
複数という数が表示されるべきとき，複数接辞が起こる。

通常，規則中で提示される末尾の子音は規則 1.3.3 によって指標辞と見なされるが，第一格複数語尾 *Jas* の末尾の子音 *-s* が指標辞として扱われることは次の規則によって妨げられる。

規則 1.3.4 *na vibhaktau tusmāḥ* ||（← *upadeśe...it* 1.3.2, *hal antyam* 1.3.3）
教示の段階で，語尾（名詞語尾と動詞語尾）における末尾の子音である *t* 系列音（*t, th, d, dh, n*）および *s* と *m* は指標辞と呼ばれない。

ここで，名詞語尾の末尾にある *s* 音は指標辞とは見なされないことが規定されている。一方で，主格複数語尾 *Jas* の *J-* は次の規則によって指標辞である。

規則 1.3.7 *cuṭū* ||（← *upadeśe...it* 1.3.2, *ādiḥ* 1.3.5, *pratyayasya* 1.3.6）
教示の段階で，接辞の初頭の *c* 系列音（*c, ch, j, jh, ñ*）と *ṭ* 系列音（*ṭ, ṭh, ḍ, ḍh, ṇ*）は指標辞と呼ばれる。

Jas の *j-* は *c* 系列音（*c, ch, j, jh, ñ*）に含まれる音であるから，当該規則によって指標辞と見なされる。ここで「*c* 系列音」と訳した原語は *cu*（*cŬ*）である。このように，何らかの要素に *Ŭ* という指標辞が付されている場合，その要素は，規則 1.1.69 によって自らの音（ここでは *c* 音）だけではなく同類音も指示する。同類音とは，規則 1.1.9 により，同じ調音位置と調音動作のもと発音される音である。したがって，*cŬ*「*c* 系列音」は *c* 音および同じ調音位置（硬口蓋）と調音動作（完全閉鎖）のもと発音される *ch, j, jh, ñ* を指すことができる。

3. 3. 3　*ā* 音の代置

rāma-as（*Jas* → *Øas*）となった段階で，*rāma* の *-a* と *as* の *a-* の両者に長母音 *ā* が代置されて，*rāmās* となる。この代置操作は次の操作規則によって規定されている。

規則 6.1.102 *prathamayoḥ pūrvasavarṇaḥ* ||（← *saṃhitāyām* 6.1.72, *aci* 6.1.77, *ekaḥ pūrvaparayoḥ* 6.1.84, *akaḥ...dīrghaḥ* 6.1.101）
連接の領域で，*aK*（*a/ā, i/ī, u/ū, ṛ/ṝ, ḷ*）の後に第一格語尾または第二格語尾の母音が続くとき，先行音の同類音である長母音が両者に唯一代置される。

aK（*a/ā, i/ī, u/ū, ṛ/ṝ, ḷ*）は『音素表』第 1 列目の最初にある *a* から第 2 列目の最後にある指標辞 *K* を使って作られた短縮記号であり，*a* から *K* までに含まれるすべての母音を指示する（☞§ 3.1.4, § 3.2.3）。当該の規則 6.1.102 によって，

rāma の -*a* とそれに直接後続する第一格語尾 *as* の *a*- の両者に対して，先行音 -*a* の同類音としての長母音 *ā* が取って代わる。単母音 *a* と長母音 *ā* はいずれも同じ調音位置（喉）と口腔内の同じ調音動作（完全開放）を有する点で，規則 1.1.9 により同類音と見なされる[110)]。

そもそも「長母音」とは何かについては，次の名称規則によって規定されている。

規則 1.2.27 *ūkālo 'j jhrasvadīrghaplutaḥ* ||
母音 *u*, *ū*, *u*3 と同じ持続時間のある母音は短母音，長母音，延伸母音と呼ばれる。

母音 *u*（ウ）と同じ持続時間を有する母音は短母音（*hrasva*），母音 *ū*（ウー）と同じ持続時間を有する母音は「長母音」（*dīrgha*），母音 *u*3（ウーー）と同じ持続時間を有する母音は延伸母音（*pluta*）という名称を得る。これによって，*ā*（アー）は「長母音」である[111)]。

3.3.4　*rŨ* 音と *ḥ* 音の代置

rāmās となった段階で，最後の -*s* に *rŨ* が代置され，さらにこの *r*（*rŨ* → *r*Ø）に *ḥ* が代置されて，*rāmāḥ*「複数のラーマが」が完成する。*rŨ* の代置と *ḥ* の代置は，それぞれ次の操作規則に基づく。

110)　規則の後続性（*paratva*）を根拠として，規則 6.1.102 は規則 6.1.97 に対して優先的に適用される。もし規則 6.1.97 が適用されれば，最終的に主格単数形と同じ *rāmaḥ* という形が結果してしまう。一方で，規則 6.1.102 の直前にある規則 6.1.101 に対しては規則 6.1.97 の方が優先的に適用される。規則 6.1.97 は規則 6.1.101 と 6.1.102 の両方に対して例外規則としての地位を占めることができるが，このような場合，規則 6.1.97 は規則 6.1.101 に対してのみ例外規則となり，続く規則 6.1.102 に対しては例外規則とならない（SK 191［Vol. I, p. 187, lines 3–4］）。このことは解釈規則「先行する例外規則は直後にくる諸規定を排斥し，その諸規定の後にくる諸規定を排斥しない」（PIŚ 59: *purastādapavādā anantarān vidhīn bādhante nottarān*）による。

111)　ここでパーニニは，母音の持続時間を示すための基準となる母音として *u* 音を利用している。同じくパーニニは同類音である子音群を指示するときにも *u* 音を使用する（たとえば *k*, *kh*, *g*, *gh*, *ṅ* を指示する記号 *kŨ*）。これらの理由については Cardona 1965: 236–237 が先行研究の説に論及した上で考察をなしている。

規則 8.2.66 *sasajuṣo ruḥ* ||（← *padasya* 8.1.16）
s 音で終わる屈折形の最終音と *sajuṣ*「同好の士」の最終音に *rŨ* が代置される。

規則 8.3.15 *kharavasānayor visarjanīyaḥ* ||（← *padasya* 8.1.16, *saṃhitāyām* 8.2.108, *raḥ* 8.3.14）
連接の領域において，*kha̲R*（無声閉鎖音と歯擦音）または終止の前で，*r* で終わる屈折形の最終音に *ḥ* が代置される。

これら 2 規則についてはすでに確認済みである。主格複数形 *rāmāḥ* の派生過程を規則とともに簡潔に示せば以下の通りである。

rāma（規則 1.2.45/46）
rāma-as［*Jas* → *Øas*］（規則 1.2.64, 1.3.9, 1.4.21, 2.3.46, 4.1.2）
rāmās（規則 6.1.102）
rāmār［*rŨ* → *rØ*］（規則 1.3.9, 8.2.66）
rāmāḥ（規則 8.3.15）
rāmāḥ

3. 4　対格単数形

以上が主格形の派生である。次に対格形の派生に移る。まずは対格単数形 *rāmam*「ラーマを」である。

3. 4. 1　第二格単数語尾の選択

対格単数形 *rāmam* は，名詞語基 *rāma* の後に第二格単数語尾 *am* が導入されることで派生する。以下の 2 規則によって，規則 4.1.2 が導入を規定する名詞語尾の中から対格単数語尾 *am* が選択される。

規則 2.3.2 *karmaṇi dvitīyā* ||（← *anabhihite* 2.3.1）
行為対象が表示されるべきとき，それが他の項目によって表示されていないならば，第二格語尾が起こる。

規則 1.4.22 *dvyekayor dvivacanaikavacane* ||
両数または単数という数が表示されるべきとき，両数語尾と単数語尾が起こる。

規則 1.4.22 はすでに確認済みである。この規則によって単数語尾の選択がなされる。規則 2.3.2 は第二格語尾（*dvitīyā*）の選択を促す規則である。ここで言われる「行為対象」（*karman*）については，次の名称規則による規定がある。

規則 1.4.49 *kartur īpsitatamaṅ karma* ||（← *kārake* 1.4.23）
行為主体が最も得ようと望む行為実現要素は，行為対象と呼ばれる。

行為実現要素（*kāraka*）とは，定動詞形が表示する何らかの行為（*kriyā*）を実現する役割を担う要素である。「デーヴァダッタは壷を作っている」という文を例にとれば，「デーヴァダッタ」は作る行為の主体という行為実現要素，「壷」は作る行為の対象という行為実現要素である。これら 2 つの行為実現要素によって，作る行為が実現される。以下で順に見ていくように，パーニニ文法では 6 つの行為実現要素が規定されている。当該規則 1.4.49 は，行為の主体が最も得ようと望む行為実現要素，上の例で言えば，作る行為をなしている主体「デーヴァダッタ」が最も得ようとしているもの，すなわち「壷」に対して「行為対象」（*karman*）という名称を与える。「行為対象」と呼ばれるものの性格を規定していると言い換えてもよい。

まず規則 1.4.49 によって行為対象の性格が規定され，そのようなものとして当該の対象を表現したいときに，当該の対象を表す語の後に第二格語尾が導入されることを規定するのが規則 2.3.2 である。この規則により第二格語尾が導入されることで，その語尾が後続する名詞語基 *rāma* の表す意味「ラーマ」は，行為対象として文中で伝えられることになる。

「それが他の項目によって表示されていないならば」（*anabhihite*）という条件は，先行する主題規則 2.3.1 から読み込まれてくるものである[112]。これにより，行為対象などの行為実現要素がすでに他の言語項目によって表示されていないという条件下でのみ，それら行為実現要素を表すために第二格語尾などの名詞語尾が導入されることになる[113]。

3.4.2　先行音 *a* の代置

rāma-am となった段階で，先行する *rāma* の *-a* と，それに直接後続する *am* の *a-* の両者に，先行する *rāma* の *-a* が代置されて，*rāmam* という語形ができあがる。この代置操作を規定する規則は以下である。

規則 6.1.107 *ami pūrvaḥ* ||（← *saṃhitāyām* 6.1.72, *ekaḥ pūrvaparayoḥ* 6.1.84, *akaḥ* 6.1.101）
連接の領域で，aK（*a/ā, i/ī, u/ū, ṛ/ṝ, ḷ*）の後に *am* が続くとき，先行音と後続音に先行音が唯一代置される。

対格単数形 *rāmam* の派生過程を規則とともに簡潔に示せば以下の通りである。

rāma（規則 1.2.45/46）
rāma-am（規則 1.4.22, 2.3.2, 4.1.2）
rāmam（規則 6.1.107）
rāmam

3.5　対格両数形

次は対格両数形 *rāmau*「2 人のラーマを」である。

---

112)　この条件がどの規則に読み込まれるかについては，Cardona 1997: 155–156 が示す理解に従う。

113)　たとえば *odanaḥ pacyate*「粥が煮られている」においては，「粥」は動詞語尾 *-te* によって行為対象として表されているため（規則 3.4.69, ☞§ 4.1.2），*odana* という名詞語基の後に第二格語尾が規則 2.3.2 によって導入されることはない（**odanam pacyate*）。そのため，名詞語基 *odana* の意味である「粥」だけを表示するために，規則 2.3.46 により第一格語尾が導入される。

3.5.1　名詞語基の残存と第二格両数語尾の選択

両数形の場合，指示する対象が 2 つあるため，名詞語基 *rāma* も 2 つ必要であるが，そのうち 1 つだけが規則 1.2.64 によって残存する。

> 規則 1.2.64 *sarūpāṇām ekaśeṣa ekavibhaktau* ||
> 同じ語尾の前で，連続する同じ語形のうち 1 つが残存する。

規則 4.1.2 が導入を規定する名詞語尾の中から第二格両数語尾 *auṬ* の選択を許すのは，以下の 2 規則である。いずれも確認済みである。

> 規則 2.3.2 *karmaṇi dvitīyā* ||（← *anabhihite* 2.3.1）
> 行為対象が表示されるべきとき，それが他の項目によって表示されていないならば，第二格語尾が起こる。

> 規則 1.4.22 *dvyekayor dvivacanaikavacane* ||
> 両数または単数という数が表示されるべきとき，両数語尾と単数語尾が起こる。

対格両数語尾 *auṬ* における *Ṭ* は規則 1.3.3 によって指標辞である[114]。

3.5.2　*au* 音の代置

rāma-au となった段階で，先行する *rāma* の *-a* と，それに直接後続する *au* の両者に増大音 *au* が代置されて，*rāmau*「2 人のラーマを」ができあがる。この代置操作は次の規則によって規定されている。

---

114)　その目的は，規則 4.1.2 で名詞語尾の最初に挙げられる *sŨ* から当該の *auṬ* までを指示する短縮記号 *sŨṬ*（*sŨ, au, Jas, am, auṬ*）を構成するため（*pratyāhāragrahaṇārtha*）である（Nyāsa on KV to A 4.1.2［Vol. III, p. 262, lines 30–31］）。最初に挙げられる要素（ここでは *sŨ*）が末尾の要素（ここでは *-Ṭ*）を伴う形で（ここでは *sŨṬ* という形）その中に含まれるすべての要素を指示できるのは規則 1.1.71 による（☞§ 3.1.4）。この短縮記号 *sŨṬ* は規則 1.1.43 で初出する。規則 1.1.43 についてはキャット・川村 2022: e206–e207 を見よ。

規則 6.1.88 *vṛddhir eci* ||（← *saṃhitāyām* 6.1.72, *ekaḥ pūrvaparayoḥ* 6.1.84, *āt* 6.1.87）
連接の領域で，*a/ā* 音の後に *eC*（*e, o, ai, au*）が続くとき，先行音と後続音に増大音（*ā, ai, au*）が唯一代置される。

この規則についてもすでに確認済みである。対格両数形 *rāmau* の派生の流れを文法規則とともに簡潔に示せば以下の通りである。

rāma（規則 1.2.45/46）
rāma-au［*auṬ* → *auØ*］（規則 1.2.64, 1.3.9, 1.4.22, 2.3.2, 4.1.2）
rāmau（規則 6.1.88）
rāmau

3.6　対格複数形

次に対格複数形 *rāmān*「複数のラーマを」の派生を見る。

3.6.1　名詞語基の残存と第二格複数語尾の選択

複数形として 3 つ以上の対象を指示する場合，名詞語基 *rāma* も 3 つ以上が必要となる。それら複数の名詞語基のうち 1 つだけが残存して実際の言語運用には現れる。そのことを保証するのは，すでに見た規則 1.2.64 である。

規則 1.2.64 *sarūpāṇām ekaśeṣa ekavibhaktau* ||
同じ語尾の前で，連続する同じ語形のうち 1 つが残存する。

対格複数形を派生するために導入される第二格複数語尾 *Śas* は以下の 2 規則によって選択される。

規則 2.3.2 *karmaṇi dvitīyā* ||（← *anabhihite* 2.3.1）
行為対象が表示されるべきとき，それが他の項目によって表示されていないならば，第二格語尾が起こる。

規則 1.4.21 *bahuṣu bahuvacanam* ||
複数という数が表示されるべきとき，複数接辞が起こる。

規則 2.3.2 も規則 1.4.21 もすでに確認済みである。第二格複数語尾 *Śas* の *Ś-* は次の名称規則によって指標辞である。

規則 1.3.8 *laśakv ataddhite* ||（← *upadeśe...it* 1.3.2, *ādiḥ* 1.3.5, *pratyayasya* 1.3.6）
教示の段階で，接辞の初頭の *l* と *ś* と *k* 系列音（*k, kh, g, gh, ṅ*）は指標辞と呼ばれる。ただし第二次接辞における場合を除く。

一方で，第二格複数語尾 *Śas* の末尾にある *-s* が規則 1.3.3 によって指標辞と見なされることは規則 1.3.4 によって妨げられる[115)]。

3.6.2　*ā* 音と *n* 音の代置

rāma-as（*Śas* → *Øas*）となった段階で，先行する *rāma* の *-a* と，それに直接後続する *as* の *a-* の両者に，先行する音 *-a* の同類音としての長母音 *ā* が代置されて，*rāmās* となる。この代置操作は次の規則による。

規則 6.1.102 *prathamayoḥ pūrvasavarṇaḥ* ||（← *saṃhitāyām* 6.1.72, *aci* 6.1.77, *ekaḥ pūrvaparayoḥ* 6.1.84, *akaḥ...dīrghaḥ* 6.1.101）
連接の領域で，*aK*（*a/ā, i/ī, u/ū, r̥/r̥̄, l̥*）の後に第一格語尾または第二格語尾の母音が続くとき，先行音の同類音である長母音が両者に唯一代置される。

この規則についてはすでに確認済みである。続いて，次の規則によって *rāmās* の末尾にある *-s* に *n* が代置されて *rāmān* となる。

規則 6.1.103 *tasmāc chaso naḥ puṃsi* ||（← *saṃhitāyām* 6.1.72）

115)　*Ś* という指標辞が付される理由については，ジネーンドラブッディの説明（Nyāsa on KV to A 4.1.2［Vol. III, p. 262, line 32–p. 263, line 21］），Devasthali 1967: 154 および Cardona 1997: 49 を参照せよ。

連接の領域において，男性形で，それ（先行音の同類音としての長母音）に後続する *Śas* の最終音に *n* が代置される。

この規則を文字通りに読むと「*Śas* に *n* が代置される」であり，第二格複数語尾 *Śas* のどの部分に *n* が取って代わるのかが明らかではないが，解釈規則 1.1.52 によって，代置要素である *n* は原要素である *Śas* の最終音，すなわち *-s* に代置されることになる。「男性形で」（*puṃsi*）という条件は，派生する語が男性形である場合にのみ当該の操作が適用されることを示している。派生する語が中性形や女性形である場合，当該の操作は適用されない[116)]。

対格複数形 *rāmān* の派生過程を規則とともに簡潔に示せば以下の通りである。

rāma（規則 1.2.45/46）
rāma-as [*Śas* → Ø*as*]（規則 1.2.64, 1.3.9, 1.4.21, 2.3.2, 4.1.2）
rāmās（規則 6.1.102）
rāmān（規則 6.1.103）
rāmān

3. 7　具格単数形

次に具格形に移る。まず具格単数形 *rāmeṇa*「ラーマによって」である。

3. 7. 1　第三格単数語尾の選択

具格単数形 *rāmeṇa* は *rāma* という名詞語基の後に第三格単数語尾 *Ṭā* を導入することで派生する。以下の 2 規則によって，規則 4.1.2 が導入を規定する名詞語尾の中から第三格単数語尾 *Ṭā* が選択される。

規則 2.3.18 *kartṛkaraṇayos tṛtīyā* ||（← *anabhihite* 2.3.1）

116)　規則 8.4.2 によって *rāmān* の末尾音 *-n* に *ṇ* 音が代置されて **rāmāṇ* となることは（記号 * は，それが付された語形が実際には存在しないものであることを示す），規則 8.4.37 によって防がれる（SK 197–198 [Vol. I, p. 191, line 3–p. 193, line 3]）。

行為主体または行為手段が表示されるべきとき，それらが他の項目によって表示されていないならば，第三格語尾が起こる。

規則 1.4.22 *dvyekayor dvivacanaikavacane* ||
両数または単数という数が表示されるべきとき，両数語尾と単数語尾が起こる。

前者の規則 2.3.18 は，第三格語尾（*tṛtīyā*），すなわち具格語尾が行為主体（*kartṛ*）あるいは行為手段（*karaṇa*）という行為実現要素を表示するために導入されることを規定している。行為主体と行為手段のうち，いま問題なのは後者である[117]。次の名称規則は「行為手段」と呼ばれる行為実現要素の性格を規定している。

規則 1.4.42 *sādhakatamaṅ karaṇam* ||（← *kārake* 1.4.23）
最有効因である行為実現要素は，行為手段と呼ばれる。

行為手段は動詞語基が表示する何らかの行為を実現する要素の 1 つであり，それは最有効因（*sādhakatama*），すなわち行為の実現に対して最も有効に働く要素である。たとえば「鎌で刈る」と言った場合，「鎌」は何かを刈る行為の実現のために最も有効な要因である。第三格語尾は，ある名詞語基が指し示す対象をそのような行為手段として文中で表現するために，その名詞語基の後に導入されることになる。第三格単数語尾 *Ṭā* の *Ṭ-* は規則 1.3.7 により指標辞である[118]。

117)　*devadattena odanam pacyate*「デーヴァダッタによって粥が煮られている」（連声は外す）のような受動文においては，第三格語尾がデーヴァダッタを行為主体として表示する。*devadattena* は，*devadatta* という名詞語基の後に第三格単数語尾 *Ṭā* が導入されて派生した語である。第三格語尾が表す意味として行為手段だけではなく行為主体も含まれているのは，このような受動文における第三格語尾の役割が考慮されているためである。

118)　*Ṭ* という指標辞の役割についてはジネーンドラブッディの説明（Nyāsa on KV to A 4.1.2［Vol. III, p. 263, lines 21–23］）および Devasthali 1967: 112 を参照せよ。

3. 7. 2　*ina* 音の代置

rāma-ā（*Ṭā* → *Øā*）となった段階で，第三格単数語尾 *ā* に *ina* が代置され，*rāma-ina* となる。この代置操作は次の規則による。

> 規則 7.1.12 *ṭāṅasiṅasām inātsyāḥ* ‖（← *aṅgasya* 6.4.1, *ataḥ* 7.1.9）
> 短母音 *a* で終わる接辞前語基に後続する *Ṭā*, *Ṅasī̃*, *Ṅas* の全体に *ina*, *āt*, *sya* が代置される。

当該規則には規則 6.4.1 から *aṅga*「接辞前語基」という項目が読み込まれている。規則 6.4.1 では *aṅgasya* というように第六格形で提示されているが，当該規則 7.1.12 には *aṅgāt* という語尾変換（*vibhaktivipariṇāma*）がなされた奪格形として読み込まれる。接辞前語基とは何か。次の名称規則がそれを規定している。

> 規則 1.4.13 *yasmāt pratyayavidhis tadādi pratyaye 'ṅgam* ‖
> 接辞が後続する要素で始まり，その接辞の前にある単位は，接辞前語基と呼ばれる。

たとえば，*x* という項目の後に *y* および *z* という接辞が導入されていて，*x-y-z* という連鎖が成立しているとき，*y* に対しては *x* という部分が接辞前語基であり，*z* に対しては *x-y* という部分が接辞前語基となる。今われわれは *rāma-ā* という段階におり，ここで *rāma* という項目は後続する接辞 *ā* に対して接辞前語基である。したがって，当該の *rāma* は規則 7.1.12 が述べる「短母音 *a* で終わる接辞前語基」に相当する。規則 6.4.1 から読み込まれてくる項目 *aṅga*「接辞前語基」は規則 7.1.9 から読み込まれてくる項目 *at*「短母音 *a*」と組み合わさって「短母音 *a* で終わる接辞前語基」という条件を課すことになるが，ここで「〜で終わる」という意味を補足できるのは規則 1.1.72 による。規則 6.4.1 に出る *aṅga*「接辞前語基」という項目はパーニニ文典第 7 巻の最終規則 7.4.97 まで継起する。それはすなわち，この間に含まれる規則は，何らかの接辞が後続する接辞前語基に対する文法操作を規定するものであることを意味する。このように接辞前語基に対して施される文法操作を「接辞前語基の文法操作」(*aṅgakārya*) と呼ぶ。

上述の規則 7.1.12 は，短母音 *a* で終わる接辞前語基に後続する第三格単数語尾 *Ṭā*，第五格単数語尾 *Ṅasĭ*，第六格単数語尾 *Ṅas* にそれぞれ *ina*, *āt*, *sya* が代置されることを規定している。代置を受ける原要素と，それに取って代わる代置要素は規則に提示されたこの順番通りに対応する（規則 1.3.10）。そして，このように取って代わる要素，すなわち代置要素が 2 つ以上の音からなる場合（*ina* の場合は *i*, *n*, *a* の 3 音からなる），代置要素は原要素の最終音（規則 1.1.52）ではなく，その全体に代置される。そのことは次の解釈規則によって定められている。

規則 1.1.55 *anekālśit sarvasya* ||
2 つ以上の音からなる代置要素，または指標辞 *Ś* を有する代置要素は，全体に代置される。

これにより，*rāma-ā* から *rāma-ina* の段階へと至る。

3. 7. 3　*e* 音の代置

rāma-ina となった段階で，先行する *rāma* の *a-* とそれに直接後続する *ina* の *i-* の両者に *e* 音が代置されて，*rāmena* となる。この代置操作は次の規則によって規定されている。

規則 6.1.87 *ād guṇaḥ* ||（← *saṃhitāyām* 6.1.72, *aci* 6.1.77, *ekaḥ pūrvaparayoḥ* 6.1.84）
連接の領域で，*a*/*ā* の後に母音が続くとき，先行音と後続音に従属音（*a*, *e*, *o*）が唯一代置される。

当該規則で言及される「従属音」(*guṇa*) の中身については次の名称規則によって定められている[119]。

規則 1.1.2 *ad eṅ guṇaḥ* ||

a, *e*, *o* は従属音と呼ばれる。

ここで *t* 音を付された *at* は規則 1.1.70 により短母音 *a* を指示する。*eṄ* は『音素表』第 3 列目の冒頭にある *e* と末尾にある指標辞 *Ṅ* を用いて作られた短縮記号であり，その間に含まれる *e* 音と *o* 音の両者を指示する（☞§ 3.1.4, § 3.2.3）。

rāma の *a-* とそれに直接後続する *ina* の *i-* の両者に代置される従属音として，*a*, *e*, *o* の中から *e* が選ばれるのは，代置操作の際には原要素に最も近似するものが代置要素として選択されることを規定する規則 1.1.50 による。*a* 音は喉，*i* 音は硬口蓋を発音場所とするため，当該の原要素である *rāma* の *a-* と *ina* の *i-* の両者は，発音場所として「喉と硬口蓋」を合わせもっていることになる。従属音である *a*, *e*, *o* はそれぞれ喉，喉と硬口蓋，喉と唇を発音場所とする[120]。これらのうち，発音場所が同じである点で，*e* こそが原要素に最も近似した音として選択されることになる。

119) 先に見た規則 1.1.1 と比べてもらえればわかる通り，当該の規則 1.1.2 では規則 1.1.1 とは違い，名称を付与される要素を示す語が先に提示され（*pūrvoccārita*），名称自体を示す語は後に提示されている（*paroccārita*）。これがパーニニ文典における通常の語順である（MBh on vt. 7 to A 1.1.1 [Vol. I, p. 40, line 9]）。なお，*guṇa* という語は「二次的な特徴・性質［を有する母音］」を意味すると思われる（cf. Whitney 1879 [1973]: 81: '*secondary quality*', Renou 1942 [1957]: 138: 'qualité secondaire'）。規則 1.1.3 に規定されるように，母音 *e*, *o*, *a* は *i*, *u*, *ṛ*, *ḷ* に代置されるものである。つまり，*i* が *e* に，*u* が *o* に，そして *ṛ*, *ḷ* が *a* に置き換えられる。このとき，たとえば *i* と *e* を比較した場合，*e* は長さだけでなく音色が *i* と異なっている。文法家たちはこのような音色の違いに着目して，これらの母音を「［元の母音とは異なる］二次的な性質［を帯びた母音］」と名づけた可能性がある（cf. 泉井 1976: 311–312）。一方，Renou 1942（1957）: 138 は，音の量が最大まであがっている増大音 *ā*, *ai*, *au* に比して，*a*, *e*, *o* を二次的な音と見なしているようである（'Le mot semble bien en cet emploi dériver de l'acception de « qualité secondaire » par opp. à *vṛddhi* « renforcement（maximum）»'）。いずれにせよ，これらの点を考慮して本書では *guṇa* を「従属音」と訳す。これら従属音 *a*, *e*, *o* が音の量の点で増大した音が増大音 *ā*, *ai*, *au* である。

120) パーニニ自身は音声・音韻学書の作者たちと同様，*e* と *o* を単母音，*ai* と *au* を二重母音と認識していたと考えられるが，それと同時に，*e* と *o* はいずれも 2 つの調音位置，すなわち喉と硬口蓋および喉と唇で発音される音とする考えをとっていたことを示す確かな証拠がある（Cardona 1983: 25–27）。一般に，後代のパーニ文法家たちも *e* や *o* を *ai* や *au* と同様に 2 つの調音位置をもって発音される音と見なす（Cardona 1983: 31, note 59）。

3.7.4　*ṇ* 音の代置

rāmena となった段階で，*-n-* に *ṇ* が代置されて，具格単数形 *rāmeṇa* が完成する。この代置操作を規定するのは次の規則である。

規則 8.4.2 *aṭkupvāṅnumvyavāye 'pi* ||（← *raṣābhyāṃ no ṇaḥ samānapade* 8.4.1）
同一の屈折形において，*aṬ*（母音・*l* を除く半母音・*h*），*k* 系列音（*k, kh, g, gh, ṅ*），*p* 系列音（*p, ph, b, bh, m*），*āṄ* および *nuM* が介在する場合でも，*r* または *ṣ* に後続する *n* に *ṇ* が代置される。

rāmena という屈折形の冒頭に *r-* という音がある。この *r-* から *-n-* に至るまでには母音 *-ā-* と *-e-* および鼻音 *-m-* が介在しているが，このような音が途中に介在する場合であっても，*r-* の存在を根拠として *-n-* は *ṇ* によって代置される[121]。

規則中の *aṬ* は『音素表』第 1 列目の冒頭にある *a* と第 5 列目の末尾にある指標辞 *Ṭ* を用いて構成された短縮記号であり，その間に含まれる音のすべて（*a, i, u, ṛ, ḷ, e, o, ai, au, h, y, v, r*）を指示する（☞§ 3.1.4, § 3.2.3）。指標辞 *Ũ* を付された *pŨ*「*p* 系列音」は，規則 1.1.69 により，*p* 音およびその同類音のすべてを指示する。

具格単数形 *rāmeṇa* の派生の流れを規則とともに簡潔に示せば以下の通りである。

rāma（規則 1.2.45/46）
rāma-ā［*Ṭā* → Ø*ā*］（規則 1.3.9, 1.4.22, 2.3.18, 4.1.2）
rāma-ina（規則 7.1.12）
rāmena（規則 6.1.87）
rāmeṇa（規則 8.4.2）
rāmeṇa

121)　この規則の適用によって対格複数形 *rāmān* が **rāmāṇ* となってしまうことは，規則 8.4.37 によって禁止される（SK 198［Vol. I, p. 193, line 3］）。

3.8　具格両数形

次は具格両数形 *rāmābhyām*「2人のラーマによって」である。

3.8.1　名詞語基の残存と具格両数語尾の選択

両数形として2つ以上の対象を指示する場合，名詞語基 *rāma* も2つが必要となる。それら2つの名詞語基のうち1つだけが残存して実際の言語運用には現れる。そのことを保証するのは次の規則である。

規則 1.2.64 *sarūpāṇām ekaśeṣa ekavibhaktau* ||
同じ語尾の前で，連続する同じ語形のうち1つが残存する。

以下の2規則によって，規則 4.1.2 が導入を規定する名詞語尾の中から具格両数語尾 *bhyām* が選択される。

規則 2.3.18 *kartṛkaraṇayos tṛtīyā* ||（← *anabhihite* 2.3.1）
行為主体または行為手段が表示されるべきとき，それらが他の項目によって表示されていないならば，第三格語尾が起こる。

規則 1.4.22 *dvyekayor dvivacanaikavacane* ||
両数または単数という数が表示されるべきとき，両数語尾と単数語尾が起こる。

いずれの規則についてもその要点はすでに確認済みである。

3.8.2　長母音 *ā* の代置

rāma-bhyām となった段階で，*rāma* の *-a* に長母音 *ā* が代置されて具格両数形 *rāmābhyām* ができあがる。この代置操作を規定するのは以下の規則である。

規則 7.3.102 *supi ca* ||（← *aṅgasya* 6.4.1, *ato dīrgho yañi* 7.3.101）
ya͟Ñ（半母音と鼻音および *jh* と *bh*）で始まる名詞語尾の前で，短母音 *a* で終

わる接辞前語基の最終音に長母音が代置される。

まず，*yaÑ* は『音素表』第 5 列目にある *ya̲* と第 8 列目の末尾にある指標辞 *Ñ* を用いて構成された短縮記号であり，その間に含まれる音のすべて（*y, v, r, l, ñ, m, ṅ, ṇ, n, jh, bh*）を指示する（☞§ 3.1.4, § 3.2.3）。このような *yaÑ* に含まれる音 *bh* で始まる名詞語尾 *bhyām* の前で，言い換えればそのような名詞語尾 *bhyām* が後続するときに，短母音 *a* で終わる接辞前語基である *rāma* に長母音が代置される。当該規則の文言からだけでは *rāma* のどの音に長母音が代置されるのかはわからないが，規則 1.1.52 により，*rāma* の最終音 *-a* にこの代置操作が適用されることになる。

もう 1 つ説明すべき重要な原理が規則 7.3.102 では働いている。当該規則には直前の規則 7.3.101 から *yaÑ*「半母音と鼻音および *jh* と *bh*」が所格形として読み込まれる。この所格形は当該規則 7.3.102 にある所格形 *supi*「名詞語尾の前で」を同格関係で修飾する。そのまま読めば「*yaÑ*（半母音と鼻音および *jh* と *bh*）である名詞語尾の前で」となり，意味をなさない。ここで働くのは，カーティヤーヤナが提示し，パーニニ文法学の伝統内で受けいれられている次の解釈規則である。

解釈規則 33 *yasmin vidhis tadādāv algrahaṇe* ||
何らかの音を指示する所格形があるとき，文法操作はその音で始まるものを根拠として起こる[122)]。

「解釈規則 33」の 33 という番号は，この解釈規則がナーゲーシャの解釈規則集『解釈規則月冠論』の 33 番目に挙がるものであることを示す。この解釈規則によれば，規則中で何らかの音を指示する所格形（ここでは *yañi*）が述べられているとき，その規則が規定する文法操作はその音で始まるものを根拠として適用される。このような内容の文法操作を規定するために，その音を指示する所格形（*yañi*）は「〜で始まる」という意味を補って理解されることにな

122)　PIŚ 33, vt. 29 on A 1.1.72（Vol. I, p. 188, line 24）.

る。これによって，*yañi supi* は「*ya̱Ñ*（半母音と鼻音および *jh* と *bh*）である名詞語尾の前で」ではなく「*ya̱Ñ*（半母音と鼻音および *jh* と *bh*）で始まる名詞語尾の前で」と解釈されることになり，望ましい語形派生を導くことができる。

rāma（規則 1.2.45/46）
rāma-bhyām（規則 1.2.64，1.4.22，2.3.18，4.1.2）
rāmā-bhyām（規則 7.3.102）
rāmābhyām

3.9　具格複数形

具格形の最後に具格複数形 *rāmaiḥ*「複数のラーマによって」を見よう。

3.9.1　名詞語基の残存と第三格複数語尾の選択

複数形として 3 つ以上の対象を指示する場合，名詞語基 *rāma* も 3 つ以上が必要となる。それら 3 つ以上の名詞語基のうち 1 つだけが残存して実際の言語運用には現れる。そのことを保証するのは，すでに確認済みの次の規則である。

規則 1.2.64 *sarūpāṇām ekaśeṣa ekavibhaktau* ||
同じ語尾の前で，連続する同じ語形のうち 1 つが残存する。

以下の 2 規則によって，規則 4.1.2 が導入を規定する名詞語尾の中から第三格複数形 *bhis* が選択される。

規則 2.3.18 *kartṛkaraṇayos tṛtīyā* ||（← *anabhihite* 2.3.1）
行為主体または行為手段が表示されるべきとき，それらが他の項目によって表示されていないならば，第三格語尾が起こる。

規則 1.4.21 *bahuṣu bahuvacanam* ||
複数という数が表示されるべきとき，複数接辞が起こる。

前者の規則の要点についてはすでに述べている。後者の規則の大要も，単数語尾と両数語尾の導入を規定する規則 1.4.22 と同じである。

3. 9. 2　*ais* 音と *ai* 音の代置

rāma-bhis となった段階で，まず接辞 *bhis* 全体に *ais* が代置されて *rāma-ais* となる。

> 規則 7.1.9 *ato bhisa ais* ||（← *aṅgasya* 6.4.1）
> 短母音 *a* で終わる接辞前語基に後続する *bhis* の全体に *ais* が代置される。

「短母音 *a* で終わる接辞前語基」についてはすでに説明した（☞§ 3.7.2）。また代置要素 *ais* は 2 つ以上の音からなるものであるので，原要素 *bhis* の全体に取って代わる。このことは規則 1.1.55 による。

rāma-ais となった段階で，先行する *rāma* の *-a* とそれに直接後続する *ais* の *ai-* の両者に，増大音 *ai* が代置されて *rāmais* となる。この代置操作を規定するのは次の規則である。

> 規則 6.1.88 *vr̥ddhir eci* ||（← *saṃhitāyām* 6.1.72, *ekaḥ pūrvaparayoḥ* 6.1.84, *āt* 6.1.87）
> 連接の領域で，*a/ā* の後に *eC*（*e, o, ai, au*）が続くとき，先行音と後続音に増大音（*ā, ai, au*）が唯一代置される。

この規則はすでに見たものであるが，既述の箇所と今の箇所とでは代置の対象となる 2 種の音と，その両者に代置される音が違っているので，その点について説明しておく。

規則 1.1.50 は音の代置操作が行われる場合，代置の対象となる原要素に最も近い音が代置要素として選ばれることを規定している。これにより，代置要素に複数の可能性があるときに適切な代置要素が選ばれることが保証される。当該の例では，代置をうける対象である原要素は *-a* と *ai-*，それに取って代わる代置要素の候補は増大音 *ā, ai, au* である。これら *ā, ai, au* のうち，原要素である *-a* と *ai-* の両者に最も近いものが選ばれることになる。原要素と代置要素の間の近似性を決める基準として，いま考慮すべきは調音位置である。*a* と *ā* の調音位置は喉，*ai* の調音位置は喉と硬口蓋，*au* の調音位置は喉と唇である。したがって，代置が行われる対象となる原要素 *-a* と *ai-* の 2 音は調音位置の点では「喉と硬口蓋」を合わせもつことになる。それら原要素に取って代わることが規定されている増大音 *ā, ai, au* のうち，*ai* は同じく「喉と硬口蓋」を調音位置とする。この点において，増大音 *ai* は原要素に最も近い代置要素と見なされ，代置要素として選択される。

3. 9. 3　*rŨ* 音と *ḥ* 音の代置

rāmais となった段階で，末尾の *-s* に *rŨ* が代置され，この *-r*（*rŨ* → *rØ*）に *ḥ* が代置されて，具格複数形 *rāmaiḥ* が完成する。*rŨ* の代置と *ḥ* の代置は，それぞれ次の操作規則に基づく。

規則 8.2.66 *sasajuṣo ruḥ* ||（← *padasya* 8.1.16）
s 音で終わる屈折形の最終音と *sajuṣ*「同好の士」の最終音に *rŨ* が代置される。

規則 8.3.15 *kharavasānayor visarjanīyaḥ* ||（← *padasya* 8.1.16, *saṃhitāyām* 8.2.108, *raḥ* 8.3.14）
連接の領域において，*kha̱R*（無声閉鎖音と歯擦音）または終止の前で，*r* で終わる屈折形の最終音に *ḥ* が代置される。

これら 2 規則についてはすでに確認済みである。

rāma（規則 1.2.45/46）
rāma-[*bhis*]（規則 1.2.64, 1.4.21, 2.3.18, 4.1.2）
rāma-[*ais*]（規則 7.1.9）
rām[*ai*]*s*（規則 6.1.88）
rāmai[*r*]［*rŨ* → *rØ*］（規則 1.3.9, 8.2.66）
rāmai[*ḥ*]（規則 8.3.15）

rāmaiḥ

3.10　与格単数形

次に与格単数形 *rāmāya*「ラーマに」の派生に移る。

3.10.1　第四格単数語尾の選択

与格単数形 *rāmāya* は名詞語基 *rāma* の後に第四格単数語尾 *Ṅe* を導入することで派生する。以下の 2 規則によって，規則 4.1.2 が導入を規定する名詞語尾の中から第四格単数語尾 *Ṅe* が選択される。

規則 2.3.13 *caturthī sampradāne* ||（← *anabhihite* 2.3.1）
行為受益者が表示されるべきとき，それが他の項目によって表示されていないならば，第四格語尾が起こる。

規則 1.4.22 *dvyekayor dvivacanaikavacane* ||
両数または単数という数が表示されるべきとき，両数語尾と単数語尾が起こる。

規則 1.4.22 についてはすでに見た。もう 1 つの規則 2.3.13 は，第四格語尾（*caturthī*），すなわち与格語尾が行為受益者（*sampradāna*）を表すために導入されることを述べている。次の名称規則は行為受益者の性格を定めている。

規則 1.4.32 *karmaṇā yam abhipraiti sa sampradānam* ||（← *kārake* 1.4.23）
行為主体が行為自体または行為対象を通じて志向する行為実現要素は，行為受益者と呼ばれる。

行為受益者とは動詞語基が表示する何らかの行為を実現する要素の 1 つであり，それは行為それ自体または行為対象を通じて行為主体が指向するもの，と定義されている。規則中の *karman* という語は「行為自体」と「行為対象」の両方を指すとするのが伝統的な解釈である[123)]。たとえば「妻は夫のために横たわる」と言った場合，行為主体たる妻が横たわる行為を通じて指向している相手である「夫」が行為受益者と見なされ，「弟子は師匠に牛を与える」と言った場合，行為主体たる弟子が行為対象たる牛を通じて指向している相手である「師匠」が行為受益者と見なされる。第四格語尾は，ある名詞語基の指し示す対象をそのような受益者として文中で表現するために，その名詞語基の後に導入される。与格単数語尾 *Ṅe* の *Ṅ-* は規則 1.3.8 により指標辞である[124)]。

3. 10. 2　*ya* 音と長母音 *ā* の代置

rāma-e（*Ṅe* → *Øe*）となった段階で，次の規則によって名詞語尾 *e* に *ya* が代置され，*rāma-ya* となる。

規則 7.1.13 *ṅer yaḥ* ||（← *aṅgasya* 6.4.1, *ataḥ* 7.1.9）
短母音 *a* で終わる接辞前語基に後続する *Ṅe* に *ya* が代置される。

これによって，短母音 *a* で終わる接辞前語基である *rāma* に後続する *e*（*Ṅe*）に *ya* が取って代わる。*rāma-ya* となった段階で，*rāma* の末尾にある *-a* に長母音が代置されて与格単数形 *rāmāya* が派生される。

規則 7.3.102 *supi ca* ||（← *aṅgasya* 6.4.1, *ato dīrgho yañi* 7.3.101）
yaÑ（半母音と鼻音および *jh* と *bh*）で始まる名詞語尾の前で，短母音 *a* で終わる接辞前語基の最終音に長母音が代置される。

当該規則については前の箇所ですでに見たが，追加で説明すべきことが 1 つある。規則 7.3.102 が規定する代置操作は「名詞語尾の前で」行われる。この代置操作が適用される *rāma-ya* という段階において，*ya* は名詞語尾 *Ṅe* の代置要素であり，名詞語尾そのものではない。しかしながら，代置要素というもの（ここでは *ya*）は原要素（ここでは *Ṅe*）が有していた性質（ここでは名詞語尾であるという性質）をそのまま受け継ぐことができるため，*rāma-ya* における *ya* も

123)　KV on A 1.4.32（Vol. I, p. 81, lines 19–21）.

124)　この指標辞 *Ṅ* の役割については Cardona 1973b: 208 を参照せよ。

「名詞語尾」と見なすことが可能であり，規則 7.3.102 を適用することができる。このように代置要素の原要素扱いが許されるのは規則 1.1.56 による。

rāma（規則 1.2.45/46）
rāma-e［*Ṅe* → *Øe*］（規則 1.3.9，1.4.22，2.3.13，4.1.2）
rāma-ya（規則 7.1.13）
rāmā-ya（規則 7.3.102）
rāmāya

3. 11　与格両数形

次に与格両数形 *rāmābhyām*「2 人のラーマに」であるが，その派生の流れは具格両数形 *rāmābhyām*「2 人のラーマによって」と基本的に同じである。違うのは，格語尾の選択をなす規則が規則 2.3.18 ではなく，規則 2.3.13 であるという点のみである。この規則 2.3.13 についてもすでに説明済みである。

rāma（規則 1.2.45/46）
rāma-bhyām（規則 1.2.64，1.4.22，2.3.13，4.1.2）
rāmā-bhyām（規則 7.3.102）
rāmābhyām

3. 12　与格複数形

与格形の最後に与格複数形 *rāmebhyaḥ*「複数のラーマに」を見てみよう。

3. 12. 1　名詞語基の残存と第四格複数語尾の選択

複数形として 3 つ以上の対象を指示する場合，名詞語基 *rāma* も 3 つ以上が必要となる。それら 3 つ以上の名詞語基のうち 1 つだけが残存して実際の言語運用には現れる。そのことを保証するのは，すでに確認済みの次の規則である。

規則 1.2.64 *sarūpāṇām ekaśeṣa ekavibhaktau* ||
同じ語尾の前で，連続する同じ語形のうち 1 つが残存する。

以下の2規則によって，規則4.1.2が導入を規定する名詞語尾の中から第四格複数語尾 *bhyas* が選択される。

規則 2.3.13 *caturthī sampradāne* ||（← *anabhihite* 2.3.1）
行為受益者が表示されるべきとき，それが他の項目によって表示されていないならば，第四格語尾が起こる。

規則 1.4.21 *bahuṣu bahuvacanam* ||
複数という数が表示されるべきとき，複数接辞が起こる。

前者の規則の要点についてはすでに述べている。後者の規則の要点も，単数語尾と両数語尾の導入を規定する規則1.4.22と同じである。

3. 12. 2　*e* 音の代置

rāma-bhyas となった段階で，*rāma* の -*a* に *e* が代置されて *rāme-bhyas* となる。この代置操作を規定するのは以下の規則である。

規則 7.3.103 *bahuvacane jhaly et* ||（← *aṅgasya* 6.4.1，*ataḥ* 7.3.101，*supi* 7.3.102）
jha̱L（半母音と鼻音以外の子音）で始まる名詞複数語尾の前で，短母音 *a* で終わる接辞前語基の最終音に *e* 音が代置される。

jha̱L「半母音と鼻音以外の子音」は『音素表』第8列目の最初にある *jha̱* から第14列目の最後にある指標辞 *L* を使って作られた短縮記号であり，これら *jha̱* から *L* までに含まれるすべての音（*jh*, *bh*, *gh*, *ḍh*, *dh*, *j*, *b*, *g*, *ḍ*, *d*, *kh*, *ph*, *ch*, *ṭh*, *th*, *c*, *ṭ*, *t*, *k*, *p*, *ś*, *ṣ*, *s*, *h*）を指示する（☞§ 3.1.4）。それらに含まれる音で始まる名詞複数語尾（ここでは *bh*- で始まる *bhyas*）が後続するときに，先行する接辞前語基 *rāma* の短母音 -*a* に *e* 音が代置される。「～で始まる」という意味の読み込みについては説明済みである（☞§ 3.8.2）。

宮宅 潔（京都大学人文科学研究所教授）編

暴力のありか

中国古代軍事史の多角的検討

暴力は中国史に何をもたらしたのか――人々が受け入れ、承認し、さらには規定する暴力―公認された暴力―、とりわけ戦争という巨大な暴力は、中国古代の政治・経済・思想・社会を定義する強制力としていかなる機能を有したのか。軍事史研究に「軍事文化」の視点をも盛り込み、暴力により変容する社会と人間の様相を明らかにする。

■A５判上製・440頁　五、五〇〇円

ISBN978-4-653-04567-0

宮宅 潔（京都大学人文科学研究所教授）編

中国古代軍事制度の総合的研究【POD】

日中韓、さらには欧米における中国古代軍事史研究の現況に分析を加え、軍事制度研究の新たな地平を模索する―二〇一三年に頒布されて以降、長く入手困難であった非売品書籍を再版する。『多民族社会の軍事統治』（京都大学学術出版会二〇一八）、『暴力のありか』（臨川書店二〇二四）へと続く中国古代軍事史研究の端緒となる一冊。

■A４判並製・156頁　四、四〇〇円

ISBN978-4-653-04579-3

『山田慶兒著作集』編集委員会 編

山田慶兒著作集

新刊　第7巻「科学論（近代篇）／欧文一

東アジア科学の総体あるいは個別理論に対して個性的な研究を展開し、思想史的アプローチによって科学文明の本質を探り続けた山田慶兒。単行本未収録の論文から未発表原稿まで、氏の学術的業績の全貌と魅力を明らかにする。主要著作は著者による補記・補注を加えそれぞれ定本とし、各巻に解題・月報を付す。

■第7巻　菊判上製・約48頁　一七、六〇〇円

巻：ISBN978-4-653-04607-3
N978-4-653-04600-4（セット）

伊藤 聡・大東敬明 編

真福寺善本叢刊〈第三期〉神道篇

別巻刊行開始

別巻1「神皇正統録・元々集」

中世神道文献が伝えられている。真福寺善本叢刊では、これまで第一期・第二期において『両部神道集』『中世日本紀集』『伊勢神道集』『類聚神祇本源』を刊行した。さらに近頃、第三期〈神道篇〉として、『神道古典』『麗気記』『御流神道』『中世神道資料集』の四冊を完成させたが、真福寺にはなおもまだ重要な神道文献が残されている。そこでこたび第三期の別巻として全二巻を刊行する。

■別巻1　菊判上製・約600頁　予価三五、二〇〇円

別巻1：ISBN978-4-653-047
ISBN978-4-653-04470-3（セ

椎名宏雄（龍泉院東堂）著

宋元版禅籍の文献史的研究

新刊　第2巻

総計二一八編に及ぶ宋元版禅籍の文献史に関する論述を、伝記・系譜、燈史、清規、綱要、詩文、語録、偈頌、公案、注解、目録、講義録に分類し全三巻にまとめる。長年の研究により解明した、異本の体系、禅僧の伝記・思想など、宋元版禅籍に関する多岐にわたる問題を網羅する研究者必携の書。第二巻には詩文・語録を収録する。

■第2巻　A5判上製・858頁　三〇、八〇〇円

2巻：ISBN978-4-653-04722-3
ISBN978-4-653-04720-9（セット）

田中良昭・椎名宏雄・石井修道 監修
土屋太祐 著（新潟大学准教授）

法眼（ほうげん）

―唐代禅宗の変容と終焉―

近刊

唐代の禅僧〈第12巻〉

唐代の禅宗が高度な発展と細分化を遂げた最終段階のすがたとは――禅宗五家のうち最も晩く成立した法眼宗の開祖、法眼門益の評伝。法眼出現の歴史的・思想的背景から、法眼宗の断絶、宋代全集の胎動へと至る過程を丹念にたどり、法眼の思想の特徴とそれが持つ思想史的な意義を原典資料から読み解く。唐末禅宗の思想通史ともいえる一冊。

■四六判上製・約416頁　四、一八〇円

ISBN978-4-653-04002-6

重田みち（京都芸術大学大学院教授）編

「日本の伝統文化」を問い直す

芸道など明治期以降「日本の伝統文化」と見なされてきた諸文化は、曖昧なままの認識のため歴史実態と大きな隔たりがあるのではないか―― 近代の言説により不可視化された文化の様々な側面を、「非近代の視点」「日本列島の外からの視点」をもって相対化し、東アジア諸学の連関的考察を試みる。京大人文研拠点共同研究の成果論文集。

■A５判上製・512頁　七、七〇〇円

ISBN978-4-653-04568-7

江暁原 原著、薩日娜・宝鎖・小澤賢二 訳、
武田時昌 学術顧問

天学真原

一九九一年の原著初版以来、増刷を重ねてきた著作を初邦訳。従来のパースペクティブを超えて古代中国の「天文学」の政治的・文化的・社会的機能を明らかにすることを目的とし、これまで理解が困難とされ、もしくは長い間誤解されてきた一連の現象について、科学社会学・文化人類学の視点から新しく説得力のある解説を試みる。

■A５判並製・288頁　六、九三〇円

ISBN978-4-653-04578-6

中山一麿 監修
落合博志・伊藤 聡・山﨑 淳 編

寺院文献資料学の新展開

新刊

第3巻「近世仏教資料の諸相」（山﨑 淳 編）

中央の主要寺院との関わりの中で注目される地方寺院の悉皆調査の成果を、論文および資料翻刻・解題により紹介。個々の資料分析にとどまらず、長きにわたって各寺院の経蔵に蓄積・伝存してきた聖教類の集合体としての意味を問うとともに、10カ寺近くに及ぶ寺院調査の成果を横断的に考察し、寺院間ネットワークの実態を明らかにする。

ISBN978-4-653-04548-9
978-4-653-04540-3（セット）

3.12.3　*rŨ* 音と *ḥ* 音の代置

rāme-bhyas となった段階で，*bhyas* の末尾にある *-s* に *rŨ* が代置され，この *r*（*rŨ* → *r*Ø）に *ḥ* が代置されて，与格複数形 *rāmebhyaḥ* が完成する。*rŨ* の代置と *ḥ* の代置は，それぞれ次の操作規則に基づく。

規則 8.2.66 *sasajuṣo ruḥ* ||（← *padasya* 8.1.16）
s 音で終わる屈折形の最終音と *sajuṣ*「同好の士」の最終音に *rŨ* が代置される。

規則 8.3.15 *kharavasānayor visarjanīyaḥ* ||（← *padasya* 8.1.16, *saṃhitāyām* 8.2.108, *raḥ* 8.3.14）
連接の領域において，*kha̱R*（無声閉鎖音と歯擦音）または終止の前で，*r* で終わる屈折形の最終音に *ḥ* が代置される。

これら 2 規則についてはすでに見ている。

rāma（規則 1.2.45/46）
rāma-bhyas（規則 1.2.64，1.4.21，2.3.13，4.1.2）
rāme-bhyas（規則 7.3.103）
rāme-bhyar［*rŨ* → *r*Ø］（規則 1.3.9，8.2.66）
rāme-bhyaḥ（規則 8.3.15）
rāmebhyaḥ

3.13　奪格単数形

続いて，奪格形の派生過程を見る。まずは奪格単数形 *rāmāt*「ラーマから」である。

3.13.1　第五格単数語尾の選択

奪格単数形 *rāmāt* は名詞語基 *rāma* の後に第五格単数語尾 *ṄasĬ* を導入することで派生する。以下の 2 規則によって，規則 4.1.2 が導入を規定する名詞語尾の中から第五格単数語尾 *Ṅasĩ* が選択される。

規則 2.3.28 *apādāne pañcamī* ||（← *anabhihite* 2.3.1）
行為起点が表示されるべきとき，それが他の項目によって表示されていないならば，第五格語尾が起こる。

規則 1.4.22 *dvyekayor dvivacanaikavacane* ||
両数または単数という数が表示されるべきとき，両数語尾と単数語尾が起こる。

規則 1.4.22 については確認済みである。もう 1 つの規則 2.3.28 は，第五格語尾（*pañcamī*），すなわち奪格語尾が「行為起点」（*apādāna*）を表すために導入されることを述べている。行為起点の性格を規定するのは次の名称規則である。

規則 1.4.24 *dhruvam apāye 'pādānam* ||（← *kārake* 1.4.23）
離別があるとき，固定点である行為実現要素は行為起点と呼ばれる。

行為起点とは動詞語基が表示する何らかの行為を実現する要素の 1 つであり，それは，何かが何かから離れる離別という行為において固定点となるもの，すなわち何かがそこから離れるところの起点となるものである。たとえば「人が村からやって来る」と言った場合，行為の主体たる人がなす離れる行為の固定点，すなわち人がそこから離れるところの「村」が行為起点である。第五格語尾は，ある名詞語基が指し示す対象をそのような起点として文中で表現するために，その名詞語基の後に導入される。奪単数語尾 *Ṅasĩ* の *Ṅ-* は規則 1.3.8 により，*Ṅasĩ* の *-ĩ* は規則 1.3.2 により指標辞である[125)]。

3. 13. 2　*āt* 音の代置と長母音 *ā* の代置

rāma-as（*Ṅasĩ* → *ØasØ*）となった段階で，以下の操作規則によって第五格単数語尾 *as* の全体に *āt* が代置され，*rāma-āt* となる。

125)　これら 2 つの指標辞の役割については Cardona 1973b: 208 や Cardona 1997: 49 を参照せよ。

規則 7.1.12 *ṭāṅasiṅasām inātsyāḥ* ‖（← *aṅgasya* 6.4.1, *ataḥ* 7.1.9）
短母音 *a* で終わる接辞前語基に後続する *Ṭā*, *ṄasĪ*, *Ṅas* の全体に *ina*, *āt*, *sya* が代置される。

この規則についてはすでに説明している。次に，*rāma-āt* において，先行する *rāma* の *a-* と後続する *āt* の *ā-* の両者に長母音が代置されて *rāmāt* となる。この操作は次の規則によって施される。

規則 6.1.101 *akaḥ savarṇe dīrghaḥ* ‖（← *saṃhitāyām* 6.1.72, *aci* 6.1.77, *ekaḥ pūrva-parayoḥ* 6.1.84）
連接の領域で，*aK*（*a*/*ā*, *i*/*ī*, *u*/*ū*, *ṛ*/*ṝ*, *ḷ*）の後に同類音である母音が続くとき，先行音と後続音に長母音が唯一代置される。

これによって，*rāma* の *-a* とそれに直接後続する *āt* の *ā-* という同類音である両者に対して，長母音 *ā* が取って代わる。長母音には *ā* の他に *ī* や *ū* などもあるが，代置要素としてここで *ā* 音が選ばれるのは規則 1.1.50 による。この規則により，代置の対象となる *a* 音と *ā* 音に最も近似したものが代置の要素として選ばれる。いずれも喉を調音場所とすると見なされる点で，*a* 音と *ā* 音に最も近似した長母音の代置要素として *ā* 音が選択される。*ī* は硬口蓋，*ū* は唇を調音場所とする音である。

3.13.3　*d* 音と *t* 音の代置

rāmāt となった段階で，末尾の無声音 *-t* に有声音 *d* が代置されて *rāmād* となる。この代置操作は以下の規則による。

規則 8.2.39 *jhalāñ jaśo 'nte* ‖（← *padasya* 8.1.16）
屈折形の末尾で *jhaL*（半母音と鼻音以外の子音）に *jaŚ*（鼻音以外の有声無気の閉鎖音）が代置される。

jhaL「半母音と鼻音以外の子音」については規則 7.3.103 を見た際に説明し

た。*ja̱Ś*「鼻音以外の有声無気の閉鎖音」は『音素表』第 10 列目の最初にある *ja̱* から同じ列の最後にある指標辞 *Ś* を使って作られた短縮記号であり，その間に含まれる音のすべて（*j*, *b*, *g*, *ḍ*, *d*）を指示する（☞§ 3.1.4）。*rāmāt* の -*t* に代置される音として *d* 音が選ばれるのは，短縮記号 *ja̱Ś* が指示する音のうち，*d* 音は *t* 音と発音場所を同じくする点で，原要素たる *t* 音に最も近似する音と見なせるからである（規則 1.1.50）。*d* 音と *t* 音の発音場所はともに歯である。

以上によって *rāmād* となった段階で，末尾の有声音 -*d* に対して無声音 *t* が任意に代置される。この代置操作を行う場合，奪格単数形としては *rāmāt* が派生する。一方，この代置操作を行わない場合には，奪格単数形は *rāmād* となる。この任意の代置操作は以下の規則によって規定されている。

規則 8.4.56 *vāvasāne* ||（← *saṃhitāyām* 8.2.108, *jhalām* 8.4.53, *car* 8.4.54）
連接の領域において，休止の前で *jha̱L*（半母音と鼻音以外の子音）に *ca̱R*（無声無気の閉鎖音と歯擦音）が任意に代置される。

jha̱L「半母音と鼻音以外の子音」については規則 7.3.103 を見た際に説明した。*ca̱R*「無声無気の閉鎖音と歯擦音」は『音素表』第 11 列目の途中にある *ca̱* から第 13 列目の最後にある指標辞 *R* を使って作られた短縮記号であり，その間に含まれるすべての音（*c*, *ṭ*, *t*, *k*, *p*, *ś*, *ṣ*, *s*）を指示する。*rāmād* の -*d* に代置される音として *t* 音が選ばれるのは，短縮記号 *ca̱R* が指示する音のうち，*t* 音は *d* 音と発音場所を同じくする点で，原要素たる *d* 音に最も近似する音と見なせるからである（規則 1.1.50）。

上で「任意」に代置が行われる，あるいは行われないということを述べた。パーニニ文典ではこの「任意」の意味が次の名称規則によって定められている。

規則 1.1.44 *na veti vibhāṣā* ||
「あるいはそうでない」という意味は任意と呼ばれる。

任意性には，1.「得られている操作に対する任意性」（*prāptavibhāṣā*），2.「得られていない操作に対する任意性」（*aprāptavibhāṣā*），3.「両者に対する任意性」

（*ubhayatravibhāṣā/prāptāprāptavibhāṣā*）の3種があるが，当該規則が規定する任意性は第三のものである。それは，規定されている文法操作の適用をある場合には任意に禁止し，規定されていない文法操作の適用をある場合には任意に許容するという形の任意性である[126)]。規則8.4.56で「任意に」と訳したのは *vā* という語であるが，パーニニ文典にはこの他にも *vibhāṣā* や *anyatarasyām* といった語が使用される。これら3語の間に何かしらの差異を見てとろうとする研究もあるが[127)]，パーニニ文法学の伝統では，それらは同義語（*paryāyaśabda*）として扱われる[128)]。

奪格単数形 *rāmāt* の派生過程を規則とともに簡潔に示せば以下の通りである[129)]。

rāma（規則1.2.45/46）
rāma-as［*Ṅasĭ* → *ØasØ*］（規則1.3.9, 1.4.22, 2.3.28, 4.1.2）
rāma-āt（規則7.1.12）
rāmāt（規則6.1.101）
rāmād（規則8.2.39）
rāmāt（規則8.4.56）
rāmāt

3.14　奪格両数形

奪格両数形 *rāmābhyām*「2人のラーマから」の派生の流れは具格両数形 *rāmābhyām*「2人のラーマによって」と基本的に同じである。違うのは，格語尾の選択をなす規則が規則2.3.18ではなく，規則2.3.28であるという点のみである。この規則2.3.28についてもすでに説明済みである。

126)　BM on SK 24（Vol. I, p. 35, lines 4–5）.

127)　Kiparsky 1979. この研究書が主張する内容の要点とその是非についてはCardona 2004: 162–176を見よ。カルドナは思慮に富む綿密な議論を展開した後，最終的にキパルスキーの新説を「支持し得ない」（untenable）として退けている。

128)　PIŚ 115, PIŚ（p. 191, line 16）.

129)　さらに，規則8.4.47による音素の重複操作を任意に適用する場合，*rāmāt*, *rāmātt*, *rāmād*, *rāmādd* という4種の語形が成立可能である（SK 206［Vol. I, p. 200, line 1］, BM on SK 206［Vol. I, p. 200, lines 7–8］）。

rāma（規則 1.2.45/46）
rāma-bhyām（規則 1.2.64，1.4.22，2.3.28，4.1.2）
rāmā-bhyām（規則 7.3.102）
rāmābhyām

3. 15　奪格複数形

奪格複数形 *rāmebhyaḥ*「複数のラーマから」の派生の流れは与格複数形 *rāmebhyaḥ*「複数のラーマに」と基本的に同じである。違うのは，格語尾の選択をなす規則が規則 2.3.13 ではなく，規則 2.3.28 であるという点のみである。この規則 2.3.28 についてもすでに説明済みである。

rāma（規則 1.2.45/46）
rāma-bhyas（規則 1.2.64，1.4.21，2.3.28，4.1.2）
rāme-bhyas（規則 7.3.103）
rāme-bhyar［*rŨ* → *r*Ø］（規則 1.3.9，8.2.66）
rāme-bhyaḥ（規則 8.3.15）
rāmebhyaḥ

3. 16　属格単数形

続いて属格形の説明に移る。まずは属格単数形 *rāmasya*「ラーマの」である。

3. 16. 1　第六格単数語尾の選択

属格単数形 *rāmasya* は，名詞語基 *rāma* の後に第六格単数語尾 *Ṅas* を導入することで派生する。以下の 2 規則によって，規則 4.1.2 が導入を規定する名詞語尾の中から属格単数語尾 *Ṅas* が選択される。

規則 2.3.50 *ṣaṣṭhī śeṣe* ||
残余が表示されるべきとき，第六格語尾が起こる。

規則 1.4.22 *dvyekayor dvivacanaikavacane* ||

両数または単数という数が表示されるべきとき，両数語尾と単数語尾が起こる。

規則 1.4.22 についてはすでに確認している。もう 1 つの規則 2.3.50 は，第六格語尾（*ṣaṣṭhī*），すなわち属格語尾が「残余」（*śeṣa*）を表すために導入されることを述べている。ここで言われる「残余」とは，この規則 2.3.50 に至る前の規則では規定されずに残っているもの，すなわち，それまでに規定された行為主体や行為対象といった行為実現要素および名詞語基の意味とは異なるものとしての「関係」（*sambandha*）である[130)]。たとえば *rājñaḥ puruṣaḥ*「王の家来」（*rājñaḥ* は名詞語基 *rājan*「王」の属格単数形）において，名詞語基 *rājan* に後続する属格単数語尾は，*puruṣa* という名詞語基の指示対象「家来」と *rājan* という名詞語基の指示対象「王」の間に成立する「支配物と支配者の関係」（*svasvāmibhāva*）を表示している。王が支配者，家来が支配される者である。属格単数語尾 *Ṅas* の *Ṅ-* は規則 1.3.8 により指標辞である[131)]。

3. 16. 2　*sya* 音の代置

rāma-as（*Ṅas* → *Øas*）となった段階で，第六格単数語尾 *as* の全体に *sya* 音が代置されて *rāma-sya* となる。この代置操作は次の規則によって定められている。

規則 7.1.12 *ṭāṅasiṅasām inātsyāḥ* ||（← *aṅgasya* 6.4.1, *ataḥ* 7.1.9）
短母音 *a* で終わる接辞前語基に後続する *Ṭā*, *ṄasĪ*, *Ṅas* の全体に *ina*, *āt*, *sya* が代置される。

この規則についてはすでに説明した。これで属格単数形 *rāmasya* の派生は完了である[132)]。

---

130)　KV on A 2.3.50（Vol. I, p. 145, line 5）. チャンドラゴーミンは，*śeṣa* という語の代わりに *sambandha* という語を用いて規則を定式化し，第六格語尾の意味をより明確にしている（CS 2.1.95 *ṣaṣṭhī sambandhe*）。

131)　指標辞 *Ṅ* の役割については Cardona 1973b: 208 を参照せよ。

rāma（規則 1.2.45/46）

rāma-as［*Ṅas* → Ø*as*］（規則 1.3.9，1.4.22，2.3.50，4.1.2）

rāma-sya（規則 7.1.12）

rāmasya

3.17　属格両数形

次に属格両数形 *rāmayoḥ*「2人のラーマの」の派生を見る。

3.17.1　名詞語基の残存と第六格両数語尾の選択

両数形として2つの対象を指示する場合，名詞語基 *rāma* も2つ必要となる。それら2つの名詞語基のうち1つだけが残存して実際の言語運用には現れる。そのことを保証するのは，すでに確認済みの次の規則である。

規則 1.2.64 *sarūpāṇām ekaśeṣa ekavibhaktau* ||
同じ語尾の前で，連続する同じ語形のうち1つが残存する。

以下の2規則によって，規則 4.1.2 が導入を規定する名詞語尾の中から第六格両数語尾 *os* が選択される。

規則 2.3.50 *ṣaṣṭhī śeṣe* ||
残余が表示されるべきとき，第六格語尾が起こる。

規則 1.4.22 *dvyekayor dvivacanaikavacane* ||
両数または単数という数が表示されるべきとき，両数語尾と単数語尾が起こる。

132）さらに，規則 8.4.47 による音素の重複操作を任意に適用する場合，その後に規則 8.4.55 の適用を経て，*s* 音が重複した属格単数形 *rāmassya*「ラーマの」という語形が任意に成立する（SK 206［Vol. I, p. 200, lines 2–4］）。最終的な語形は変わらないので，*rāmassya* の -*s*- に対する *s* 音代置は無意味に映るかもしれないが，パーニニ文法では当該の状況で規則 8.4.55 の適用を防ぐ装置は設けられていないため，同規則は派生手続き上，適用されることになる。

いずれの規則についてもすでに確認済みである。

3. 17. 2　*e* 音と *ay* 音の代置

rāma-os となった段階で，次の操作規則によって *rāma* の *-a* に *e* が代置される。

規則 7.3.104 *osi ca* ||（← *aṅgasya* 6.4.1, *ataḥ* 7.3.101, *et* 7.3.103）
os の前でも，短母音 *a* で終わる接辞前語基の最終音に *e* 音が代置される。

この規則が適用されて *rāme-os* となった段階で，次の操作規則により，*rāme* の *-e* に *ay* が代置されて *rāmay-os* となる。

規則 6.1.78 *eco 'yavāyāvaḥ* ||（← *saṃhitāyām* 6.1.72, *aci* 6.1.77）
連接の領域において，母音の前で *eC*（*e, o, ai, au*）に *ay, av, āy, āv* が代置される。

eC は *e, o, ai, au* の 4 音を一括して示す短縮記号であり（☞§ 3.2.4），それら 4 つの音にそれぞれ *ay, av, āy, āv* が代置される。この順番対応の原則は規則 1.3.10 による。

3. 17. 3　*rŨ* 音と *ḥ* 音の代置

rāmay-os となった段階で，*os* の末尾にある *-s* に *rŨ* が代置され，この *-r*（*rŨ* → *rØ*）に *ḥ* が代置されて，属格両数形 *rāmayoḥ* ができあがる。*rŨ* 音の代置と *ḥ* 音の代置は，それぞれ次の操作規則に基づく。

規則 8.2.66 *sasajuṣo ruḥ* ||（← *padasya* 8.1.16）
s 音で終わる屈折形の最終音と *sajuṣ*「同好の士」の最終音に *rŨ* が代置される。

規則 8.3.15 *kharavasānayor visarjanīyaḥ* ||（← *padasya* 8.1.16, *saṃhitāyām* 8.2.108,

raḥ 8.3.14)
連接の領域において，*kha̲R*（無声閉鎖音と歯擦音）または終止の前で，*r* で終わる屈折形の最終音に *ḥ* が代置される。

これら 2 規則についてはすでに見ている。

rāma（規則 1.2.45/46）
rāma-os（規則 1.2.64，1.4.22，2.3.50，4.1.2）
rāme-os（規則 7.3.104）
rāmay-os（規則 6.1.78）
rāmay-or［*rŨ* → *rØ*］（規則 1.3.9，8.2.66）
rāmay-oḥ（規則 8.3.15）
rāmayoḥ

3. 18　属格複数形

属格形の最後に，属格複数形 *rāmāṇām*「複数のラーマの」を扱う。

3. 18. 1　第六格複数語尾の選択

複数形として 3 つ以上の対象を指示する場合，名詞語基 *rāma* も 3 つ以上が必要となる。それら 3 つ以上の名詞語基のうち 1 つだけが残存して実際の言語運用には現れる。そのことを保証するのは，すでに確認済みの次の規則である。

規則 1.2.64 *sarūpāṇām ekaśeṣa ekavibhaktau* ||
同じ語尾の前で，連続する同じ語形のうち 1 つが残存する。

以下の 2 規則によって，規則 4.1.2 が導入を規定する名詞語尾の中から第六格複数語尾 *ām* が選択される。

規則 2.3.50 *ṣaṣṭhī śeṣe* ||
残余が表示されるべきとき，第六格語尾が起こる。

規則 1.4.21 *bahuṣu bahuvacanam* ||
複数という数が表示されるべきとき，複数接辞が起こる。

規則 2.3.50 についてはすでに見た。規則 1.4.21 の要点は，単数語尾と両数語尾の導入を規定する規則 1.4.22 と同じである。

3. 18. 2　加音 *nu̱Ṭ* の付加

rāma-ām となった段階で，*ām* は *nu̱Ṭ* という加音（*āgama*）をとって *nām* となる。このことは次の操作規則によって規定されている。

規則 7.1.54 *hrasvanadyāpo nuṭ* ||（← *aṅgasya* 6.4.1, *āmi* 7.1.52）
短母音で終わる接辞前語基，ナディーと呼ばれる項目で終わる接辞前語基，*āP* 接辞（*CāP*, *ṬāP*, *ḌāP*）で終わる接辞前語基，これらに後続する *ām* は初頭に *nu̱Ṭ* をとる。

rāma-ām における *rāma* はここで言われる「短母音で終わる接辞前語基」にあたる。「〜で終わる」という意味の補いは規則 1.1.72 による。*hrasvanadyāpaḥ*「短母音で終わる接辞前語基，ナディーと呼ばれる項目で終わる接辞前語基，*āP* 接辞（*CāP*, *ṬāP*, *ḌāP*）で終わる接辞前語基に後続する」という奪格形は，規則 1.1.67 によって，*para*「後にある，後続する」や *uttara*「後にある，後続する」という語と結びつくものとして解釈される。

当該規則 7.1.54 が規定する *nu̱Ṭ* は何らかの要素に付加される加音の一種である。加音を指示する項目には指標辞が付されることで，その加音が要素のどの部分に付加されるのかが特定される。当該の *nu̱Ṭ* は *Ṭ* を指標辞として有していることから，*ām* という要素の冒頭に付加されて *nām* となる。このことを保証するのは次の解釈規則である。

規則 1.1.46 *ādyantau ṭakitau* ||
指標辞 *Ṭ* を有する加音と指標辞 *K* を有する加音は，初頭要素と最終要素となる。

加音 *nuṬ* の -*u*- は発音を容易／可能ならしめるために付されているものであり，指標辞ではない。それを指標辞と見なしてしまうと，語形の派生手続き上で不都合を生ずる[133]。

3.18.3　長音 *ā* と *ṇ* 音の代置

rāma-nām となった段階で，この *nām* の後続を根拠として，*rāma* の末尾にある -*a* に長母音が代置される。この代置操作は次の規則に基づく。

> 規則 6.4.3 *nāmi* ||（← *dīrghaḥ* 6.3.111, *aṅgasya* 6.4.1）
> *nām* の前で，母音で終わる接辞前語基の最終音に長母音が代置される。

ここで *rāma* は「母音で終わる接辞前語基」に相当する。代置操作は，規則 1.1.52 によって対象の最終音に対して行われる。代置要素である長母音には *ā* だけではなく，*ī* や *ū* などもあるが，それらのうちで *ā* が *rāma* の -*a* に対する代置要素として選ばれるのは，規則 1.1.50 による。*ā* 音は *a* 音と同じく喉を発音場所とする点で，長母音のうちで原要素たる *a* 音に最も近似する音と見なされる。

上記の規則 6.4.3 には「母音で終わる」という条件は提示されておらず，先行規則から何かそれを示す項目が読み込まれてくるわけでもない。「母音で終わる」という条件を供給し，それによって長母音の代置対象として母音を指定することを可能にするのは，次の解釈規則である。

> 規則 1.2.28 *acaś ca* ||（← *hrasvadīrghaplutaḥ* 1.2.27）
> また，短母音，長母音，延伸母音は母音に代置される。

何らかの規則において，代置要素が「短母音」（*hrasva*），「長母音」（*dīrgha*），「延伸母音」（*pluta*）といういずれかの名称によって指示されているとき（規則 6.4.3 では「長母音」），その代置要素は常に母音に対して代置されることになる。

133）Cardona 1973b: 213.

この解釈規則に従って，規則 6.4.3 は *acaḥ*「母音で終わる」を補って解釈される。*acaḥ* は *ac* の属格単数形である。この *aC* は『音素表』第 1 列目の冒頭にある *a* と第 4 列目の末尾にある指標辞 *C* によって構成された短縮記号であり，その間に含まれるすべての音，すなわち母音のすべて（*a*, *i*, *u*, *r̥*, *l̥*, *e*, *o*, *ai*, *au*）を指示する（☞§ 3.1.4, § 3.2.3）。「母音で終わる」（*acaḥ*）において「〜で終わる」という意味が補われるのは，規則 1.1.72 による。

かくして *rāmā-nām* となった段階で，*nām* の *n* に *ṇ* が代置され，属格複数形 *rāmāṇām* ができあがる。この代置操作は次の規則によって規定されている。

> 規則 8.4.2 *aṭkupvāṅnumvyavāye 'pi* ||（← *raṣābhyāṃ no ṇaḥ samānapade* 8.4.1）
> 同一の屈折形において，*aṬ*（母音・*l* を除く半母音・*h*），*k* 系列音（*k*, *kh*, *g*, *gh*, *ṅ*），*p* 系列音（*p*, *ph*, *b*, *bh*, *m*），*āṄ* および *nuM* が介在する場合でも，*r* または *ṣ* に後続する *n* に *ṇ* が代置される。

この規則については確認済みである。*rāmā-nām* という 1 つの屈折形の内部において，冒頭の *r-* 音の存在を根拠として，*nām* の *n-* には *ṇ* が代置される。冒頭の *r-* からこの *n-* の間には *-āmā-* という音が介在しているが，このような音の介在があったとしても当該規則は適用される。

rāma（規則 1.2.45/46）
rāma-ām（規則 1.2.64, 1.4.21, 2.3.50, 4.1.2）
rāma-nām［*nuṬ* → *nØ*］（規則 1.3.9, 7.1.54）
rāmā-nām（規則 6.4.3）
rāmā-ṇām（規則 8.4.2）
rāmāṇām

3. 19　所格単数形

次に所格形の説明に移る。まずは所格単数形 *rāme*「ラーマのもとで」である。

3. 19. 1　第七格単数語尾の選択

所格単数形 *rāme* は，名詞語基 *rāma* の後に第七格単数語尾 *Ṅi* を導入することで派生する。以下の 2 規則によって，規則 4.1.2 が導入を規定する名詞語尾の中から第七格単数語尾 *Ṅi* が選択される。

規則 2.3.36 *saptamy adhikaraṇe ca* ||（← *anabhihite* 2.3.1, *dūrāntikārthebhyaḥ* 2.3.35）
遠近を意味する項目の後に加えて，行為基体が表示されるべきときにも，それが他の項目によって表示されていないならば，第七格語尾が起こる。

規則 1.4.22 *dvyekayor dvivacanaikavacane* ||
両数または単数という数が表示されるべきとき，両数語尾と単数語尾が起こる。

規則 1.4.22 についてはすでに確認している。規則 2.3.36 は，行為基体（*adhikaraṇa*）を表示するために第七格語尾（*saptamī*），すなわち所格語尾が導入されることを規定する。行為基体の性格については次の名称規則が規定している。

規則 1.4.45 *ādhāro 'dhikaraṇam* ||（← *kārake* 1.4.23）
場である行為実現要素は，行為基体と呼ばれる。

行為基体という行為実現要素は，何かを支える場として機能することで行為に参与する。行為そのものを直接的に支えることはできないため，行為の拠り所となる行為主体あるいは行為対象を直接的に支える場となることで，間接的に行為を支える場となるのが行為基体である[134)]。たとえば「デーヴァダッタが敷物に座している」と言った場合，「敷物」は，座す行為をなす主体デーヴァダッタを支える場となることで座す行為を間接的に支えている。第七格語尾は，ある名詞語基の指し示す対象をそのような基体として文中で表現するために，その名詞語基の後に導入される。所格単数語尾 *Ṅi* の *Ṅ*- は規則 1.3.8 によ

134)　VP 3.7.148.

り指標辞である[135]。

3.19.2　*e* 音の代置

rāma-i（*Ṅi* → Ø*i*）となった段階で，先行する *rāma* の *a-* と後続する *i* の両者に，従属音 *e* が代置されて所格単数形 *rāme* が派生される。この代置操作は次の規則による。

> 規則 6.1.87 *ād guṇaḥ* ||（← *saṃhitāyām* 6.1.72, *aci* 6.1.77, *ekaḥ pūrvaparayoḥ* 6.1.84）
> 連接の領域で，*a*/*ā* 音の後に母音が続くとき，先行音と後続音に従属音（*a*, *e*, *o*）が唯一代置される。

この規則についてはすでに説明済みである。代置要素として選択される従属音が *e* である点も前出の箇所と同じである（☞§ 3.7.3）。

rāma（規則 1.2.45/46）
rāma-i［*Ṅi* → Ø*i*］（規則 1.3.9，1.4.22，2.3.36，4.1.2）
rāme（規則 6.1.87）
rāme

3.20　所格両数形

所格両数形 *rāmayoḥ*「2 人のラーマのもとで」の派生の流れは属格両数形 *rāmayoḥ*「2 人のラーマの」と基本的に同じである。違うのは，格語尾の選択をなす規則が規則 2.3.50 ではなく，規則 2.3.36 であるという点のみである。この規則 2.3.36 についてもすでに説明済みである。

rāma（規則 1.2.45/46）
rāma-os（規則 1.2.64，1.4.22，2.3.36，4.1.2）
rāme-os（規則 7.3.104）

---

135)　当該の指標辞 *Ṅ* の役割については Devasthali 1967: 85 を参照せよ。

rāmay-os（規則 6.1.78）
rāmay-or［*rŨ* → *r*Ø］（規則 1.3.9，8.2.66）
rāmay-oḥ（規則 8.3.15）
rāmayoḥ

3.21　所格複数形

所格形の最後に所格複数形 *rāmeṣu*「複数のラーマのもとで」を扱う。

3.21.1　第七格複数語尾の選択

複数形として 3 つ以上の対象を指示する場合，名詞語基 *rāma* も 3 つ以上が必要となる。それら 3 つ以上の名詞語基のうち 1 つだけが残存して実際の言語運用には現れる。そのことを保証するのは，すでに確認済みの次の規則である。

規則 1.2.64 *sarūpāṇām ekaśeṣa ekavibhaktau* ||
同じ語尾の前で，連続する同じ語形のうち 1 つが残存する。

以下の 2 規則によって，規則 4.1.2 が導入を規定する名詞語尾の中から第七格複数語尾 *suP* が選択される。

規則 2.3.36 *saptamy adhikaraṇe ca* ||（← *anabhihite* 2.3.1，*dūrāntikārthebhyaḥ* 2.3.35）
遠近を意味する項目の後に加えて，行為基体が表示されるべきときにも，それが他の項目によって表示されていないならば，第七格語尾が起こる。

規則 1.4.21 *bahuṣu bahuvacanam* ||
複数という数が表示されるべきとき，複数接辞が起こる。

規則 2.3.36 についてはすでに見た。規則 1.4.21 の要点は，単数語尾と両数語尾の導入を規定する規則 1.4.22 と同じである。

所格複数語尾 *suP* の -*P* は規則 1.3.3 により指標辞である。当該の指標辞 *P* は，規則 4.1.2 に提示される第一格単数語尾 *sŨ* とともに短縮記号 *sŨP* を構成するためのものである[136)]。この短縮記号 *sŨP* は名詞語尾のすべてを一括して示すことができる。

3.21.2　*e* 音と *ṣ* 音の代置

rāma-su（*suP* → *su*Ø）となった段階で，*rāma* の -*a* に *e* が代置されて *rāme-su* となる。この代置操作は次の規則によって規定されている。

> 規則 7.3.103 *bahuvacane jhaly et* ||（← *aṅgasya* 6.4.1, *ataḥ* 7.3.101, *supi* 7.3.102）
> *jha̱L*（半母音と鼻音以外の子音）で始まる名詞複数語尾の前で，短母音 *a* で終わる接辞前語基の最終音に *e* 音が代置される。

この規則については確認済みである。*rāma-su* において，*rāma* は「短母音 *a* で終わる接辞前語基」に相当し，*su* は「*jha̱L*（半母音と鼻音以外の子音）で始まる名詞複数語尾」に相当する。

以上によって *rāme-su* となった段階で，*rāme* の -*e* に後続する *su* の *s*- に *ṣ* が代置されて，所格複数形 *rāmeṣu* の完成となる。この代置操作は次の規則によって定められている。

> 規則 8.3.59 *ādeśapratyayayoḥ* ||（← *apadāntasya mūrdhanyaḥ* 8.3.55, *saḥ* 8.3.56, *iṇ-koḥ* 8.3.57, *numvisarjanīyaśarvyavāye 'pi* 8.3.58）
> *nu̱M*, *ḥ*, *śaR*（*ś*, *ṣ*, *s*）が介在する場合でも，*iṆ*（*a* 以外の母音・*h*・半母音）あるいは *k* 系列音（*k*, *kh*, *g*, *gh*, *ṅ*）に後続する，屈折形の最終音ではない，代置要素か接辞中の *s* に反舌音が代置される。

色々と条件が並んでいるが，それらのうち「*nu̱M*, *ḥ*, *śaR*（*ś*, *ṣ*, *s*）が介在する場合でも」，「*k* 系列音（*k*, *kh*, *g*, *gh*, *ṅ*）」，「代置要素」はここでは関与しない。

iṆ「*a* 以外の母音・*h*・半母音」は『音素表』第 1 列目にある *i* 音と第 6 列

---

136)　Devasthali 1967: 139.

目にある*Ṇ*音を用いて構成された短縮記号であり，その間に含まれるすべての音（*i, u, ṛ, ḷ, e, o, ai, au, h, y, v, r, l*）を指示する（☞§3.1.4, §3.2.3）。屈折形とは名詞語尾あるいは動詞語尾で終わる項目のことである（規則 1.4.14）。反舌音（*mūrdhanya*）とは，口腔内の最上点に舌を接触させて発音する音であり，パーニニ文法学では *ṛ* 音類，*ṭ* 系列音（*ṭ, ṭh, ḍ, ḍh, ṇ*），*r* 音，*ṣ* 音が反舌音とされる[137]。反舌音が何を指すかについての規定はパーニニ文典には存在せず，そのような音声学的な知識は前提とされている。

rāme-su における語尾 *su* の *s-* は，短縮記号 *iṆ* に含まれる *e* 音に後続しており，*rāme-su* という屈折形全体の最終要素ではなく，そして *su* という接辞の一部である。したがって，規則 8.3.59 が適用可能となり，その *s-* に反舌音 *ṣ* が代置される。上述した反舌音の中から *ṣ* が代置要素として選択されるのは規則 1.1.50 による。ここで原要素である *s* 音は，まず，調音器官である口腔内の最上部と舌の間を開いた形（開放［*vivṛta*］あるいは少しの開放［*īṣad-vivṛta*］）で発音される点で，閉鎖した形で発音される *ṭ* 系列音（完全閉鎖［*spṛṣṭa*］）や *r* 音（少しの閉鎖［*īṣat-spṛṣṭa*］）とは異なる。次に，*s* 音は声帯の震えを伴わない無声音（*aghoṣa*）である点で，声帯の震えを伴う有声音（*saghoṣa*）である *ṛ* 音類，*ṭ* 系列音の 3 音（*ḍ, ḍh, ṇ*），そして *r* 音とは異なる。これら 2 つの特徴を兼ね備えた反舌音は *ṣ* 音のみであり，それゆえ *ṣ* 音が *s* 音に最も近似する代置要素として選択される[138]。

rāma（規則 1.2.45/46）
rāma-su［*suP* → *suØ*］（規則 1.2.64, 1.4.21, 2.3.36, 4.1.2）
rāme-su（規則 7.3.103）
rāme-ṣu（規則 8.3.59）
rāmeṣu

3. 22　呼格単数形

続いて呼格形の派生に移る。まずは呼格単数形 *rāma*「ラーマよ」である。

137)　SK 10（Vol. I, p. 17, line 2）.
138)　Cf. SK 212（Vol. I, p. 206, line 1）, BM on SK 212（Vol. I, p. 206, line 15–p. 207, line 3）.

『定説の月光』では，呼格形の派生は主格形の派生の直後に扱われるが[139]，本邦で最も広く利用されていると思われる辻文法の提示順に合わせて[140]，本書では呼格形の派生を名詞形の最後に取りあげる。

3.22.1　第一格単数語尾の選択

呼格単数形 *rāma* は，名詞語基 *rāma* の後に第一格単数語尾 *sŨ* を導入することで派生する。この *sŨ* は主格単数形の派生の際に導入されるものと同じものである。パーニニ文法では主格単数形と呼格単数形には同じ名詞語尾が利用される。以下の 2 規則によって，規則 4.1.2 が導入を規定する名詞語尾の中から *sŨ* が選択される。

> 規則 2.3.47 *sambodhane ca* ||（← *prathamā* 2.3.46）
> 呼びかけが表示されるべきときにも，第一格語尾が起こる。

> 規則 1.4.22 *dvyekayor dvivacanaikavacane* ||
> 両数または単数という数が表示されるべきとき，両数語尾と単数語尾が起こる。

規則 1.4.22 についてはすでに確認している。規則 2.3.47 は，「呼びかけ」（*sambodhana*）を表示するために呼格語尾としての第一格語尾が導入されることを規定している。「呼びかけ」とは顔をこちらへ向けさせること（*ābhimukhya-karaṇa*）である[141]。

辻文法では *a* 語幹名詞の格変化表の中で第 8 番目に呼格形が与えられている。しかし，そのような呼格形を派生するための格語尾をパーニニが第八格語尾（*aṣṭamī*）などと呼ぶことはない。それはあくまで第一格語尾である。

139)　SK 192–193（Vol. I, p. 188, line 3–p. 189, line 3）.

140)　辻 1974a: 52.

141)　KV on A 2.3.47（Vol. I, p. 144, line 19）.

3. 22. 2　呼格単数語尾のゼロ化

以上で *rāma-s*（*sŨ* → *sØ*）という段階に至った。*rāma-s* 全体は，呼格語尾 *s* で終わる項目として「呼びかけ形」（*āmantrita*）という呼称を得る。これは次の名称規則による。

規則 2.3.48 *sāmantritam* ||（← *sambodhane* 2.3.47）
呼びかけを表示するそれ（第一格語尾）で終わる項目は，呼びかけ形と呼ばれる。

この「呼びかけ形」に導入されている呼格語尾のうち，単数のそれは「呼びかけ語尾」（*sambuddhi*）というさらなる呼称を得る。これを定めるのは次の名称規則である。

規則 2.3.49 *ekavacanaṃ sambuddhiḥ* ||（← *āmantritam* 2.3.48）
呼びかけ形の単数語尾は呼びかけ語尾と呼ばれる。

いま，*rāma-s* における *s* は，この「呼びかけ語尾」である。呼びかけ語尾は以下の操作規則によりゼロ化されて，呼格単数形 *rāma* が派生する。

規則 6.1.69 *eṅhrasvāt sambuddheḥ* ||（← *lopaḥ* 6.1.66, *hal* 6.1.68）
eṄ（*e, o*）または短母音の後で[142]，呼びかけ語尾の子音にゼロが代置される。

「*eṄ*（*e, o*）」はここでは関係ない。*rāma-s* における呼びかけ語尾 *s* は，*rāma* における -*a* という短母音に後続している。したがって，当該規則により呼び

142)『カーシカー注解』は「*eṄ*（*e, o*）または短母音で終わる名詞語基（*prātipadika*）の後で」（KV on A 6.1.69［Vol. II, p. 614, line 25］），『定説の月光』は「*eṄ*（*e, o*）または短母音で終わる接辞前語基（*aṅga*）の後で」（SK 193［Vol. I, p. 188, line 5］）とそれぞれ解するが，ここに「〜で終わる名詞語基」や「〜で終わる接辞前語基」という内容を読み込む必要は必ずしもないように思われる。当該規則の解釈については Böhtlingk 1887（1977）: I.291 や Cardona 1997: 309 に従う。

かけ語尾 *s* の子音，すなわち *s* そのものにゼロが代置される。

rāma（規則 1.2.45/46）
rāma-s［*sŨ* → *sØ*］（規則 1.3.9，1.4.22，2.3.47，4.1.2）
rāma-Ø（規則 6.1.69）
rāma

3. 23　呼格両数形

呼格両数形 *rāmau*「2 人のラーマよ」の派生の流れは主格両数形 *rāmau*「2 人のラーマは」と基本的に同じである。違うのは，格語尾の選択をなす規則が規則 2.3.46 ではなく規則 2.3.47 である点のみである。この規則についてもすでに説明済みである。

rāma（規則 1.2.45/46）
rāma-au（規則 1.2.64，1.4.22，2.3.47，4.1.2）
rāmau（規則 6.1.88）
rāmau

3. 24　呼格複数形

呼格複数形 *rāmāḥ*「複数のラーマよ」の派生の流れは主格複数形 *rāmāḥ*「複数のラーマは」と基本的に同じである。違うのは，格語尾の選択をなす規則が規則 2.3.46 ではなく規則 2.3.47 である点のみである。この規則についてもすでに説明済みである。

rāma（規則 1.2.45/46）
rāma-as［*Jas* → *Øas*］（規則 1.2.64，1.3.9，1.4.21，2.3.47，4.1.2）
rāmās（規則 6.1.101）
rāmār［*rŨ* → *rØ*］（規則 1.3.9，8.2.66）
rāmāḥ（規則 8.3.15）
rāmāḥ

3.25　パーニニ文典の最終規則

以上，それぞれの格形の派生について説明した。ここで，パーニニが文典の最後に設けた文法規則についても説明しておかねばならない。この規則は，名詞形であろうが定動詞形であろうがパーニニ文法の規定する多くの派生形について考慮されるべきものである。

パーニニ文典の掉尾を飾るのは，以下の規則である。

規則 8.4.68 *a a* ||
a に *a* が代置される。

これだけである。何がなんだかわからないと思う。順を追って説明していこう。まず，規則の最初に提示される *a* は第六格語尾が落ちた属格形「*a* の代わりに」，続く *a* は主格語尾が落ちた主格形「*a* が起こる」である。パーニニ文典では，このように各語尾を落とした形で語が使用されることがあり，そのような語形の使用法は「格語尾を欠いた提示」（*avibhaktikanirdeśa*）と言われる。文法家たちがパーニニ文典に想定している語法である。ここで，第六格語尾は規則 1.1.49 により 2 者間の代置関係を表すことを想起されたい。

次に，最初に提示される *a* は開いた母音（*vivṛta*）を指し，2 番目の *a* の方は閉じた母音（*saṃvṛta*）を指す。以上より，この規則は広い母音 *a*（[ɑ]）に狭い母音 *a*（[ə]）が代置されることを規定していることになる[143)]。この規則は，これまで広い母音として扱ってきた短母音 *a* を，すべて狭い母音としての短母音 *a* へと置き換えることを規定しているのである。

この最終規則 8.4.68 に至るまで，パーニニは文法体系上の要請から，狭い母音 *a* を広い母音 *a* として扱ってきたが，短母音 *a* をそのまま広い母音として発音して実際の言語運用に用いることは避けられるべきであるので，最後に，広い母音として扱ってきた *a* 音のすべてに狭い母音 *a* を代置して，その本来の姿へと回帰（*pratyāpatti*）させる[144)]。このことは当時，パーニニが観察した言語

143)　BM on SK 11（Vol. I, p. 19, line 24–p. 20, lines 5）. インド音声学が開いた母音と閉じた母音の間に見てとった違いは，現代音声学で母音の開口度の違いとして知られるものである。

144)　KV on A 8.4.68（Vol. II, p. 982, lines 3–4）.

運用において *a* 音は狭い母音として発音されていたことを意味する。

短母音 *a* を広い母音として設定することは，語の派生手続き上どんな役割を果たしているのだろうか。言い換えれば，それを狭い母音として扱ってしまうと，語の派生手続き上どんな問題が発生するのだろうか。短母音 *a* を広い母音として扱う理由についてはパタンジャリが端的にまとめているが[145)]，これまでに見てきた規則の中から一例として規則 6.1.101 を挙げてみよう。

規則 6.1.101 *akaḥ savarṇe dīrghaḥ* ||（← *saṃhitāyām* 6.1.72, *aci* 6.1.77, *ekaḥ pūrva-parayoḥ* 6.1.84）

連接の領域で，*aK*（*a/ā, i/ī, u/ū, ṛ/ṝ, ḷ*）の後に同類音である母音が続くとき，先行音と後続音に長母音が唯一代置される。

当該規則にある *aK*（*a/ā, i/ī, u/ū, ṛ/ṝ, ḷ*）は『音素表』第 1 列目の最初にある *a* から第 2 列目の最後にある指標辞 *K* を使って作られた短縮記号であり，*a* から *K* までに含まれるすべての母音およびその同類音を指示する（☞§ 3.1.4, § 3.2.3）。それらの後に何かしら同類音が後続するときに，両者に長母音が代置される。この規則により，たとえば以下のような連鎖において，両者に長母音が代置されることが結果する。サンスクリット語の既習者にはお馴染みの連声である。

1. *a* ＋ *a* → *ā*
2. *a* ＋ *ā* → *ā*
3. *ā* ＋ *a* → *ā*
4. *ā* ＋ *ā* → *ā*

このような結果は，『音素表』で提示される *a* 音が広い母音として想定されることによってはじめてもたらされる。2. の連鎖 *a* ＋ *ā* を見てみよう。この連鎖において先行する短母音 *a* と後続する長母音 *ā* の両者に長母音 *ā* を代置して

145)　MBh on A 8.4.68（Vol. III, p. 466, lines 1–7）.

a + *ā* → *ā* とするためには，これら両方の音が「同類音」と見なされなければならない。規則 6.1.101 の適用条件の 1 つは「同類音である母音が後続するとき」というものだからである。長母音 *ā* は，口腔内の空間を開くという調音動作をもって，喉（声門）という調音位置で発音される広い母音である。このような長母音 *ā* と同類音であるためには，短母音 *a* はそれと同じ調音位置と調音動作をもって発音される音でなくてはならない。同類音とは，調音位置と調音動作を同じくする音だからである（規則 1.1.9）。

当該の長母音 *ā* と短母音 *a* を同類音と見なすことは，短母音 *a* を，口腔内の空間を開いて発音される広い母音として扱うことによって達成される。さもなければ，すなわち短母音 *a* 音の本来の狭い母音としてのあり方（口腔内の空間を狭める調音動作をもって発音される）を保ったままでは，それを長母音 *ā* の同類音と見なすことはできず，結果，上記 2. で示したような結果が得られなくなるのである。同じことは上記 3. についても言える。

さらに，3. と 4. の結果は，規則 6.1.101 で提示される短縮記号 *aK* に含まれる短母音 *a* がその同類音として長母音 *ā* をも指示することができてはじめて成立する。短縮記号に含まれる母音は当の母音そのものに加えてその同類音をも指示することが規則 1.1.69 によって規定されている。短縮記号 *aK* に含まれる短母音 *a* が長母音 *ā* と同類音でなければ，この短縮記号によって長母音 *ā* を指示することができない。その場合，先行する音として長母音 *ā* をもつ 3. の *ā* + *a* や 4. の *ā* + *ā* といった連鎖に規則 6.1.101 を適用できなくなってしまう。この問題は，短母音 *a* を広い母音として扱い，そこに長母音 *ā* の同類音としての性質を確保することによって解決する。

このように，短母音 *a* は語形派生の段階においては広い音として振る舞い，規則 8.4.68 によって最終的に狭い音へと戻されて，実際の言語運用においてそのような狭い音として発音される[146]。

短母音 *a* が語形派生の段階においては常に広い音として扱われるためには，それを本来のあり方へと戻す規則 8.4.68 がどんな規則よりも後，つまり派生過程の最後の最後に適用される規則でなければならない。もしこの規則が語形派

146)　SK 10（Vol. I, p. 19, line 2）.

生の途中段階で適用されてしまうと，何かしらの不都合が帰結する。規則 8.4.68 がすべての規則の中で最後に適用されることは，次の規則によって保証されている。

規則 8.2.1 *pūrvatrāsiddham* ||
これ以降の規則が規定する文法操作は，先行規則が規定する文法操作に対して不成立である。

これは，規則 8.2.1 からパーニニ文典の最終規則 8.4.68 まで効力を有する主題規則であり，支配下にある規則のあり方を規定する解釈規則でもある[147]。パーニニ文典の第 8 巻第 2 節から第 8 巻第 4 節は「3 つの四半の集まり」（*tri-pādī*）と呼ばれる。この箇所に含まれるすべての規則，すなわち規則 8.2.1 から規則 8.4.68 が規定する文法操作は，それ以前の規則によって規定された文法操作――パーニニ文典第 1 巻から第 7 巻までと第 8 巻第 1 の四半を構成する規則（*sapādasaptādhyāyī*）――が適用されようとするとき，「成立していないもの」（*asiddha*）と見なされる。それはつまり，規則 8.2.1 から規則 8.4.68 までの規則は，それより前の文法規則より先に適用しても，何の効力ももたないということであり，より具体的に言えば，規則 8.2.1 から規則 8.4.68 の規定する文法操作の適用結果は，それ以前の規則を適用するための根拠とはならないということ，規則適用のための環境を提供しないということである。もし，それが規則の適用環境を提供してしまうと，正しい語形の派生手続きは失敗する。規則 8.2.1 から規則 8.4.68 までの規則はそれより前の規則よりも先に適用してはならず，必ず前の規則が適用された後に適用されなければならない[148]。

さらに当該の解釈規則 8.2.1 は「3 つの四半の集まり」に含まれる規則 8.2.1

147)　Cardona 1997: 66–67.

148)　ただしこれには例外もあり，規則 8.2.1 から規則 8.4.68 に属する規則であるにもかかわらず，それより前に定式化されている規則に関して，文法操作が成立しているもの（*siddha*）と見なされる規則もある。本書で見る規則で言うと，たとえば規則 8.2.66 がこれにあたる。この規則は「3 つの四半の集まり」，すなわち規則 8.2.1–8.4.68 内の規則ではあるが，自身に先行する規則 6.1.113–114 よりも先に適用され，その文法操作の適用結果は規則 6.1.113–114 の適用根拠となる。さもなければ規則 6.1.113–114 は無意味となる（Cardona 2012b: 138–139）。

から規則 8.4.68 までの規則内についても有効である。すなわち，規則 8.2.1 から規則 8.4.68 までの規則内では，規則は制定されている順番に従って順次適用されていくことになる。以上によって，規則 8.4.68 がまさに一切の規則の最後に適用されることが確立する[149]。

3. 26　行為実現要素の総括

以上で，*a* 語幹名詞の格形に対する説明は終了である。定動詞形の派生過程の説明へと移る前に，それぞれの名詞語尾が表示する行為実現要素（*kāraka*）の概念とその関連事項についてまとめておきたい。行為実現要素は，サンスクリット語文献を読解する上で 1 つの鍵となる重要概念だからである。ヴァラルチ（Vararuci 4 世紀～ 5 世紀頃？）は次のような言葉を残している[150]。

> 言語表現について知ろうと欲している者はまず行為実現要素について知るべし。

文の意味の主要素を定動詞形が表示する行為とし，その行為に行為実現要素が関わることで文意が完成する。パーニニは，このような行為の実現要素にどのような種類があり，どのような特性があるかについて規定している。パーニニの規定に基づいて，それらをまとめると以下のようになる[151]。提示する順番はパーニニが規定する順番に従う。

規則 1.4.24：行為が始まる「行為起点」（*apādāna*）
【例】「村からやって来ている」（*grāmād āgacchati*）における村

規則 1.4.32：行為の対象を受けとる「行為受益者」（*sampradāna*）

---

149)　この「3 つの四半の集まり」に含まれる規則については Buiskool 1939 による優れた研究がある。

150)　VS 1ab（p. 1, line 13）.

151)　KV on A 1.4.24（Vol. I, p. 80, line 9）, KV on A 1.4.32（Vol. I, p. 81, line 18）, KV on A 1.4.42（Vol. I, p. 83, line 19）, KV on A 1.4.45（Vol. I, p. 84, line 10）, KV on A 1.4.49（Vol. I, p. 85, line 7）, KV on A 1.4.54（Vol. I, p. 87, line 11）.

【例】「師に牛を与える」(*upādhyāyāya gāṃ dadāti*) における師

規則 1.4.42：行為をなすための「行為手段」(*karaṇa*)
【例】「鎌で刈っている」(*dātreṇa lunāti*) における鎌

規則 1.4.45：行為を支える「行為基体」(*adhikaraṇa*)
【例】「敷物に座っている」(*kaṭe āste*) における敷物

規則 1.4.49：行為をうける「行為対象」(*karman*)
【例】「敷物を作っている」(*kaṭaṃ karoti*) における敷物

規則 1.4.54：行為をなす「行為主体」(*kartṛ*)
【例】「デーヴァダッタが煮ている」(*devadattaḥ pacati*) におけるデーヴァダッタ

パーニニが提示する行為実現要素はこれら 6 つである[152)]。以上の規則によって，*x* が行為に対してどの行為実現要素であるか，すなわちその *x* が行為に対してどのような役割を果たすのかが特定された後，*x* が当該の行為実現要素であることを知らしめるために，*x* を表示する名詞語基の後にしかるべき名詞語尾が導入される。これがパーニニ文法のとる方法である。

上で見てきた名詞語基 *rāma* を例にとって，もう一度ここで説明しておこう。名詞語基 *rāma* は「ラーマ」を指示する。このラーマがもし文中で何かしらの行為をうける対象としての役割を果たすとするならば，ラーマは規則 1.4.49 により「行為対象」と呼ばれることになる。そして，名詞語基 *rāma* が指示する「ラーマ」を行為対象として表示するために，言い換えればラーマが行為対象として機能していることを知らしめるために，規則 2.3.2 によって第二格語尾が名詞語基 *rāma* の後に導入される。このような流れである。

上に述べた行為実現要素それぞれを表示するものとして規定される名詞語尾は以下の通りである。行為実現要素を表示する格語尾は *kārakavibhakti* と呼ばれる。

152)　これらの他に「行為対象・行為主体」(*karmakartṛ*) と呼ばれる複合的な行為実現要素もパーニニは前提としている。その概要については小川 2009 を見よ。

行為主体と行為手段	←	第三格語尾 *tṛtīyā*（規則 2.3.18）
行為対象	←	第二格語尾 *dvitīyā*（規則 2.3.2）
行為受益者	←	第四格語尾 *caturthī*（規則 2.3.13）
行為起点	←	第五格語尾 *pañcamī*（規則 2.3.28）
行為基体	←	第七格語尾 *saptamī*（規則 2.3.36）

ここには第二格語尾，第三格語尾，第四格語尾，第五格語尾，第七格語尾が並んでいる。現代のわれわれになじみのある言い方をすれば，それぞれの格語尾は以下のように言い換えることができる。

第二格語尾	→	対格語尾
第三格語尾	→	具格語尾
第四格語尾	→	与格語尾
第五格語尾	→	奪格語尾
第七格語尾	→	所格語尾

サンスクリット語には主格形，対格形，具格形，与格形，奪格形，属格形，所格形，呼格形という 8 つの格形があるが，ここでは，それらのうち，主格形，属格形，呼格形に対応する格語尾が抜けている。以下に，パーニニ文法において主格形，属格形，呼格形を派生させる格語尾，すなわち主格語尾（第一格語尾），属格語尾（第六格語尾），呼格語尾（第一格語尾）がどのように規定されているのかをまとめる。

まず，パーニニ文法では主格形と呼格形を派生するための格語尾はいずれも第一格語尾（*prathamā*）である。パーニニ文法では，呼格形に対して「第八格語尾」という呼称が使われることはない。主格語尾と呼格語尾のいずれもが第一格語尾と言われるとしても，その機能は異なる。主格形を派生する第一格語尾の機能は名詞語基の意味などを表すことであり，呼格形を派生する第一格語尾の機能は呼びかけを表すことである。パーニニ文法では，能動文における行為の主体を表すのは動詞語尾であり，第一格語尾ではない。主格語尾としての第一格語尾を導入する規則は規則 2.3.46 であり，呼格語尾としての第一格語尾を導入する規則は規則 2.3.47 である。

次に，属格形をつくる属格語尾にあたるのは，パーニニ文法では第六格語尾（*ṣaṣṭhī*）である。この属格語尾がまずもって表すのは，行為と相関する「行為実現要素」ではなく，名詞語基が指示するモノの間に成立する「関係」である。この「関係」を表す属格語尾の導入は規則 2.3.50 によってなされる。加えて，属格形が何らかの行為名詞と結びつく場合には，*kṛṣṇasya kṛtiḥ*「クリシュナの創造」（「クリシュナ」は創造行為の主体）や *jagataḥ kartā kṛṣṇaḥ*「クリシュナは世界の創造者」（「世界」は創造行為の対象）におけるように[153]，属格語尾は行為主体や行為対象も表すことができる。これは次の規則による。

> 規則 2.3.65 *kartṛkarmaṇoḥ kṛti* ||（← *anabhihite* 2.3.1, *ṣaṣṭhī* 2.3.50）
> 第一次接辞で終わる項目が使用され，行為主体または行為対象が表示されるべきときに，それらが他の項目によって表示されていないならば，第六格語尾が起こる。

上述の *kṛṣṇasya kṛtiḥ*「クリシュナの創造」と *jagataḥ kartā kṛṣṇaḥ*「クリシュナは世界の創造者」において，名詞語基 *kṛti* は第一次接辞 *KtiN* で終わる項目，*kartṛ* は第一次接辞 *tṛC* で終わる項目である[154]。

以上より，サンスクリット語における格語尾と意味との関係をまとめると次のようになる。

第一格語尾（主格語尾）→ 名詞語基の意味などを表す
第二格語尾（対格語尾）→ 行為をうける対象を表す
第三格語尾（具格語尾）→ 行為をなすための手段や行為をなす主体を表す
第四格語尾（与格語尾）→ 行為の対象を受けとる受け手を表す
第五格語尾（奪格語尾）→ 行為が起こる起点を表す
第六格語尾（属格語尾）→ 二者間の関係や行為の主体および対象を表す
第七格語尾（所格語尾）→ 行為を支える場を表す

153）SK 623（Vol, I, p. 683, line 3）.
154）それぞれの第一次接辞の導入は規則 3.3.94 と規則 3.1.133 による。

第一格語尾（呼格語尾）→ 顔を向けさせるための呼びかけを表す

1つ断っておくが，以上は各格語尾の機能を行為実現要素との関係から説明したものであって，サンスクリット語における格語尾の用法のすべてを網羅しているわけでは決してない。それぞれの格語尾には他にも多くの用法がある[155)]。

コラム4　初学者が犯しやすい文法的な間違い

サンスクリット語はギリシア語やラテン語といった他の古典語と同じく豊かな格体系をもっており，サンスクリット文を読解する際には，そこに現れる名詞や形容詞がどの格形で現れているものなのか，その格語尾が果たす機能は何なのかを考えることが1つ大切なことである。格形や格語尾の機能を見誤ると，文の意味を正しく理解できない。インドでは，格語尾の主たる用法に焦点をあてた『行為実現要素の車輪』（*Kārakacakra*）のような作品も著されている。12世紀の文法家プルショーッタマデーヴァの作である。その冒頭に掲げられた詩からは，本作品が初学者の学習用に著されたものであることが知られる[1]。

一切智を照らし出す一切智者たる聖者に辞儀してから，
初学者たちに利するべく，小品『行為実現要素の車輪』を私は語ろう。

サンスクリット語に頻出し，それゆえ初等文法の授業でおそらく最初に習うことが最も多い *a* 語幹男性名詞は，主格単数形で *-ḥ*，対格単数形で *-m* という音が語末に現れる。*aśva*（アシュヴァ）「馬」という *a* 語幹男性名詞を例にとれば，その主格単数形は *aśvaḥ*（アシュヴァハ）「馬は」，対格単数形は *aśvam*（アシュヴァム）「馬を」となる。このような頻出する形に囚われて，*-ḥ* ときたら主格形，*-m* ときたら対格形だと思い込んでしまうことが，初学者にはどうもあるらしい。しかしながら，単語によっては *-ḥ* ときても対格形だったり，*-m* ときても主格形だったりすることがあるので注意が必要だ。

155)　本書では「行為実現要素」（*kāraka*）が実体（*dravya*）なのか属性（*guṇa*）ないし能力（*śakti*）なのかという問題については触れていない。この問題については小川 2000: 533–547 を参照されたい。パーニニ文法学におけるカーラカ理論の概要については Cardona 1974b を見よ。

ある文献講読の時間に，文献中に出てきたある語の格形を学生に尋ねたときのこと。その語は *-m* で終わる形をしていた。この問題の語，文法上は中性名詞の主格単数形として解釈しないといけないにもかかわらず，果たして学生は対格単数形であると答えた。*-m* ときたら対格形，という意識が働いてしまったようである[2]。

この種の勘違いは，インド外の，しかも現代にあってサンスクリット語を学ぶ学生たちにのみ起こることではなかったらしい。そのことは，詩論家ヴィディヤーダラ（Vidyādhara 13 世紀〜14 世紀）と彼の作品に注釈書を著した学者マッリナータ（Mallinātha 14 世紀〜15 世紀）が残した言葉から判明する。

ヴィディヤーダラは詩論書『首飾り』（*Ekāvalī*）第 1 章第 2 詩節において，*-ḥ* ときたら主格形，*-ṃ*（子音が後続する *-m* に連声が適用された形）ときたら対格形だと理解する者たちを嘲笑っている。マッリナータによれば，そういう理解をする者たちは *payaḥ pibati*（パヤハ ピバティ）「水を（*payaḥ* 対格形）飲んでいる」の *payaḥ*（パヤハ）を主格形だと誤解し，*mukhaṃ śobhate*（ムカン ショーバテー）「顔が（*mukham* 主格形）輝いている」の *mukhaṃ*（ムカン）を対格形だと誤解してしまうという。そのような者たちをマッリナータは「学のない者」（*avyutpanna*）と呼んでいる[3]。インドの地で中世の時代にサンスクリット語を学んでいた生徒たちも，現代日本の学生たちと同じような誤りを犯していたのである。

学習過程にある初学者がさまざまな誤りを犯すのは致し方ないことではある。むしろ，何度も何度も間違って，先生から何度も何度も指導されていくことによって，少しずつ力をつけていくのである。そのような過程で脱落していく者もいるのだが。何とか食い止めたいものである。

1　KC（p. 101, lines 4–5）.
2　この話を紹介するにあたり，当該学生からその許可を得た。
3　Tarala（p. 11, line 20–p. 12, line 7）. 以上のヴィディヤーダラとマッリナータの議論は柴優人氏（広島大学大学院・日本学術振興会特別研究員 DC1）との『首飾り』読書会において情報を得たものであり，氏からは本コラムへの利用の許可をいただいた。

4　パーニニ文法における定動詞形の派生

a 語幹男性名詞の派生過程の説明は以上で終わりである。もちろんサンスクリット語には，*a* 語幹名詞に加えて *i* 語幹名詞や *u* 語幹名詞もあれば，男性名詞に加えて中性名詞や女性名詞もあるが，それらすべての名詞曲用形の派生過

程を本書で説明することはできない。*a* 語幹男性名詞の派生過程に対する説明を通じて，名詞形を派生させる際にパーニニ文法がどのように働くか，その基本的な枠組みを提示するのが本書の狙いである。

同じことはこれから扱う定動詞形の派生にも言える。定動詞形も名詞形と同様にさまざまな範疇を有するが，以下に扱うのは現在語幹直説法能動形である。

4.1　三人称単数現在形

現代の文法書類が記載する順番に従えば，一人称単数形の説明から入るのがふさわしいかもしれない。しかし，本書ではパーニニ文典の規則が動詞語尾を提示する順序に従って，三人称単数形から説明を始めたい。そこから三人称両数形，三人称複数形，二人称単数形…という順番で派生過程の実際を見ていきたいと思う。

4.1.1　動詞語基の設定と接辞の導入

名詞曲用形が名詞語基の後への名詞語尾の導入によって派生されるのと同様，定動詞形も動詞語基の後への動詞語尾の導入によって派生される。動詞語尾の導入先となる動詞語基は以下の名称規則によって規定されている。

> 規則 1.3.1 *bhūvādayo dhātavaḥ* ||
> *bhū*「なる，生ずる」などの項目は動詞語基と呼ばれる。

当該規則は，パーニニ文法において語の派生や文の派生の出発点となる「動詞語基」(*dhātu*) について規定している[156]。規則中の「*bhū*『なる，生ずる』などの項目」は，『動詞語基表』(☞§ 2.3) の中に挙げられる 2000 近くの動詞語基すべてを指示する。つまり当該規則は，『動詞語基表』に列挙された項目が「動詞語基」という名称を得ることを規定しているわけである[157]。このよ

156)　*dhātu* という語は「基礎的な要素」という意味合いを有する (Joshi and Roodbergen 1994: 2)。それが，派生の根本に位置する動詞語基に *dhātu* という語が適用されている理由かもしれない。『カーシカー注解』によれば，この「動詞語基」という名称それ自体は，パーニニ以前の文法学の師たちがすでに使用していたもの (*pūrvācāryasañjñā*) である (KV on A 1.3.1 [Vol. I, p. 51, line 4])。

うな動詞語基に接辞などが付加され，語形内や語形の間で音の代置が施されて，語や文が派生していく。『動詞語基表』に挙がる動詞語基は，まだ何の接辞も付されていない非派生語基（underived base）である。一方で，パーニニ文法では，一定の接辞が付された派生項目にも「動詞語基」という名称が付与される（規則 3.1.32）。それらは派生語基（derived base）である。たとえば規則 3.1.7 によって意欲活用の接辞 *saN* が動詞語基の後に導入されるとき，この「動詞語基 -*saN*」という全体もまた「動詞語基」と呼ばれる。

『動詞語基表』に挙がる第一の項目は *bhū* である。

bhū́ sattāyām ||

bhū は存在することを意味する。

sattāyām「存在することの意味で」という動詞語基の意味を説明する部分は後代の付加である（☞§ 2.3）。動詞語基 *bhū* はここで *bhū́* というように高アクセントを付された形で提示されている。これは，この動詞語基に後続する特定の接辞が加音 *iṬ* をとることを確保するためであるが[158]，本書には関係しないので立ち入らない。

以下ではこの動詞語基 *bhū* を使って定動詞形の派生過程に対する説明を行う。まず，派生の第一段階として動詞語基の後に種々の接辞が導入されることになるが，そのような接辞が「動詞語基の後に」導入されることは，以下の主題規則によって確立する。

規則 3.1.91 *dhātoḥ* ||

動詞語基の後に。

157)　「*bhū*『なる，生ずる』などの項目は」と訳した *bhūvādayaḥ* は，*bhū*- と -*ādayaḥ* の間に *v* 音が入り込んだ形をとっている。この *v* 音の目的は何か，それとも *bhūvādayaḥ* は *bhū-vādayaḥ*「生ずるもの（*bhū*）を表示する項目（*vādin*）」と区切るべきか，*bhū-vā-ādayaḥ*「*bhū* と *vā* などの項目」と区切るべきか，といった議論がパタンジャリによって展開されている。その全容については Ogawa 2005a を見よ。

158)　規則 7.2.35 を見られたい。

この主題規則が提示する項目 *dhātoḥ*「動詞語基の後に」は，これに続くパーニニ文典第3巻のすべてに読み込まれていくものであり，それらの規則が規定する接辞類が「動詞語基の後に」起こるものであることを約束する。*dhātoḥ* という奪格形が「〜の後で」を含意することは，すでに見た規則 3.1.2 による。動詞語基の後に導入される要素は，同じくすでに見た規則 3.1.1 によって「接辞」（*pratyaya*）という名称を得る。

4.1.2　*l* 接辞の導入と *l* 接辞が担う意味

三人称単数現在の形を派生するために，次の段階で動詞語基 *bhū* の後に現在接辞 *lĀṬ* が起こる。これは次の操作規則によって規定されている。

規則 3.2.123 *vartamāne laṭ* ||（← *pratyayaḥ* 3.1.1, *paraḥ* 3.1.2, *dhātoḥ* 3.1.91）
現在時に属するもの（行為）を表示する動詞語基の後に *lĀṬ* 接辞が起こる。

vartamāne「現在時に属するもの（行為）」という所格形は，意味領域を表すものであり，接辞の導入先となる動詞語基の表示する行為が，現在時に属するものであることを示す。すべての動詞語基は何らかの行為を表示するものである。

パーニニ文法学で言われる「行為」は，静的な行為（たとえば「人が座っている」），動的な行為（「人が走っている」），出来事（たとえば「木の葉が落ちる」）のすべてを含むものであるが，静的な行為と動的な行為をそれぞれ *bhāva* と *kriyā* と呼んで区別する場合もある。前者は運動のない（*aparispandana*）行為実現要素によって実現される行為であり，後者は運動を伴う（*saparispandana*）行為実現要素によって実現される行為である[159]。

パーニニは過去，現在，未来という時制について説明する規定を設けていない。この意味でパーニニの文法体系は「時制の説明を与えない文法学」（*akālakaṃ vyākaraṇam*）と言われる[160]。ヴェーダ祭儀書文献（ブラーフマナ）や綱要書類（スートラ）には過去時，現在時，未来時を指す用語として *bhūta*, *bhavat*,

159)　Ogawa 2005a: 159–161.
160)　Cardona 1976: 333, note 196.

bhaviṣyat という動詞語基 *bhū* の派生形が使用されるものがあるが，パーニニ文法ではこれらのうち *bhūta* と *bhaviṣyat* は引き継がれる一方，現在時を指示する用語としては動詞語基 *vṛt* から形成させる *vartamāna* が用いられる[161)]。*bhavat* と *vartamāna* がいずれも現在分詞である点は同じである。

その *vartamāna* が使用されている当該規則 3.2.123 は，何かしら現在時に属する行為を表示する動詞語基の後に *lÃṬ* という接辞が導入されることを規定している。この *lÃṬ* は，たとえば動詞語基 *bhū* の三人称単数現在形 *bhavati* における動詞語尾 *-ti* とは似ても似つかないが，パーニニ文法は定動詞形派生の第一段階に *lÃṬ* のような抽象的な要素をまず設定し，次の段階でそれらに動詞語尾を代置するという方法をとっている。

いかなる定動詞形を派生する場合にも動詞語基の後に最初に導入されるこれら抽象的な要素は，*l* 接辞（*lakāra*）と呼ばれる。それぞれの *l* 接辞には，たとえば当該の現在接辞 *lÃṬ* のように指標辞が付されているが，それらを欠いた形で単に *l* とパーニニ文典で言われる場合，それはすべての *l* 接辞を指示するものである[162)]。パーニニ文法が措定する *l* 接辞は以下の 10 種である。これらの導入によってそれぞれの範疇に属する定動詞形が最終的に派生される。( ) 内に示したのはそれぞれの *l* 接辞導入の一般規則である。

lÃṬ	現在接辞（規則 3.2.123）	*lÕṬ*	命令法接辞（規則 3.3.162）
lĨṬ	完了接辞（規則 3.2.115）	*lÃṄ*	未完了接辞（規則 3.2.111）
lŨṬ	複合未来接辞（規則 3.3.15）	*lĨṄ*	願望法接辞（規則 3.3.161）
lR̥̃Ṭ	単純未来接辞（規則 3.3.13）	*lŨṄ*	アオリスト接辞（規則 3.2.110）
lẼṬ	接続法接辞（規則 3.4.7）	*lR̥̃Ṅ*	条件法接辞（規則 3.3.139）

これら 10 種の接辞のうち，いま問題なのは *lÃṬ* 接辞である。末尾の *-Ṭ* は規則 1.3.3 によって指標辞である[163)]。間にある *-Ã-* は他の *l* 接辞（*lĨṬ*, *lŨṬ*, *lẼṬ*,

161)　Liebich 1919: 14.

162)　KV on A 3.4.69（Vol. I, p. 307, line 21）.

163)　この指標辞 *Ṭ* が果たす役割については，ジネーンドラブッディの説明（Nyāsa on KV to A 3.2. 123［Vol. II, p. 635, line 30］）および Devasthali 1967: 111 を見よ。

lŎṬ, *lṚ̃Ṭ*）と区別するために鼻母音化された指標辞であると同時に（規則 1.3.2）[164]，2 つの子音の間に挿入された発音用の母音としても機能していると考えられる。

l 接辞は，行為主体（*kartṛ*）または行為対象（*karman*）という行為実現要素，あるいは行為そのもの（*bhāva*）を表すために導入される。そのことは以下の規則によって規定されている。

規則 3.4.69 *laḥ karmaṇi ca bhāve cākarmakebhyaḥ* ||（← *pratyayaḥ* 3.1.1, *paraḥ* 3.1.2, *dhātoḥ* 3.1.91, *kartari* 3.4.67）

l 接辞は，行為主体に加えて，行為対象が表示されるべきときにも動詞語基の後に起こる。また *l* 接辞は，行為対象をもたない行為を表示する動詞語基の後では，行為主体に加えて，行為そのものが表示されるべきときにも起こる。

bhavati の派生に関係するのは後半部の規定「また *l* 接辞は，行為対象をもたない行為を表示する動詞語基の後では，行為主体に加えて，行為が表示されるべきときにも起こる」である。「〜になる，〜が生ずる」という行為を表示する動詞語基 *bhū* は「行為対象をもたない行為を表示する動詞語基」（*akarmaka*）である。一方で，たとえば「〜を煮る，〜を調理する」を意味する動詞語基 *pac* は「行為対象をもつ行為を表示する動詞語基」（*sakarmaka*）である。

当該規則 3.4.69 の後半部は，これらのうち動詞語基 *bhū* のような「行為対象をもたない行為を表示する動詞語基」の後で，*l* 接辞が行為主体または行為そのものを表示するために導入されることを教えている。ここでわれわれに必要なのは前者の意味である。

以上より，当該の *lÃṬ* 接辞は，現在時に属する行為を表示する動詞語基 *bhū* の後に，行為主体を表示するために導入されることになる。*lÃṬ* 接辞が行為主体を表示するということの意味については後に説明する（☞§ 4.1.4）。

「行為主体」は特定の行為実現要素に付与される名称の 1 つであり，次の規

164） Nyāsa on KV to A 3.2.123（Vol. II, p. 635, lines 30–31）.

則によって規定されている。

規則 1.4.54 *svatantraḥ kartā* ||（← *kārake* 1.4.23）
自主的な行為実現要素は行為主体と呼ばれる。

たとえば「デーヴァダッタが火を使って粥を鍋の中で煮ている」と言った場合，煮る行為の手段である火，煮る行為の対象である粥，煮る行為の場である鍋はデーヴァダッタがいない限り煮る行為に参与することができない点で，他に依存するもの（*paratantra*）である。対して，煮る行為の開始も停止も他に依存することなく自由に行えるデーヴァダッタは，自主的な者（*svatantra*）である。このように，他の行為実現要素を行為に参与させたり，そこから退かせたりすることができ，自らは自由に行為へ参与可能である行為実現要素が，行為主体である[165]。

4.1.3　動詞語尾の代置と名称

bhū-l（*lA̐Ṭ* → *lØØ*）となった段階で，*l* 接辞には動詞語尾が代置される。その代置操作は以下の規則 3.4.78 が規定している。

規則 3.4.78 *tiptasjhisipthasthamibvasmastātāñjhathāsāthāndhvamiḍvahimahiṅ* ||
（← *lasya* 3.4.77）
l 接辞に，*tiP*, *tas*, *JHi*, *siP*, *thas*, *tha*, *miP*, *vas*, *mas*, *ta*, *ātām*, *JHa*, *thās*, *āthām*, *dhvam*, *iṬ*, *vahi*, *mahiṄ* が代置される。

ここには能動語尾と中動語尾のすべてが挙げられており，それら代置要素としての動詞語尾をこの順番のまま表で提示すると以下のようになる。

165）パーニニ文法学における行為主体の概念については Ogawa 2007 を見よ。

表6　パーニニ文典が規定する順番に沿った能動語尾の表

	単数	両数	複数
三人称	*tiP*	*tas*	*JHi*
二人称	*siP*	*thas*	*tha*
一人称	*miP*	*vas*	*mas*

表7　パーニニ文典が規定する順番に沿った中動語尾の表

	単数	両数	複数
三人称	*ta*	*ātām*	*JHa*
二人称	*thās*	*āthām*	*dhvam*
一人称	*iṬ*	*vahi*	*mahiṄ*

このようにパーニニ文法では，われわれが現代の文法書で馴染んでいる「一人称，二人称，三人称」という順番ではなく「三人称，二人称，一人称」の順番で，動詞語尾が列挙されている。これをわれわれが親しんでいる順番に変えると，以下のようになる。

表8　一人称と三人称を入れ替えた能動語尾の表

	単数	両数	複数
一人称	*miP*	*vas*	*mas*
二人称	*siP*	*thas*	*tha*
三人称	*tiP*	*tas*	*JHi*

表9　一人称と三人称を入れ替えた中動語尾の表

	単数	両数	複数
一人称	*iṬ*	*vahi*	*mahiṄ*
二人称	*thās*	*āthām*	*dhvam*
三人称	*ta*	*ātām*	*JHa*

規則 3.4.78 に提示された *l* 接辞の代置要素としての動詞語尾のうち，最初の9つ（*tiP* から *mas* まで）は以下の名称規則によって「能動語尾」（*parasmaipada*「他者のための語」）という呼称を獲得する。

規則 1.4.99 *laḥ parasmaipadam* ||
l 接辞の代置要素は能動語尾と呼ばれる。

さらに，続く規則によって，動詞語尾のうち残りの9つ（*ta* から *mahiṄ* まで）には「中動語尾」（*ātmanepada*「自己のための語」）という名称が適用される。

規則 1.4.100 *taṅānāv ātmanepadam* ||（← *laḥ* 1.4.99）
l 接辞の代置要素である *taṄ*（*ta*, *ātām*, *JHa*, *thās*, *āthām*, *dhvam*, *iṬ*, *vahi*, *mahiṄ*）および *ŚānaC* と *KānaC* は中動語尾と呼ばれる。

ŚānaC と *KānaC* はここでは関係ない。*taṄ*（*ta*, *ātām*, *jha*, *thās*, *āthām*, *dhvam*, *iṬ*, *vahi*, *mahiṄ*）は，規則 3.4.78 に列挙される動詞語尾のうち，途中の *ta* から最後の *mahiṄ* の指標辞 -*Ṅ* をとって構成された短縮記号であり，その間に含まれるすべての語尾を指示することができる。もし，*tiṄ* と言われれば，それは最初の *tiP* の *ti*- の部分と最後の *mahiṄ* の -*Ṅ* をもって構成された短縮記号であり，規則 3.4.78 に提示されたすべての動詞語尾を指す（☞§ 3.1.4, § 3.2.3）。

ここで，「中動語尾」という名称の適用問題について説明しておかなくてはならない。上掲の規則 1.4.99 は文字通りにはすべての動詞語尾が「能動語尾」と呼ばれることを規定し，続く規則 1.4.100 は，それら動詞語尾のうち *taṄ* によって指示される語尾は「中動語尾」と呼ばれることを規定している。これら2規則だけを考慮に入れるならば，*taṄ* が指示する語尾は「能動語尾」と「中動語尾」という2つの名称を得ることになる。しかし実際には，短縮記号 *taṄ* が指示する語尾に対してこのような2つの名称の同時適用（*sañjñāsamāveśa*）は許されない。もし許されてしまえば，たとえば§ 4.1.4 に引用する規則 1.3.78 の規定「能動語尾が起こる」によってすべての動詞語尾が導入可能となり，能動語尾と中動語尾をそれぞれ選択して導入することが不可能となる。当該の短縮記号 *taṄ* が指示する語尾には規則 1.4.99 の規定は適用されず，規則 1.4.100 の規定だけが適用される。その結果，短縮記号 *taṄ* が指示する語尾は「中動語尾」という名称のみを獲得し，それ以外の動詞語尾が「能動語尾」と呼ばれることになる。このようにして，上の表で提示したような能動語尾と中動語尾の住み分けが達成される。

短縮記号 *taṄ* が指示する動詞語尾には 1 つだけの名称が適用されることは，以下の 2 つの解釈規則によって確立する。

規則 1.4.1 *ā kaḍārād ekā sañjñā* ||
kaḍāra（規則 2.2.38）まで，1 つの名称だけが適用される。

規則 1.4.2 *vipratiṣedhe paraṅ kāryam* ||
互いに対立するとき，後方の文法操作が適用される。

第一の規則は，この規則 1.4.1 以降，複合語形成規則が終了する規則 2.2.38 に至るまで，いかなる言語項目にも名称（*sañjñā*）は 1 つだけが適用されることを規定している。すなわち，何らかの言語項目が 2 つ以上の名称を得ることは許されない。もし何らかの言語項目に対して 2 つの名称規則の文法操作，すなわち名称付与という文法操作が適用可能である状況が生まれた場合，順番の点でより後に定式化されている規則の規定する操作が優先的に適用されることになる。これは第二の規則 1.4.2 が定めるところである。かくして，規則 1.4.99 と規則 1.4.100 という 2 規則の規定する名称付与が同時に適用可能な *taṄ* 語尾には，後続する規則 1.4.100 の規定する名称付与のみが適用される。

言語項目には 1 つだけの名称が与えられることを規定する規則 1.4.1 から，その規定内容の支配下にある規則 2.2.38 までの規則群は，「単一名称部門」（*ekasañjñādhikāra*）と呼ばれる。規則 1.4.1 の直後に規則 1.4.2 が配置されていることから，後続規則の文法操作の優先性を規定するこの規則 1.4.2 の有効範囲は「単一名称部門」内に限られると考えるのが，パーニニの意図には沿うと思われる[166)]。一方で，パーニニ文法家たちはこの規則 1.4.2 の有効範囲をパーニニ文典全体に拡張している[167)]。

すでに触れたように，1 つの言語項目に 2 つ以上の名称が付与されることを「名称の同時適用」（*sañjñāsamāveśa*）と言う。上記の「単一名称部門」をなす規

166） Cardona 1997: 67 もそのような仕方で規則 1.4.2 に説明を与えている。
167） Cardona 1997: 427.

則 1.4.1 から規則 2.2.38 の範囲内では，このような複数の名称の同時適用は禁止されるが，この範囲外では許容される[168]。たとえば名詞語基 *rāma* を派生する際に導入される *GHaÑ* は規則 3.1.1 によって「接辞」(*pratyaya*) という名称で呼ばれ，同時に規則 3.1.93 によって「第一次接辞」(*kr̥t*) という名称でも呼ばれる（☞§ 5.1）。

4. 1. 4　三人称単数語尾の選択

先に引用した規則 3.4.78 は *l* 接辞に対してすべての動詞語尾が代置されることを述べるのみである。名詞語尾の場合と同様，他の規則によって動詞語尾を絞り込む必要がある。われわれが今ほしいのは三人称単数の能動語尾 *tiP* である。それを選択するために，能動語尾と中動語尾の選択規則，数の点での選択規則，そして人称の点での選択規則が働くことになる。これらはすべて，計 18 ある動詞語尾から適切な語尾を選択するための制限規則としての性格を有する。

まず，能動語尾と中動語尾の導入については規則 1.3.12 から規則 1.3.93 までに規定されている[169]。そのうち，能動語尾の導入を一般的に規定するのは次の規則である。

規則 1.3.78 *śeṣāt kartari parasmaipadam* ||
行為主体が表示されるべきとき，残余の動詞語基の後に能動語尾が起こる。

ここで言われる「残余の動詞語基」とは，規則 1.3.12 から規則 1.3.77 までの規定において中動語尾の導入対象となっていない動詞語基のことである。つまり，規則 1.3.12 から規則 1.3.77 の規定にあてはまらない動詞語基の後には，当該規則により能動語尾が導入されることになる。「残余の動詞語基の後に」というように「～の後に」という意味が読み込まれるのは，規則 1.1.67 による。

「行為主体が表示されるべきとき」(*kartari*) という条件は，われわれの例で言えば *bhū-l* における *lAṬ* 接辞が行為主体という意味を担うとき，その行為主

168)　Cardona 1970: 43.
169)　キャット・川村 2023: e157–e226 にて日本語による訳注を見ることができる。

体という意味を引き継ぐものとして代置要素である能動語尾が起こることを示している。一般に，原要素（ここでは *lAṬ* 接辞）がもっている性質は代置要素（ここでは能動語尾）に継承される。これによって，たとえば三人称単数の現在形 *bhavati* における動詞語尾 *-ti* は，この定動詞形が表示する行為の主体となっている者／モノを行為主体として表示することができる。*bhavati* という定動詞形だけでたとえば「それが生ずる」などと訳せるのはそのためである。もしそこに，たとえば *rāmo bhavati*「ラーマが〜になる，生じる」のように主格形 *rāmaḥ* がある場合，*bhavati* の *-ti* は「ラーマ」を行為主体として表示し，*rāmaḥ* の *-ḥ*（← *-s*）という第一格語尾は，その行為の主体となっている人物たる「ラーマ」という意味を伝えるためだけに導入されたものである（規則 2.3.46）。

これで能動語尾の選択が完了した。上に出した表で言うと，表 6 の段階にまで絞り込まれたことになる。次に数の点での選択規則を見よう。

規則 1.4.102 *tāny ekavacanadvivacanabahuvacanāny ekaśaḥ* ||
それら（能動語尾と中動語尾の 3 つ組）はそれぞれ単数語尾，両数語尾，複数語尾と呼ばれる。

規則 1.4.22 *dvyekayor dvivacanaikavacane* ||
両数または単数という数が表示されるべきとき，両数語尾と単数語尾が起こる。

規則 1.4.102 は名称規則であり，規則 3.4.78 で列挙された能動語尾と中動語尾のそれぞれ 3 つずつ（表 6 と表 7 を縦向きに見た場合の 3 つずつ）が「単数語尾」（*ekavacana*），「両数語尾」（*dvivacana*），「複数語尾」（*bahuvacana*）と呼ばれることを規定している。それぞれ 3 つずつが順番通りにそれぞれの名称を得ることは，順番対応の原則を定める規則 1.3.10 による。次の規則 1.4.22 については確認済みである。この規則によって，行為主体の数に合わせた語尾の導入がなされる。*bhavati* の派生に必要なのは，単数語尾である。

ここまでの過程で，*lAṬ* 接辞に代置される動詞語尾は，能動の単数語尾 *tiP*（三人称），*siP*（二人称），*miP*（一人称）まで絞り込まれた。後は人称の点での選択規則だけである。

規則 1.4.101 *tiṅas trīṇi trīṇi prathamamadhyamottamāḥ* |（← *parasmaipadam* 1.4.99 *ātmanepadam* 1.4.100）

動詞語尾のうち能動語尾と中動語尾の 3 つ組は，それぞれ三人称語尾，二人称語尾，一人称語尾と呼ばれる。

規則 1.4.108 *śeṣe prathamaḥ* ||

残余の場合（*l* 接辞と指示対象を同じくする一人称代名詞と二人称代名詞以外のものが共起語として使用されていようといまいと），三人称語尾が起こる。

規則 1.4.101 は名称規則であり，規則 3.4.78 で列挙された能動語尾と中動語尾のそれぞれ 3 つずつ（表 6 と表 7 を横向きに見た場合の 3 つずつ）が「三人称語尾」（*prathama*）[170]，「二人称語尾」（*madhyama*），「一人称語尾」（*uttama*）と呼ばれることを規定している。それぞれ 3 つずつが順番通りにそれぞれの名称を得ることは，順番対応の原則を定める規則 1.3.10 による。

次の規則 1.4.108 によって，これら 3 種の語尾の中から三人称語尾が選択される。規則 1.4.108 の言う「共起語」（*upapada*）とは，派生される定動詞形と共に使用される語のことであり，上で挙げた例 *rāmo bhavati*「ラーマが〜になる，生じる」で言えば，*rāmaḥ* がそれに当たる。当該規則において *upapada* という語は，規則 3.1.92 で規定される専門的な意味とは異なる一般的な意味「何かと共に使用される語，共起する語」で使用されている点に注意されたい。『カーシカー注解』は同語の一般的な意味を「近くて聞かれている別の語」（*samīpe śrūyamāṇaṃ śabdāntaram*）と説明している[171]。

一人称代名詞でも二人称代名詞でもない共起語が実際に使用されるか，ある

170) 現代の用語で言えば「三人称語尾」に当たるものが *prathama*「第一のもの（第三のものではなく）」と呼ばれるのは，それが規則 3.4.78 で能動語尾と中動語尾の最初に提示される 3 つ組だからである。本書では混乱を招かぬよう「三人称語尾」とする。

171) KV on A 1.3.77 (Vol. I, p. 70, line 3). 規則 3.1.92 が規定する *upapada* という語の専門的な意味は「規則 3.1.91 の支配下規則にて第七格語尾でもって提示されている項目」である（KV on A 3.1.92［Vol. I, p. 196, line 19］）。Cf. 川村 2017b: 249–250.

いは使用可能ではあるが実際には使用されていないという条件下で[172]，三人称語尾が選択される。共起語が使用される場合には *rāmo bhavati* となり，共起語 *rāmaḥ* の指示対象と *bhavati* における *lAṬ* 接辞（*-ti* によって代置されている）の指示対象は同じ，ラーマと言う名の行為主体である。共起語 *rāmaḥ* は行為の主体を「ラーマ」として表示し，*lAṬ* 接辞（*-ti*）は「ラーマ」を行為の主体として表示している。これが同一対象の指示（*sāmānādhikaraṇya*）と呼ばれるものである[173]。このように *lAṬ* 接辞（*-ti*）と同一の対象を指示する *rāmaḥ* などの共起語が使用可能ではあるが，もし実際には使用されないとすれば，*bhavati*「*x* は〜になる，生ずる」となる。*lAṬ* 接辞（*-ti*）の存在により行為の主体がそこにいることはわかるが，この場合にはそれが誰であるかは特定されない。共起語が実際にあろうがなかろうが，規則 1.4.108 によって三人称語尾の導入が許される。

以上の諸規則が働くことによって，*lAṬ* 接辞に対する代置要素として，三人称単数能動語尾 *tiP* が選択される。*tiP* の末尾の子音 *-P* は規則 1.3.3 によって指標辞である。その目的は，この動詞語尾の母音 *-i-* を低アクセント母音とすることにある（規則 3.1.4）。

4.1.5　語幹形成接辞の導入

規則 3.4.78 によって *l* 接辞への代置が規定されている動詞語尾は次の名称規則によって「全動詞接辞」（*sārvadhātuka*「動詞語基の全体と関わるもの」）という呼称を得る。

---

172)　この「使用可能なもの，生起可能なもの」（*sthānin*）や「使用可能性，生起可能性」（*prasaṅga*）という概念については岩崎 2005 が詳しい。

173)　『カーシカー注解』は「異なる適用根拠を有する言葉が同じ対象に対して適用されることが，同一対象の指示である」（*bhinnapravṛttinimittasya śabdasyaikasminn arthe vṛttiḥ sāmānādhikaraṇyam*）と説明している（KV on A 2.1.49 [Vol. I, p. 112, lines 15–16]）。「青い蓮」（*nīlam utpalam*）という表現を例にとろう。ここで，*nīla*「青いもの」と *utpala*「蓮」は同じ 1 つの対象を指示している。前者はこの対象が有する「青性」という性質を根拠として適用される語，後者はその同じ対象が有する「蓮性」という性質を根拠として適用される語である。このように，異なる適用根拠を有する 2 つの異なる語が同じ 1 つの対象を指示することが，「同一対象の指示」と言われる。

規則 3.4.113 *tiṅśit sārvadhātukam* ||（← *pratyayaḥ* 3.1.1）
動詞語尾および指標辞 *Ś* を有する接辞は全動詞接辞と呼ばれる。

bhū-ti（*tiP* → *ti*Ø）となった段階で，全動詞接辞であり，かつ行為主体を表示する *ti* の後続を根拠として，動詞語基 *bhū* の後に *ŚaP* 接辞が導入され，*bhū-a-ti*（*ŚaP* → Ø*a*Ø）となる。この接辞導入は次の操作規則による。

規則 3.1.68 *kartari śap* ||（← *pratyayaḥ* 3.1.1, *paraḥ* 3.1.2, *dhātoḥ* 3.1.22, *sārvadhātuke* 3.1.67）
行為主体を表示する全動詞接辞の前で，動詞語基の後に *ŚaP* 接辞が起こる。

kartari sārvadhātuke「行為主体を表示する全動詞接辞の前で」において「～の前で」という意味が設定されるのは，規則 1.1.66 による。

当該規則 3.1.68 が導入を規定する接辞 *ŚaP* は現在語幹を形成する接辞の 1 つである。このような語幹形成接辞はそれぞれ異なる動詞語幹をもたらすものとして，「区分するもの」（*vikaraṇa*）と呼ばれる[174)]。どのような語幹形成接辞が導入され，どのような現在語幹が形成されるかによって，パーニニ文法では動詞語基が 10 種にわけられている[175)]。動詞語基 *bhū* は第一類（*bhvādi*「*bhū* 群」）に属するものである。*ŚaP* 接辞の *Ś-* と *-P* はそれぞれ規則 1.3.8 と規則 1.3.3 により指標辞である。*ŚaP* 接辞は指標辞 *Ś* を伴うことによって「全動詞接辞」という名称を獲得し（規則 3.4.113），指標辞 *P* を伴うことによってその母音は低アクセント母音となる（規則 3.1.4）。上に示したように，*l* 接辞の導入 → 動詞語尾による代置 → 語幹形成接辞の導入という順序が，パーニニ文法学の伝統において設定されている派生順序である[176)]。

この現在語幹形成接辞と定動詞語尾を動詞語基に付した段階の形を表で示せ

174)　通常，パーニニ文法学においてこの種の接辞は何らかの意味を担う要素とは見なされないが（Palsule 1991: 283–284），パーニニ以前の文法学者の中には，*l* 接辞ではなくこれら語幹形成接辞の方が行為主体・行為対象・行為自体を表示する役割を担うと考える者がいたようである（Palsule 1991: 284–286）。

175)　Cardona 1997: 100–102 を見よ。

ば以下の通りである。

表 10　動詞語基 *bhū* に語幹形成接辞と動詞語尾を付した形

	単数	両数	複数
一人称	*bhū-a-mi*	*bhū-a-vas*	*bhū-a-mas*
二人称	*bhū-a-si*	*bhū-a-thas*	*bhū-a-tha*
三人称	*bhū-a-ti*	*bhū-a-tas*	*bhū-a-JHi*

4.1.6　*o* 音と *av* 音の代置

bhū-a-ti となった段階で，*bhū* の -*ū* に従属音 *o* が代置されて，*bho-a-ti* となる。この代置操作は次の規則によって規定されている。

規則 7.3.84 *sārvadhātukārdhadhātukayoḥ* ||（← *aṅgasya* 6.4.1, *guṇaḥ* 7.3.82）
全動詞接辞または半動詞接辞の前で，*iK*（*i/ī, u/ū, ṛ/ṝ, ḷ*）で終わる接辞前語基の最終音に従属音（*a, e, o*）が代置される。

ここで，「半動詞接辞」（*ārdhadhātuka*「動詞語基の半分と関わるもの」）は当該の事例には関係ないのでおいておく[177)]。

iK「*iK*（*i/ī, u/ū, ṛ/ṝ, ḷ*）で終わる」の *iK* は『音素表』の第 1 列目の途中にある *i* と第 2 列目の最後にある指標辞 *K* を用いて構成された短縮記号であり，その間に含まれる音のすべて（*i/ī, u/ū, ṛ/ṝ, ḷ*）を指す（☞§ 3.1.4, § 3.2.3）。「〜で終わる」という意味が「*iK* で終わる」に含まれるのは規則 1.1.72 による。

---

176)　一方，Scharf 2013 は望ましい位置に高アクセントを付与するための原理がより簡潔になるという点から，語幹形成接辞の導入が動詞語尾の代置よりも先に起こるという考えを提案している（実際そのような見解は文法学文献にも認められる［Palsule 1991: 286］）。その場合，語幹形成接辞の導入を規定する規則に現れる *sārvadhātuke* などの所格形の第七格語尾は，後続を表す第七格語尾（*parasaptamī*）ではなく（「全動詞接辞の前で／全動詞接辞が後続するとき」），領域を表す第七格語尾（*viṣayasaptamī*）として解されることになる（「全動詞接辞の領域で／全動詞接辞が起こることになる場合」）。本書ではパーニニ文法学の伝統に従って，語幹形成接辞の導入を動詞語尾の代置の後に設定している。

177)　本来，「全動詞接辞」と「半動詞接辞」という用語は，あらゆる（＝大部分の）動詞語基の後に導入されることになる接辞，半分の（＝ある一定の限られた）動詞語基の後に導入される接辞をそれぞれ指す名称であったのかもしれない（cf. Abhyankar and Shukla 1977: 65）。

この「*iK* で終わる」を表す *ik* という項目は，次の規則によって当該規則 7.3.84 の解釈に考慮されることになるものである。

規則 1.1.3 *iko guṇavṛddhī* ||
従属音（*a*, *e*, *o*）および増大音（*ā*, *ai*, *au*）は *iK*（*i*/*ī*, *u*/*ū*, *ṛ*/*ṝ*, *ḷ*）に代置される。

この規則は，従属音と増大音による代置がパーニニ文典内で規定される場合，その代置操作の対象は *iK* であることを規定している。当該規則は，代置の対象となる原要素が規則によって特定されていないときに働き，代置の対象を知らしめる役割を果たす。したがって，規則によって代置の対象が指定されているときには働かない。また，規則において「従属音」や「増大音」という名称が使用されていないときにも働かない[178)]。上に挙げた代置規則 7.3.84 には「従属音」という名称が読み込まれ，かつその代置要素たる従属音が何に代置されるかが特定されていない。このような場合に当該規則 1.1.3 が機能して，その代置対象を *iK* に特定する。従属音が代置されることを規定できるように，規則 7.3.84 に *ik* という項目が読み込まれることになるのである。別の言い方をすれば，当該の文脈で規則 1.3.3 は，「*iK* で終わる接辞前語基」に対してのみ規則 7.3.84 が適用されることを教えることになる。

bhū の -*ū* に代置される従属音（*a*, *e*, *o*）として *o* が選ばれるのは，それが調音位置の点で *ū* 音に最も近似する音だからである（規則 1.1.50）。すなわち，原要素 *ū* の調音位置は唇，代置要素 *a*, *e*, *o* の調音位置はそれぞれ喉，喉と硬口蓋，喉と唇である。従属音のうち，*ū* 音と同じ唇という調音位置を有しているのは *o* 音だけである。

bho-a-ti となった段階で，*bho* の -*o* に *av* が代置されて三人称単数現在形 *bhavati* が派生する。この代置操作は次の規則による。

規則 6.1.78 *eco 'yavāyāvaḥ* ||（← *saṃhitāyām* 6.1.72, *aci* 6.1.77）
連接の領域において，母音の前で *eC*（*e*, *o*, *ai*, *au*）に *ay*, *av*, *āy*, *āv* が代置

178)　Cardona 2004: 121.

される。

この規則についてはすでに見ている。*bhavati* の派生の流れを規則とともに簡潔に示せば以下の通りである。

DhP I.1: *bhū́ sattāyām*（規則 1.3.1）

bhū-l［*lÃṬ* → *lØØ*］（規則 1.3.9, 3.2.123, 3.4.69）

bhū-ti［*tiP* → *tiØ*］（規則 1.3.9, 1.3.78, 1.4.22, 1.4.108, 3.4.78）

bhū-a-ti［*ŚaP* → *ØaØ*］（規則 1.3.9, 3.1.68）

bho-a-ti（規則 7.3.84）

bhav-a-ti（規則 6.1.78）

bhavati

4.2　三人称両数現在形

三人称両数現在形 *bhavataḥ*「2 人の *x* が〜になる，生ずる」の派生過程の要点は三人称単数形 *bhavati*「*x* が〜になる，生ずる」と同じである。異なるのは *lÃṬ* 接辞に代置される動詞語尾が三人称両数語尾 *tas* である点と，この *tas* の -*s* が規則 8.2.66 によって *rŨ* に，この *r*（*rŨ* → *rØ*）が規則 8.3.15 によって *ḥ* に代置される点である。規則 8.2.66 と規則 8.3.15 については説明済みである。

DhP I.1: *bhū́ sattāyām*（規則 1.3.1）

bhū-l［*lÃṬ* → *lØØ*］（規則 1.3.9, 3.2.123, 3.4.69）

bhū-tas（規則 1.3.78, 1.4.22, 1.4.108, 3.4.78）

bhū-a-tas［*ŚaP* → *ØaØ*］（規則 1.3.9, 3.1.68）

bho-a-tas（規則 7.3.84）

bhav-a-tas（規則 6.1.78）

bhav-a-tar［*rŨ* → *rØ*］（規則 1.3.9, 8.2.66）

bhav-a-taḥ（規則 8.3.15）

bhavataḥ

4.3　三人称複数現在形

続いて三人称複数現在形 *bhavanti*「複数の *x* が〜になる，生ずる」の説明に移る。

4.3.1　*l* 接辞の導入と *JHi* による代置

まず，規則 3.2.123 によって動詞語基 *bhū* の後に現在接辞 *lAṬ* が導入されること，その *lAṬ* 接辞には規則 3.4.78 によって動詞語尾が代置されることは，三人称単数形 *bhavati* の場合と同じである。

bhavanti を派生させる場合，*l* 接辞に代置される動詞語尾としては能動の三人称複数語尾 *JHi* が選択される。規則 1.3.78 による能動語尾の選択，規則 1.4.108 による三人称語尾の選択については三人称単数形 *bhavati* の場合と同じであるが，複数語尾の選択のために働くのは，*bhavati* の場合とは違って次の規則 1.4.21 である。

> 規則 1.4.21 *bahuṣu bahuvacanam* ||
> 複数という数が表示されるべきとき，複数接辞が起こる。

この規則の要点は規則 1.4.22 と同じである。

JHi における冒頭の子音 *JH-* は規則 1.3.7 により指標辞である。通常，指標辞は規則 1.3.9 によってゼロ化されるが，この *JH-* はゼロ化されずに残り，以下で見る規則 7.1.3 によって *ant-* が代置される。ゼロ化されてしまっては規則 7.1.3 が適用できなくなり，規則 7.1.3 が無意味となるため，当該の指標辞 *JH* のゼロ化は例外的に起こらないのである。パーニニ文法では，このように指標辞であっても単純にゼロ化されるわけではない要素もある。

4.3.2　*ŚaP* の導入

以上によって *bhū-JHi* となった段階で，規則 3.1.68 によって語幹形成接辞 *ŚaP* が *bhū* の後に導入される。この規則についても三人称単数現在形 *bhavati* の派生のときに見ている。かくして *bhū-a-JHi*（*ŚaP* → Ø*a*Ø）となる。

4.3.3　*o* 音と *av* 音の代置

bhū-a-JHi となった段階で，*bhū* の *-ū* に従属音 *o* が代置されて，*bho-a-JHi* となる。続いて，*bho* の *-o* に *av* が代置されて，*bhav-a-JHi* となる。それぞれの代置操作は以下の規則による。いずれも確認済みの規則である。

> 規則 7.3.84 *sārvadhātukārdhadhātukayoḥ* ||（← *aṅgasya* 6.4.1，*guṇaḥ* 7.3.82）
> 全動詞接辞または半動詞接辞の前で，*iK*（*i/ī, u/ū, ṛ/ṝ, ḷ*）で終わる接辞前語基の最終音に従属音（*a*, *e*, *o*）が代置される。

> 規則 6.1.78 *eco 'yavāyāvaḥ* ||（← *saṃhitāyām* 6.1.72，*aci* 6.1.77）
> 連接の領域において，母音の前で *eC*（*e*, *o*, *ai*, *au*）に *ay*, *av*, *āy*, *āv* が代置される。

4.3.4　*JH* に対する *ant* 音の代置

bhav-a-JHi となった段階で，*JHi* の *JH-* に *ant* 音が代置されて，*bhav-a-anti* となる。この代置操作は次の規則による。

> 規則 7.1.3 *jho 'ntaḥ* ||（← *pratyaya-* 7.1.2）
> 接辞の部分である *jh* 全体に *ant* が代置される。

この規則は，*l* 接辞に *JHi* が代置された後，当該の段階になって適用される[179]。代置要素 *ant* は複数の音素からなるものなので，規則 1.1.55 により原要素 *JH-* の全体に取って代わる。規則中でこの代置要素 *ant* は *anta̱-* という語基をもって指示されている。最後の *-a-* 音は当該の代置要素の発音を可能あるいは容易とするために（*uccāraṇārtha*）付されているものである[180]。

4.3.5　*a* 音の代置

bhav-a-anti となった段階で，先行する語幹形成接辞 *a* と，それに直接後続す

---

179)　BM on SK 2169（Vol. III, p. 16, lines 11–12）.

180)　BM on SK 2169（Vol. III, p. 16, line 13）.

る動詞語尾 *anti* の *a-* の両者に，後続音である *a* が代置されて，三人称複数現在形 *bhavanti* が派生される。この代置操作は次の規則による。

規則 6.1.97 *ato guṇe* ||（← *saṃhitāyām* 6.1.72，*ekaḥ pūrvaparayoḥ* 6.1.84，*pararūpam* 6.1.94，*apadāntāt* 6.1.96）

連接の領域で，屈折形の最終音ではない *a* 音の後に従属音（*a*，*e*，*o*）が続くとき，先行音と後続音に後続音が唯一代置される。

ここで，語幹形成接辞 *a* は屈折形の最終音ではない。その *a* に動詞語尾 *anti* の *a-* が直接後続しており，この *a* 音は従属音の 1 つである。このような条件下で，これら 2 つの *a* 音には後続の *a* 音が唯一代置される。

三人称複数現在形 *bhavanti* の派生の流れを規則とともに簡潔に示せば以下の通りである。

DhP I.1: *bhū́ sattāyām*（規則 1.3.1）

bhū-l［*lÃṬ* → *lØØ*］（規則 1.3.9，3.2.123，3.4.69）

bhū-JHi（規則 1.3.78，1.4.21，1.4.108，3.4.78）

bhū-a-JHi［*ŚaP* → *ØaØ*］（規則 1.3.9，3.1.68）

bho-a-JHi（規則 7.3.84）

bhav-a-JHi（規則 6.1.78）

bhav-a-anti（規則 7.1.3）

bhav-anti（規則 6.1.97）

bhavanti

4.4　二人称単数現在形

二人称単数現在形 *bhavasi*「お前は～になる，生じる」の派生の要点は，三人称単数現在形 *bhavati*「*x* は～になる，生じる」と同じである。1 つ異なるのは，人称語尾の選択規則が，*bhavati* の場合には規則 1.4.108 であったのに対し，*bhavasi* の場合には次の規則 1.4.105 である点である。

規則 1.4.105 *yuṣmady upapade samānādhikaraṇe sthāniny api madhyamaḥ* ||
l 接辞と指示対象を同じくする二人称代名詞が共起語として使用されていようといまいと，二人称語尾が起こる。

この規則の要点は規則 1.4.108 と同じであるが，規定される共起語が「残余のもの」（*śeṣa*）ではなく「二人称代名詞」（*yuṣmad*）である点が異なる。*tvaṃ bhavasi*「お前は〜になる，生じる」で言えば，*tvam*「お前」が二人称代名詞としての共起語に当たる。このように二人称代名詞としての共起語が実際に使用されるか，あるいは使用可能ではあるが実際には使用されていないという条件下で，二人称語尾が選択がされる。共起語が使用される場合には *tvaṃ bhavasi* となり，共起語 *tvam* の指示対象と *bhavasi* における *lÃṬ* 接辞（*-si* によって代置されている）の指示対象は同じである。共起語 *tvam* は行為の主体を「お前」として表示し，*lÃṬ* 接辞（*-si*）は「お前」を行為の主体として表示している。このように *lÃṬ* 接辞（*-si*）と同一の対象を指示する *tvam* などの共起語が使用可能ではあるが，実際には使用されないとすれば，*bhavasi*「お前は〜になる，生ずる」となる。*bhavasi* だけで行為主体は「お前」であることが伝わるので，もし *tvam*「お前は」という語が使用されているならば，そこには何か付加的な意味合いが認められることが少なくない。

二人称単数現在形 *bhavasi* の派生を規則とともに簡潔に示せば以下の通りである。

DhP I.1: *bhū́ sattāyām*（規則 1.3.1）
bhū-l［*lÃṬ* → *lØØ*］（規則 1.3.9, 3.2.123, 3.4.69）
bhū-si［*siP* → *siØ*］（規則 1.3.9, 1.3.78, 1.4.22, 1.4.105, 3.4.78）
bhū-a-si［*ŚaP* → *ØaØ*］（規則 1.3.9, 3.1.68）
bho-a-si（規則 7.3.84）
bhav-a-si（規則 6.1.78）
bhavasi

4.5　二人称両数現在形

二人称両数現在形 *bhavathaḥ*「お前たち 2 人は〜になる，生じる」の派生の要点は，三人称両数現在形 *bhavataḥ*「2 人の *x* は〜になる，生じる」と同じである。1 つ異なるのは，人称語尾の選択規則が，*bhavataḥ* の場合には規則 1.4.108 であったのに対し，*bhavathaḥ* の場合には規則 1.4.105 である点である。この規則についてもすでに見ている。

DhP I.1: *bhū́ sattāyām*（規則 1.3.1）
bhū-l［*lÃṬ* → *lØØ*］（規則 1.3.9，3.2.123，3.4.69）
bhū-thas（規則 1.3.78，1.4.22，1.4.105，3.4.78）
bhū-a-thas［*ŚaP* → *ØaØ*］（規則 1.3.9，3.1.68）
bho-a-thas（規則 7.3.84）
bhav-a-thas（規則 6.1.78）
bhav-a-thar［*rŨ* → *rØ*］（規則 1.3.9，8.2.66）
bhav-a-thaḥ（規則 8.3.15）
bhavathaḥ

4.6　二人称複数現在形

二人称複数現在形 *bhavatha*「複数のお前たちは〜になる，生じる」の派生の要点は，三人称両数形 *bhavataḥ*「2 人の *x* は〜になる，生じる」と同じである。異なるのは，数の点での選択規則と人称の点での選択規則が，*bhavataḥ* の場合には規則 1.4.22 と規則 1.4.108 であったのに対し，*bhavatha* の場合には規則 1.4.21 と規則 1.4.105 である点である。これら 2 規則についてもすでに見ている。

DhP I.1: *bhū́ sattāyām*（規則 1.3.1）
bhū-l［*lÃṬ* → *lØØ*］（規則 1.3.9，3.2.123，3.4.69）
bhū-tha（規則 1.3.78，1.4.21，1.4.105，3.4.78）
bhū-a-tha［*ŚaP* → *ØaØ*］（規則 1.3.9，3.1.68）
bho-a-tha（規則 7.3.84）
bhav-a-tha（規則 6.1.78）

bhavatha

4.7　一人称単数現在形

一人称単数現在形 *bhavāmi*「私は〜になる，生じる」の派生の要点は，三人称単数現在形 *bhavati*「*x* は〜になる，生じる」と同じである。関わる規則で異なるのは 2 つである。1 つは，人称語尾の選択規則が *bhavati* の場合には規則 1.4.108 であるのに対して，*bhavāmi* の場合には以下の規則 1.4.107 である点である。

規則 1.4.107 *asmady uttamaḥ* ||（← *upapade samānādhikaraṇe sthāniny api* 1.4.105）
l 接辞と指示対象を同じくする一人称代名詞が共起語として使用されていようといまいと，一人称語尾が起こる。

この規則の要点はすでに見た規則 1.4.108 や規則 1.4.105 と同じであるので，繰り返さない。

三人称現在単数形 *bhavati* の場合ともう 1 つ異なるのは，*bhav-a-mi* となった段階で，語幹形成接辞 *a* に長母音が代置される点である[181)]。これによって *bhav-ā-mi* となり，一人称単数形 *bhavāmi* が派生される。この代置操作は次の規則による。

規則 7.3.101 *ato dīrgho yañi* ||（← *aṅgasya* 6.4.1, *sārvadhātuke* 7.3.95）
yaÑ（半母音と鼻音および *jh* と *bh*）で始まる全動詞接辞の前で，短母音 *a* で終わる接辞前語基の最終音に長母音が代置される。

当該規則の要点は規則 7.3.102 と同じである。異なるのは「全動詞接辞」（*sārvadhātuka*）という条件だけである。この名称についてもすでに見ている（規則 3.4.113）。*bhav-a-mi* という段階において，*bhav-a* という短母音 *a* で終わる接辞前語基は，*yaÑ*（半母音と鼻音および *jh* と *bh*）に含まれる *m* 音で始まる動詞語

181)　この操作は当該の段階で適用される（BM on SK 2170［Vol. III, p. 17, lines 13–14］）。

尾 *mi* の前にある。この *mi* は規則 3.4.113 により全動詞接辞である。このような条件下で，*bhav-a* の最終音 *a* に長母音が代置される。

DhP I.1: *bhū́ sattāyām*（規則 1.3.1）

bhū-l［*lÃṬ* → *lØØ*］（規則 1.3.9, 3.2.123, 3.4.69）

bhū-mi［*miP* → *miØ*］（規則 1.3.9, 1.3.78, 1.4.22, 1.4.107, 3.4.78）

bhū-a-mi［*ŚaP* → *ØaØ*］（規則 1.3.9, 3.1.68）

bho-a-mi（規則 7.3.84）

bhav-a-mi（規則 6.1.78）

bhav-ā-mi（規則 7.3.101）

bhavāmi

4.8　一人称両数現在形

一人称両数現在形 *bhavāvaḥ*「私たち 2 人は〜になる，生じる」の派生の要点は，一人称単数現在形 *bhavāmi*「私は〜になる，生じる」と同じである。付記すべきは，*bhavāvaḥ* の場合，*bhav-ā-vas* となった段階で，規則 8.2.66 によって *vas* の *-s* に *r*（*rŨ* → *rØ*）が代置され，規則 8.3.15 によってこの *r* に *ḥ* が代置される点である。これら 2 つの規則については説明済みである。

DhP I.1: *bhū́ sattāyām*（規則 1.3.1）

bhū-l［*lÃṬ* → *lØØ*］（規則 1.3.9, 3.2.123, 3.4.69）

bhū-vas（規則 1.3.78, 1.4.22, 1.4.107, 3.4.78）

bhū-a-vas［*ŚaP* → *ØaØ*］（規則 1.3.9, 3.1.68）

bho-a-vas（規則 7.3.84）

bhav-a-vas（規則 6.1.78）

bhav-ā-vas（規則 7.3.101）

bhav-ā-var［*rŨ* → *rØ*］（規則 1.3.9, 8.2.66）

bhav-ā-vaḥ（規則 8.3.15）

bhavāvaḥ

4.9　一人称複数現在形

一人称複数現在形 *bhavāmaḥ*「私たちは〜になる，生じる」の派生の要点は，一人称単数現在形 *bhavāmi*「私は〜になる，生じる」と同じである。付記すべきは，*bhavāmaḥ* の場合，*bhav-ā-mas* となった段階で，規則 8.2.66 によって *mas* の -*s* に *r*（*rŨ* → *r*Ø）が代置され，規則 8.3.15 によってこの *r* に *ḥ* が代置される点である。これら 2 つの規則についても説明済みである。

DhP I.1: *bhū́ sattāyām*（規則 1.3.1）
bhū-l［*lÃṬ* → *l*ØØ］（規則 1.3.9, 3.2.123, 3.4.69）
bhū-mas（規則 1.3.78, 1.4.21, 1.4.107, 3.4.78）
bhū-a-mas［*ŚaP* → Ø*a*Ø］（規則 1.3.9, 3.1.68）
bho-a-mas（規則 7.3.84）
bhav-a-mas（規則 6.1.78）
bhav-ā-mas（規則 7.3.101）
bhav-ā-mar［*rŨ* → *r*Ø］（規則 1.3.9, 8.2.66）
bhav-ā-maḥ（規則 8.3.15）
bhavāmaḥ

コラム5　御者に無知を指摘された文法家

文法家パタンジャリ（紀元前 2 世紀）は作中で多くの実例を当時の言語運用から引いている。われわれはその例を介して，その時代の知識人（*śiṣṭa*）たちが話していたサンスクリット語の一端を垣間みることができる。一方で，当時サンスクリット語を理解して日常的に用いていた人たちは，特定の知識人に限られていたわけではないと思われる。

たとえば，パタンジャリはある戦車の御者と文法家のやりとりを記録しており，そこで文法家はサンスクリット語の正しいあり方を知らない者として御者に批判されるのであるが，その 2 人はサンスクリット語でやりとりをしている。この文法家はサンスクリット語の正しいあり方をしらないので真正の「知識人」とは言えないかもしれないが，確かにサンスクリット語を理解し，そして話しているのである。その場面を見てみよう[1]。

実に，ある文法家が次のように言う：「この戦車の御者（*pravetṛ*）は誰か」と。
御者が言う：「尊者よ，私が御者（*prājitṛ*）です」と。
文法家が言う：「それは誤った言葉だ」と。
御者が言う：「あなたは規則適用の結果だけを知る者で，神々のお気に入りのようです（軽蔑表現）。でも，望ましい語形を知る者ではないですね。この語形は認められていますよ」と。

この場面では，まず文法家が「御者」を指して名詞語基 *pravetṛ* の主格単数形 *pravetā* を使っている。それに対して，御者が同じく「御者」を指して名詞語基 *prājitṛ* の主格単数形 *prājitā* を使う。それに対して文法家はその語形は誤っていると言う。文法規則の通りに語形をつくると，名詞語基は *pravetṛ* となるはずだからである（規則 2.4.56）。したがって，主格単数形は *pravetā* とならねばならない。これに対して御者の方は，名詞語基 *prājitṛ* の主格単数形 *prājitā* もまた認められるものであり，文法家を「文法規則の適用結果だけを知る者」（*prāptijña*）であり「実際の望ましい語形を知る者」（*iṣṭijña*）ではないと非難する。

文法家が使った語 *pravetā* は確かに文法規則に沿ったものであって正しいものなのだが，それに加えて御者が使った語 *prājitā* もまた，知識人たちの言語慣習に見られる望ましいものだったのである。知識人たちの言語運用では，名詞語基 *pravetṛ* だけではなく，名詞語基 *prājitṛ* を前提とした格形の使用も認められていたということである。文法家は文法規則だけを知っていて，知識人たちの用例を知らなかった。知識人たちが使用する実例のもつ力は文法規則の力に勝る。「文法学は知識人たちの言語運用に従うもの」（*śiṣṭaprayogānusāri vyākaraṇam*）なのである[2]。したがって，知識人たちの実例を包括するような仕方で当該の文法規則の理解を改める必要がある[3]。そうしてはじめて，サンスクリット語の正しいあり方を文法学が説明できるようになる。

この逸話が示唆するのは，サンスクリット語に習熟するには文法を学んでいるだけでは不十分であり，実際に知識人たちがどのような言語運用をしているかをも知っておかねばならないということである。現代でも，例えば日本人研究者が英語で論文を書くとき，ある表現が文法的には間違っていなくても，英語として自然ではない，英語ではそういう言い方はしない，といった理由で英語の母語話者から修正を受けることは少なくないであろう。良い英語論文を書くためには，文法書の確認だけではなく実際の言語使用の確認が必須である。

1　MBh on vt. 1 to A 2.4.56 (Vol. I, p. 488, lines 18–20).
2　AP 14 (p. 4, line 15).
3　当該の場合は，規則 2.4.56 が *pravetṛ* だけでなく任意に *prājitṛ* という名詞語基も認めることができるように規則解釈の仕方を変えることになる（Pradīpa on MBh to vt. 1 ad A 2.4.56［Vol. II, p. 880, line 17］）。具体的には，同規則が規定する動詞語基 *aj* に対する *vī* の代置を任意と見なすことである。代置が起これば *pravetṛ* が，代置が起こらなければ *prājitṛ* が名詞語基として派生する。

5　パーニニ文法における第一次接辞形の派生

以上で名詞の格形と動詞の現在形の派正説明が終わった。次に付論として，第一次接辞導入による語派生，第二次接辞導入による語派生，複合語の派生について説明する。まずは，第一次接辞の導入による名詞語基 *rāma* の派生を見る。ここでは，名詞語基 *rāma* は接辞導入によって派生されるものとして扱う。

5.1　第一次接辞という名称とその一般的な意味

第一次接辞（*kṛt*「作るもの」）とは何かについては，次の名称規則が規定している。

規則 3.1.93 *kṛd atiṅ* ||（*pratyayaḥ* 3.1.1, *paraḥ* 3.1.2, *dhātoḥ* 3.1.91）
動詞語基に後続する接辞は，動詞語尾を除いて，第一次接辞と呼ばれる。

主題規則 3.1.91 の支配下にある規則では，諸々の接辞が動詞語基の後に導入されることが規定される。そのような接辞のうち，規則 3.4.78 によって *l* 接辞に対する代置が規定されている動詞語尾（*tiṄ*）を除くものが「第一次接辞」である。第一次接辞は，特定の意味規定がなされない限り，次の規則によって行為主体を表示する。行為主体は，行為実現要素の 1 つである。

規則 3.4.67 *kartari kṛt* ||（*pratyayaḥ* 3.1.1, *paraḥ* 3.1.2, *dhātoḥ* 3.1.91）
第一次接辞は，行為主体が表示されるべきとき，動詞語基の後に起こる。

第一次接辞という名称について，1 つ注意しておくべきことがある。第一次接辞は，動詞語基の後に導入が規定されている接辞のことではあるが，動詞語基の後に導入されるものは何でも第一次接辞と呼ばれるわけではない。第一次接辞と呼ばれるのは，上に挙げた主題規則 3.1.91 の支配下にある規則によって動詞語基の後に導入される接辞である。したがって，たとえば意欲活用語幹を形成する接辞 *saN* は規則 3.1.7 によって動詞語基の後に導入されるが，この規則 3.1.7 は規則 3.1.91 より前に置かれている規則であるため，接辞 *saN* は接辞（*pratyaya*）ではあるものの第一次接辞（*kṛt*）ではない。このことは，派生語基としての動詞語基を形成する接辞（規則 3.1.5–31）や動詞語幹を形成する接辞（規則 3.1.67–90 など）すべてについて言える。その他，規則 3.1.91 以前の規則によって動詞語基の後に導入が規定されている接辞についても同様である。

5.2　*GHaÑ* の導入

名詞語基 *rāma* を，動詞語基 *ram*「休らう」の後に第一次接辞 *GHaÑ* が導入されて形成されるものと考える場合，この接辞の導入は次の操作規則によって説明される。

> 規則 3.3.121 *halaś ca* ‖（← *pratyayaḥ* 3.1.1, *paraḥ* 3.1.2, *dhātoḥ* 3.1.91, *kṛt* 3.1.93, *karaṇādhikaraṇayoḥ* 3.3.117, *puṃsi sañjñāyām* 3.3.118, *ghañ* 3.3.120）
>
> 行為手段または行為基体が表示されるべきとき，男性形である名称語の領域で，子音で終わる動詞語基の後にも第一次接辞 *GHaÑ* が起こる。

-m で終わる動詞語基 *ram* は当該規則で言われる「子音で終わる動詞語基」である。*ha̱L*「子音」は『音素表』の第 5 列目の最初にある *h* と第 14 列目の最後にある指標辞 *L* を用いて構成された短縮記号であり，その間に含まれる音のすべて，すなわちすべての子音を指す（☞§ 3.1.4, § 3.2.3）。当該規則によれば，動詞語基 *ram* の後に導入される第一次接辞 *GHaÑ* は行為手段または行為基体の意味を担う。ヴァースデーヴァディークシタは後者の意味でとっており，*ram* に *GHaÑ* が導入されて形成される *rāma* という語は「人が休らう場所」，とくに「修行者たちが休らう場としての最高原理ブラフマン」を指すと解している[182)]。

この規則には適用のための条件がもう 1 つある。それは，最終的に派生される語が男性形としての名称語でなければならないというものである。まず，*rāma* という語は男性形である。次に，名称語とは，語源的な意味の伝達を意図しない語のことである。たとえばシヴァ神を指すシャンカラ（*śaṅkara*「安寧をもたらす者」）という語が名称語として意図される場合，この語は「シャンカラ」というシヴァ神の名称を伝えるのみであり，「安寧をもたらす者」という語源的意味——そこにこのような語源的意味は確かに存在するとしても——を伝えることは意図されていない。同様に，規則 3.3.121 によって *rāma* という語が形成されるとき，そこに「休らう場」といった語源的な意味は存在するとしても，そのような語源的意味ではなく「ラーマ」という名称のみを伝えるものとして意図されることになる。現代で言えば，たとえば国名がこのような名称語の典型例であろう。

第一次接辞 *GHaÑ* の *GH-* と *-Ñ* は，それぞれ規則 1.3.8 と規則 1.3.3 によっていずれも指標辞である。指標辞 *GH* は *rāma* という語の派生には関係しないが[183]，指標辞 *Ñ* の存在によって§ 5.3 で述べる増大音の代置が促される。

5.3　増大音の代置

ram-a（*GHaÑ* → Ø*a*Ø）となった段階で，*ram* の母音 *-a-* には増大音 *ā* が代置されて *rāma* という名詞語基が完成する。この代置操作は次の規則による。

> 規則 7.2.116 *ata upadhāyāḥ* ||（← *aṅgasya* 6.4.1, *vṛddhiḥ* 7.2.114, *ñṇiti* 7.2.115）
> 指標辞 *Ñ* または指標辞 *Ṇ* を有する接辞の前で，接辞前語基の次末音である短母音 *a* に増大音（*ā, ai, au*）が代置される。

この規則を適用するためには，*ram-a* という段階における *a* 接辞（もとは *GHaÑ*）が「指標辞 *Ñ* を有する接辞」と見なされる必要がある。*ram-a* という段階において，*a* 接辞の指標辞 *Ñ* は規則 1.3.9 によりゼロ化されていて存在しないが，存在しないながらも，規則 7.2.116 が規定する文法操作を促すことがで

182) BM on SK 187（Vol. I, p. 184, lines 5–7）.
183) 指標辞 *GH* が付されている目的は，この指標辞を有する接辞の前で，*c* 音と *j* 音にそれぞれ *k* 音と *g* 音を代置できるようにする点にある（規則 7.3.52）。

きる（☞§3.1.6）。具体的に言えば，規則 1.3.9 によって指標辞 *Ñ* に代置されたゼロは（*-aÑ* → *-aØ*），規則 1.1.56 により原要素扱いされて *Ñ* 音と見なされる（*-aØ* → *-aÑ*）。指標辞 *Ñ* という音は，規則 7.2.116 が規定する文法操作の適用根拠となるものであるから，ここで代置要素ゼロを原要素扱いすることは，本来ならば「原要素の音を根拠とする操作が行われる場合を除いて」（*analvidhau*）という規則 1.1.56 中の禁止規定に抵触する。しかしながら，指標辞に対してはこの禁止規定は例外的に働かない[184]。かくして，*ram-a* における接辞 *a* を「指標辞 *Ñ* を有する接辞」と見なすことが可能となる。また，*ram* は接辞の前にあるから接辞前語基（*aṅga*）であり，その次末音（*upadhā*）は短母音 *-a-* である。

以上より，当該規則 7.2.116 が適用されて短母音 *-a-* に増大音 *ā* が代置される。3 種ある増大音（*ā, ai, au*）の中から代置要素として *ā* が選択されるのは，代置要素は原要素（短母音 *-a-*）に最も近似する音が選ばれることを規定する規則 1.1.50 による。*a* と *ā* は喉，*ai* は喉と硬口蓋，*au* は喉と唇を調音場所とする。共通の調音場所をもつ点で，*a* 音に最も近似する増大音として *ā* 音が選択される。

規則中の「次末音」（*upadhā*「［最終音の］隣に置き定められる音」）は，以下の規則で規定されている名称である。

規則 1.1.65 *alo 'ntyāt pūrva upadhā* ||
最終音の直前の音は次末音と呼ばれる。

当該規則によって，ある言語項目を構成する音のうち，その最終音から数えて 2 番目に位置する音は「次末音」という名称を得る。

rāma という語の派生を規則とともに簡潔に示せば以下の通りである。

DhP I.906: *ramÃ krīḍāyām* ||

184) Pradīpa on MBh to vt. 3 ad A 1.1.56 (Vol. I, p. 405, lines 11). カイヤタによれば，「指標辞は存在しないながらも文法操作を限定するものである」（*asanta evānubandhāḥ kāryasya viśeṣakāḥ*）というのが確立された定説である（Pradīpa on MBh to vt. 3 ad A 1.1.56［Vol. I, p. 405, lines 12］）。

ram-a［*ramÃ* → *ramØ*, *GHaÑ* → *ØaØ*］（規則 1.3.9, 3.3.121）

rām-a（規則 7.2.116）

rāma

かくして *rāma* という語が派生されるわけであるが，この語は「第一次接辞で終わる項目」であるため規則 1.2.46 によって「名詞語基」（*prātipadika*）の資格を得る。その結果，この名詞語基 *rāma* の後に名詞語尾を導入することが許され，*rāmaḥ*「ラーマは」，*rāmam*「ラーマを」，*rāmeṇa*「ラーマによって」などの曲用形が派生されていくことになる。

6　パーニニ文法における第二次接辞形の派生

本節では，パーニニ文法における第二次接辞と第二次接辞導入による語派生について説明する。語派生の説明にあたっては，*aupagava*「ウパグの子孫」という語を例に使う。

6.1　第二次接辞について

「第二次接辞」（*taddhita*）は，次の主題規則の支配下にある一群の規則によって規定される接辞である。

規則 4.1.76 *taddhitāḥ* ||
第二次接辞と呼ばれる。

この規則以降，規則 4.1.77 からパーニニ文典第 5 章の最終規則 5.4.160 まで，当該規則 4.1.76 で提示された *taddhitāḥ*「第二次接辞」という項目が読み込まれ，これらの規則で導入が規定される接辞には「第二次接辞」という名称が付与されることになる[185)]。規則 4.1.77 から規則 5.4.160 は規則 3.1.1 の支配下にも入っているため，これら一群の規則で規定される項目には「第二次接辞」

185)　パーニニ文法における第二次接辞とそれによる語派生については Cardona 1997: 229–256 に詳しい。その他，第二次接辞に関する代表的な研究として Bhate 1989 がある。

（*taddhita*）と「接辞」（*pratyaya*）という２つの名称が適用される。

taddhitāḥ は複数語尾を付された複数形であるが，後続規則に継起する際には，そこで規定される接辞の数に合わせて語尾が変換される。これも「語尾変換」（☞§ 3.1.2）の一例である。たとえば規則 4.1.77 *yūnas tiḥ* へ継起するときには，導入が規定される *ti* という１つの接辞に合わせて複数語尾が単数語尾へと変換され，*taddhitaḥ* という単数形として読み込まれることになる。パーニニが *taddhitāḥ* という複数形を規則 4.1.76 で提示したのは，『カーシカー注解』によると，規則 4.1.77 から規則 5.4.160 では規定されない第二次接辞をも包摂するためである[186]。

規則 4.1.77 から規則 5.4.160 では実に多種多様な第二次接辞が規定される。パーニニ文典で規定される接辞のうち，数が最も多いのはこれら第二次接辞である。詩論家ラージャシェーカラ（Rājaśekhara 9～10 世紀）によれば，第二次接辞による派生形は無限（*ananta*）であり，「パーニニ文法家たちは第二次接辞に当惑している」（*taddhitamūḍhāḥ pāṇinīyāḥ*）という[187]。

6.2　第二次接辞の導入と任意性

名詞語尾は名詞語基の後に，*l* 接辞や第一次接辞は動詞語基の後に導入されることを上では見てきた。これに対して，一般的に第二次接辞は「名詞語尾で終わる語」としての屈折形（*pada*）の後に導入される。そしてその屈折形は，屈折形の形をとっている以上，文の中で他の屈折形と意味的に連関しているものである。順番に説明していこう。

名詞語基 *upagu* の後に第二次接辞 *aṆ* が導入されて *aupagavaḥ*「ウパグの子孫」という第二次接辞による派生形が得られる。この *aupagavaḥ* という語と意味的に等価値である表現は *upagor apatyam*「ウパグの子孫」である。この文 *upagor apatyam* が派生される過程において，以下のような段階がある。

upagu-as apatya-s

---

186)　KV on A 4.1.76（Vol. I, p. 337, line 22）.

187)　KM（p. 22, lines 5–6）.

upagu-as「ウパグの」は *upagu* という名詞語基に第六格単数語尾 *Ṅas* が後続している屈折形，*apatya-s*「子孫」は *apatya* という名詞語基に第一格単数語尾 *sŨ* が後続している屈折形である。両者はそれぞれ意味的に連関している項目である。このような意味的に連関する項目を *samartha* と呼び，意味的に連関していることを *sāmarthya* と言う。

さて，この段階から派生が進むと，最終的に *upagu-as* は *upagor* に，*apatya-s* は *apatyam* に辿りつき，*upagor apatyam*「ウパグの子孫」が派生される。これが１つの形式である。

この「ウパグの子孫」という同じ意味を表すもう１つの形式として，第二次接辞が導入された *aupagavaḥ* がある。この *aupagavaḥ* は，上の *upagu-as* の後に第二次接辞 *aṆ* が導入されることで最終的に得られるものである。

upagu-as-a（*aṆ* → *a*Ø）

apatya-s という屈折形と意味的に連関する屈折形として *upagu-as* が設定され，その *upagu-as* の後に *apatya-s* と同じ「子孫」という意味を担う第二次接辞 *aṆ* が導入されるわけである。このように，第二次接辞は基本的に意味的連関項目たる屈折形の後に起こる。ただし「基本的に」と述べたように，第二次接辞が屈折形ではなく名詞語基の後に起こると考えられる場合もある[188)]。

このような第二次接辞の導入は原則として任意である。すなわち「子孫」という意味を担う言語項目として第二次接辞 *aṆ* が起こるか，*apatya-s* が起こるかは任意ということであり，それはつまり「ウパグの子孫」という意味を表す形式として *aupagavaḥ* を用いるか，*upagor apatyam* を用いるかは任意ということである。

upagu-as apatya-s → *upagor apatyam*「ウパグの子孫」

upagu-as-a → *aupagavaḥ*「ウパグの子孫」

188)　第二次接辞が導入される先は屈折形か名詞語基かという問題については，Scharf 2021 が詳論している。

第二次接辞が導入されることになる屈折形 *upagu-as* は第六格語尾で終わる項目である。第二次接辞の導入規則では，接辞の導入先としての屈折形のあり方が代名詞の格形を用いて示されることがある。そしてその代名詞の格形は，規則中で最初に提示される。当該の第二次接辞 *aṆ* を導入する次の規則を見てみよう。

規則 4.1.92 *tasyāpatyam* ‖（← *pratyayaḥ* 3.1.1, *paraḥ* 3.1.2, *taddhitāḥ* 4.1.76, *aṇ* 4.1.83）
第六格語尾で終わる意味的連関項目の後に，「〜の子孫」という意味で，第二次接辞 *aṆ* が任意に起こる。

当該規則における *tasya* という代名詞 *tad*「それ」の属格形は，当該規則が規定する第二次接辞 *aṆ* が導入されることになる屈折形のあり方を示している。*tasya* という代名詞の格形は第二次接辞 *aṆ* が導入される先の項目が第六格語尾で終わる項目であることを教えるが，その項目が実際に何であるかを指定することはない。この *tasya* に対応することになる項目は，各語の派生に応じて変動する。上の例では，この *tasya* によって示された属格形にあたるのは *upagu-as* である。

こうして，規則中で最初に提示される *tasya* が指示する属格形 *upagu-as* の後に，第二次接辞 *aṆ* が任意に導入されることになる。この *tasya* が指示する属格形は，他項目と意味的に連関しているものとして設定される。上の例で言えば，*upagu-as*「ウパグの」という属格形は，*apatya-s*「子孫」という第一格形と意味的に連関する。そして，この「子孫」という意味を *apatya-s* の代わりに担うものとして，第二次接辞 *aṆ* が任意に導入される[189]。

189)　上記の規則 4.1.92 において第二次接辞 *aṆ* が「子孫」という意味で導入されることが規定されている。意味条件を提示する語は第七格形をとるのが普通だが，規則中では *apatyam*「子孫の意味で」というように第一格形で表れている。第一格形で現れるのなら，*apatyam iti* のように *iti*「〜という意味で」が置かれることが期待されるが，それも規則中にはない。このように，第二次接辞の導入規則では，接辞が担うことになる意味は第一格形のみの提示をもって示されることに注意されたい。逆に，*iti* が第二次接辞の導入規則中にあれば，何か別の意図が隠されていることがある（川村 2020: 65）。

以上のように，1. 第二次接辞が意味的に連関する項目の後に導入されること，2. 第二次接辞の導入規則中で第一に提示される項目が示す項目の後に導入されること，そして 3. その導入は任意であること，これらは第二次接辞導入の三大原則であり，以下の規則によって規定されている。

規則 4.1.82 *samarthānām prathamād vā* ||（← *pratyayaḥ* 3.1.1, *paraḥ* 3.1.2, *taddhitāḥ* 4.1.76）
意味的に連関する項目のうち，第一に提示される項目の後に第二次接辞が任意に起こる。

この規則はこれ以降に制定される第二次接辞導入規則を解釈するときに考慮されるべき解釈規則であり，上に出した規則 4.1.92 の規定内容にも，この解釈規則が反映される。

6.3　名詞語基という名称の付与と名詞語尾のゼロ化

upagu-as-a（*aṆ* → *aØ*）となった段階で，この *upagu-as-a* という全体は「第二次接辞で終わる項目」であるから，規則 1.2.46 によって「名詞語基」という名称を得る。この名称を得たことによって，次の操作規則の適用が可能となる。

規則 2.4.71 *supo dhātuprātipadikayoḥ* ||（← *luk* 2.4.58）
動詞語基と名詞語基の部分である名詞語尾にゼロが代置される。

名詞語基である *upagu-as-a* の内部に含まれる第六格単数語尾 *-as* は，当該規則によってゼロ化される[190]。

190)　規則 2.4.71 には規則 2.4.58 から *luk*「ゼロ」という項目が読み込まれている。規則 1.1.60 で規定されるゼロ（*lopa*）が，何かしら接辞に代置されるものである場合，ゼロは規則 1.1.61 によってルク（*luk*），シュル（*ślu*），ルプ（*lup*）の 3 種に分類される（キャット・川村 2022: e219）。

6.4 *u* 音に対する従属音の代置

upagu-as-a が *upagu-Ø-a* となった段階で，次の操作規則によって *upagu* の *-u* に *-o* が代置され，*upago-a* となる。

規則 6.4.146 *or guṇaḥ* || (← *aṅgasya* 6.4.1, *bhasya* 6.4.129, *taddhite* 6.4.144)
第二次接辞の前で，*u/ū* で終わる接辞前語基であるバの最終音に，従属音（*a, e, o*）が代置される。

upagu-a において，*upagu* は第二次接辞 *a* に先行する接辞前語基である。もう 1 つ，この *upagu* は次の規則によって「バ」（*bha*）という名称でも呼ばれる。

規則 1.4.18 *yaci bham* || (← *svādiṣv asarvanāmasthāne* 1.4.17)
強語幹格語尾以外の，*y* 音または母音で始まる *sŨ*（規則 4.1.2）から *kaP*（規則 5.4.151）までの接辞の前で，先行項目はバと呼ばれる。

upagu-a において，*upagu* は母音で始まる第二次接辞 *aṆ* に先行する項目である。そして，この *aṆ* は規則 4.1.2 から規則 5.4.151 の間に含まれる規則 4.1.92 によって規定される接辞であり，強語幹格語尾（*sarvanāmasthāna*）ではない[191]。したがって，当該の *upagu* には「バ」という名称が付与され，規則 6.4.146 の適用条件が満たされる。

upagu の *-u* に代置される従属音として，*a, e, o* の中から *o* が選ばれるのは，代置操作のときには原要素に最も近似するものが代置要素として選択されることを規定する規則 1.1.50 による。*u* 音は唇，従属音である *a, e, o* はそれぞれ喉，喉と硬口蓋，喉と唇を発音場所とする。これら従属音のうち，*u* 音と同じく唇を発音場所としてもつのは *o* 音だけである。発音場所が最も近似している点で *o* 音が代置要素として選択されることになる。

「*y* 音または母音で始まる *sŨ*（規則 4.1.2）から *kaP*（規則 5.4.151）までの接辞の前で」における「〜で始まる」という意味の読み込みは，解釈規則 33 によ

191) 強語幹格語尾は規則 1.1.42–43 によって規定される（キャット・川村 2022: e206–e207）。

る（☞§ 3.8.2）。

6.5　*u* 音に対する増大音の代置

upago-a となった段階で，*upago* の *u-* に増大音である *au-* が代置されて，*aupago-a* となる。この代置操作は次の規則が規定している。

規則 7.2.117 *taddhiteṣv acām ādeḥ* ||（← *aṅgasya* 6.4.1, *vṛddhiḥ* 7.2.114, *aco ñṇiti* 7.2.115）
指標辞 *Ñ* または指標辞 *Ṇ* を有する第二次接辞の前で，接辞前語基の母音のうちの最初の母音に増大音（*ā*, *ai*, *au*）が代置される。

この規則を適用するためには，*upago-a* という段階における *a* 接辞（もとは *aṆ*）が「指標辞 *Ṇ* を有する第二次接辞」と見なされる必要がある。*upago-a* という段階において，*a* 接辞の指標辞 *Ṇ* は規則 1.3.9 によりゼロ化されていて存在しないが，存在しないながらも，規則 7.2.117 が規定する文法操作を促すことができる（☞§ 3.1.6）。具体的に言えば，規則 1.3.9 によって指標辞 *Ṇ* に代置されたゼロは（*aṆ* → *a*Ø），規則 1.1.56 により原要素扱いされて *Ṇ* と見なされる（*a*Ø → *aṆ*）。*Ṇ* という音は，規則 7.2.117 が規定する文法操作の適用根拠となるものであるから，ここで代置要素ゼロを原要素扱いすることは，本来ならば「原要素の音を根拠とする操作が行われる場合を除いて」（*analvidhau*）という規則 1.1.56 中の禁止規定に抵触する。しかしながら，指標辞に対してはこの禁止規定は例外的に働かない（☞§ 5.3）。かくして，*upago-a* における接辞 *a* を「指標辞 *Ṇ* を有する第二次接辞」と見なすことが可能となり，規則 7.2.117 が正しく適用されることになる。

upago の *u-* に代置される増大音として，*ā*, *ai*, *au* の中から *au* が選ばれるのは，§ 6.4 と同様に規則 1.1.50 による。*u* と同じ発音場所をもつのは，*ā*（喉），*ai*（喉と硬口蓋），*au*（喉と唇）の 3 者のうちで，*au* だけである。

6.6　*a* 音に対する *av* の代置

aupago-a となった段階で，*aupago* の *-o* に *av* が代置されて *aupagav-a* となり，

aupagava という形ができあがる。

規則 6.1.78 *eco 'yavāyāvaḥ* ||（← *saṃhitāyām* 6.1.72, *aci* 6.1.77）
連接の領域において，母音の前で *eC*（*e, o, ai, au*）に *ay*, *av*, *āy*, *āv* が代置される。

この規則についてはすでに確認済みである。*aupagava* の派生を規則とともに簡潔に示せば以下の通りである。

upagu-as ［*apatya-s*］
upagu-as-a ［*aṆ* → *aØ*］（規則 4.1.92）
upagu-Ø-a（規則 2.4.71）
upago-a（規則 6.4.146）
aupago-a（規則 7.2.117）
aupagav-a（規則 6.1.78）
aupagava

この *aupagava* という語は「第二次接辞で終わる項目」であるため規則 1.2.46 によって「名詞語基」の資格を得る。その結果，この名詞語基 *aupagava* の後に名詞語尾を導入することが許され，*aupagavaḥ*「ウパグの子孫は」，*aupagavam*「ウパグの子孫を」，*aupagavena*「ウパグの子孫によって」などの曲用形が派生されていくことになる。

7　パーニニ文法における複合語の派生

本節では，パーニニ文法における複合語（*samāsa*）と複合語の形成について説明する。複合語形成の説明にあたっては，*rājapuruṣaḥ*「王の家来」という複合語を例に使う[192]。

192) パーニニ文法における複合語形成の概要については Cardona 1997: 205–229 を見よ。加えて Joshi and Roodbergen 1973 も参考になろう。

7.1　複合語の種類

パーニニは規則 2.1.1 から規則 2.2.38 まで，すなわち『八課集』第 2 章第 1 節から第 2 節において複合語形成に関わる規則を設けている。大きくわけると，複合語には不変化複合語（*avyayībhāva*），数詞複合語（*dvigu*），並列複合語（*dvandva*），格限定複合語（*tatpuruṣa*），所有複合語（*bahuvrīhi*），同格限定複合語（*karmadhāraya*）の 6 種がある。*rājapuruṣaḥ* は，これらのうち格限定複合語にあたる。先にも名を出した詩論家ラージャシェーカラは，次のような面白い詩節を作中で引用している[193)]。

私は結婚し（*dvandvaḥ*），
二頭の牛を飼っているが（*dviguḥ*），
家ではいつも倹約家（*avyayībhāvaḥ*）。
かの最高神よ（*tatpuruṣa*），
私が穀物に富む者になれるよう（*bahuvrīhiḥ*），
仕事をもたせてください（*karma dhāraya*）。

この詩節は上で言及した 6 種の複合語の名称を使いつつ一定の内容を表すことができるように構成されたものである。

7.2　複合語の形成と任意性

rājapuruṣaḥ という複合語は 2 つの名詞語基 *rājan*「王」と *puruṣa*「家来」とからなり，*rājñaḥ puruṣaḥ*「王の家来」という文の形式と意味的に等価値である。先に見た第二次接辞の導入と同じく，複合語の形成も意味的に連関している屈折形の存在を前提とする。そしてこれも第二次接辞の導入と同様，複合語の形成がなされるかどうかは基本的に任意である。ただし「基本的に」と述べたように，必ず複合語が形成される場合もある。

rājapuruṣaḥ という複合語の派生過程において次のような段階が設定される。

---

193)　KM（p. 22, lines 3–4）: *dvandvo 'smi dvigur asmi ca gṛhe me satatam avyayībhāvaḥ | tatpuruṣa karma dhāraya yenāhaṃ syāṃ bahuvrīhiḥ ||*

rājan-as puruṣa-s

rājan-as「王の」は名詞語基 *rājan* に第六格単数語尾 *Ṅas* が後続する屈折形，*puruṣa-s*「家来」は名詞語基 *puruṣa* に第一格単数語尾 *sŨ* が後続する屈折形である。これら 2 つはそれぞれ意味的に連関している。ここで両者の複合語形成が起これば最終的に *rājapuruṣaḥ* という形式に至ることになり，もし複合語形成がなされなければ *rājñaḥ puruṣaḥ* という文の形式に至る。

一群の複合語形成規則は，屈折形に対して複合語の形成を規定するが，それら屈折形が意味的に連関しているものであることは次の解釈規則によって規定されている。

規則 2.1.1 *samarthaḥ padavidhiḥ* ||
屈折形に関わる文法操作は，意味的に連関する項目に依拠する。

規則中の *samarthaḥ* だけだと「意味的に連関する項目」しか意味しないが，伝統的な解釈の 1 つでは，この *samarthaḥ* は「意味的に連関する項目に依拠する」（*samarthāśritaḥ*）という意味で使われた間接的表現（*lākṣaṇika*）である[194]。

次に，複合語形成が原則として任意であることは以下の主題規則による。

規則 2.1.11 *vibhāṣā* ||
任意である。

この規則は複合語形成規則を支配し，それぞれの規則に *vibhāṣā*「任意」という項目を供給する。同じく主題規則である以下の規則によって，複合語形成規則で規定される形式は「複合語」（*samāsa*）という名称を得ることになる。

規則 2.1.3 *prāk kaḍārāt samāsaḥ* ||
規則 2.2.38 *kaḍārāḥ karmadhāraye* まで，複合語と呼ばれる。

194)　SK 647（Vol. II, p. 1, line 2–p. 3, line 1），BM on SK 647（Vol. II, p. 2, line 1）.

この規則の *samāsaḥ*「複合語」という項目が複合語形成規則には読み込まれていく。

複合語の形成は屈折形の間で行われることを上に述べたが，屈折形は屈折形でも，複合語形成が行われるのは基本的に名詞語尾で終わる屈折形の間である[195)]。そのことは次の主題規則による。

規則 2.1.4 *saha supā* ||（← *sup* 2.1.2, *samāsaḥ* 2.1.3）
名詞語尾で終わる項目は，意味的に連関する，名詞語尾で終わる他項目と複合語を形成する。

規則 2.1.2 から *sup*「名詞語尾で終わる項目」が，そして当該規則 2.1.4 から *saha supā*「名詞語尾で終わる項目と」が，複合語形成規則には読み込まれていく。なお，*sup* が単に「名詞語尾」でななく「名詞語尾で終わる項目」を指示することができるのは規則 1.1.72 による。

7.3　格限定複合語の形成と名詞語尾のゼロ化

rājan-as と *puruṣa-s* という意味的に連関する 2 つの屈折形の複合語形成は，以下の規則によって規定されている。

規則 2.2.8 *ṣaṣṭhī* ||（← *sup* 2.1.2, *samāsaḥ* 2.1.3, *saha supā* 2.1.4, *vibhāṣā* 2.1.11, *tatpuruṣaḥ* 2.1.22）
第六格語尾で終わる項目は，意味的に連関する，名詞語尾で終わる他項目と任意に複合語を形成し，その複合語は格限定複合語と呼ばれる。

当該規則は以下の主題規則の支配下にあるため，当該規則で規定される複合語は「格限定複合語」（*tatpuruṣa*）と呼ばれることになる。

規則 2.1.22 *tatpuruṣaḥ* ||（← *samāsaḥ* 2.1.3）

---

195)　パーニニ自身の文法体系ではこれが原則であるが，後の文法学文献ではその他の種類の複合語形成も認められている（Cardona 1997: 208）。

格限定複合語と呼ばれる。

この主題規則 2.1.22 から規則 2.2.8 には *tatpuruṣaḥ*「格限定複合語」という語が読み込まれている。

次に，複合語内部の語順について説明する。パーニニ文典では発話内において語がとるべき語順が規定されることがあり[196]，複合語についても，複合語を構成する語の語順を規定する諸規則が設けられている。さもなければ，たとえば格限定複合語の内部の語順が *rājapuruṣa* となるか *puruṣarāja* となるかが決定されないからである。*rājan-as* と *puruṣa-s* の連鎖から得られる複合語が *puruṣarāja* ではなく *rājapuruṣa* となることは，次の 2 規則と規則 2.2.8 のあり方によって確立する。

規則 1.2.43 *prathamānirdiṣṭaṃ samāsa upasarjanam* ||
複合語規則で第一格語尾をもって指示される項目は，従属要素と呼ばれる。

規則 2.2.30 *upasarjanam pūrvam* || (← *samāsaḥ* 2.1.3)
従属要素と呼ばれる項目は複合語において先行する。

第一の規則は，複合語形成規則において第一格語尾を伴う語を通じて指示される項目は「従属要素」(*upasarjana*) と呼ばれることを，第二の規則はその従属要素と呼ばれる項目は複合語において先行項目となることを規定している。問題の規則 2.2.8 に現れる *ṣaṣṭhī*「第六格語尾で終わる項目」は，第一格語尾で終わる主格形である。したがって，この *ṣaṣṭhī* が指示する「第六格語尾で終わる項目」は何であれ「従属要素」と呼ばれ，複合語において先行することになる。*rājan-as* と *puruṣa-s* の連鎖において，「第六格語尾で終わる項目」であり，それゆえ「従属要素」と呼ばれることになるのは前者の *rājan-as* である。ゆえに，複合語内の語順は *rājapuruṣa* となる。

---

196)　たとえば動詞前接辞 (*upasarga*) は動詞語基の前に置かれることが規則 1.4.80 では規定され，ヴェーダ語においては動詞語基の前だけではなく後ろにも置かれることが規則 1.4.81 では規定されている。続く規則 1.4.82 では，同じくヴェーダ語ではこの動詞前接辞と動詞語基の間に他の語が介在する場合もあることが述べられる。

rājan-as と *puruṣa-s* が格限定複合語を形成した段階で，この複合語 {*rājan-as-puruṣa-s*} は規則 1.2.46 により「名詞語基」という名称を得る。その結果，第二次接辞による派生形を説明する際にも見た規則 2.4.71 によって，この複合語としての名詞語基の内部に含まれる名詞語尾にはゼロが代置される。

規則 2.4.71 *supo dhātuprātipadikayoḥ* ||（← *luk* 2.4.58）
動詞語基と名詞語基の名詞語尾にゼロが代置される。

かくして {*rājan-as-puruṣa-s*} は {*rājan-Ø-puruṣa-Ø*} となる。

7. 4　*n* 音の脱落

{*rājan-puruṣa*} となった段階で，次の規則により *rājan* の -*n* にゼロが代置されて，{*rājaØ-puruṣa*} となる。

規則 8.2.7 *na lopaḥ prātipadikāntasya* ||（← *padasya* 8.1.16）
名詞語基である屈折形の最終音である場合，*n* にゼロが代置される[197]。

この規則によれば，*rājan* の -*n* にゼロが代置されるためには，{*rājan-puruṣa*} における *rājan* が名詞語基でありかつ屈折形でなければならない。この *rājan* は「王」を意味する有意味項目であるから，規則 1.2.45 により「名詞語基」と見なされる。かつ，この *rājan* にはもともと第六格単数語尾 *Ṅas* が後続していたから，*rājan* は「屈折形」とも見なすことができる。すでに *Ṅas* がゼロ化されているにもかかわらず，その名詞語尾 *Ṅas* の存在を根拠とした

197)　この規則には語法の点でいくつか注記が必要である。まず冒頭の *na* は「第六格語尾がゼロ化されたもの」（*luptaṣaṣṭhīka*）として解される。これを *nalopaḥ* として複合語で読むことはできない。その場合には，規則中の属格形 *antasya*「最終音である」を *na* にかけることができなくなるからである。次に *prātipadikāntasya* は複合語ではなく *prātipadika*「名詞語基である」と *antasya*「最終音である」の 2 語にわけて解される。そして，この *prātipadika* もまた「第六格語尾がゼロ化されたもの」である。もし *prātipadikāntasya* を複合語と解してしまうと，*prātipadika* という語は当該規則に読み込まれてくる *padasya*「屈折形の」を修飾することができなくなってしまう（BM on SK 236［Vol. I, p. 237, line 13–p. 238, line 12］）。第六格語尾を残したまま当該規則を提示するならば，**nasya lopaḥ prātipadikasyāntasya*（← *padasya* 8.1.16）となる。

「屈折形」という名称が付与されうるのは，次の解釈規則による。

規則 1.1.62 *pratyayalope pratyayalakṣaṇam* ||
接辞がゼロ化されても，その接辞に依拠する操作が起こる。

この解釈規則は，仮に接辞（名詞語尾も接辞である）がゼロ化されていても，その接辞の存在を根拠として適用可能となる文法操作がある場合，そのような操作の適用を許すものである。当該の *rājan* は「屈折形」としての資格を得なければ規則 8.2.7 の適用対象とはならない。そして，この「屈折形」としての資格は，*rājan* にもともと後続しており，今はゼロ化されている名詞語尾 *Ṅas* があって初めて保証されるものである。それゆえ，*rājan* に対する規則 8.2.7 の適用はこの名詞語尾 *Ṅas* に依拠していることになる。このようなとき，当該の解釈規則 1.1.62 は，仮にこの名詞語尾 *Ṅas* が現段階ではゼロ化されていても，その名詞語尾 *Ṅas* に依拠して *rājan* に適用される規則 8.2.7 の適用を許可する，言い換えれば *rājan* に「屈折形」としての資格を与えることを許可するのである。

rājapuruṣa という複合語の派生を規則とともに簡潔に示せば以下の通りである。

rājan-as puruṣa-s
{*rājan-as-puruṣa-s*}（規則 2.2.8）
{*rājan-*[Ø]*-puruṣa-*[Ø]}（規則 2.4.71）
{*rāja*[Ø]*-puruṣa*}（規則 8.2.7）
rājapuruṣa

このようにして，*rājapuruṣa* という複合語が派生するが，この *rājapuruṣa* は「複合語」であるため規則 1.2.46 によって「名詞語基」の資格を得る。その結果，この名詞語基 *rājapuruṣa* の後に名詞語尾を導入することが担保され，*rāja-puruṣaḥ*「王の家来は」，*rājapuruṣam*「王の家来を」，*rājapuruṣeṇa*「王の家来によって」などの曲用形が派生されていくことになる。

第 III 講
学習と研究のための工具類

以下，パーニニ文法学の学習と研究に資する研究書類を項目ごとに分けて挙げる。網羅的ではない。原則として，総括的な基本文献や利用頻度が高いと思われる文献に絞っている。

なお，これまでの講でも何らかの主題に合わせて代表的な研究書類を脚注で指示している場合がある。たとえば『動詞語基表』を見るべきときに有用な研究書類については本書第 II 講の注 26 にて挙げている。この種のものについても適宜ご参照いただきたい。

1　パーニニ文法学の概説

まずパーニニ文法の内実について点描したもののうち，日本語で読めるものでは，以下の熊本による梗概が最も詳しく，精度も高い。一緒に挙げている拙稿は，熊本によるこの「インドの言語学」に対していくつかの修正や補完を施したものである[1]。

- 熊本裕「インドの言語学」『言語学大辞典 第 6 巻 術語編』所収（pp. 83–100）三省堂，1996.
- 川村悠人「『言語学大辞典』所収「インドの言語学」に対する覚書」『ニダバ（*Nidaba*）』50: 50–63, 2021.

欧米の言語によるものでは，以下のカルドナによる書がまずもって推奨される。座右に備え，繰り返し参照する必要がある。文法規則の内容を考慮した上

1)　その他，日本語で読めるパーニニ文法学概説の類として詳しいものに辻 1974b や後藤 1990 がある。

で，注意深く明瞭な記述がなされている。

- George Cardona, *Pāṇini: His Work and Its Traditions. Volume One: Background and Introduction*. Delhi: Motilal Banarsidass, 1988. Second edition, revised and enlarged, 1997.

このカルドナによる書は全 8 巻が企図されているもののうちの第 1 巻にあたるが，第 2 巻以降は残念ながらまだ世に出ていない。本著作の補遺 3（577～731 頁）には細を穿つ導入部に続いて，パーニニ文典全体のテキストが提示されている。パーニニの文法規則が伝承の過程で多くの変化を被ったことは本書序論で述べた通りだが，この補遺ではカーティヤーヤナが見ていたと考えられるパーニニ文典の形が提示されており，後の時代に施された改変が文法規則に見られる場合は括弧の中に示される。粒粒辛苦（りゅうりゅうしんく）の研究資料であり，現在，パーニニ文典の刊本としてはこのカルドナの補遺を使用するのがパーニニ文法学研究者の間では主流となっている[2)]。

同著者には，パーニニ文法学の膨大な研究書類を渉猟してその中身を吟味した以下の 2 著がある。パーニニ文法学の研究史を知るのに最も有益なものである。

- George Cardona, *Pāṇini: A Survey of Research.* The Hague: Mouton, 1976.
- George Cardona, *Recent Research in Pāṇinian Studies*. Delhi: Motilal Banarsidass, 1999. Second revised edition, 2004.

英独仏で書かれた研究書類はもちろんのこと，現代における研究では等閑視

2) Cardona 2004: 372–375 に正誤表が掲げられているので，併せて利用するのが常である。なお，このカルドナが提示したパーニニ文典のテキストにアクセントは復元されていない。Joshi 1992: 1–65 と Dahiya 1995: 239–298 では，現代の伝統的学者たち（パンディット）がパーニニ文典を読みあげるときに観察されるアクセントを付す形で，パーニニ文典のテキストが提示されている。前者については残念ながら筆者未見であり，その情報は Cardona 2004: 106 による。加えて，パーニニ文典のテキストに対する最新の批判的校訂本を出版する事業が現在インドにて進行中と聞いている。

図 3　カルドナ教授による 3 著（筆者所蔵）

されがちなサンスクリット語やヒンディー語で書かれた研究書類への言及や紹介もあり，研究者に便宜を提供する。先行研究の紹介や議論だけではなく，パーニニ文法の構造についても紙幅が割かれており，この点でも参照に値する。以上述べたカルドナによる 3 書は，パーニニ文法学研究における 3 種の神器と言ってよいだろう。

サンスクリット文法家たちや彼らの著作について情報を得るには，直前に挙げたカルドナの 2 著に加えて，以下の書も便利である。

- Harold G. Coward and K. Kunjunni Raja（eds.）, *Encyclopedia of Indian Philosophies. Volume 5: The Philosophy of the Grammarians.* Princeton: Princeton University Press, 1990.［Indian edition: Delhi: Motilal Banarsidass.］

とりわけ有用なのは，433 頁から 548 頁まで 100 頁以上にわたって掲載される溢れんばかりの書誌情報である。そこでは，サンスリット文法家の名前がその想定され得る年代とともに年代順に挙げられ，その文法家および文法家が著した作品に対する関連研究や刊本情報が細かく提示されている。どの時代にどのような文法家がおり，どんな作品を残しているか，その文法家や作品に対してどんな研究がなされているか，作品の校訂本としてどのようなものが出ているか，これらをすぐに見ることができる点で，学習者にとっても専門の研究者にとっても益するところが大きい。しかもこの書誌情報の対象はパーニニ文法家に限られていない。この書誌情報にはいくつかの制限も課されているが（433 頁），その価値が揺らぐことはない[3)]。

サンスクリット文法学と文法家の歴史を扱うものとして最も詳細なのはユディシュティラ・ミーマーンサカによる『サンスクリット文法学の歴史』（*Saṃskṛta vyākaraṇa-śāstra kā itihāsa*）である。以下に挙げる 2 書のうち，後者は前者の拡大版である。

- Yudhiṣṭhira Mīmāṃsaka, *Saṃskṛta vyākaraṇa-śāstra kā itihāsa*（*tīn bhāgoṃ meṃ pūrṇa*）. Sonipat: Rāma Lāl Kapūr Trust, 1973.
- Yudhiṣṭhira Mīmāṃsaka, *Saṃskṛta vyākaraṇa-śāstra kā itihāsa*. 3 vols. Bahālagaḍha: Rāma Lāl Kapūr Trust, 1984.

カルドナはこの書を評して「有用でよく整備された情報の宝庫」と述べている[4)]。いずれもヒンディー語による著作である。

以上に対して，次のシャルフェの書は，インド言語学の学統を古代から現代に至るまで広く概説している点で異彩を放っている。

- Hartmut Scharfe, *Grammatical Literature*. Wiesbaden: Otto Harrassowitz, 1977.

当該のシャルフェの書はヴェーダ時代の言語文化に始まり，パーニニ，カーティヤーヤナ，パタンジャリの三聖，そして彼ら以降の文法学派についてはもちろんのこと，ヤースカの語源学，音声・音韻学書類，仏教文法学やジャイナ教文法学などの非パーニニ文法学についても素描しており，中期インド・アー

3)　ただし不備もあり，Cardona 1993: 138–139 によって補足されている。

4)　Cardona 1976: 140. ただし，ユディシュティラ・ミーマーンサカが与える文法家たちの年代には疑問が残る場合もしばしばある。

リヤ語や新インド・アーリヤ語の文法書，さらにはドラヴィダ諸語の文法書およびインドで著されたペルシア語の文法書までをもその射程に含む[5)]。

2　パーニニ文法学文献の訳注

2.1 『八課集』

パーニニの文法規則に出会したとき，まずはその規則がどのようなものなのか，その大枠を既存の翻訳で確認するのが理解への近道である。また伝統的な注釈を参照して規則に解釈を与えるとき，その解釈の妥当性を確かめたり先行研究の訳し方を参照したりする際にも既存の翻訳は役に立つ。パーニニ文典の文法規則をその順番通りに扱う全訳として代表的なものを年代順に挙げる[6)]。

- Otto Böhtlingk, *Pâṇini's Grammatik: Herausgegeben, übersetzt, erläutert und mit verschiedenen Indices versehen.* Second edition, Leipzig: H. Haessel, 1887. Reprint in 2 vols., Kyoto: Rinsen Book Company, 1977.
- Śrīśa Chandra Vasu, *The Ashṭādhyāyī of Pāṇini: Edited & Translated into English*. 2 vols. Allahabad: The Pāṇini Office, 1891. Reprint, Delhi: Motilal Banarsidass, 1977.
- Louis Renou, *La grammaire de Pāṇini traduite du sanskrit avec des extraits des commentaires indigènes.* 3 fasc. Paris: Klincksieck, 1948–1954. Revised edition in two volumes, with the Sanskrit text of rules. Paris: École française d'Extrême-Orient, 1966.
- Sumitra M. Katre, *Aṣṭādhyāyī of Pāṇini: Roman Transliteration and English Translation*. Austin: University of Texas Press, 1987. First Indian edition, Delhi: Motilal Banarsidass, 1989.
- Rama Nath Sharma, *The Aṣṭādhyāyī of Pāṇini, Volume II: English Translation*

5)　一方で，シャルフェの書は多くの問題も抱えている。Cardona 1979 による厳密な書評を参照しながら批判的に利用する必要がある。

6)　パーニニ文典全体を見渡せる日本語の訳注として吉町によるものがあるが（吉町 1995），訳語は難解であり，文法規則の内容や例に対する説明は基本的になされていない。

of Adhyāya One with Sanskrit Text, Transliteration, Word-Boundary, Anuvṛtti, Vṛtti, Explanatory Notes, Derivational History of Examples, and Indices. New Delhi: Munshiram Manoharlal Publishers, 1990.

- Rama Nath Sharma, *The Aṣṭādhyāyī of Pāṇini, Volume III: English Translation of Adhyāyas Two and Three with Sanskrit Text, Transliteration, Word-Boundary, Anuvṛtti, Vṛtti, Explanatory Notes, Derivational History of Examples, and Indices.* New Delhi: Munshiram Manoharlal Publishers, 1995.
- Rama Nath Sharma, *The Aṣṭādhyāyī of Pāṇini, Volume IV: English Translation of Adhyāyas Four and Five with Sanskrit Text, Transliteration, Word-Boundary, Anuvṛtti, Vṛtti, Explanatory Notes, Derivational History of Examples, and Indices.* New Delhi: Munshiram Manoharlal Publishers, 1999.
- Rama Nath Sharma, *The Aṣṭādhyāyī of Pāṇini, Volume V: English Translation of Adhyāya Six with Sanskrit Text, Transliteration, Word-Boundary, Anuvṛtti, Vṛtti, Explanatory Notes, Derivational History of Examples, and Indices.* New Delhi: Munshiram Manoharlal Publishers, 2001.
- Rama Nath Sharma, *The Aṣṭādhyāyī of Pāṇini, Volume VI: English Translation of Adhyāyas Seven and Eight with Sanskrit Text, Transliteration, Word-Boundary, Anuvṛtti, Vṛtti, Explanatory Notes, Derivational History of Examples, and Indices.* New Delhi: Munshiram Manoharlal Publishers, 2003.

最初のベートリンクの独訳は簡潔な言い回しで規則の内容を伝えるものとなっている。次のヴァスによる英訳は，訳注として『カーシカー注解』がなす議論の要点を示してくれる点に特徴がある。続くルヌーの仏訳は，ベートリンクよりも詳しい言い方でもって規則内容を提示する傾向にあり，内容をおさえるのに役立つ。カトレーの英訳にはどの文法規則からどのような条件が当該規則に読み込まれるのかが明示されており，この点で有益である。以上いずれの翻訳にも規則の適用例などについて説明する訳注が多かれ少なかれ付されているが，最後のシャルマによる一連の英訳は訳注の類いが最も豊富であり，カーティヤーヤナやパタンジャリの議論にもしばしば論及している[7)]。派生過程に対する詳細な説明が与えられる点も特筆に値する。

パーニニ文法における継起（*anuvṛtti*）については，以下に掲げる第一の書が詳細に扱っている。パーニニ文法における継起というものについて体系的な説明を与え，その背後にある諸原則を明らかにしようとするものである。第二の書には細やかな説明はないが，規則中のどの項目が後続規則に継起するものであり，その項目がどの規則まで継起するのかを手短かに確認することができる点で重宝する[8)]。

- S. D. Joshi and Saroja Bhate, *The Fundamentals of anuvṛtti*. Pune: University of Poona, 1984.
- Medhā Michika, *Aṣṭādhāyīsūtrapāṭhaḥ of Pāṇini: With anuvṛtti, vārtika, and paribhāṣā*. Third edition. Independently published, 2017.

パーニニ文典の多くの箇所を網羅しつつ重厚な訳注を与える一連の研究がジョシとロートベルゲンによって発表されている。パーニニ文典の全訳ではないが，該当する規則にあたったときには常に確認する価値がある。

- S. D. Joshi and J. A. F. Roodbergen, *The Aṣṭādhyāyī of Pāṇini with Translation and Explanatory Notes*. Volume I（1.1.1–1.1.75）. New Delhi: Sahitya Akademi, 1991.
- S. D. Joshi and J. A. F. Roodbergen, *The Aṣṭādhyāyī of Pāṇini with Translation and Explanatory Notes*. Volume II（1.2.1–1.2.73）. New Delhi: Sahitya Akademi, 1993.
- S. D. Joshi and J. A. F. Roodbergen, *The Aṣṭādhyāyī of Pāṇini with Translation*

7）ただし，パタンジャリの議論を正しくとらえていない場合もあるため（川村 2017a），注意を要する。

8）ただし，記載抜けと思われる箇所や明白な誤記もあり，注意を払いながら利用することが必要である。しかし，大変に有用な研究資料かつ労作であることに間違いはない。

and Explanatory Notes. Volume III (1.3.1–1.3.93). New Delhi: Sahitya Akademi, 1994.

- S. D. Joshi and J. A. F. Roodbergen, *The Aṣṭādhyāyī of Pāṇini with Translation and Explanatory Notes*. Volume IV (1.4.1–1.4.110). New Delhi: Sahitya Akademi, 1995.
- S. D. Joshi and J. A. F. Roodbergen, *The Aṣṭādhyāyī of Pāṇini with Translation and Explanatory Notes*. Volume V (2.1.1–2.1.72). New Delhi: Sahitya Akademi, 1996.
- S. D. Joshi and J. A. F. Roodbergen, *The Aṣṭādhyāyī of Pāṇini with Translation and Explanatory Notes*. Volume VI (2.2.1–2.2.38). New Delhi: Sahitya Akademi, 1997.
- S. D. Joshi and J. A. F. Roodbergen, *The Aṣṭādhyāyī of Pāṇini with Translation and Explanatory Notes*. Volume VII (2.3.1–2.3.73). New Delhi: Sahitya Akademi, 1998.
- S. D. Joshi and J. A. F. Roodbergen, *The Aṣṭādhyāyī of Pāṇini with Translation and Explanatory Notes*. Volume VIII (2.4.1–2.4.85). New Delhi: Sahitya Akademi, 2000.
- S. D. Joshi and J. A. F. Roodbergen, *The Aṣṭādhyāyī of Pāṇini with Translation and Explanatory Notes*. Volume IX (6.4.1–6.4.175). New Delhi: Sahitya Akademi, 2002.
- S. D. Joshi and J. A. F. Roodbergen, *The Aṣṭādhyāyī of Pāṇini with Translation and Explanatory Notes*. Volume X (7.1.1–7.1.103). New Delhi: Sahitya Akademi, 2003.
- S. D. Joshi and J. A. F. Roodbergen, *The Aṣṭādhyāyī of Pāṇini with Translation and Explanatory Notes*. Volume XI (7.2.1–7.2.118). New Delhi: Sahitya Akademi, 2004.
- S. D. Joshi and J. A. F. Roodbergen, *The Aṣṭādhyāyī of Pāṇini with Translation and Explanatory Notes*. Volume XII (7.3.1–7.3.120). New Delhi: Sahitya Akademi, 2006.
- S. D. Joshi and J. A. F. Roodbergen, *The Aṣṭādhyāyī of Pāṇini with Translation*

and Explanatory Notes. Volume XIII（7.4.1–7.4.97）. New Delhi: Sahitya Akademi, 2007.

- J. A. F. Roodbergen, *The Aṣṭādhyāyī of Pāṇini: Translation and Explanatory Notes of the Portion P. 4.1.1–P. 4.1.75.* Pune: Adarsha Sanskrit Shodha Samstha, 2011.
- S. D. Joshi and J. A. F. Roodbergen, *The Aṣṭādhyāyī of Pāṇini with Introduction and Explanatory Notes.* The *taddhita*-section（P. 4.1.76–5.4.160）. Volume XIV. New Delhi: Sahitya Akademi, 2011.

これらはパーニニの文法規則に解釈を与えるだけでなく，パーニニ文典の標準的な解説書である『カーシカー注解』の議論に主として論及し，さらにその背景となるカーティヤーヤナやパタンジャリの議論にも関説しており，研究に益するところ大である。座右に全巻そろえておきたい。加えて，この文脈で次の書も再び挙げておく。

- George Cardona, *Pāṇini: His Work and Its Traditions. Volume One. Background and Introduction.* Delhi: Motilal Banarsidass, 1988. Second edition, revised and enlarged, 1997.

同書では，多くの文法規則に対して細心熟慮の説明が与えられている。規則の規定内容を正しく把握するために参照必須である。とりわけ有用なのは，それぞれの規則がどのような文脈に属し，その文脈の中でどのような役目を果たすものであるのかを規則適用例とともに知ることができる点である。

パーニニの文法規則がサンスクリット文献中で引用されるときには，前後の文脈なく問題の規則だけが単体で出てくるのが通例であるため，その規則だけの内容を確認して作業を終わらせてしまいがちである。その規則がパーニニ文典中でどのような文脈にある規則なのか，前後の規則に対してどのような役目を任せられている規則なのか，そこには先行規則からどのような項目が継起してくるのか，これらを踏まえるようにすれば，それぞれの規則やパーニニ文法学そのものへの理解度は格段に上がると思われる。

2.2 『大注釈』

パーニニ文典以外のパーニニ文法学文献に対する全訳・抄訳・訳注も数多くあるが，そのすべてを挙げることはできない。利用頻度が高いと考えられるものを優先的に紹介する。

パーニニの文法規則に対して広範かつ深甚なる論説を展開したパタンジャリの『大注釈』は，パーニニ文法学およびインド哲学一般の大鉱脈であり，その訳注研究を参照することで，パーニニの文法規則の解釈方法だけでなく文法学や哲学一般に関わる重要概念の数々についても学ぶことができる。訳注研究としてまずもって参照が推奨されるべきは，ジョシとロートベルゲンによる以下の一連の研究である。

- S. D. Joshi, *Patañjali's Vyākaraṇa-Mahābhāṣya: Samarthāhnika* (*P. 2.1.1*). *Edited with Translation and Explanatory Notes*. Poona: University of Poona, 1968.
- S. D. Joshi and J. A. F. Roodbergen, *Patañjali's Vyākaraṇa-Mahābhāṣya: Avyayībhāvatatpuruṣāhnika* (*P. 2.1.2–2.1.49*). *Edited with Translation and Explanatory Notes*. Poona: University of Poona, 1969.
- S. D. Joshi and J. A. F. Roodbergen, *Patañjali's Vyākaraṇa-Mahābhāṣya: karmadhārayāhnika* (*P. 2.1.51–2.1.72*). *Edited with Translation and Explanatory Notes*. Poona: University of Poona, 1971.
- S. D. Joshi and J. A. F. Roodbergen, *Patañjali's Vyākaraṇa-Mahābhāṣya: Tatpuruṣāhnika* (*P. 2.2.2–2.2.23*). *Edited with Translation and Explanatory Notes*. Poona: University of Poona, 1973.
- J. A. F. Roodbergen and S. D. Joshi, *Patañjali's Vyākaraṇa-Mahābhāṣya: Bahuvrīhidvandvāhnika* (*P. 2.2.23–2.2.38*). *Text, Translation and Notes*. Poona: University of Poona, 1974.
- S. D. Joshi and J. A. F. Roodbergen, *Patañjali's Vyākaraṇa-Mahābhāṣya: Kārakāhnika* (*P. 1.4.23–1.4.55*). *Introduction, Translation and Notes*. Poona: University of Poona, 1975.
- S. D. Joshi and J. A. F. Roodbergen, *Patañjali's Vyākaraṇa-Mahābhāṣya:*

Anabhihitāhnika (*P. 2.3.1–2.3.17*). *Introduction, Text, Translation and Notes.* Poona: University of Poona, 1976.

- S. D. Joshi and J. A. F. Roodbergen, *Patañjali's Vyākaraṇa-Mahābhāṣya: Vibhaktyāhnika* (*P. 2.3.18–2.3.45*). *Introduction, Text, Translation and Notes.* Pune: University of Poona, 1980.
- S. D. Joshi and J. A. F. Roodbergen, *Patañjali's Vyākaraṇa-Mahābhāṣya: Prātipadikārthaśeṣāhnika* (*P. 2.3.46–2.3.71*). *Introduction, Text, Translation and Notes*. Pune: University of Poona, 1981.
- S. D. Joshi and J. A. F. Roodbergen, *Patañjali's Vyākaraṇa-Mahābhāṣya: Paspaśāhnika. Introduction, Text, Translation and Notes*. Pune: University of Poona, 1986.
- S. D. Joshi and J. A. F. Roodbergen, *Patañjali's Vyākaraṇa-Mahābhāṣya: Sthānivadbhāvāhnika. Part I.* (*P. 1. 1. 56–1. 1. 57*). *Introduction, Text, Translation and Notes*. Poona: Bhandarkar Oriental Research Institute, 1990.
- S. D. Joshi and J. A. F. Roodbergen, *Patañjali's Vyākaraṇa-Mahābhāṣya: Sthānivadbhāvāhnika. Part II.* (*P. 1. 1. 58–1. 1. 59*). *Introduction, Text, Translation and Notes*. Pune: Bhandarkar Oriental Research Institute, 1996.

これらの研究はカーティヤーヤナの『評釈』，パタンジャリの『大注釈』，カイヤタの『灯火』，そしてある場合にはナーゲーシャの『照明』の訳を含み，訳注も微に入り細にわたるものである。そこでは文法学上の種々の重要概念も関説される。各書の冒頭部に設けられている導入部（設けられてない巻もある）と合わせてこの訳注を通読するだけでも，実に多くの学びを得ることができる。

このジョシとロートベルゲンの訳注研究の方法に範をとる形で，文法規則 1.3.1 を扱う『大注釈』部分に対する細密な訳注研究が小川によってなされている。

- 小川英世「Mahābhāṣya ad P1.3.1 研究（1）」『広島大学文学部紀要』47:

52–74, 1988.

- 小川英世「Mahābhāṣya ad P1.3.1 研究（2）」『広島大学文学部紀要』48: 62–81, 1989.
- 小川英世「Mahābhāṣya ad P1.3.1 研究（3）」『広島大学文学部紀要』51: 40–58, 1992.
- 小川英世「Mahābhāṣya ad P1.3.1 研究（4）」『広島大学文学部紀要』53: 21–41, 1993.
- 小川英世「Mahābhāṣya ad P1.3.1 研究（5）」『広島大学文学部紀要』54: 41–61, 1994.
- 小川英世「Mahābhāṣya ad P1.3.1 研究（6）」『広島大学文学部紀要』55: 22–42, 1995.
- 小川英世「Mahābhāṣya ad P1.3.1 研究（7）」『広島大学文学部紀要』56: 56–77, 1996.
- 小川英世「Mahābhāṣya ad P1.3.1 研究（8）」『広島大学文学部紀要』57: 57–76, 1997.

何よりも日本語で書かれていることが，本邦の読者にとって多大な便宜を与える。小川によるこの一連の研究成果を通じて，われわれは文法学者たちが展開する極めて緻密な議論に日本語でもって触れることができる。公開されているのは上記の研究（8）までだが，小川が広島大学に提出した博士論文では研究（17）までが収録されており[9)]，その研究成果は英語による研究書に結実している[10)]。

---

9)　小川 2002.

10)　Ogawa 2005a. その他に，日本語で読める『大注釈』の訳注研究に尾園 2014b, 2015, 2016 や川村 2022b がある。前者は，文法規則 3.1.7（意欲語幹形成接辞の導入規則）に対する『大注釈』を扱う訳注，後者は規則 1.4.23（行為実現要素が言及される主題規則）に対する『大注釈』を扱う訳注である。『大注釈』に対する訳注研究としては，他に八木によるフランス語の訳注研究（Yagi 1984）も刮目に値する。これは規則 6.4.1–19 を扱う『大注釈』に対する訳注であり，カイヤタの『灯火』とナーゲーシャの『照明』の該当部分も一緒に訳出されている。巻末には『大注釈』で引用される語形に対する詳細な派生表が提示される。八木はこれ以外にも，『大注釈』に対する一連の訳注研究をフランス語で発表している。これを含め，『大注釈』に対する訳注研究については Cardona 1976: 245–246 と Cardona 2004: 219–220 を参照せよ。

2.3 『カーシカー注解』

『カーシカー注解』は，パーニニの文法規則に対する伝統的な理解の仕方を教えてくれる基礎文献である。それだけに重要な作品であるのだが，現代語による通し訳は未だ存在しない。パーニニ文典第一課第一節（規則 1.1.1–1.1.75）に対する『カーシカー注解』については，大地原とルヌーによって高度な訳注研究がフランス語で出版されている。

- Yutaka Ōjihara and Louis Renou, *La Kāśikā-vṛtti (adhyāya I, pāda 1) traduite et commentée par Yutaka Ojihara et Louis Renou.* 1re partie. Paris: École française d'Extrême-Orient, 1960.
- Yutaka Ōjihara and Louis Renou, *La Kāśikā-vṛtti (adhyāya I, pāda 1) traduite et commentée par Yutaka Ojihara et Louis Renou.* 2e partie. Paris: École française d'Extrême-Orient, 1962.
- Yutaka Ōjihara, *La Kāśikā-vṛtti (adhyāya I, pāda 1) traduite et commentée par Yutaka Ojihara et Louis Renou.* 3e partie par Y. Ojihara. Paris: École française d'Extrême-Orient, 1967.

これらのうち，第 1 巻（1960）はパーニニの規則 1.1.1 から規則 1.1.44 に対する『カーシカー注解』，第 2 巻（1962）は規則 1.1.45 から規則 1.1.59 に対する『カーシカー注解』，第 3 巻（1967）は規則 1.1.60 から規則 1.1.75 に対する『カーシカー注解』の訳注である。パーニニ文典第一課第一節は規則 1.1.75 までであるから，これら 3 巻本によって当該の節に対する『カーシカー注解』の訳注が完成していることになる。『カーシカー注解』そのものに対する訳注だけではなく，『カーシカー注解』がなす諸言明の背後にある『大注釈』の議論や他の文法学文献の議論についても豊富な要約を含んでおり，有益である[11)]。さらに圧巻なのは，第 3 巻の末尾に付された付録部分（125～176 頁）である。そこでは『カーシカー注解』の引用する語形が順番に提示され，そのそれぞれがパーニニ文法上どのように形成されるものなのかが文法規則への言及ととも

11)　Cardona 1976: 246, 280.

に簡潔に示されている。細かな情報を確認したい専門家にとってこの上なく価値がある。

パーニニ文典第1課第1節は，規則解釈の前提となる名称規則や解釈規則が多く居並ぶ箇所であり，その正しい理解はパーニニの文法体系の理解にとって大きな比重を占める。それゆえ，大地原とルヌーによる上記の成果の利用価値は高い。さらに，パーニニ文典第1課について言うならば，以下のものも参照に値しよう。日本語で書かれている点も本邦の読者に便宜を提供すると思われる。

- アダム アルバー キャット・川村悠人「古代インド言語科学へのいざない（1）―パーニニ文典訳注（規則 1.1.1–1.1.75）」『東京大学言語学論集』44: e174–e231, 2022.
- アダム アルバー キャット・川村悠人「古代インド言語科学へのいざない（2）―パーニニ文典訳注（規則 1.2.1–1.3.93）」『東京大学言語学論集』45: e86–e234, 2023.

これら訳注研究は，パーニニ文典第1課に含まれる文法規則の訳，文法規則の規定内容の略説，文法規則の適用例の説明を提示するものであり，それぞれの規則の概要を適用例とともに容易に知ることができる。現在も継続中の訳注研究の第一弾と第二弾にあたる。

『カーシカー注解』は単にパーニニの文法規則に平易な説明を施すだけではなく，カーティヤーヤナの追加規定を引用して議論を展開することが少なくない。そこには現行の『評釈』には見出されない言明も含まれる。『カーシカー注解』に引用される追加規定の要点を知るには以下の書が有用である。

- Anandaprakash Medharthy, *Vārttika-prakāśaḥ*（*Explanations of Kāśikā-Vārttikās*）. Varanasi: Chaukhambha Sanskrit Sansthan, 1993. Second edition, Varanasi: Chaukhambha Sanskrit Bhawan, 2018.

同書では，『カーシカー注解』の挙げる追加規定がすべて列挙されており，それら追加規定そのものと追加規定が言及されるパーニニの文法規則が例とともに簡潔な形で説明される。記述はサンスクリット語でなされている。

2.4 『定説の月光』と『定説の月光・小論』

『定説の月光』は，『カーシカー注解』と同じく，パーニニの文法規則の伝統的な理解の仕方を簡潔に教えてくれる点で利用しやすい。幸い，英語による通し訳も存在する。

- Śrīśa Chandra Vasu, *The Siddhānta Kaumudī of Bhaṭṭoji Dīkṣita: Edited and Translated into English*. 4 vols. Allahabad: The Pāṇini Office, 1905–1907. Reprint in two volumes, Delhi: Motilal Banarsidass, 1962.

簡便な作品であり，かつ英訳も存在することから，パーニニ文法学を1から学んでいく際には『定説の月光』を教科書にして読んでいくのがよいかもしれない。実際，現代インドでは，パーニニ文法学を学習するにあたり，まずは『定説の月光』を読み通すのが主流である。

『定説の月光』の「行為実現要素の章」（*kārakaprakaraṇa*）については日本語訳注も存在する。関連して，『定説の月光』の簡易版である『定説の月光・小論』にも部分的に日本語による訳注が利用可能である。

- 菅沼晃「第一格の意味と用法—Siddhāntakaumudī, Kārakaprakaṇa（sic）訳註（1）」『東洋学論叢』20: 153–171, 1995.
- 菅沼晃「第二格の意味と用法①—Siddhāntakaumudī, Kārakaprakaraṇa 訳註（2）」『東洋学論叢』21: 141–162, 1996.
- 菅沼晃「第二格の意味と用法②—Siddhāntakaumudī, Kārakaprakaraṇa 訳註（3）」『東洋学論叢』22: 188–204, 1997.
- 菅沼晃「第二格の意味と用法③—Siddhāntakaumudī, Kārakaprakaraṇa 訳註（4）」『東洋学論叢』23: 114–146, 1998.
- 菅沼晃「第三格の意味と用法—Siddhāntakaumudī, Kārakaprakaraṇa 訳註（5）」『東洋学論叢』24: 137–160, 1999.

- 菅沼晃「第四格の意味と用法—Siddhāntakaumudī, Kārakaprakaraṇa 訳註(6)」『東洋学論叢』25: 138–170, 2000.
- 菅沼晃「第五格の意味と用法—Siddhāntakaumudī, Kārakaprakaraṇa 訳註(7)」『東洋学論叢』26: 186–214, 2001.
- 菅沼晃「第六格の意味と用法—Siddhāntakaumudī, Kārakaprakaraṇa 訳註(8)」『東洋学論叢』27: 120–174, 2002.
- 菅沼晃「第七格の意味と用法—Siddhāntakaumudī, Kārakaprakaraṇa 訳註(9)」『東洋学論叢』28: 185–214, 2003.
- 小川英世『新文法学派における Kāraka 理論の研究』平成 7 年度科学研究費補助金（一般研究 C）研究成果報告書，1996.
- 高崎直道「サンスクリット文法（パーニニ・スートラ）への手引き—Laghu-Siddhānta-Kaumudī」『駒澤大学研究紀要』17: 17–30, 1959.
- 高崎直道「『ラグ・シッダーンタ・カウムディー』譯註（Laghusiddhānta-kaumudī）—パーニニ文典入門—（2）」『駒澤大学仏教学部研究紀要』20: 1–22, 1962.
- 高崎直道「『ラグ・シッダーンタ・カウムディー』譯註（Laghusiddhānta-kaumudī）—パーニニ文典入門—（3）」『駒澤大学仏教学部研究紀要』21: 16–31, 1962.

日本語による訳注であることから，本邦の読者に資する面があるであろう。

2.5　解釈規則集

パーニニ文法学では語形派生の中で多様な解釈規則が考慮される。パーニニ自身が用意している解釈規則もあるが，後代に定式化されたものも多い。それらを解説付きで俯瞰できる解釈規則辞典が望まれるが，残念ながら今のところ存在しない。

ナーゲーシャが著した『解釈規則月冠論』は，パタンジャリの『大注釈』を最大の拠り所としてパーニニ文法学で採用されるべき解釈規則を集め，論じたものであり，パーニニ文法学で活用される主要な解釈規則はここに収録されている。当該文献にはキールホルンによる精度の高い英語訳注があり，解釈規則の内容を確認することができる。

• F. Kielhorn, *The Paribhāshenduśekhara of Nâgojîbhaṭṭa Edited and Explained.* Part II. Translation and Notes. Bombay: Government Central Book Depôt, 1874. Second edition by K. V. Abhyankar, Poona: Bhandarkar Oriental Research Institute, 1960.

ウジャスティックによる次の研究書は，最古の解釈規則文献と目される『ヴィヤーディの解釈規則注解』に対する訳注をそなえており，キールホルンの訳書と同じく，解釈規則の内容をおさえるのによい[12)]。

• Dominik Wujastyk, *Metarules of Pāṇinian Grammar: The Vyāḍīyaparibhāṣā-vṛtti, Critically Edited with Translation and Commentary.* 2 vols. Groningen: Egbert Forsten, 1993.

パーニニ文法学の歴史において多くの解釈規則文献が登場している。何らかの解釈規則に出会ったとき，その解釈規則がどの解釈規則文献に収録されているものかは，以下の研究書の末尾の表（466〜493 頁）で確かめることができる。

• Kashinath Vasudev Abhyankar, *Paribhāṣāsaṅgraha (A Collection of Original Works on Vyākaraṇa Paribhāṣās): Edited Critically with an Introduction and an Index of Paribhāṣās.* Poona: Bhandarkar Oriental Research Institute, 1967.

同書には非パーニニ文法学文献のものを含む多くの解釈規則文献が収められており，問題の解釈規則が各々の文献でどのように説明されているかを原文で確認することもできる。その冒頭部には，解釈規則や解釈規則文献について 60 頁を超える詳説がなされている。

---

12)　ただし，解釈規則に対する翻訳には改善の余地も認められる。カルドナによる書評（Cardona 1998）を見よ。全体としては，カルドナはこの労作を高く評価している（Cardona 1998: 244）。

この文脈で以下の論考にも触れておきたい。

- F. Kielhorn, "Notes on the Mahabhashya. 7. Some Devices of Indian Grammarians," *The Indian Antiquary* 16: 244–252, 1887.

これはキールホルンによる一連の『大注釈』研究ノートの末尾を飾るものである。文法家たちは何らかの文法学的な問題点を解決するために多様な説明装置を駆使しており，その数は後代になればなるほど増加する傾向にある。このキールホルンの論考では，カーティヤーヤナとパタンジャリが活用する最初期の主要な説明装置が22の範疇のもと集められ，出典とともに要点が簡潔に示されている。

3　パーニニ文法学の用語辞典

パーニニ文法学の用語や接辞などを検索し，その意味合いを関連する文法規則とともに知る際には，文法学の用語辞典や索引が欠かせない。代表的なものを出版年の順に掲げる。

- Otto Böhtlingk, *Pâṇini's Grammatik: Herausgegeben, übersetzt, erläutert und mit verschiedenen Indices versehen*. Second edition, Leipzig: H. Haessel, 1887. Reprint in 2 vols., Kyoto: Rinsen Book Company, 1977. [Erklärung der grammatischen Elemente: II. 146–187]
- Kshitish Chandra Chatterji, *Technical Terms and Technique of Sanskrit Grammar*. Calcutta: Calcutta University, 1964. Reprint, Kolkata: Sanskrit Pustak Bhandar, 2003.
- Louis Renou, *Terminologie grammaticale du sanskrit*. 3 vols. Paris: Champion, 1942. Reprint in one volume, 1957.
- S. M. Katre, *Dictionary of Pāṇini*. 3 vols. Poona: Deccan College, Postgraduate and Research Institute, 1968–1969.
- Kashinath Vasudev Abhyankar and J. M. Shukla, *A Dictionary of Sanskrit*

Grammar. Second revised edition, Baroda: Oriental Institute, 1977.

- S. M. Katre, *A Glossary of Grammatical Elements and Operations in Aṣṭādhyāyī*, Mysore: Central Institute of Indian Languages, 1981.
- Avanindra Kumar, *Savyākhya-aṣṭādhyāyī-padānukrama-kośaḥ*: *A Word Index of Pāṇini's Aṣṭādhyāyī*, Delhi: Parimal Publications, 1996, Revised edition, 2021.
- J. A. F. Roodbergen, *Dictionary of Pāṇinian Grammatical Terminology*. Pune: Bhandarkar Oriental Research Institute, 2008.
- Mahesh A. Deokar, *Technical Terms and Technique of the Pali and the Sanskrit Grammars*. Varanasi: Central Institute of Higher Tibetan Studies, 2008.

最も古いベートリンクの用語索引と用語解説は，彼によるパーニニ文典の校訂とドイツ語訳に付されたものであり，概して信頼に値するが，正確でない場合もある[13]。

チャッテールジのものは，パーニニ文法学文献と非パーニニ文法学文献に現れる主要な文法学用語を扱うもので，諸文献への言及を多量に含む。文法学用語の扱いはやや散漫であるが，内容は豊かで情報に富んでいる[14]。ただし，通常の辞典とは違って，順番に並んでいる項目を必要に応じて引けるような形にはなっておらず，使いづらい点がある。

ルヌーのものは，パーニニ文典中で数多くの種類が言及される接辞や加音のあれこれを除外し，パーニニ，カーティヤーヤナ，パタンジャリが使用する文法学用語の説明に焦点をあてている。音声・音韻学書および語源学書に現れる用語の解説をも収録している点で特筆に値する[15]。

カトレーの第一のものは，パーニニ文典に現れる単語や用語を集め，それに意味や説明を施したものである。パーニニ文典自体の用語索引として利用しやすい。文法規則が実際に派生させることになる語形も挙げられ，その他に文法

13) Cardona 1976: 144 with note 21.

14) Cardona 1976: 145.

15) Cardona 1976: 145.

規則が派生を予定していると思われる語形も『カーシカー注解』から取られて挙げられる。いずれの語形にも意味説明が付与される。掲載されるすべての項目にわたって関連する文法規則への言及があり，利便性が高いと思われる[16)]。

アビヤンカルとシュクラのものが現在おそらく最も広く使われており，接辞や加音といった各文法要素や各文法用語などを広範かつ簡潔に扱っている。他のものに比べて使い勝手がよいのは確かであり，かつ概して信頼に値する。また，文法家名や作品名も項目として立てられており，説明を得られる。

カトレーの第二のものでは，パーニニ文典で言及される用語について，その内容や関連する文法規則の情報が詰め込まれている。初学者にとってはややとっつきにくいと思われる。

クマルのものは，パーニニの文法規則で使われるそれぞれの表現を関連規則とともに順に並べ，その表現に対してヒンディー語による説明を施すものである。同時にその説明は，問題となる規則の解釈の仕方を示すものにもなっており，規則の内容を理解するのにも役立つ。パーニニ文典で使用される表現を関連規則とともに検索し，それらの表現が規則の中でどのような役割を果たしているかを知ることができる点に，高い有用性が認められる[17)]。

ロートベルゲンのものは，アビヤンカルのものほどの網羅性をもたないが，とりわけ重要な用語に対して細部にわたる丁寧な説明がなされる点，文法学文献に現れる種々の言明を表現単位で収録し，それに訳と解説を簡潔に与える点，解説中に先行研究への言及が豊富にある点を特色として挙げることができる。解釈規則の数々も掲載され，説明されている。

最後のデオカルのものは，非パーニニ文法学とパーリ文法学の用語や方法の解説を主眼とするものであるが，その中でパーニニ文法家たちによる定義や説明も提示されている。チャッテールジのものと同様，それぞれの項目を辞典のように引ける体裁はとられていない。その都度，目次で必要な項目の箇所を確認して該当する頁をめくることになる。

---

16)　カルドナも本研究書の高い利便性を認めている（Cardona 1973a: 44）。一方，そこには決して少なくない不備もある。カルドナによる綿密な書評（Cardona 1973a）を座右において利用する必要がある。

17)　Cardona 2004: 111 with note 13 はいくつかの不備を指摘しつつも，クマルの研究書の利便性と質を高く評価している。

4　パーニニ文法学の指標辞辞典

パーニニ文法では多種多様な指標辞が利用される。それら1つひとつの役割と関連規則を確かめるのに便利なのは以下の書である。

- G. V. Devasthali, *Anubandhas of Pāṇini*. Poona: University of Poona, 1967.

パーニニ文法で用いられる指標辞を幅広く扱っている。それぞれの指標辞の機能を概説してくれている点で有用であり，その概説の後に提示される文法要素の表と説明も見やすい。この書を手元に置いておけば，指標辞の機能と見るべき文法規則はおおよそ調べられると思うが[18)]，この研究書では説明されていない指標辞もある。そのような指標辞が果たす役割を知るには，実際の文法学文献でなされる文法家たちの議論にあたらなければならない。

5　パーニニ文法学の適用例辞典

パーニニ文法学文献には，文法規則の適用例として実に多量かつ多彩な語形が提示される。それら適用例の意味や派生過程の詳細を明示する画期的な偉業がなされつつある。これを見れば，文法家たちが例として挙げる千差万別の語形の意味とその派生法を知ることができる。

- F. Grimal, V. Venkataraja Sarma, V. Srivatsankacharya, and S. Lakshminarasimham, *Pāṇinīyavyākaraṇodāharaṇakośaḥ＝La grammaire paninéenne par ses exemples＝Paninian Grammar through Its Examples*. Volume I. Udāharaṇasamāhāraḥ＝Le livre des exemples: 40 000 entrées pour un texte＝The Book of Examples: 40, 000 Entries for a Text. Tirupati: Rashtriya Sanskrit Vidyapeetha; Paris: École française d'Extrême-Orient; Pondichéry: Institut Français de Pondichéry, 2006.

18)　指標辞が果たす機能を扱う他の工具類については，Cardona 1976: 200 を参照せよ。

- F. Grimal, V. Venkataraja Sarma, and S. Lakshminarasimham, *Pāṇinīya-vyākaraṇodāharaṇakośaḥ*＝*La grammaire paninéenne par ses exemples*＝*Paninian Grammar through Its Examples*. Volume II. Samāsa-prakaraṇam＝Le livre des mots composés＝The Book of Compound Words. Tirupati: Rashtriya Sanskrit Vidyapeetha; Paris: École française d'Extrême-Orient; Pondichéry: Institut Français de Pondichéry, 2007.
- F. Grimal, V. Venkataraja Sarma, and S. Lakshminarasimham, *Pāṇinīya-vyākaraṇodāharaṇakośaḥ*＝*La grammaire paninéenne par ses exemples*＝*Paninian Grammar through Its Examples*. Volume III-2. Tiṅanta-prakaraṇam 2＝Le livre des conjugaisons 2＝The Book of Conjugations 2. Tirupati: Rashtriya Sanskrit University; Paris: École française d'Extrême-Orient; Pondichéry: Institut Français de Pondichéry, 2009.
- F. Grimal, V. Venkataraja Sarma, and S. Lakshminarasimham, *Pāṇinīya-vyākaraṇodāharaṇakośaḥ*＝*La grammaire paninéenne par ses exemples*＝*Paninian Grammar through Its Examples*. Volume IV. Taddhita-prakaraṇam＝Le livre des dérivés secondaires＝The Book of Secondary Derivatives. Prathamabhāgaḥ＝Première partie＝First Part. Aṃśakaḥ－pāriṣadaḥ. Tirupati: Rashtriya Sanskrit Vidyapeetha; Paris: École française d'Extrême-Orient; Pondichéry: Institut Français de Pondichéry, 2015.
- F. Grimal, V. Venkataraja Sarma, and S. Lakshminarasimham, *Pāṇinīya-vyākaraṇodāharaṇakośaḥ*＝*La grammaire paninéenne par ses exemples*＝*Paninian Grammar through Its Examples*. Volume IV. Taddhita-prakaraṇam＝Le livre des dérivés secondaires＝The Book of Secondary Derivatives. Dvitīyabhāgaḥ＝Seconde partie＝Second Part. Pāriṣadam－hrasiṣṭhaḥ. Tirupati: Rashtriya Sanskrit Vidyapeetha; Paris: École française d'Extrême-Orient; Pondichéry: Institut Français de Pondichéry, 2015.

これらは，『大注釈』，『カーシカー注解』，『口語注解』，『定説の月光』という４つの文法学文献から文法規則の適用例をすべて集め，それらの語形がパーニニ文法によってどのように派生され，どのような意味を担うかを示そうとするものである。全9巻の出版が企図されている。

第1巻では上記4つの文献から集められたすべての適用例が列挙されており，その数はおよそ40000個にのぼる。

第2巻では，『定説の月光』の「複合語の章」で挙げられるすべての例が提示され，『定説の月光』が例を挙げない文法規則の適用例については残る3つの文法学文献から補充されている。それぞれの語形の語源的な意味がサンスクリット語，フランス語，英語で与えられ，続いて語形の派生過程が文法規則とともに示され，最後に簡潔な派生過程の説明がサンスクリット語によって施される。

第3巻第2部（第1部は未刊）では，『定説の月光』の「定動詞の章」の後半部で挙げられるすべての例が提示され，第2巻と同じく，残る3つの文法学文献から補充される例もある。それぞれの語形に対して与えられる情報も第2巻とほとんど同じである。

第4巻の第1部と第2部は第二次接辞を扱う文法規則の適用例を提示し，同じくそれぞれの語形の意味と派生過程を明示したものである。適用例は『定説の月光』から集められている。

パーニニ文法学文献では，非ヴェーダ語だけではなく，ヴェーダ聖典で使用される語形も例として引かれることがある。そのような場合，問題のヴェーダ語形の出典を調べるには以下の2書が便利である。

- Wilhelm Rau, *Die vedischen Zitate im Vyākaraṇa-Mahābhāṣya*. Stuttgart: Franz Steiner, 1985.
- Wilhelm Rau, *Die vedischen Zitate in der Kāśikā Vṛtti nach Vorarbeiten Dr. S. Sharma Peris zusammengestellt*. Stuttgart: Franz Steiner, 1993.

前者は，『大注釈』でなされるヴェーダ文献からの引用の典拠を跡づけたもの，後者は『カーシカー注解』でなされるヴェーダ文献からの引用の典拠を跡づけたものである。加えて，後者では前者の補完と修正もなされている（113〜114頁）。パーニニ文法学の議論において利用される例の多くはこれら

『大注釈』と『カーシカー注解』に端を発するものであると思われるため，ラオによる上記の2書があれば，ヴェーダ語形の例のおおよそは調べられるだろう。ちなみにラオは，チャンドラ文法の規則集に対する注解書『チャンドラ注解』におけるヴェーダ文献からの引用元を示す資料も出版している[19)]。

6　パーニニ文法学のオンライン教材

インターネットが普及し発展を続けている現在，パーニニ文法学の学習や研究に資するウェブページも多く開設されている。以下ではそれらを紹介する。

6.1　文法規則の検索

まず，ピーター・シャーフ（Peter Scharf）が主催する「サンスリット図書館」（The Sanskrit Library）にある次のページでは，パーニニの文法規則についてきめ細かい情報を得ることができる。

- https://sanskritlibrary.org/astadb.html（2023年12月15日閲覧）

このページに出る指定箇所に文法規則の番号を打ち込んで検索をかけると，当該規則に対する情報がすぐさま現れる。そこでは規則の種類，規則に対する英訳，考慮される他規則の項目，そして規則の構成要素の分析を見ることができる。初学者，中級者，上級者のいずれにとっても役に立つツールである。

もう1つ紹介しておくべきは，多くの協力者のもと成し遂げられた以下のツールである。Pāṇini Research Tool と名づけられている。

- https://sanskritdictionary.com/panini/（2023年12月15日閲覧）

所定の位置にたとえば「2-3-46」と打ち込んで検索をかけると，本書でも見たパーニニの文法規則 2.3.46 が現れ，当該規則に継起する項目や規則の種類，

19)　Rau 1996.

規則に対する先行訳や説明および注釈書類の文言，規則の適用例などを参照することができる。特筆すべきは掲載される注釈書類の豊かさであり，代表的な注釈書類の解説や議論をすぐに見ることが可能である。他のサイトに比してもう 1 つ異彩を放っているのは，それぞれの文法規則を現代の伝統的学者がサンスクリット語で読みあげる音声を聞くことができる点だ。文法規則の隣に付けられている音声マークをクリックするだけでよい。インドで文法学を学んでいる雰囲気を味わうことができる。

このツールと同じく，注釈類の説明とともに文法規則の内容を確認でき，かつ現代のインド人学者による文法規則の読みあげを聞くことができるものとして，以下がある。

- https://ashtadhyayi.com（2023 年 12 月 16 日閲覧）

このページの sūtrapāṭhaḥ と書かれたところに入ると，パーニニの文法規則のすべてが列挙されており，それぞれの規則をクリックすることで規則について詳細な情報を見ることができるようになっている。そこでは，規則を構成する語の分析，規則に継起する項目，規則が支配下におかれている規則，規則の種類を確認できることに加えて，上で紹介したヴァスによる英訳注ならびに代表的な文法学文献群が当該規則についてなす説明や議論もすぐさま参照できる形をとっている。極めて便利で有益なツールである。

6.2　名詞形の自動派生

以下は，ハイデラバード大学のサンスクリット研究科が公開している分析ツールである。

- https://sanskrit.uohyd.ac.in/scl/（2023 年 12 月 15 日閲覧）

ここにはかなり多様なツールが用意されていて，そのすべてを本講で紹介し尽くすことはできない。興味のある向きは上記のページを訪れて色々と試してみるといいだろう。

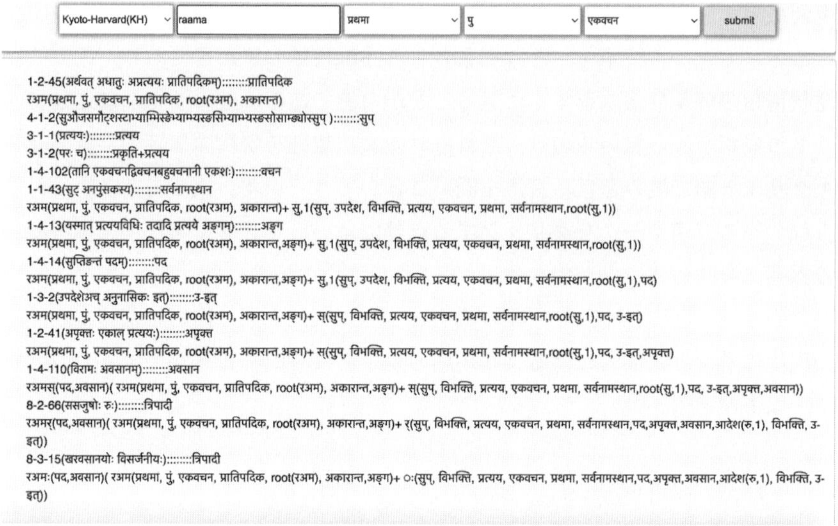

図4　本ツールが示す *rāma* の主格単数形の派生過程

その中でパーニニ文法学の研究にとって利用価値が高いと思われるのは「派生過程を正しく示すもの」（*prakriyāsaṃdarśinī*）という名のついたツールである。指定箇所に特定の名詞語基を入力し，格・性・数を指定して submit のボタンを押すと，なんとびっくり。パーニニ文法に従った語形派生の過程が文法規則や文法要素とともに一瞬にして現れる。本書で詳説した *a* 語幹男性名詞の派生過程のみならず，中性名詞，女性名詞，*i* 語幹名詞，*u* 語幹名詞などなど，ありとあらゆる名詞のありとあらゆる変化形の派生過程を瞬く間に出現させるのである。まこと驚くべきツールであり，専門の研究者に多大な利便を与えるものである。

ただし，ここで「専門の研究者に」と述べたように，提示される数々の文法規則や文法要素の意味をすぐに理解できる者でなければ，このツールを使いこなすことは難しそうである。文法規則や文法要素に対する訳や説明は一切省かれており，パーニニ文法学に通じていない者が仮に何らかの名詞語基を指定してこのツールにより名詞形の派生過程を導出してみても，そこで何が起こっているのかほとんどわからないと思う。

ともあれ，革命的なツールであることに疑いはない。今後，名詞形だけではなく定動詞形の派生過程をも網羅したツールへと発展することが期待される。

6.3　現代言語学との連絡

以下は，オックスフォード大学のジョン・ロー（John Lowe）が主催するインド言語学研究のウェブサイトである。彼が推進しているインド言語学研究は，インド伝統が残してきた膨大な言語学的思索をまとめあげ，それをもって現代の言語学を革新しようとする壮大なものである。

- https://www.linguindic.com（2023 年 12 月 15 日閲覧）

URL に示されているように，このページの名は Linguindic と言う。これは **Lingu**istics（言語学）と **Indic**（インド語）からなる造語（かばん語）であり，全体として「インド言語学」を意図している。トップページからは以下の 6 つの項目に入っていくことができる。

1. 「作者たち」（Authors）
2. 「言語学の諸領域」（Linguistic fields）
3. 「言語学の諸概念」（Linguistic notions）
4. 「言語学の諸伝統」（Linguistic traditions）
5. 「サンスクリット用語集」（Sanskrit words）
6. 「文献群」（Texts）

まず 1. の「作者たち」の項目に入ると，そこにはインド文法家たちの名前が順番に挙げられており，それぞれの名前をクリックすると，それぞれの文法家のおおよその年代と文法家の著した文献名，そしてその文献の刊本についての情報を得られるようになっている。ここで文献名の箇所をクリックすると文献の情報へと飛ぶことができる。その飛んだ先のページでは，当該の文献の作者，年代，種類，著された場所および先行研究の情報などを知ることができる。この先行研究の情報には，上記 6. の「文献群」（Texts）の項目からアクセスすることもできる。この箇所では，言語をめぐる論説を展開した主要な作品群が順番に並んでいる。

2. の「言語学の諸領域」では，形態論（morphology），音声学（phonetics），音韻論（phonology），語用論（pragmatics），意味論（semantics），統語論（syntax）という 6 つの領域について簡潔な説明と参考文献を見ることができる。

3. の「言語学の諸概念」では，言語学で使われる重要な諸概念およびそれに対応するインド伝統側の概念の解説がなされている。ここが本ウェブページの最大の売りとなる箇所であり，現代の言語学とインド伝統の考え方がどのように連絡し得るかを考える上で，極めて貴重なものである。

4. の「言語学の諸伝統」では，言語的思索に大きく貢献したインドの学問分野が詩学（*Alaṃkāraśāstra*），非パーニニ文法学（*Apāṇinīya vyākaraṇa*），辞書（*Kośa*），聖典解釈学（*Mīmāṃsā*），語源学（*Nirukta/nirvacana*），論理学（*Nyāya*），音韻論と音声学（*Prātiśākhya* and *śikṣā*），パーニニ文法学（*Pāṇinīya vyākaraṇa*）の 6 つに分けて並べられており，それぞれの箇所で簡易な説明と参考文献を見ることができる。

5. の「サンスクリット用語集」では，文法要素や文法用語を含むさまざまなサンスクリット語が掲載され，それぞれに対して説明が与えられている。これら 1. から 6. のページはすべて随時更新中であり，今後さらに充実していくことが期待される。最後に，ロー博士ご本人から得た情報であるが，インド言語学と現代言語学の接続を図る画期的な書 *Modern Linguistics in Ancient India* が近く刊行されるようである。本書執筆中は残念ながらまだ出版されていなかったため，未見である（付記：このロー博士の著書は 2024 年 3 月に Cambrige University Press から出版された）。

続く本書第Ⅳ講では，いくつかの主題のもとにインド言語学と近現代言語学の接点について概観する。

第 IV 講
インドの言語学と近現代の言語学

1　五十音図と古代インドの音声学

これまでの3つの講では，パーニニ文法学の概要や原理を主にインド伝統の枠組みの中で論じ，同じくインド伝統の枠組みの中でパーニニ文法学に接近するための工具類を紹介してきた。本講では，パーニニ文法学を含むインドの言語学伝統（文法学，音声学，音韻学）と近現代の言語学のつながりを見る。

1.1　五十音図と悉曇学

日本語にはどのような母音があるのかと聞かれると，おそらくほとんどの人は「アイウエオ」と答える。英語の場合，「*a e i o u*」の順番が一般的だが，これは単に英語のアルファベット順に従ったものである。「アエイオウ」や「イエオウア」などではなく，「アイウエオ」という順番が最も一般的なのは，日本人が五十音図に慣れ親しんでいるからである。

「五十音図」と呼ばれるものは日本語の音をその種類に従って縦と横に連ねた図で，五十音図の配列に従うアイウエオ順とアカサタナハマヤラワ順は現在の国語辞書，名簿，席順，文献表などあらゆるところで当然のように前提とされており，現代日本の社会生活の中に広く浸透している。五十音図には長い歴史があり，当初から現在のような形をとっていたわけではないが，現在のものと同じような姿を示すものは17世紀に出現する[1)]。馬渕によると，「「五十音図」は悉曇学と漢字音韻学の二方面から発生し，両方の機能が平安時代末に一緒になって定着した」ものである[2)]。6世紀末に，北インドで用いられていたグプタ文字（ブラーフミー文字の一種）から悉曇文字が派生し，仏教とともにこ

1)　五十音図の全体的な歴史については馬渕 1993 が詳しい。

の文字が中国や日本に伝わった[3]。

インドにおいて音素表は伝統的に「12 音節集成」(*dvādaśākṣarī*) と呼ばれる。この呼び方は，音素表を書き記す際に，12 の母音字 (*a*, *ā*, *i*, *ī*, *u*, *ū*, *e*, *ai*, *o*, *au*, *aṃ*, *aḥ*) を最初に書き，その後に 12 の母音とそれぞれの子音の組み合わせ (*ka*, *kā*, *ki*, *kī* など) を表す文字を書く習慣に由来する[4]。「悉曇」(*Siddhamātṛkā* または *siddham*) という名称は，「12 音節集成」の冒頭に縁起の良い言葉である *siddham* (シッダム)「成就 [あれ]」を置くしきたりからきており (図 5)，この *siddham* はもともと特定の文字を指すものではなかったが，後に，6 世紀から 10 世紀頃の北インドで用いられていた特定の文字を指すようになった[5]。

空海や最澄などの留学僧を通じた密教の渡来とともに，平安時代以後には，さまざまな効用をもたらす呪句として真言陀羅尼 (*dhāraṇī*) の唱誦が盛んとなる。真言陀羅尼はサンスクリット語の正しい発音のもと正しく発せられたときに初めてその霊妙な力を顕現させる。このような考えのもと，悉曇文字で記された真言陀羅尼を正しく唱えてその霊験に与るために，中国だけでなく日本でもサンスクリット語の音声と音韻に関する学問として悉曇学がはじまり，発展していくことになる。

1.2　古代インドの音素表

紀元前 1000 年頃に遡る呪法集『アタルヴァヴェーダ』や祭式文献『マイトラーヤニー本集』には，当時インドで学習に利用されていたと推測される一定の音素表に言及すると思しき歌が収録されている。ティーメはその歌を解釈し

2) 馬渕 1993: 177. 従来の音図起源説には，悉曇学起源説と漢字音韻学起源説という有力な 2 つの立場があり，それぞれに確からしい根拠があったが，馬渕の「多元的起源説」は従来の対立を解消したと肥爪は評し (肥爪 1994: 129–130)，この馬渕説を「単なる折衷案などでは決してなく，五十音図の歴史を，より立体的に，ドラマティックに見渡す着想」，「まさにコロンブスの卵のごとき創見」として高く評価している (肥爪 1994: 130)。

3) Cf. Salomon 1998: 39 with note 112: “The name Siddhamātṛkā is reported by Al-Bīrūnī, and appears to be corroborated by the term ‘Siddham’ which is applied to it by Buddhist tradition in East Asia. This is thus one of the few cases wherein we know the traditional name for one of the premodern scripts.” 中国および日本における悉曇学については Salomon 2015: 26–29 を参照せよ。

4) Salomon 2015: 10.

5) Salomon 2015: 11.

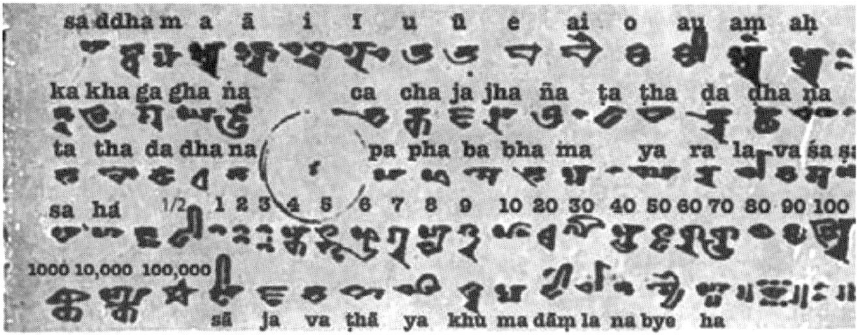

図 5　敦煌出土の悉曇文字写本にローマ字を追記したもの（Salomon 2015: 35）6)

て以下のような音素表を再構成した7)。

a　i　u　r̥　e　o　ai　au
k　c　ṭ　t　p
y　r　l　v
ś　ṣ　s　h

上の音素表は，長短の区別を排除した 8 つの母音，有声・無声および有気・無気の区別を排除した 5 つの閉鎖音（鼻音も立てられていない），4 つの半母音および 4 つの摩擦音からなる。合計で 21 の音をもって構成される極度に抽象化されたものである8)。

古代インドにおいて音素表は *akṣarasamāmnāya* または *varṇasamāmnāya* と呼ばれる。ここで *akṣara* と *varṇa* は今日（こんにち）の言語学でいう分節音（segment）に相当するものである9)。人間の音声信号を 1 つひとつの音が時間軸上で連続してい

6)　図 5 の写本では，*siddham* ではなく *saddham* と記されているが，その理由については Salomon 2015: 35 with note 45 を参照せよ。また，サンスクリット語の母音 *r̥, r̥̄, l̥, l̥̄* を表す文字が記されていないのは，悉曇文字のようなブラーフミー系の文字は，これらの母音をもたないプラークリット語を書き記すために作られたからである（Salomon 2015: 10）。サンスクリット語に特有の音（*r̥, au, ṅ, ḥ* など）を表す文字や終止記号（*halanta / virāma*）の表記法がより一般的に使われるようになるのは紀元後 1 世紀から 3 世紀の間と考えられる（Salomon 1998: 37）。

7)　Thieme 1985: 559.

8)　Thieme 1985: 563.

るものととらえて，子音・母音という最小の単位に区切られたものが分節音であるが，インドでは分節音は早い段階から認識されており，いくつかの種類に分類される[10]。たとえば，紀元前6世紀以前にさかのぼる『アイタレーヤ梵書』(*Aitareya-Brāhmaṇa*) では，聖音 *om* は「3つ分節音」(*trayo varṇāḥ*)，つまり *a-u-m* からなると説明されている[11]。また，紀元前700年〜紀元前500年頃に成立した『アイタレーヤ森林書』(*Aitareya-Āraṇyaka*) および『チャーンドーギヤ奥義書』(*Chāndogya-Upaniṣad*) は，母音 (*svara*)，閉鎖音 (*sparśa*)，摩擦音 (*ūṣman*) という音の分類に言及しており，前者では「第四番目」の範疇として半母音 (*antaḥsthā*) も導入されている[12]。

より詳細な音素表への言及は音声・音韻学書類 (*prātiśākhya*) にてなされる。第Ⅰ講でも触れたように，『リグヴェーダ音声・音韻学書』と『タイッティリーヤ音声・音韻学書』は，おそらくパーニニ以前と考えられるが，後に成立した音声・音韻学書類でもパーニニ以前から継承されたと思われる分析法が見られる。これらの音声・音韻学書類は通常，音素表そのものを提示することはせず，音の分類から話が始まるが，その分類法を通じて，前提とされている音素表の形を推定することができる。『リグヴェーダ音声・音韻学書』が前提とする音素表は以下のようなものである[13]。

a　ā　ṛ　ṝ　i　ī　u　ū

e　o　ai　au

k　kh　g　gh　ṅ

---

9) Lowe 2020: e102.

10) 古代インドの音声学については Allen 1953 が詳しい。

11) AB 5.32.2.

12) AĀ 3.2.1, ChU 2.22.3–5. AĀ 2.2.4 では，子音 (*vyañjana*)，母音 (*ghoṣa*)，摩擦音 (*ūṣman*) というやや異なる分類法と呼称も見られる。

13) ṚP 1.9–10. 配列順に関して，それぞれの音声・音韻学書類やパーニニ文典が前提としている音素表との間には多少の違いがあることに注意されたい。たとえば，『リグヴェーダ音声・音韻学書』では，母音 *a* の後に母音 *ṛ* がくることになるが，『タイッティリーヤ音声・音韻学書』が前提とする音素表では，母音 *ṛ* は母音 *u* の後に配置されることになる。音素表の配列順は概ね音の音声学的な分類に基づくが，複数の音を対象とする文法規則などにおいて音が指定しやすいよう順序に工夫がなされている場合もある (cf. Müller 1869: x)。

c　ch　j　jh　ñ
ṭ　ṭh　ḍ　ḍh　ṇ
t　th　d　dh　n
p　ph　b　bh　m
y　r　l　v
h　ś　ṣ　s
ḥ　χ　φ　ṃ

ここでは単母音（*samānākṣara*）の長短，二重母音（*sandhyakṣara*），有声・無声（*ghoṣavat, aghoṣa*）および有気・無気（*mahāprāṇa, alpaprāṇa*）[14)]の閉鎖音，鼻音，半母音，有声摩擦音（*h*），歯擦音（*ś, ṣ, s*），アヌスヴァーラ *anusvāra*（*ṃ*）および無声摩擦音であるヴィサルジャニーヤ／ヴィサルガ *visarjanīya/visarga*（*ḥ*），ジフヴァームーリーヤ *jihvāmūlīya*（*χ*），ウパドゥマーニーヤ *upadhmānīya*（*φ*）が挙げられている[15)]。音素表の閉鎖音に着目すると，軟口蓋（*hanumūla* または *jihvāmūla*）[16)]，硬口蓋（*tālu*），口腔内の最上点（*mūrdhan*，つまりそり舌音の調音点），歯茎（*dantamūla*），唇（*oṣṭha*）という5つの調音点（*sthāna*）が区別されており[17)]，最も後ろの調音点である軟口蓋から最も前の調音点である唇の方へと順次移行していく形で音素が配列されていることになる。半母音（硬口蓋音 *y* → 歯茎音 *r, l* → 唇音 *v*）[18)]および歯擦音（硬口蓋音 *ś* → そり舌音 *ṣ* → 歯茎音 *s*）の配列順にも同様の規則性が見られる。母音を調音する際には舌などの調音器官

14)　有気・無気のとらえ方については Allen 1953: 37–39 を参照せよ。

15)　アヌスヴァーラおよびアヌナーシカ *anunāsika*（*ṁ*）の音声実現については Cardona 2013 が最も詳しい。アヌナーシカとアクセントは音声・音韻学書類に詳しく記述されるが，これらの要素は分節音として見なされていないため，音素表には含まれない（Lowe 2020: e103–e104）。他の母音と違って，*ḷ* は語中にしか現れずしかも動詞語基 *kḷp*「整然としている，適している」に限られているので，ここで音素表には含まれていない（パーニニ文典では動詞語基 *kḷp* ではなく *kṛp* を基本形として見なして規則 8.2.18 により *ṛ* を *ḷ* で代置する）。ジフヴァームーリーヤおよびウパドゥマーニーヤは，それぞれ無声軟口蓋摩擦音［x］と無声両唇摩擦音［ɸ］として実現されていたと考えられる（Allen 1953: 50）。

16)　パーニニ文法学において軟口蓋音は「喉の音」（*kaṇṭhya*）とされる（cf. Allen 1953: 52, Hock 2014: 68–69）。

17)　Allen 1953: 51–57, Cardona 2014b: 3.

18)　*r* と *l* の調音点については Allen 1953: 53–57, Kobayashi 2017: 329–330 を参照せよ。

(*karaṇa*) を調音点に近づける (*upasaṃharati*), 子音の場合には調音器官が調音点に接触する (*sparśayati*) と言われる[19]。音声・音韻学書類において, それぞれの調音点で発音される音は「*k* 系列音, *k* 行」(*ka-kāra* また *ka-varga*),「*c* 系列音, *c* 行」(*ca-kāra*, *ca-varga*) などで表され, 無声無気, 無声有気, 有声無気, 有声有気, 鼻音の調音法 (*prayatna*) によって区別される音は序数「第一番目の音, 第二番目の音」(*prathamāḥ*, *dvitīyāḥ*) などで表される (表 11)[20]。

表 11 『リグヴェーダ音声・音韻学書』の音素表[21]

母音 (*svara*)	単母音 (*samānākṣara*)	*a ā r̥ r̥̄ i ī u ū*				
	二重母音 (*sandhyakṣara*)	*e o ai au*				
子音 (*vyañjana*)	閉鎖音 (*sparśa*)	第一 (*prathamāḥ*)	第二 (*dvitīyāḥ*)	第三 (*tr̥tīyāḥ*)	第四 (*caturthāḥ*)	第五 (*pañcamāḥ*)
	k 系列音 (*ka-varga*)	*k*	*kh*	*g*	*gh*	*ṅ*
	c 系列音 (*ca-varga*)	*c*	*ch*	*j*	*jh*	*ñ*
	ṭ 系列音 (*ṭa-varga*)	*ṭ*	*ṭh*	*ḍ*	*ḍh*	*ṇ*
	t 系列音 (*ta-varga*)	*t*	*th*	*d*	*dh*	*n*
	p 系列音 (*pa-varga*)	*p*	*ph*	*b*	*bh*	*m*
	半母音 (*antaḥsthā*)	*y r l v*				
	摩擦音 (*ūṣman*)	*h ś ṣ s ḥ χ φ*				
	アヌスヴァーラ (*anusvāra*)	*ṃ*				

19) TP 2.31–34.

20) それぞれの音の調音点, 調音法などについてはインドの音声学書 (*śikṣā*) が詳しく記述している。この方面に対する良い入門書としては,『アーピシャリ音声学書』(*Āpiśali-Śikṣā*) を扱う van Nooten 1973 がある。鼻音の調音は調音器官と調音点の接触を伴うので, 閉鎖音に分類されるが, 鼻音性 (*ānunāsikya*) を伴う点で他の閉鎖音とは異なる。

21) 竹崎 2020: 6 をもとに作成した。

1.3　五十音図とインド音素表の対応

日本の五十音図がインド音素表にどのような仕方で対応するかについては，文献によって考え方が違うようであり，明確な根拠が得られないため，それを確定的に描き出すことは難しい。大まかには，五十音図のアイウエオ順とアカサタナハマヤラワ順はインド音素表の *a, i, u, e, o* 順と *a...k, c, ṭ/t, n, p, m, y, l/r, v* 順に対応すると言ってよいと思われる。

インド音素表の子音の配列順は調音点の前後位置に従うことを上で見たが，母音のアイウエオ順には何か原理があるのだろうか。窪薗は言語学の概念である有標性（markedness）の観点から母音の配列順を分析しており，アイウエオという序列はより無標な（unmarked）母音からより有標な（marked）母音の順に並べられていることを指摘している[22)]。窪薗が指摘するように，母音「ア」をもたない言語はほとんど存在しない点や，言語獲得過程において子供が他の母音より「ア」を先に獲得する点などから，口を最大限に開くとき自然に出る母音「ア」は最も基本的な母音である。基本母音「ア」の次に基本的な母音として「イ」と「ウ」がある。世界の言語を見ると，3つの母音しかもたない言語がいくつかあるが，その多くは「アイウ」の母音体系をもっており，この観点から「イ」と「ウ」は「エ」と「オ」に比べてより基本的な母音であると言える。

現代の音声学では，前舌母音，後舌母音，狭母音，広母音などの言い方をするが，これは，これらの母音を調音するとき母音空間（vowel space）において舌がとる位置を示すものである。窪薗が説明するように，「母音空間はすべての人間に共通したものであり，この空間をどのように分割するかによって特定言語の母音体系が決まってくる」[23)]。アイウエオのような母音体系の場合，それぞれの母音の音色が最大限に区別できるように，母音空間は以下の図6のように分割される。

インド音素表のアイウエオ順は，「ア」から出発して次に基本母音「イ」と「ウ」に進むが，「イ」は「ウ」に比べてより基本的な母音であると言える。窪薗によると，母音体系に「イ」が欠けている言語は少なく，「ウ」が欠落した

22)　窪薗 1999: 22–29.

23)　窪薗 1999: 26.

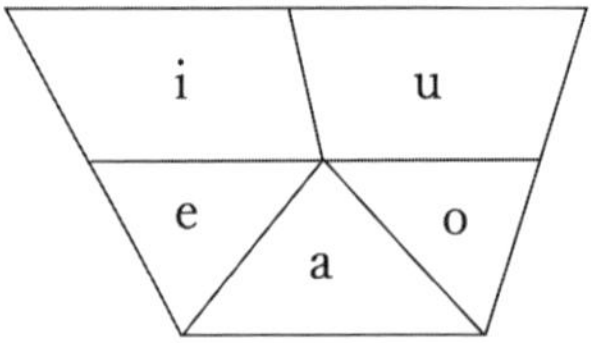

図 6　五母音体系の母音空間[24)]

言語の方が多い。言語に出現しやすい母音の種類に従えば，最も基本的な母音は「ア」→「イ」→「ウ」の順番になる。「ウ」に後続する母音として「エ」と「オ」の順番がここで問題となる。「ウ」と「オ」は両方とも後舌母音であるため，音色が近い。図 6 を見ると，「オ」より「エ」の方が「ウ」から離れており，母音空間の中から音色が最も区別しやすい「エ」を選択する方が自然である。

窪薗は古代インドの音声学と五十音図のつながりを指摘した上で，「古代インド人たちは母音や子音の特性について鋭い直観を持っており，この直観に従って五十音図の体系を作り出したということだろうか。古代人の言語直観には脱帽するしかない」と述べている[25)]。古代インド人が音声に対して鋭い直観をもっていたことは確かだろうが，音素表の母音順に関して窪薗が想定している有標性と母音空間の原理がどこまで働いていたかという点については疑問が残る。文献によって音素表に多少の違いがあるが，最も一般的な母音の配列順は以下の通りである[26)]。

a　ā　i　ī　u　ū　ṛ　ṝ　ḷ　e　o　ai　au

上でも述べたように，閉鎖音，半母音，歯擦音は調音点が後ろのものから前へ順次移行していく形で配列されている。『リグヴェーダ音声・音韻学書』では，母音 *a* の調音点は声門（*kaṇṭha*「喉」）であるとされる[27)]。また，母音 *i* と *u* は音声・音韻学書類においてそれぞれ硬口蓋音（*tālavya*）と唇音（*oṣṭhya*）と見なされており[28)]，やはり *a* → *i* → *u* の順番に関しても「奥から前へ」の配列原理が働いている。*a* という母音から出発してまず単母音 *i, u, ṛ, ḷ* に進むが[29)]，次に *e, o, ai, au* がこの順番でくるのは有標性や母音空間が関わっているからで

24）　窪薗 1993: 26 をもとに作成した。
25）　窪薗 1999: 29.
26）　Lowe 2020: e103. ここで 3 モーラの延伸母音（*pluta*）*a3, i3, u3* は省略している。
27）　Allen 1953: 58–59, Cardona 2014b: 3.
28）　Allen 1953: 61.

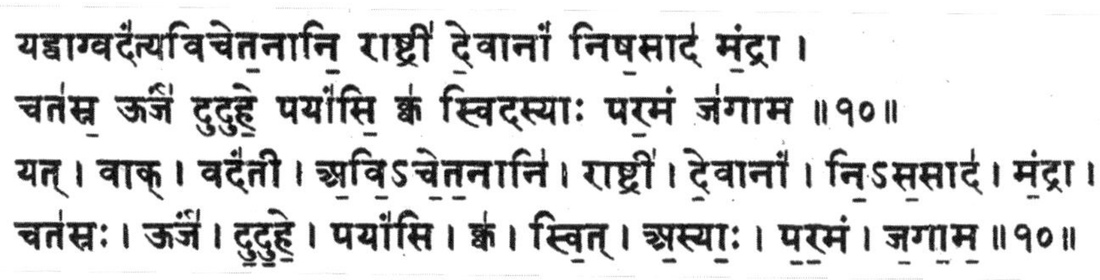
यद्वाग्वदंत्यविचेतनानि राष्ट्री देवानां निषसाद मंद्रा ।
चतस्र ऊर्जं दुदुहे पयांसि क्व स्विदस्याः परमं जगाम ॥१०॥
यत् । वाक् । वदंती । अविऽचेतनानि । राष्ट्री । देवानां । निऽससाद । मंद्रा ।
चतस्रः । ऊर्जं । दुदुहे । पयांसि । क्व । स्वित् । अस्याः । परमं । जगाम ॥१०॥

図7　『リグヴェーダ』8.100.10の『続け読み』テキスト（上の2行）と『単語読み』テキスト（下の2行）（Müller 1890–1892: III.589）

はなく，これらの母音が「奥から前へ」の原則に従って配列された二重母音であることによると考えられる。まず母音 *e* は単母音 *a* と *i* から，母音 *o* は単母音 *a* と *u* からなる二重母音であり，次に母音 *ai* は母音 *ā* と *i* から，母音 *au* は母音 *ā* と *u* からなる二重母音である[30)]。このように，これら *e*, *o*, *ai*, *au* は，調音点がより奥の母音からより前の母音を順番に母音 *a* や *ā* と組み合わせたものである。母音に関しても子音に関しても「奥から前へ」という一貫した原理を見てとることができる。

1.4　インド音声学の諸相

本書の第I講でも触れたように，パーニニ以前において，ヴェーダ聖典を構成する個々の語を取り出し，それを構成要素に分析する『単語読み』（*Padapāṭha*）の文献が残されている。聖典を本来の形である『続け読み』（*Saṃhitāpāṭha*）の形で朗唱する場合には個々の単語が連続して発声されるのに対して，『単語読み』では連声（*sandhi*）が外され，聖典のテキストが1語ずつ，場合によっては語基と接辞や複合語の構成要素に分けられる。たとえば，『リグヴェーダ』の讃歌8.100.10aの「続け読み」テキスト *yád vā́g vádanty avicetanā́ni*「ヴァーチュ（言語の女神）が，諸々の不明瞭なことを語りながら〔着席した〕とき…」に対して，『単語読み』テキストは *yát* | *vā́k* | *vádantī* | *avi-cetanā́ni* | となっている（図7）。

29)　*ṛ* と *ḷ* は母音と子音の特徴をもち合わせるものと見なされているので，他の単母音と区別される（Allen 1953: 61–62）。

30)　Allen 1953: 62–64.

『単語読み』テキストを基礎にして，もとの『続け読み』テキストへと変換した上でそれを正確に唱えるためには，連声や個々の音の調音法およびアクセントに対する知識が必要とされる。この知識を結集した文献は上で取りあげた音声・音韻学書類である。上記の『単語読み』の *yát* | *vā́k* | *vádantī* を基礎にして本来の『続け読み』の *yád vā́g vádanty* を構成する際，『リグヴェーダ音声・音韻学書』はそれぞれの分節音に対して「*t* が *d* になる」や「*k* が *g* になる」のような個別の規則を設けておらず，「有声子音が後続する場合，第一番目の音（無声無気閉鎖音）はその対応する第三番目の音（有声無気閉鎖音）になる」というふうに規定している[31)]。音声・音韻学書類には，音の調音や分類などの音声学的な側面だけでなく，より抽象度の高い音韻論的な側面もある[32)]。たとえば，閉鎖音＋閉鎖音（たとえば *d*＋*d*）または閉鎖音＋ポーズ（たとえば発話末の *d*）の場合，前の閉鎖音はアビニダーナ（*abhinidhāna*）と呼ばれる仕方で調音されると記述されるが，これは閉鎖音の無開放（たとえば［d̚］）を指していると考えられる[33)]。このような音声の違いが認識されながらも，無開放の閉鎖音は決して個別の分節音（*varṇa*）として認められず，音韻環境に条件づけられた閉鎖音の異音（allophone）として位置づけられている。つまり，ヴァルナ（*varṇa*）と言われるものは単に分節音だけでなく現代言語学でいう音素（phoneme）の側面もあると言える[34)]。

音声・音韻学書類では，声門（*kaṇṭha*）の開閉状態の違いにより 3 つの種類に分けて音を分類している。『タイッティリーヤ音声・音韻学書』によると，母音および有声子音は閉じた（*saṃvṛta*）声門で，無声子音は開いた（*vivṛta*）声門で，そして有声有気の子音では声門はその中間（*madhya*）の開閉状態で発声される[35)]。この説明は，現代の音声学の教科書に書かれている内容と変わらないほどに的確である。古代インドに生きた言語学者たちの音声学に対する知

31) ṚP 4.1.

32) Cardona 1994: 28; 2014b; Lowe 2020.

33) Allen 1953: 71–72.

34) 音声・音韻学書類における音韻分析の側面については Lowe 2020 を参照せよ。

35) TP 2.4–6. それぞれの声門の開閉状態を表すものとしてナーダ *nāda*〈声〉，シュヴァーサ *śvāsa*〈息〉，ハカーラ *hakāra*〈*h* 音〉という術語が用いられる。『タイッティリーヤ音声・音韻学書』によると，無声有気の閉鎖音は無声無気の閉鎖音と比べて息（*śvāsa*）の量が多い（TP 2.11）。

識の深さは，19世紀において現代言語学が確立するまで他に類を見ない[36]。古代ギリシア語とラテン語にも同じような子音の有声・無声の対立はあるが，これを説明するにあたってギリシア語およびラテン語の文法家たちは声門の状態の違いを見出すことができず，適切な答えに辿り着くことはできなかった[37]。

2　古代インドと19世紀の音声学

ヨーロッパにおいて，言語学が独立した研究分野として確立したのは19世紀だった。1821年にベルリン大学で比較言語学講座が設立され，印欧語歴史比較言語学で著名なフランツ・ボップ（Franz Bopp 1791〜1867）が教授を務めた[38]。当時の言語研究の主流は言語の歴史比較研究であり，1870年代頃まで音声研究はほとんど行われていなかった[39]。しかし，モーパーゴ・デイヴィスが指摘するように，あらゆる言語の音を正確に記述するための共通した音声記号に対する要望，調音器官や音響を対象とする自然科学の発達や，音変化を理解する上で音声学が有する重要性の認識などといった要因により，19世紀末には音声研究がより盛んとなった[40]。

サンスクリット語，ギリシア語，ラテン語などの言語が歴史的に結びついており，印欧祖語から分岐したという仮説を表明したことで有名なウィリアム・ジョーンズ卿（Sir William Jones 1746〜1794）は1786年に「東洋語の正書法に関する論考」（“A Dissertation on the Orthography of Asiatick Words”）を発表した。サンスクリット語の音の分類方法や音素表の影響が顕著に現れているこの論考は，19世紀の言語学者にとって古代インド音声学への入り口となったと言われて

36)　Cf. Allen 1953: 2: “...generally speaking the expressions of ancient phonetic thought in the west have little to repay our attention or deserve our respect, whereas Indian sources as ancient and even more ancient are infinitely more rewarding.”

37)　Cf. Allen 1965: 14: “...the Greek and Latin grammarians never succeeded in discovering the general distinction between voice and voicelessness, and so were quite liable to seize on any minor, or even imaginary, difference of articulation in order to distinguish between a particular pair of sounds.”

38)　Morpurgo Davies 1998: 7.

39)　Morpurgo Davies 1998: 163–164.

40)　Morpurgo Davies 1998: 160–164.

いる[41]。また，19 世紀の前半に刊行されたコールブルックやウィルキンズなどのサンスクリット語文法書はバットージディークシタの『定説の月光』に基づいており，これらの文法書からサンスクリット語の音声用語が西洋の言語学者たちに広がった[42]。さらに，ウィリアム・ドワイト・ホイットニー（William Dwight Whitney 1827〜1894）による『アタルヴァヴェーダ音声・音韻学書』（1862 年）および『タイッティリーヤ音声・音韻学書』（1871 年），フリードリヒ・マックス・ミュラー（Friedrich Max Müller 1823〜1900）による『リグヴェーダ音声・音韻学書』（1869 年）などの音声・音韻学書類の編集および翻訳が 19 世紀の後半に相次いでなされ，当時の音声研究に大きな影響を与えた。

音声研究の初期に活躍したイギリスのアレクサンダー・ジョン・エリス（Alexander John Ellis 1814〜1890）の大作『初期英語の発音』（*On Early English Pronunciation*）には，ホイットニーが訳した『アタルヴァヴェーダ音声・音韻学書』の説明や 19 世紀におけるインドの伝統的学者（パンディット）たちの見解が豊富に引用，解説されている[43]。エリスは「インドの音韻学者は，初期のヨーロッパの学者を圧倒した。彼らは，音の分析だけでなく，音の統合にも非常に鋭敏であった」と[44]，古代インドの言語学を高く評価している。『初期英語の発音』において，エリスは音声記号としてペリオタイプ（palaeotype）と呼ばれる表記を使用しているが，ホイットニーがサンスクリット語の転写に用いた記号をペリオタイプに対応させる表もエリスの著作には見られる（図 8 ）。

音声学の分野において画期的な業績を上げたヘンリー・スウィート（Henry Sweet 1845〜1912）はエリスのペリオタイプに感化され，「ローミック表記」（Romic Notation）を案出したが，この表記は現在広く用いられている「国際音声記号」（International Phonetic Alphabet）の基となっている[45]。また，歯茎や軟口蓋の呼び方としてスウィートは “teeth-root” と “root of the tongue” を使用しており，これはインドの音声学書類の「歯の根」（*dantamūla*）と「舌の根」（*jihvā-*

41） Allen 1953: 3.

42） Hock 2014: 59.

43） エリスはジョージ・バーナード・ショーの劇曲『ピグマリオン』に登場する音声学の教授であるヘンリー・ヒギンズのモデルとなった人物である。

44） Ellis 1874: 1335.

45） 亀井・千野・河野 1996: 1466.

(1.) *Prof. Whitney's Symbols.*

	Guttural.	Palatal.	Lingual.	Dental.	Labial.	
surd	*k*	*c*	*ṭ*	*t*	*p*	
surd-aspirate and surd-spirant	*kh ḥk*	*ch ç*	*ṭh sh*	*th s*	*ph ḥp*	*ḥ*
sonant	*g a â r̥ l̥*	*j y i ī e âi*	*ḍ r r̥*	*d r r̥ l l̥*	*b v u û o âu*	
sonant-aspirate, and sonant-spirant	*gh*	*jh*	*ḍh*	*dh*	*bh*	*h*
nasal	*ṅ*	*ñ*	*ṇ*	*n*	*m*	*ṁ*

(2.) *Presumed Palaeotypic Equivalents.*

	Guttural.	*Palatal.*	*Coronal.*	*Dental.*	*Labial.*	*Undifferentiated.*
Mute	k	kɟ	ᴛ	˛t	p	
Flated	kʅh kh	kɟʅh ɟh	ᴛʅh sh	˛tʅh ˛s	pʅh ph	ʅh
Voiced	g a aa 'r 'l	gɟ ɟ i ii ee áai	ᴅ ʀ 'ʀ	{ ˛d ˛r '˛r ˛l '˛l }	{ b v u uu oo áau }	['h]
Bleated	gɛ	gɟɛ	ᴅɛ	˛dɛ	bɛ	ɛ
Nosed	q	nɟ	ɴ	˛n	m	(˛)

図8 ホイットニーの転写方式とそれと対応するエリスのペリオタイプ（Ellis 1874: 1336）

mūla）に由来するものである[46]。『古代インドの音声学』（*Phonetics in Ancient India*）を著したアレンは次のように述べている。

> 概して言えば，ヘンリー・スウィートの研究はインドの音声学書類が突き進めたところから継承しているものである。ただ，いくつかの点に関してスウィートでさえインドの音声学書類から学べるところはあった[47]。

音声学で用いられている有声・無声（英語 voiced, voiceless ドイツ語 stimmhaft, stimmlos）という呼び方もサンスクリット語 *ghoṣavat* および *aghoṣa* の翻訳借用であることが指摘されている[48]。また，上で説明したように，母音 *i* と *u* は

46) Allen 1953: 52, 54.

47) Allen 1953: 7: "In general we may say that Henry Sweet takes over where the Indian treatises leave off—though in some matters even Sweet could have learnt from them." 古代インドの音声学の基本的な分析方法，つまり音声信号を分節音に分けるという分節音アプローチ（segmental approach）が近代の西洋の音声研究に影響を与えた可能性を指摘している研究者もいる（Lowe 2020: e110）。

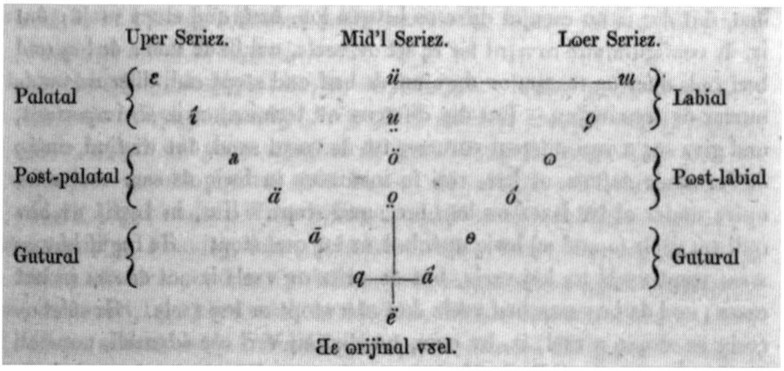

図9　エリス著『音声学の基礎』（*The Essentials of Phonetics*）に見られる母音の分類（Ellis 1848: 23）

THE INTERNATIONAL PHONETIC ALPHABET.
(Revised to 1932.)

		Bi-labial	Labio-dental	Dental and Alveolar	Retroflex	Palato-alveolar	Alveolo-palatal	Palatal	Velar	Uvular	Pharyngal	Glottal
CONSONANTS	Plosive	p b		t d	ʈ ɖ			c ɟ	k g	q ɢ		ʔ
	Nasal	m	ɱ	n	ɳ			ɲ	ŋ	ɴ		
	Lateral Fricative			ɬ ɮ								
	Lateral Non-fricative			l	ɭ			ʎ				
	Rolled			r						ʀ		
	Flapped			ɾ	ɽ					ʀ		
	Fricative	ɸ β	f v	θ ð | s z | ɹ	ʂ ʐ	ʃ ʒ	ɕ ʑ	ç j	x ɣ	χ ʁ	ħ ʕ	h ɦ
	Frictionless Continuants and Semi-vowels	w | ɥ	ʋ	ɹ				j (ɥ)	(w)	ʁ		
VOWELS								Front　Central	Back			
	Close	(y ʉ u)						i y　ɨ ʉ	ɯ u			
	Half-close	(ø o)						e ø　ɵ	ɤ o			
	Half-open	(œ ɔ)						ɛ œ　æ　ɐ	ʌ ɔ			
	Open	(ɒ)						a	ɑ ɒ			

(Secondary articulations are shown by symbols in brackets.)

図10　国際音声記号表（1932年までの改訂版）

音声・音韻学書類においてそれぞれ硬口蓋音と唇音として分類されている。サンスクリット語では，母音 *i* と *u* は半母音 *y* と *v* と規則的に交替する。この振る舞いに着目してこれらの母音は硬口蓋音と唇音に分類されたと考えられる[49]。ホックが指摘するように，この分類の仕方は初期の西洋の音声学にも

48)　Hock 2014: 75.
49)　Hock 2014: 65.

取りいれられ，たとえばエリスの研究（図 9）や国際音声記号表の 1932 年までの改訂版（図 10）では母音 *i* と *u* は硬口蓋音と唇音として分類されている[50)]。インド音声学の影響を垣間見ることのできる一例である。

3　ブルームフィールドとパーニニ

本講の最後に，言語学者ブルームフィールドの方法論とパーニニ文法の接点について見る。

3.1　人知の最大の金字塔

> この文典は…人知の最大の金字塔の 1 つである。これは著者のことばのあらゆる屈折，派生，複合，あらゆる統語論的用法を，最大限の詳細な点にわたって記述したものである。今日に至るまで，いかなる言語もこれほど完全には記述されていない[51)]。

これはアメリカの大言語学者レナード・ブルームフィールド（Leonard Bloomfield 1887〜1949）が名著『言語』（*Language*）の中でパーニニ文典について語った有名な言葉である（図 11，12）。

『言語』が出版されたのは 1933 年であるが，この書物は出版以来，言語学の標準的な教科書となり，数多くの読者にパーニニの名を広めることになった。アメリカ構造主義言語学（American structural linguistics）を代表するブルームフィールドは，イリノイ大学比較言語学・ドイツ語助教授（1914〜1921），オハイオ州立大学ドイツ語・言語学教授（1921〜1927），シカゴ大学ゲルマン語学教授

---

50)　Hock 2014: 70–71. 図 10 の国際音声記号表では，母音 *u* は軟口蓋音（velar）として分類されているが，その二次的調音（secondary articulation）の特徴から，*u* は両唇音（bilabial）のところにも置かれている。

51)　三宅・日野 1962: 11. Bloomfield 1933: 11: “This grammar...is one of the greatest monuments of human intelligence. It describes, with the minutest detail, every inflection, derivation, and composition, and every syntactic usage of its author’s speech. No other language, to this day, has been so perfectly described.”

図 11　レナード・ブルームフィールド[52]

LANGUAGE

BY

LEONARD BLOOMFIELD

PROFESSOR OF GERMANIC PHILOLOGY

IN THE UNIVERSITY OF CHICAGO

NEW YORK

HENRY HOLT AND COMPANY

図 12　『言語』(1933 年発行) の表紙

(1927〜1940), イェール大学言語学教授 (1940〜1947) などを務め, バーナード・ブロック (Bernard Bloch 1907〜1965), ゼリグ・ハリス (Zellig Harris 1909〜1992)[53], チャールズ・ホケット (Charles Hockett 1916〜2000) など, ブルームフィールドの言語観と研究方法を受け継ぐ言語学者たち, いわゆる「ブルームフィールド学派」の礎を築いた。また, ブルームフィールドはアメリカ言語学会の設立発起人のひとりであり, 彼が言語研究の発展に絶大な貢献をしたことは言を俟たない。

3. 2　ブルームフィールドの略歴とパーニニ文法

ブルームフィールドは 1887 年に, ジークムント・ブルームフィールド (Sigmund Bloomfield) とカローラ・ブーバー・ブルームフィールド (Carola Buber Bloomfield) の子としてシカゴに生まれた。父ジークムントの兄はモーリス・ブルームフィールド (Maurice Bloomfield 1855〜1928) であり, ジョンズ・ホプキンス大学の教授として印欧語比較言語学, 特にヴェーダ語に関する多くの重要な

52)　Hanna Holborn Gray Special Collections Research Center, University of Chicago Library. 写真の使用許可を与えてくれたシカゴ大学図書館に謝意を表する。

53)　ハリスの著名な弟子にノーム・チョムスキー (Noam Chomsky 1928〜) がいる。

業績を挙げた大学者である。1906年に，ブルームフィールドはハーヴァード大学を卒業し，同年にウィスコンシン大学の大学院に入学した。ウィスコンシン大学の時代に，彼はゲルマン語の研究者で9歳年上の若き教員であったエデュアルド・プロコッシュ（Eduard Prokosch 1876〜1938）に出会い，言語学者になる決心をした[54]。ゲルマン語や他の印欧語の学習の他，ブルームフィールドはこのときにギリシア語の教師であったアーサー・ゴードン・レアード（Arthur Gordon Laird 1868〜1951）から2年にわたってサンスクリット語を学んだ。レアード教授はサンスクリット語の初級とヴェーダ文献講読の授業を提供していたそうだが，ブルームフィールドがこのとき具体的にどのようなサンスクリット語文献を読んでいたのかは明らかではなく，パーニニや他のインドの文法文献に触れていたというような記録もない[55]。

1908年に，ブルームフィールドはシカゴ大学に入り，カール・ダーリン・バック（Carl Darling Buck 1866〜1955）などのもとで多くの古期印欧語を学び，1909年に博士論文『ゲルマン語における二次的母音交替の意味分化』（*A Semasiologic Differentiation in Germanic Secondary Ablaut*）で博士号を取得した。その後，シンシナティ大学ドイツ語講師（1909〜1910），イリノイ大学ドイツ語講師（1910〜1913）を経て，1913年から1914年までライプツィヒ大学とゲッティンゲン大学に留学することとなった[56]。ライプツィヒ大学では，青年文法学派（Junggrammatiker）の中心的な人物であるアウグスト・レスキーン（August Leskien 1840〜1916）およびカール・ブルークマン（Karl Brugmann 1849〜1919），ゲッティンゲン大学では，ヴェーダ語とパーリ語の専門家であるヘルマン・オルデンベルク（Hermann Oldenberg 1854〜1920）のもとで勉学にいそしんだが，彼らからパーニニ文法を学ぶことはなかったと思われる[57]。アルゴンキン語研究者のトルーマン・マイケルソン（Truman Michelson）に宛てた1919年の手紙の中で，ブルームフィールドはこう書いている。

---

54)　Hall 1990: 8.

55)　Emeneau 1988: 758.

56)　ブルームフィールドのドイツ留学の動機は，ヨーロッパで1年間研究者として経験を積み，イリノイ大学で助教授のポストを得ることだったという（Hall 1990: 13）。

57)　Emeneau 1988: 758.

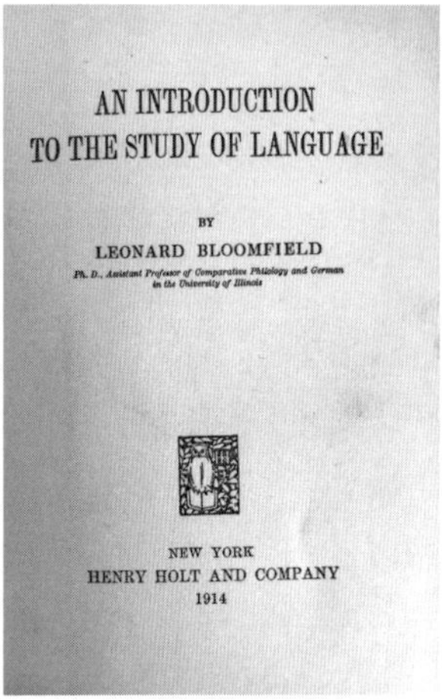

図13『言語研究概説』(1914年発行）の表紙

〔私がタガログ語の分析に用いた方法〕[58)] をアルゴンキン語に適用してみたいと思っている…自分が模範としているのはパーニニと，私の師であるバーゼル大学のヴァッカーナーゲル教授が行ったような印欧語研究である。先入観を捨てて，意味の弁別に関わる示差的な（distinctive）音の変異を見出した上で，同一のものをすべてまとめながら形態論および統語論を分析することだ[59)]。

ブルームフィールドがここで自分の師と呼んでいる「バーゼル大学のヴァッカーナーゲル教授」とは，サンスクリット語，印欧語研究で有名なヤーコプ・ヴァッカーナーゲル（Jacob Wackernagel 1853〜1938）のことである。ヴァッカーナーゲルはバーゼル大学出身だが，1902年から1915年までゲッティンゲン大学に比較言語学の教授として在籍し，1912年とその翌年は同大学の副学長を務めていた[60)]。

1914年に，ブルームフィールドの『言語研究概説』(*An Introduction to the Study of Language*）が刊行された（図13)。ブルームフィールドはこの著書をドイツ留学の前に書きあげたと考えられる[61)]。『言語研究概説』の中で，ブルームフィールドは確かにパーニニ文法や古代インドの言語研究の水準の高さとそのヨーロッパの言語学者たちへの影響について指摘している[62)]。しかし，1933年発

58）〔 〕による補いは筆者による。以下も同様である。

59）“...I am eager to try it [Bloomfield's method of analysis that he applied to Tagalog; added by author] on an Algonquian language, [...] My models are Pāṇini and the kind of work done in I.-E. by my teacher, Professor Wackernagel of Basle. No preconceptions; find out which sound-variations are distinctive (as to meaning), and then analyze morphology and syntax by putting together everything that is alike.” (Hockett 1987: 41). ブルームフィールドがマイケルソンおよびサピアに宛てた手紙の内容はHockett 1987に掲載されている。

60）Emeneau 1988: 758, Hall 1990: 16.

61）Emeneau 1988: 759.

62）Bloomfield 1914の第10章を見よ。

行の『言語』の記述と比べると，『言語研究概説』に見られるブルームフィールドのパーニニ文法に関する知識は又聞きによるものだったという印象を受ける。たとえば，サンスクリット語の *vrīhi-yavau*「米と麦」，*brāhmaṇa-kṣatriya-viṭ-śūdrāḥ*「バラモンとクシャトリヤとヴァイシャとシュードラ」および *vr̥tta-pīnaḥ*「丸くて太った」という並列複合語（copulative compound）が形態論の章（第5章）で紹介されているが，ブルームフィールドが挙げている例はホイットニーの『サンスクリット語文法』（*Sanskrit Grammar*）に見られるものと同じである。また，英語の *long-nose*「鼻の長いもの」のような外心的（exocentric）複合語の説明も，『サンスクリット語文法』における所有複合語（*bahuvrīhi*）の説明と似ている[63]。一方，『言語』では *dvandva*（並列複合語），*tatpuruṣa*（格限定複合語），*āmreḍita*（反復複合語），*karmadhāraya*（同格限定複合語），*bahuvrīhi*（所有複合語），*dvigu*（数詞複合語），*avyayībhāva*（不変化複合語）という用語と例が詳しく紹介されており，*ati-nu*「舟から降りた」のような，文法家の注釈書にしか現れない複合語も挙げられている[64]。また，ゼロ要素（zero element）の考え方は『言語』で詳細に取りあげられているのに対して，『言語研究概説』ではゼロ接辞（ブルームフィールドは “affix zero” と呼んでいる）という表現は一度現れるだけで，特に説明は与えられていない[65]。ブルームフィールドがパーニニ文法についてより深い理解を示し始めるのは，やはりドイツ留学のあとであり，留学中にブルームフィールドは「師」であったヴァッカーナーゲル教授からパーニニ文法研究への刺激やその指導を受けた可能性が十分に考えられる[66]。

ブルームフィールドがパーニニ文法とサンスクリット語に精通していたことは確かだが，彼はパーニニ文法を主な研究対象とはせず，中心的な研究はむしろタガログ語やアルゴンキン語など非印欧語族の言語の記述研究であった[67]。

---

63) Rogers 1987: 103.

64) Bloomfield 1933 の第 14 章を見よ。

65) ゼロについては特に Bloomfield 1933 の第 13 章を見よ。「ゼロ接辞」は Bloomfield 1914: 154 に現れ，*sing* : *sings* : *singer* : *singing* における *sing* のように，接辞がついていない語基（ブルームフィールドは「語核」“kernel” と呼んでいる）の説明に用いられている。

66) Emeneau 1988: 758: “...it is only after the European trip that use of the Pāṇinian method begins to appear in Bloomfield’s work, and his academic and scholarly records show no deep awareness of Pāṇini before the trip. Our conclusion may well be that it was from Wackernagel that he received stimulus or guidance to a study of Pāṇini, or even that he read Pāṇini with Wackernagel.”

しかし，ブルームフィールドにとってパーニニ文典とそれに対する『カーシカー注解』などの注釈書は言語を記述する上で刺激的で模範となるものであった。パーニニ文典をベッドの傍らに置いて愛読していたと伝えられているほどである[68]。

3.3　ブルームフィールドの業績

パーニニ文法やサンスクリット語と関わるブルームフィールドの業績を略歴とともに以下にまとめる[69]。

- 1906 年～1908 年：ウィスコンシン大学にてレアード教授からサンスクリット語を教わる。
- 1911 年："The Indo-European Palatals in Sanskrit"（*American Journal of Philology* 32: 36–57）を公表。印欧祖語の硬口蓋音がどのような変化を受けてサンスクリット語および古期イラン語に現れるのかを音声学的な観点から考察している。
- 1914 年：『言語研究概説』（*An Introduction to the Study of Language*）を出版。ブルームフィールドの出版物のうち，彼がパーニニ文法に言及しているものとしてはこれが最初である。
- 1913 年～1914 年：ドイツ留学。このときにヴァッカーナーゲル教授からパーニニ文法を本格的に教わったと思われる。
- 1914 年～1921 年頃：イリノイ大学で助教授を務めていたとき，サンスクリット語の授業を担当していた。ブルームフィールドはこの時期にパーニニ文法を熱心に研究していたと思われる。1940 年代に，ブルームフィールドはイェール大学でフランクリン・エジャートン教授（Franklin

---

67)　Cf. Cardona 1976: 309: "It was also in the first half of the twentieth century that Pāṇini came to be fully appreciated by a linguist with his own sophisticated views of language and grammar who also was sufficiently versed in the intricacies of the Aṣṭādhyāyī to appreciate the genius behind it. This was Bloomfield. Nevertheless, Bloomfield did not make Sanskrit grammar his principal pursuit, indeed he devoted very little of his scholarly energies to this area."

68)　Emeneau 1988: 757.

69)　ブルームフィールドの詳しい業績表は Hall 1990: 108–117 に掲載されている。

Edgerton）とともにパーニニ文法のゼミを開講していた。そのとき，彼はパーニニ文典の規則 1.1.1–1.3.6 に対する『カーシカー注解』の訳注が入ったノートを使用していたと報告されている[70]。そのノートの表紙にはアメリカ中西部の大学のチームで構成されているビッグ・テン・フットボールと関係する題字が印刷されていたことから，ブルームフィールドが訳注をこしらえたのはイリノイ大学にいた頃だった可能性がある[71]。

また，ブルームフィールドが 1914 年〜1917 年の間に行ったタガログ語の研究（1917 年に『タガログ語のテキストと文法分析』［*Tagalog Texts with Grammatical Analysis*］を刊行）は，タガログ語について音韻，形態，統語のあらゆる特徴を詳細に記述するものであり，その記述方式と完全性にはパーニニ文典を思わせるものがある[72]。

- 1926 年："A Set of Postulates for the Science of Language"（*Language* 2: 152–164）を公表。この論考は 1925 年にシカゴ言語学会主催の集会で発表されたものに基づいており，言語を科学的に研究するための公理（postulate）や用語の定義をまとめたものである。この論考は，それぞれの公理と定義と例が次々と列挙されており，全体的にパーニニ文法の規則集を思わせる構成になっているが，ゼロ要素に触れている次の箇所が特に注目に値する。

サンスクリット語（パーニニ文典の規則 1.1.61）および印欧祖語〔の分析〕に…ゼロ要素を立てることは必要であり，英語〔の分析〕にもそれは実用的であろう（複数形 *book-s* に対して単数形 *book* がゼロ接辞を伴うように…）[73]。

---

70)　Rogers 1987: 106, Emeneau 1988: 759.

71)　Emeneau 1988: 759–760. ブルームフィールドのノートの一部は Rogers 1987 の付録 I に掲載されている。

72)　Hall 1990: 16–17.

73)　Bloomfield 1926: 160: "The postulation of zero elements is necessary for Sanskrit (Pāṇini 1, 1, 61), for Primitive Indo-European...and probably economical for English (singular *book* with affix zero, as opposed to *book-s*...)."

- 1927年："On Some Rules of Pāṇini"（*Journal of the American Oriental Society* 47: 61–70）を公表。この論文は，パーニニ研究の分野におけるブルームフィールドの主な貢献の1つと言ってよかろう。ブルームフィールドは代名詞（*sarvanāman*）を扱うパーニニ文典の規則1.1.27–1.1.36を取りあげ，規則の本来の意図と注釈者による解釈の違いや，『名詞語基表』がパーニニ以後の文法家たちによってどのように変更されたのかを明解に論じている。パタンジャリ，カーティヤーヤナ，カイヤタ，バットージディークシタや『カーシカー注解』などの議論を詳しく追うこの論文から，ブルームフィールドのパーニニ文法学への造詣の深さがうかがわれる。
- 1929年："Review of Liebich（Bruno Liebich, *Konkordanz Pāṇini-Candra*, Breslau: M. & H. Marcus, 1928）"（*Language* 5: 267–276）を公表。仏教文法家チャンドラゴーミンの『チャンドラ規則』にはパーニニ文典からの規則が多く活用されており，リービッヒによる『パーニニ－チャンドラ対応表』はパーニニ文典における規則と『チャンドラ規則』における規則の対応を見ることができる書である。ブルームフィールドの論文の題目はリービッヒの対応表に対する書評となっているが，彼はその内容にほとんど触れておらず，書評の大部分はパーニニ文法の紹介，パーニニ自身の年代の問題や，パーニニ文法の現代言語学への貢献の問題に当てられている。

　書評の中でブルームフィールドは次のように述べている。

> パーニニが最高の完成度で実現したサンスクリット語の記述文法は，人知の最大の金字塔の1つであり，さらに（そして私たちにとってより肝心な課題である）言語の記述をする上で欠かせない手本である。言語学の分野でこれに匹敵する唯一の業績は，19世紀の歴史言語学であり，実際，その起源はヨーロッパがインドの文法を知っていたことに大きく負っている[74)]。

ここに1933年発行の『言語』にも出てくるあの言葉，「人知の最大の金字塔の1つ」（"one of the greatest monuments of human intelligence"）がすでに見られる。また，19 世紀のヨーロッパにおける歴史言語学の驚異的な発展にパーニニ文法が大きく貢献したことが触れられている。ただ，ブルームフィールドによると，「インドの文法学は，特にアメリカにおいて，多くの言語学者によって過小評価され，無視されてきた[75)]」という。その要因として，まず欧米のサンスクリット語学者がインドの文法学を，言語の事実を反映していない一種のフィクションと見なしてしまいがちで，インドの文法家が語る言語形式や議論を懐疑的な目で見ていたということがある。2 つ目の要因はインドの土着文法に対する優越感であった。19 世紀の言語学者のほとんどは，言語の通時的な変化を記述することを最大の目的としていたため，通時的な視点をとらないインドの土着文法には物足りなさを感じていた。しかし，ブルームフィールドが指摘するように，「もし，すべての印欧語の古い段階に対して，古典サンスクリット語のような科学的で完全な記述文法が存在していたならば…印欧語比較文法は，われわれの想像を超える速さと正確さで発展していただろう[76)]」。そして 3 つ目の要因として，ブルームフィールドはパーニニ文法の形式の問題を指摘している。パーニニ文典は極度に圧縮された規則から構成されており，注釈書なしには読めない。これは多くの研究者にとって大きな妨げとなっていた。

ブルームフィールドが指摘しているように，19 世紀の言語学，特に印欧語の歴史比較研究にサンスクリット語は重要な役割を果たした。ベルリン大学で最初の比較言語学教授を務めたフランツ・ボップは，サンスクリット語はもちろん，インドの伝統文法学も知っていた[77)]。1805 年にヘンリー・トーマス・コールブルック（Henry Thomas Colebrooke 1765～1837）の『サンスクリット語文

74)　Bloomfield 1929: 268: “The descriptive grammar of Sanskrit, which Pāṇini brought to its highest perfection, is one of the greatest monuments of human intelligence and (what concerns us more) an indispensable model for the description of languages. The only achievement in our field which can take rank with it is the historical linguistics of the nineteenth century, and this, indeed, owed its origin largely to Europe's acquaintance with the Indian grammar.”

75)　Bloomfield 1929: 268: “Indian grammar has been undervalued and neglected by many linguists, especially in America.'

76)　Bloomfield 1929: 270: “If one had had a complete and scientifically organized descriptive grammar, such as we have for classical Sanskrit, for a representative older stage of every Indo-European language..., Indo-European comparative grammar would have developed with a speed and accuracy beyond our conception.'

77)　Bronkhorst 1992: 460.

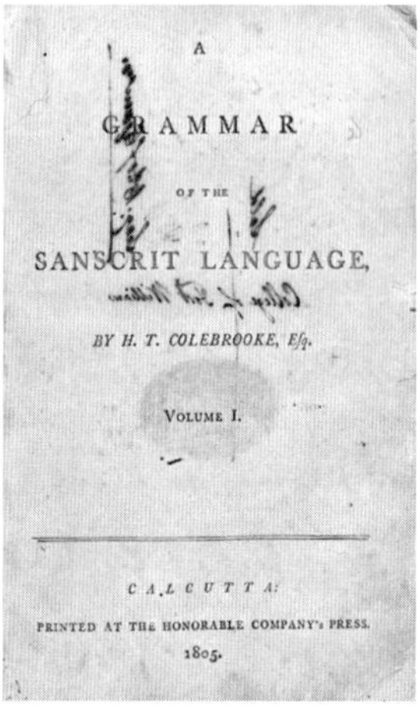

図 14　コールブルック著『サンスクリット語文法』（1805 年発行）の表紙

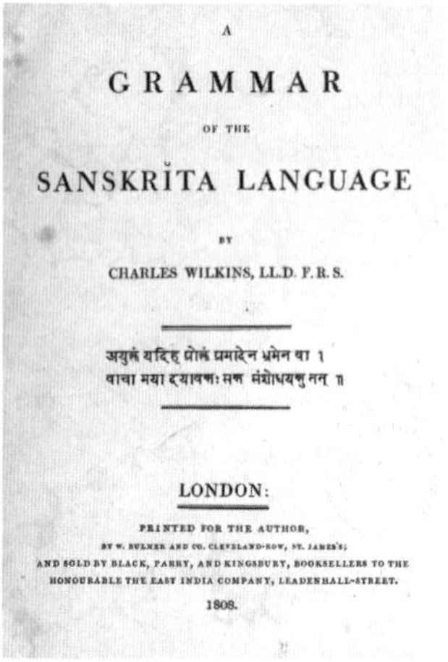

図 15　ウィルキンズ著『サンスクリット語文法』（1808 年発行）の表紙

法』（*A Grammar of the Sanscrit Language*）が出版されたが（図 14），この文法書はバットージディークシタによる『定説の月光』をモデルとしており，そこにパーニニ文法の用語と分析の仕方がふんだんに用いられている。同類のものとしてチャールズ・ウィルキンズ（Charles Wilkins 1749〜1836）による 1808 年発行の『サンスクリット語文法』（*A Grammar of the Sanskrĭta Language*）もある（図 15）。

ボップはコールブルックやウィルキンズの文法書を通じてパーニニ文法に触れることができた。ボップ自身の分析方法にはパーニニ文法の影響が見られると考える研究者もいる78)。モーパーゴ・デイヴィスが指摘するように，パーニニ文法の影響の他にサンスクリット語自体の形態的透明性も歴史言語学の発展に貢献した可能性がある79)。ギリシア語，ラテン語，ゲルマン語などの古期印欧語と比べて，サンスクリット語は語根，接辞などの形態的要素に分析しやすいため，ボップなどの歴史比較言語学研究ではサンスクリット語は中心的な位置を占めていた。

何と言っても，パーニニ文法はブルームフィールドにとって言語を記述する上で重要な手本を与えるものだった。その理由としてブルームフィールドはパーニニ文典の適切で科学的な情報の凝縮とその完全性を挙げている。彼は次のように述べる。

> パーニニは，あらゆる語形変化，複合語，または派生語の形成を，音の変化（アクセントを含む）および意味の正確な記述にも気を配りながら規定している。もし同じような文法が英語のために作られたなら，それは *kind* : *kindness* のような規則的なものおよび *broad* : *breadth*…のような不規則的なものを正確かつ完全に規定するだろう。それは *nation* : *national* : *nationality* や，*hospital* : *hospitable* : *hospitality* のような語群のあらゆる形式的および意味的な特徴を規定するだろう。それは *red-bird*（鳥の一種）や，*red-head*（頭の一種ではなく，赤い頭のある人）…のような複合語の意味上の特殊性と，その形成の可能性を記述するだろう。それは *along*, *away*, *ahead*, *aloft* などの副詞の形成を規定するだろう。パーニニの自分の母語に対する記述文法に匹敵するものは過去のどの言語にも存在せず，また今日（こんにち）話されている言語にもこれほど完璧なものは存在しないだろう[80]。

実際，ブルームフィールドが行った記述研究，たとえばタガログ語の研究（1917年の *Tagalog Texts with Grammatical Analysis*），イロカノ語の研究（1942年の "Outline of Ilocano Syntax"）や，アルゴンキン語の研究（1957年の "Eastern Ojibwa: Grammatical Sketch, Texts, and Word List"，1962年の *The Menomini Language* など）などで用いられている概念や記述方式にはパーニニ文法の影響が色濃く現れている

---

78)　Cf. Brough 1951: 27: "It is well known that the discovery of Sanskrit by the West at the end of the 18th century provided the operative stimulus for the development of the comparative study of the Indo-European languages. It has also been recognized that the Pāṇinean analysis of Sanskrit into a system of roots, stems, and suffixes pointed the way to the method which has prevailed in Indo-European studies to the present day. It is true that roots and suffixes were not entirely new concepts to Europe, but it remains doubtful whether the method would have been applied with such thoroughness if it had not been for Pāṇini's example." ソシュールの言語分析にもパーニニ文法の影響が見られるとする研究者もいるが，Cardona 2000 が指摘しているように，そのつながりは不明瞭で，ソシュールは場合によってはパーニニ文法に反する分析方法をとる。カルドナは，「現代言語学に対するパーニニ文法の影響を過大評価することを避けなければならない」と忠告している（Cardona 2000: 464）。ただし，ソシュールがパーニニ文法やパーニニ文法学から種々の示唆を得た可能性は残る。

79)　Morpurgo Davies 1998: 79, note 15.

ことが指摘されている[81]。

• 1933 年：『言語』（*Language*）を出版。この著書は 1914 年発行の『言語研究概説』の改訂版であると序文で述べられている。しかし，旧著で基礎となっていたヴィルヘルム・ヴント（Wilhelm Wundt）の心理学的な立場が『言語』では排除されている。これはブルームフィールドが自身の考え方を改めて行動主義者・機械主義者になっていたことを反映している。

『言語』の第 1 章では，ブルームフィールドはパーニニ文法について次のように述べている。

> インド文法学はヨーロッパ人の目に，言語の完全で正確な記述を，理論に基づくのではなく観察に基づいた記述を，始めて示した。それのみならず，サンスクリットの発見は諸言語の比較研究の可能性を明らかにした。[…] さらに重要なものは，正確で体系的なヒンズー文法学から得られたところの，言語構造に対する洞察であった。当時までは，単に明瞭で変移しやすい類似しか見ることができなかった。当時の文典は，ギリシャに範を取ったもので，各言語の特徴を明瞭に際立たせるものではなかったのである。ヒンズー文法学はヨーロッパ人に，ことば形式を分析する仕方を教えた。構成部分を比較することが行われて，それまでは不明瞭にしか認知されていなかった似寄りが，確実に正確に提示されうるようになった[82]。

『言語』には *sandhi*（連声）および *dvandva*（並列複合語），*tatpuruṣa*（格限定複

80) Bloomfield 1929: 274: “Pāṇini gives the formation of every inflected, compounded, or derived word, with an exact statement of the sound-variations (including accent) and of the meaning. An English grammar on the same lines would provide accurately and completely for all such sets as the regular *kind* : *kindness* and the irregular *broad* : *breadth*...; it would provide for all the formal and semantic features of sets like *nation* : *national* : *nationality*, *hospital* : *hospitable* : *hospitality*; it would register semantic peculiarities and the possibilities of formation of compounds like *red-bird* (a kind of bird), *red-head* (not a kind of head, but a person who has a red head)...; it would provide for the formation of adverbs like *along*, *away*, *ahead*, *aloft*, etc. For no language of the past have we a record comparable to Pāṇini’s record of his mother-tongue, nor is it likely that any language spoken today will be so perfectly recorded.”

81) Rogers 1987 や Hall 1990: 68–69 を参照せよ。

合語)，*bahuvrīhi*（所有複合語）など，さらには代置・取り代え（substitution)，補充（suppletion)，ゼロ，一般規則と例外規則などパーニニ文法に起因する用語や概念が豊富に盛り込まれている。

3.4　複合語

まず，複合語について見てみよう[83)]。『言語』では，ブルームフィールドはあらゆる統語構造を外心的なもの（exocentric）と内心的なもの（endocentric）に大別している。外心的な構造は，「結成句（resultant phrase）が直接成分のいずれとも異なる形式部類（form-class）に属する[84)]」ものとして定義されている。たとえば *John ran* という結成句の形式部類は，その構成成分である *John* と *ran* の形式部類のいずれとも異なる。一方，内心的な構造は次のように説明されている。

> 内心的組立〔＝内心的構造〕には二種ある。等位的（co-ordinative *or* serial）と従属的または限定的（subordinative *or* attributive）である。前者では，結成句は成分のうちの2つ（またはそれ以上）と同じ形式部類に属する。たとえば句 boys and girls は，成分 boys, girls と同じ形式部類に属する。[…] 従属的な内心組立では，結成句はその成分の1つと同じ形式部類に属する。このような成分を主要部（head）と呼ぶ。たとえば poor John は John と同一の形式部類に属するから，John は主要部と呼ばれる。他のメンバー

---

82)　三宅・日野 1962: 12. Bloomfield 1933: 11–12: “The Indian grammar presented to European eyes, for the first time, a complete and accurate description of a language, based not upon theory but upon observation. Moreover, the discovery of Sanskrit disclosed the possibility of a comparative study of languages. [...] Even more important was the insight into linguistic structure which one got from the accurate and systematic Hindu grammar. Until now, one had been able to see only vague and fluid similarities, for the current grammars, built on the Greek model, did not clearly set off the feature of each language. The Hindu grammar taught Europeans to analyze speech-forms; when one compared the constituent parts, the resemblances, which hitherto had been vaguely recognized, could be set forth with certainty and precision.”

83)　ブルームフィールドによる複合語の分類とそのパーニニ文法からの影響については Rogers 1987: 102–114 を見よ。

84)　三宅・日野 1962: 254. Bloomfield 1933: 194: “The resultant phrase may belong to a form-class other than that of any constituent.”

〔＝構成要素〕（今の例なら poor）は限定部（attribute）である[85]。

ブルームフィールドは，統語構造と複合語構造の近似性を指摘した上で，上記のような統語構造の分類は複合語にも有用であるとしている。たとえば，*blackbird*「クロウタドリ」という複合語の場合，複合語全体とその主要部である *bird* は同じ機能を有することから，内心的といえる。一方，*turnkey*「牢番」は動詞 *turn*（主要部）と名詞 *key* から構成されているが，全体として名詞として機能するので，このような複合語は外心的といえる。また，*red-head*「赤毛の人」の場合，複合語全体とその主要部は両方とも名詞だが，このような複合語は「何かしらの性質（前部要素）の何かしらのもの（後部要素）を有するもの」を意味し，複合語全体とその主要部が指す対象が同じ種に属しないことから，外心的といえる[86]。ブルームフィールドは，先述した *dvandva*（“copulative”「連繋複合語」），*tatpuruṣa*（“determinative”「規定複合語」），*āmreḍita*（“repetitive”「反復複合語」），*karmadhāraya*（“attribute-and-head”「限定部プラス主要部複合語」），*bahuvrīhi*（“exocentric”「外心複合語」），*dvigu*（“numerative”「帯数複合語」），*avyayībhāva*（“adverbial”「帯副詞複合語」）というパーニニ文法の複合語の分類と用語を紹介しながら[87]，*bittersweet*「甘くて苦い」（*dvandva*），*door-knob*「ドアの取っ手」（*tatpuruṣa*），*choo-choo*「ポッポ」（*āmreḍita*），*blackbird*「クロウタドリ」（*karmadhāraya*），*whitecap*「シロビタイ」（*bahuvrīhi*），*sixpence*「6ペンス銀貨」（*dvigu*）や，*uphill*「坂を上がって」（*avyayībhāva*）など英語からの例を多く挙げている[88]。

---

85)　三宅・日野 1962: 255. Bloomfield 1933: 195: “Endocentric constructions are of two kinds, *co-ordinative* (or *serial*) and *subordinative* (or *attributive*). In the former type the resultant phrase belongs to the same form-class as two or more of the constituents. Thus, the phrase *boys and girls* belongs to the same form-class as the constituents, *boys*, *girls*; [...] In subordinative endocentric constructions, the resultant phrase belongs to the same form-class as one of the constituents, which we call the *head*: thus, *poor John* belongs to the same form-class as *John*, which we accordingly call the head; the other member, in our example *poor*, is the *attribute*.”

86)　Bloomfield 1933: 235–236.

87)　ここではブルームフィールドの英語表現により対応する形の日本語訳を各複合語に対して与えている。これらの訳語は三宅・日野 1962 が採用しているものに基づく。

88)　Bloomfield 1933: 235–237.

複合語の内心的・外心的構造の説明にブルームフィールドは主要部（head）の概念を用いている。主要部と類似するパーニニ文法学の概念として *pradhāna*「（複合語の）主たる意味（あるいはそれを表す要素）」がある。パタンジャリは以下のようにこの *pradhāna* の観点を使って複合語の分類を行っている[89]。

> *avyayībhāva*（不変化複合語）は前方の語（＝複合語を構成する前部要素）の意味をその主たる意味（*pradhāna*）とし，*tatpuruṣa*（格限定複合語）は後方の語（＝複合語を構成する後部要素）の意味をその主たる意味とし，*bahuvrīhi*（所有複合語）は他の語（＝複合語を構成する語とは異なる語）の意味をその主たる意味とし，*dvandva*（並列複合語）は両方の語（＝複合語を構成する前部要素および後部要素）の意味をその主たる意味とする。

言語学の分野において，*dvandva*, *tatpuruṣa*, *bahuvrīhi* などのパーニニ文法に由来する用語は現在も広く用いられており，そのような用語の普及にブルームフィールドの『言語』が果たした役割は大きいだろう。

long-tailed や *red-bearded* のような複合語について，ブルームフィールドは次のように述べている。

> Long-tailed《長い尾をした》とか red-bearded《ひげの赤い》とかのような形式でさえも，単語 tailed《尾を持った》，bearded《ひげの生えた》（例 tailed monkeys《有尾のサル》，bearded lady《ひげの生えたレディー》）を含むと記述するのは必ずしも適当ではない。むしろ自然の出発点は long tail または red beard のような句（フレーズ）であって，問題の形式はこれらの句（フレーズ）と接尾辞 -ed の存在という点で異なるわけである[90]。

複合語を派生する出発点として句を想定する点，また統語構造と複合語構造

89)　MBh on A 2.1.6（Vol. I, p. 379, lines 1–3）.

90)　三宅・日野 1962: 304. Bloomfield 1933: 231: “Even forms like *long-tailed* or *red-bearded* are not aptly described as containing the words *tailed*, *bearded* (as in *tailed monkeys*, *bearded lady*); the natural starting point is rather a phrase like *long tail* or *red beard*, from which they differ by the presence of the suffix *-ed*.”

の近似性を指摘する点には，パーニニ文法の影響が現れていると考えられる。本書の第II講で説明したように，パーニニ文法では複合語は基本的に格語尾が付与された屈折形（*pada*）から形成されると見なされる。たとえば *rājapuruṣaḥ*「王の家来」という複合語は，屈折形 *rājan-as*（属格形）＋ *puruṣa-s*（主格形）から派生されており，意味的に対応する *rājñaḥ puruṣaḥ* という句も同じ屈折形から派生される。このように任意に形成される複合語には，意味的に対応する句としての表現も可能であり，その派生過程は並行的である。パーニニ文法では，任意に形成される複合語の他に義務的に形成される複合語（*nityasamāsa*）もある。典型的な例として *kumbhakāraḥ*「壷を作る者」がある。この場合，後部要素 *-kāraḥ* は「〜を作る者」という行為者名詞として単独で存在しないため，意味的に対応する句は **kumbhānāṃ kāraḥ* ではなく，*kumbhānāṃ kartā* となる[91]。このような複合語は形態的に特殊で，完全に並行的な句としての表現がない。パーニニ文法の「義務的複合語」（*nityasamāsa*）の考え方を知っている人なら，上記のブルームフィールドの *long-tailed*, *red-bearded* に対する説明にはパーニニ文法の影響を感じずにはいられないだろう。

3.5　代置とゼロ

次に代置とゼロを扱う。本書の第II講で見たように，代置操作（*ādeśana*）はパーニニ文法の基本的な操作の 1 つである。代置操作においては，ある要素（代置要素）が他の要素（原要素）の代わりに導入されるが，1 つの音から語根などのより大きな単位までの要素が代置操作の対象となり得る。1 つの音を代置の対象とする規則として，規則 6.1.77 が挙げられる。これによって母音 *iK*（*i*, *u*, *ṛ*, *ḷ*）に母音が後続する場合，*iK* に半母音 *y*, *v*, *r*, *l* がそれぞれ代置される。たとえば *dadhi atra*「ここに発酵乳が〜」は *dadhy atra* となる。また，語根を代置の対象とする規則として，規則 2.4.52 がある。これによって，語根 *as*「存在する」に半動詞接辞（*ārdhadhātuka*）が後続する場合，*as* 全体に語根 *bhū* が代置される。たとえば *as* に半動詞接辞である *tavya*（未来受動分詞形成接辞）が後続するとき，この *as* には *bhū* が代置されて，最終的に *bhavitavya* という

91)　Cardona 1997: 205–206.

名詞語基が派生される。

『言語』の形態論の章（第13章）では，補充（suppletion）の説明の中でブルームフィールドは次のように述べている。

> 通常の派生である kind : kinder, warm : warmer などの他に good : better というものがあり，土台となる単語 good が全く異なった形式［bet-］で置き代えられる。従って我々はこの［bet-］は good の補充的交替形式であると記述する[92)]。

good : *better*, *be* : *was*, *go* : *went* などの補充的な関係にある形式に対して，ブルームフィールドはある語全体がある条件下で別の語に取り代えられると説明しており，このとらえ方にもパーニニ文法の影響が現れていると見てよいだろう[93)]。

また，ブルームフィールドの研究においてゼロは重要な概念であった。ゼロ要素は『言語』の中でよく登場するが，ブルームフィールドはこの概念について次のように述べている。

> 時には，通常は言語形式で表わされる意味を，文法的特徴——たとえば音声的変容——が表わしているらしく見えることがある。たとえば man : men では，母音の変容が複数接尾辞の代わりをする。また文法的特徴すらないことがある。すなわち，単一の音声形式が，通常は言語形式により区別されている二つの意味を，いわば同音異義といったふうに，1つで表わす《represents》ことがある。たとえば the sheep（grazes）《ヒツジ［単数］（が草をはむ）》: the sheep（graze）《ヒツジ［複数］（が草をはむ）》における単数と複数の名詞がそれである。こういう場合ヒンズー人は，ゼロ要素（zero element）という考え方を導入することに思い至った。これは不自然な

92)　三宅・日野 1962: 282. Bloomfield 1933: 215: “Beside the ordinary derivation of *kind* : *kinder*, *warm* : *warmer*, and so on, we have *good* : *better*, where the underlying word *good* is replaced by an entirely different form *bet-*, which we describe, accordingly, as a suppletive alternant of *good*.”

93)　Rogers 1987: 114–118.

> ようにも聞こえるが実際にはすばらしく重宝な工夫である。たとえば sheep : sheep では複数接尾辞がゼロ（zero）によって置き代えられる——つまり何も変容がないというのである[94]。

ブルームフィールドはここで「ゼロによって置き代えられる」（"replaced by zero"）というパーニニ文法を思わせる表現を用いているが，彼の記述研究，特にオジブワ語（アルゴンキン語族）の研究でも同じような言い方がなされている(図 16 を参照)[95]。

本書の第 I 講で触れたように，パーニニ文法学には一定の意味を有する語基や接辞を抽出する方法として，「肯定的随伴（AがあればBがあること）と否定的随伴（AがなければBがないこと）」（*anvaya-vyatireka*）という原理に基づく分析方法がある。前者は「ある要素があれば，ある意味が理解される」ということであり，後者は「ある要素がなければ，ある意味が理解されない」ということである。この考え方にしたがって，たとえば *bhiṣajam*「薬を〜」，*bhiṣajā*「薬で〜」などの形式を分析した場合，一定の意味をもつ要素 *bhiṣaj*「薬」，*-am*（対格語尾），*-ā*（具格語尾）が抽出される。しかし，*payas*「水を〜」，*payasā*「水で〜」の場合はどうだろうか。*payas*「水を〜」は *bhiṣajam*「薬を〜」と同様，行為の対象などの意味を理解させるにもかかわらず，後者には *-am* の要素があり，前者にはない。「肯定的随伴と否定的随伴」の考え方に基づいて，パーニニ文法では *payas*「水を〜」と *bhiṣajam*「薬を〜」はいずれも同じ要素 *-am* を有すると想定され，前者の派生過程において *-am* にゼロを代置することで *-am* の存在が確保される。このように，あらゆる言語形式に「肯定的随伴と否

94)　三宅・日野 1962: 273–274. Bloomfield 1933: 209: "Sometimes a grammatical feature, such as a phonetic modification, appears to express a meaning which is usually expressed by a linguistic form, as in *man* : *men*, where modification of the vowel takes the place of the plural-suffix. In other cases there is not even a grammatical feature: a single phonetic form, in the manner of homonymy, represents two meanings which are usually distinguished by means of a linguistic form, as, singular and plural noun in *the sheep*（*grazes*）: *the sheep*（*graze*）. Here the Hindus hit upon the apparently artificial but in practice eminently serviceable device of speaking of a *zero element*: in *sheep* : *sheep* the plural-suffix is replaced by *zero* — that is, by nothing at all."

95)　ブルームフィールドのオジブワ語やメノミニー語の記述研究におけるゼロの使われ方については Rogers 1987: 120–123 を見よ。

TRANSITIVE ANIMATE

7. 13. The independent forms of the TA verb are made from four themes.

Forms in which at most one of the first two persons appears as actor or object:

DIRECT forms: the prefix (chosen by 4. 6) agrees with the actor; theme sign -$_1$*a·*. Here belong also the passives of the third person; these passives have no prefix.

INVERSE forms: the prefix does not agree with the actor; theme *sign* -$_1$*ikw*, with *awi* replaced by *a·* (3. 44). Here belong also the forms with inanimate actor and the passives of the first two persons. Before -$_1$*ikw* the stem *iN*- is replaced by zero.

図 16　ブルームフィールドのオジブワ語文法に見られる「ゼロによる代置」（Bloomfield 1957: 46）

定的随伴」の分析方法を適用した場合，ゼロの概念が自然に導かれることになる[96]。

ブルームフィールドはパーニニ文法におけるゼロ要素とそれによる代置という概念の有用性を認めて，自身の研究に活用している。

3. 6　一般規則と例外規則

最後に一般規則と例外規則について検討する[97]。本書の第 I 講で説明したように，パーニニ文法には多くの対象に対して一般的に妥当する「一般規則」（*utsarga*）と，一般規則に当てはまらない対象のために別途用意される「例外規則」（*apavāda*）がある。さらに，例外規則は先に適用され，残された領域にはデフォルトとして一般規則が適用される。この原理は現代言語学で「パーニニの原理」（“Pāṇini’s principle”）として知られており，形態音韻論の分野では重要な概念の 1 つである。

「行為主体を表示する全動詞接辞の前で，動詞語基の後に *ŚaP* 接辞が起こる」（規則 3.1.68）という一般規則があり，ここでは特定の動詞語根は指定されていない。しかし，規則 3.1.68 に後続する例外規則では，さまざまな特定の語

96)　「肯定的随伴と否定的随伴」（*anvaya-vyatireka*）の概念とゼロについては Cardona 1997: 431–437 を参照せよ。

97)　パーニニ文法の一般規則・例外規則とそのブルームフィールドへの影響については Rogers 1987: 124–128 を見よ。

根が個別に挙げられている。規則形と不規則形の扱い方について，ブルームフィールドは『言語』で次のように述べている。

> …ある場合には形式の機能はその成分または組立によって決定される。このようにして決定される機能はすべて規則的（regular）と言われ，このようにして決定されない機能は不規則的（irregular）と言われる。［…］英語の名詞の規則的複数形は，英語の名詞全部をリストに挙げようとしないでも記述できる。それに対して不規則的機能を記述するにはどうしてもその部類の形式を全部リストに挙げねばならない。たとえば名詞 ox は複数で -en をとり，名詞 foot, tooth, goose 等は複数で［ij］による置き代えをとり，等々と述べなければならない[98)]。

ここにはパーニニ文法における一般規則と例外規則の振る舞い方と同じようなものが見られる。

3.7　ブルームフィールドの影響

以上のように，ブルームフィールドの『言語』やその他の研究には，パーニニ文法の概念と記述方法が多く採用されている。『言語』は言語学の教科書として長年使用されたこともあって，そこからパーニニ文法の用語と概念が言語学の分野にさらに定着したことは疑いようがない。

ブルームフィールドがパーニニ文法の概念や方法を自身の研究の中で活用している一方で，彼による文法の説明形式もまた，パーニニ文法学の標準的な形式の影響を受けていると思われる。たとえば，ロジャーズが指摘しているように，ブルームフィールドによるアルゴンキン語の記述研究は，パーニニ文法学における標準的な注解書『カーシカー注解』の説明方法とよく似ている（図 17

---

98)　三宅・日野 1962: 364–365. Bloomfield 1933: 273–274: "...the function of some forms is determined by their constituents or their construction. Any function that is so determined is said to be *regular*, and a function which is not so determined is said to be *irregular*. [...] we can state the regular plural-formation of English nouns without attempting to list all the nouns in the language. Irregular functions, on the other hand, force us to list all the forms of the class: we have to mention the noun *ox* as taking -*en* in the plural, and the nouns *foot*, *tooth*, *goose* as taking substitution of [ij] in the plural, and so on."

を参照)[99]。

2. 4. In secondary derivation a final is added to a stem, forming a derived stem. Thus, from the stem *ko·kko·šš-* there is derived, with final *-e·ns*, the stem *ko·kko·šše·ns-*, e.g., *ko·kko·šše·nsak* 'little pigs'. The underlying stem may be a compound: *kecci-kwi·wesse·ns* 'big boy', with final *-iwi* forms *kecci-kwi·wesse·nsuwi* 'he is a big boy'.

In a few types, secondary derivation is made not from a stem, but from an inflectional theme: *šo·neya·* 'money', *ušo·neya·m* 'his money'; with final *-i*, *ušo·neya·mi* 'he has money'.

Irregularly, in some instances, secondary derivation is accompanied by initial change: stem *šo·škosse·-* 'to glide', *šwa·škusse·* 'sleigh'.

The underlying stem need not occur in inflected forms. Thus, *pe·šeko·pi·ʔekan* 'ace' is derived from a stem *pe·šiko·pi·ʔike·-* 'to write things as a unit'; this, in turn, from a stem *pe·šiko·pi·ʔ-* 'to write it as a unit', but it is not likely that either of these successive underlying stems will occur in inflected forms.

図 17　ブルームフィールドのオジブワ語文法の一部（Bloomfield 1957: 12）

確かに，パーニニ文法学の研究者としてブルームフィールドのアルゴンキン語研究を読むと，アルゴンキン語を対象とした『カーシカー注解』のようなものを読んでいる気がしてならないのである。

99)　Rogers 1987: 128–129.

刊本情報

本書で引用した原典の書誌情報を以下に掲げる。

『八課集』（A: *Aṣṭādhyāyī*）

Pāṇini: His Work and Its Traditions. Volume One: Background and Introduction. Ed. George Cardona. Delhi: Motilal Banarsidass, 1988. Second edition, revised and enlarged, 1997. [Appendix III（Aṣṭādhyāyīsūtrapāṭha）: 607–731; Corrections in Cardona 2004: 372–375]

『アイタレーヤ森林書』（AĀ: *Aitareya-Āraṇyaka*）

The Aitareya Āraṇyaka: Edited from the Manuscripts in the India Office and the Library of the Royal Asiatic Society with Introduction, Translation, Notes, Indexes and an Appendix Containing the Portion Hitherto Unpublished of the Śāṅkhāyana Āraṇyaka. Ed. Arthur Berriedale Keith. Oxford: Clarendon Press, 1909.

『アイタレーヤ梵書』（AB: *Aitareya-Brāhmaṇa*）

Das Aitareya Brāhmaṇa: Mit Auszügen aus dem Commentare von Sāyaṇācārya und anderen Beilagen. Ed. Theodor Aufrecht. Bonn: Adolph Marcus, 1879.

『非パーニニ語形の正当性』（AP: *Apāṇinīyapramāṇatā*）

Apāṇinīya-prāmāṇya-sādhanam by Nārāyaṇa Bhaṭṭapāda: Edited with Introduction, English Translation and Notes. Ed. E. R. Sreekrishna Sarma. Tirupati: Sri Venkateswara University, Oriental Research Institute, 1968.

『口語注解』（BhV: *Bhāṣāvṛtti*）

The Bhasha-Vritti: A Commentary on Panini's Grammatical Aphorisms Excepting Those which Exclusively Pertain to the Vedas by Purushottamadeva. Edited with annotations. Ed. Srish Chandra Chakravarti. Rajshahi: The Varendra Research Society, 1918.

『初学休心論』（BM: *Bālamanoramā*）

Śrīmadbhaṭṭojidīkṣitaviracitā vaiyākaraṇasiddhāntakaumudī śrīmadvāsudevadīkṣitapraṇītayā bālamanoramākhyavyākhyayā śrīmajjñānendrasarasvatīviracitayā tattvabodhinyākhyavyākhyayā ca sanāthitā. 4 vols. Eds. Giridhara Śarmā Caturveda and Parameśvarānanda Śarmā Bhāskara. Varanasi: Motilal Banarsidass, 1979–1981.

『チャーンドーギヤ奥義書』(ChU: *Chāndogya-Upaniṣad*)

Chāndogya-Upaniṣad: Versuch einer kritischen Ausgabe mit einer Übersetzung und einer Übersicht über ihre Lehren. Ed. Wolfgang Morgenroth. Inaugural-Dissertation, Friedrich Schiller-Universität, Jena, 1958.

『チャンドラ規則集』(CS: *Cāndrasūtra*)

Cāndravyākaraṇa: Die Grammatik des Candragomin. Sūtra, Uṇādi, Dhātupāṭha. Ed. Bruno Liebich. Leipzig: Brockhaus, 1902. Reprint, Nendeln: Kraus, 1966.

『動詞語基表』(DhP: *Dhātupāṭha*)

Zur Einführung in die indische einheimische Sprachwissenschaft. III. Der Dhātupāṭha. Ed. Bruno Liebich. Heidelberg: Carl Winter's Universitätsbuchhandlung, 1920.

『難語注解』(DV: *Durghaṭavṛtti*)

La Durghaṭavṛtti de Śaraṇadeva: Traité grammatical en sanskrit du XIIe siècle, édité et traduit. 2 vols. in 6 fascicles. Ed. Louis Renou. Paris: Les Belles Lettres, 1940–1956.

『処世の訓』(HP: *Hitopadeśa*)

"*Friendly Advice by Nārāyaṇa*" & "*King Vikrama's Adventures*". Ed. Judit Törzsök. New York: New York University Press and the JJC Foundation, 2007.

『詩文の装飾』(KA: *Kāvyālaṅkāra*)

The Pratâparudrayaśobhūshaṇa of Vidyânâtha with the Commentary, Ratnâpaṇa, of Kumârasvâmin, Son of Mallinâtha, and with a Critical Notice of Manuscripts, Introduction, Critical and Explanatory Notes and an Appendix Containing the Kâvyâlaṅkâra of Bhâmaha. Ed. Kamalāśaṅkara Prāṇaśaṅkara Trivedī. Bombay: Government Central Press, 1909.

『詩文装飾経』(KAS: *Kāvyālaṅkārasūtra*)

Vâmana's Lehrbuch der Poetik. Ed. Carl Cappeller. Jena: Hermann Dufft, 1875.

『詩文装飾経注解』（KASV: *Kāvyālaṅkārasūtravṛtti*）

Vâmana's Lehrbuch der Poetik. Ed. Carl Cappeller. Jena: Hermann Dufft, 1875.

『行為実現要素の車輪』（KC: *Kārakacakra*）

Paribhāṣāvṛtti, Jñāpakasamuccaya, Kārakacakra by Puruṣottamadeva: Edited with Introduction, Appendix &c. Ed. Dinesh Chandra Bhattacharya. Rajshahi: Varendra Research Museum, 1946.

『詩文の探究』（KM: *Kāvyamīmāṃsā*）

Kāvyamīmāṁsā of Rājaśekhara: Edited with Introduction & Notes. Eds. C. D. Dalal and R. A. Sastry. Baroda: Central Library, 1924.

『物語の河の大海』（KSS: *Kathāsaritsāgara*）

The Ocean of the Rivers of Story. Ed. James Mallinson. Volume one. New York: New York University Press and the JJC Foundation, 2007.

『カーシカー注解』（KV: *Kāśikāvṛtti*）

Kāśikā: A Commentary on Pāṇini's Grammar by Vāmana & Jayāditya. 2 vols. Eds. Aryendra Sharma, Khanderao Deshpande, and D. G. Padhye. Hyderabad: Sanskrit Academy, 1969–1970.

『定説の月光・小論』（LSK: *Laghusiddhāntakaumudī*）

Laghusiddhāntakaumudī. Part 1. [*Comprising Sections on saṁjñās, sandhis, kṛit Affixes, Senses of Case-Affixes and Compounds.*] *Edited with an Original Sanskrit Commentary, English Translation, Copious Critical and Explanatory Notes and Appendices.* Second edition. Ed. V. V. Mirashi. Bombay: Keshav Bhikaji Dhawale, 1947.

『大注釈』（MBh: *Mahābhāṣya*）

The Vyākaraṇa-mahābhāṣya of Patañjali: Edited by F. Kielhorn. 3 vols. Bombay: Government Central Press, 1880–1885. Third edition, revised and furnished with additional readings, references and select critical notes by MM. K. V. Abhyankar. 3 vols. Poona: Bhandarkar Oriental Research Institute, 1962–1972.

『論理の花房』（NM: *Nyāyamañjarī*）

Nyāyamañjarī of Jayantabhaṭṭa with Ṭippaṇī—Nyāyasaurabha by the Editor. 2 vols. Ed. K. S. Varadacharya. Mysore: Oriental Research Institute, 1969–1983.

『提示』(*Nyāsa*)

Kāśikāvṛtti of Jayāditya-Vāmana (*along with Commentaries Vivaraṇapañcikā—Nyāsa of Jinendrabuddhi and Padamañjarī of Haradatta Miśra.*) 6 vols. Ed. Śrīnārāyaṇa Miśra. Varanasi: Ratna Publications, 1985.

『解釈規則月冠論』(PIŚ: *Paribhāṣenduśekhara*)

The Paribhāṣenduśekhara of Nāgojībhaṭṭa Edited Critically with the Commentary Tattvādarśa of MM. Vasudev Shastri Abhyankar. Ed. K. V. Abhyankar. Part I. Poona: Bhandarkar Oriental Research Institute, 1962.

『語の花房』(PM: *Padamañjarī*)

Kāśikāvṛtti of Jayāditya-Vāmana (*along with Commentaries Vivaraṇapañcikā—Nyāsa of Jinendrabuddhi and Padamañjarī of Haradatta Miśra*). 6 vols. Ed. Śrīnārāyaṇa Miśra. Varanasi: Ratna Publications, 1985.

『灯火』(*Pradīpa*)

Śrībhagavatpatañjaliviracitaṃ vyākaraṇa-mahābhāṣyam (*śrīkaiyaṭakṛtapradīpena nāgojībhaṭṭakṛtena bhāṣyapradīpoddyotena ca vibhūṣitam*). 5 vols. Ed. Vedavrata. Gurukula Jhajjar (Rohatak): Haryāṇā Sāhitya Saṃsthāna, 1962–1963.

『派生大全』(PS: *Prakriyāsarvasva*)

The Prakriyāsarvasva of Śrī Nārāyaṇa Bhaṭṭa with Commentary. 3 vols. Eds. K. Sāmbaśiva Śāstrī (vols. 1–2) and V. A. Ramaswami Śastri (vol. 3). Trivandrum: Government Press, 1931–1947.

『パーニニ派音声学』(PŚ: *Pāṇinīya-Śikṣā*)

Śrīmadbhaṭṭojidīkṣitaviracitā vaiyākaraṇasiddhāntakaumudī śrīmadvāsudevadīkṣitapraṇītayā bālamanoramākhyavyākhyayā śrīmajjñānendrasarasvatīviracitayā tattvabodhinyākhyavyākhyayā ca sanāthitā. 4 vols. Eds. Giridhara Śarmā Caturveda and Parameśvarānanda Śarmā Bhāskara. Varanasi: Motilal Banarsidass, 1979–1981.

『五篇の教え』(PT: *Pañcatantra*)

Panchatantra I: Edited with Notes. Ed. F. Kielhorn. Third edition, Bombay: Government Central Book Depôt, 1879.

『語形への悟入』(RA: *Rūpāvatāra*)

The Rupavatara of Dharmakīrti. Part I. Edited with additions and emendations for the use of college students. Ed. Rao Bahadur M. Rangacharya. Madras: Natesan, 1916.

『リグヴェーダ音声・音韻学書』(R̥P: *R̥gvedaprātiśākhya*)

Rig-Veda-Pratisakhya, das älteste Lehrbuch der vedischen Phonetik: Sanskrittext mit Übersetzung und Anmerkungen. Ed. Max Müller. Leipzig: Brockhaus, 1869.

『王統流覧』(RT: *Rājataraṅgiṇī*)

Kalhaṇa's Rājataraṅgiṇī: Chronicle of the Kings of Kashmir. Volume III. Sanskrit text with critical notes. Ed. M. A. Stein. Reprint, Delhi: Motilal Banarsidass, 1988.

『全哲学綱要』(SDS: *Sarvadarśanasaṅgraha*)

Sarvadarśanasaṁgraha of Sāyaṇa-Mādhava Edited with an Original Commentary in Sanskrit by the Late Mahāmahopādhyāya Vasudev Shastri Abhyankar. Ed. Vasudev Shastri Abhyankar. Third edition seen through the press by T. G. Mainkar. Poona: Bhandarkar Oriental Research Institute, 1978.

『定説の月光』(SK: *Siddhāntakaumudī*)

Śrīmadbhaṭṭojidīkṣitaviracitā vaiyākaraṇasiddhāntakaumudī śrīmadvāsudevadīkṣitapraṇītayā bālamanoramākhyavyākhyayā śrīmajjñānendrasarasvatīviracitayā tattvabodhinyākhyavyākhyayā ca sanāthitā. 4 vols. Eds. Giridhara Śarmā Caturveda and Parameśvarānanda Śarmā Bhāskara. Varanasi: Motilal Banarsidass, 1979–1981.

『言葉の海宝』(ŚK: *Śabdakaustubha*)

The Śabda Kaustubha by Śri Bhaṭṭoji Dikshita. Vol. I fas. I to IV. First pāda of the first adhyāya complete. Eds. Gopal Śastri Nene and Mukund Śastri Puṇtamkar. Benares: The Chowkhamba Sanskrit Series Office, 1933.

『言葉の如意樹』(ŚKD: *Śabdakalpadruma*)

Shabda-Kalpadrum: An Encyclopædic Dictionary of Sanskrit Words Arranged in Alphabetical Order Giving the Etymological Origin of the Words According to Panini, Their Gender, Various Meanings and Synonyms, and Illustrating Their Syntactical Usage and Connotation with Quotations Drawn from Various Authoritative Sources such as Vedas, Vedanta, Nyaya, Other Darshanas, Puranetihas,

Music, Art, Astronomy, Tantra, Rhetorics, and Prosody and Medicine etc. Ed. Raja Radha Kanta Deva. 5 vols. 3rd edition, Varanasi: The Chowkhamba Sanskrit Series Office, 1967.

『端正なる難陀』（SN: *Saundarananda*）

The Saundarananda of Aśvaghoṣa: Critically Edited with Notes. Ed. E. H. Johnston. Reprint, Kyoto: Rinsen Book Company, 1971.

『中央宝石』（*Tarala*）

The Ekâvalî of Vidyâdhara: With the Commentary, Tarala, of Mallinâtha and with a Critical Notice of Manuscripts, Introduction and Critical and Explanatory Notes. Ed. Kamalâśaṅkara Prâṇaśaṅkara Trivedî. Bombay: Government Central Book Depôt, 1903.

『タイッティリーヤ音声・音韻学書』（TP: *Taittirīyaprātiśākhya*）

"The Tâittirîya-Prâtiçâkhya, with Its Commentary, the Tribhâshyaratna: Text, Translation, and Notes." Ed. William D. Whitney. *Journal of the American Oriental Society* 9: 1–469, 1868–1871.

『原理評釈』（TV: *Tantravārttika*）

"Sanskrit Text of the *Tantravārttika*: Adhyāya 1, Pāda 3, Adhikaraṇa 9, Vyākaraṇa Adhikaraṇa Collated with Five Manuscripts." Ed. Kunio Harikai. *South Asian Classical Studies* 6: 267–304, 2011.

『照明』（*Uddyota*）

Śrībhagavatpatañjaliviracitaṃ vyākaraṇa-mahābhāṣyam（*śrīkaiyaṭakṛtapradīpena nāgojībhaṭṭakṛtena bhāṣyapradīpoddyotena ca vibhūṣitam*）. 5 vols. Ed. Vedavrata. Gurukula Jhajjar（Rohatak）: Haryāṇā Sāhitya Saṃsthāna, 1962–1963.

『ウナーディ注解』（UV: *Ujjvalavṛtti*）

Ujjvaladatta's Commentary on the Uṇādisūtras: Edited from a Manuscript in the Library of the East India House. Ed. Theodor Aufrecht. Bonn: Adolph Marcus, 1859.

『文章単語論』（VP: *Vākyapadīya*）

Bhartṛharis Vākyapadīya: Die Mūlakārikās nach den Handschriften herausgegeben und mit einem Pāda-Index versehen. Ed. Wilhelm Rau. Wiesbaden: Steiner, 1977.

『ヴァラルチの集成』（VS: *Vārarucasaṅgraha*）

The Vâraruchasangraha of Vararuchi with the Commentary Dîpaprabhâ of Nârâyaṇa. Ed. T. Gaṇapati Sâstrî. Trivandrum: Government Press, 1913.

『注解』（*Vr̥tti*）

Vākyapadīya of Bhartr̥hari with the Vr̥tti and the Paddhati of Vr̥ṣabhadeva. Ed. K. A. Subramania Iyer. Poona: Deccan College, 1966.

『評釈』（vt.: vārttika）

The Vyākaraṇa-mahābhāṣya of Patañjali: Edited by F. Kielhorn. 3 vols. Bombay: Government Central Press, 1880–1885. Third edition, revised and furnished with additional readings, references and select critical notes by MM. K. V. Abhyankar. 3 vols. Poona: Bhandarkar Oriental Research Institute, 1962–1972.

参考文献

工具類として第Ⅲ講の本文にて提示する以外に，本書において言及したものを以下に挙げる。

Abhyankar, Kashinath Vasudev (1967) *Paribhāṣāsaṅgraha (A Collection of Original Works on Vyākaraṇa Paribhāṣās): Edited Critically with an Introduction and an Index of Paribhāṣās.* Poona: Bhandarkar Oriental Research Institute.

Abhyankar, Kashinath Vasudev and J. M. Shukla (1977) *A Dictionary of Sanskrit Grammar.* Second revised edition, Baroda: Oriental Institute.

Allen, W. Sidney (1953) *Phonetics in Ancient India.* London: Oxford University Press.

Allen, W. Sidney (1965) *Vox Latina: A Guide to the Pronunciation of Classical Latin.* 2nd edition. Cambridge: Cambridge University Press.

Aufrecht, Theodor (1877) *Die Hymnen des Ṛigveda.* 2 vols. Bonn: Adolph Marcus, 1877. Reprint, Wiesbaden: Otto Harrassowitz, 1968.

Belvalkar, Shripad Krishna (1915) *An Account of the Different Existing Systems of Sanskrit Grammar Being the Vishwanath Narayan Mandlik Gold Medal Prize-Essay for 1909.* Poona: The author.

Bhate, Saroja (1989) *Pāṇini's Taddhita Rules.* Pune: University of Poona.

Bhate, Saroja (2022) "Pāṇini and Pāṇinīyas on Anubandhas." In *Jñānapraśaṃsā: In Praise of Knowledge: Essays in Honour of E. G. Kahrs*, edited by Alastair Gornall. Halle: Universitätsverlag Halle-Wittenberg, 51–81.

Bhattacharya, Dinesh Chandra (1922) "Pāṇinian Studies in Bengal." In *Sir Autosh Mookerjee Silver Jubilee Volumes.* Volume III. Orientalia–Part 1. Calcutta: Calcutta University Press, 189–208.

Bhattacharya, Dinesh Chandra (1946) *Paribhāṣāvṛtti, Jñāpakasamuccaya, Kāraka-cakra by Puruṣottamadeva: Edited with Introduction, Appendix &c.* Rajshahi:

Varendra Research Museum.

Birwé, Robert (1961) *Der Gaṇapāṭha zu den Adhyāya IV und V der Grammatik Pāṇinis: Versuch einer Rekonstruktion*. Wiesbaden: Otto Harrassowitz.

Bloomfield, Leonard (1914) *An Introduction to the Study of Language*. New York: Henry Holt and Company.

Bloomfield, Leonard (1926) "A Set of Postulates for the Science of Language." *Language* 2: 153–164. Reprinted in Hockett 1970: 128–138.

Bloomfield, Leonard (1929) Review of Bruno Liebich, *Konkordanz Pāṇini-Candra*. *Language* 5: 267–276. Reprinted in Hockett 1970: 219–226.

Bloomfield, Leonard (1933) *Language*. New York: Henry Holt and Company.

Bloomfield, Leonard (1957) *Eastern Ojibwa: Grammatical Sketch, Texts and Word List*. Edited by Charles F. Hockett. Ann Arbor: The University of Michigan Press.

Böhtlingk, Otto (1887) *Pâṇini's Grammatik: Herausgegeben, übersetzt, erläutert und mit verschiedenen Indices versehen*. Second edition, Leipzig: H. Haessel, 1887. Reprint in 2 vols., Kyoto: Rinsen Book Company, 1977.

Bronkhorst, Johannes (1992) "Pāṇini's View of Meaning and Its Western Counterpart." In *Current Advances in Semantic Theory*, edited by Maxim Stamenov. Amsterdam: John Benjamins, 455–464.

Brough, John (1951) "Theories of General Linguistics in the Sanskrit Grammarians." *Transactions of the Philological Society* 50-1: 27–46.

Buiskool, H. E. (1939) *The Tripādī: Being an Abridged English Recast of Pūrvatrāsiddham (An Analytical-Synthetical Inquiry into the System of the Last Three Chapters of Pāṇini's Aṣṭādhyāyī)*. Leiden: Brill.

Candotti, Maria Piera (2020) "Linguistic Segmentation in Early *Vyākaraṇa*." In *The Bloomsbury Research Handbook of Indian Philosophy of Language*, edited by Alessandro Graheli. London: Bloomsbury Academic, 13–38.

Cardona, George (1965) "On Pāṇini's Morphophonemic Principles." *Language* 41-2: 225–237.

Cardona, George (1969) "Studies in Indian Grammarians I: The Method of Description Reflected in the śivasūtras." *Transactions of the American Philosophical So-*

ciety (New Series) 59-1: 3–48.

Cardona, George (1970) "Some Principles of Pāṇini's Grammar." *Journal of Indian Philosophy* 1-1: 40–74.

Cardona, George (1973a) Review of Sumitra Mangesh Katre, *Dictionary of Pāṇini. Indo-Iranian Journal* 15-1: 43–56.

Cardona, George (1973b) Review of Hartmut Scharfe, *Pāṇini's Metalanguage. Indo-Iranian Journal* 15-3: 207–221.

Cardona, George (1974a) "On Pāṇini's Metalinguistic Use of Cases." In *Charu Deva Shastri Felicitation Volume*, edited by Suniti Kumar Chatterji, V. Raghavan, R. N. Dandekar, Acharya Vishva Bandhu, A. D. Pusalkar, K. A. S. Iyer, and Satya Vrat Shastri. Delhi: The Charu Deva Shastri Felicitation Volume Committee, 305–326.

Cardona, George (1974b) "Pāṇini's kārakas: Agency, Animation, and Identity." *Journal of Indian Philosophy* 2: 231–306.

Cardona, George (1976) *Pāṇini: A Survey of Research.* The Hague: Mouton.

Cardona, George (1977) Review of Sureshachandra Dnyaneshwar Laddu, *Evolution of the Sanskrit Language from Pāṇini to Patañjali. Language* 53-1: 221–224.

Cardona, George (1978) "Still Again on the History of the Mahābhāṣya." *Annals of the Bhandarkar Oriental Research Institute* 58–59 (Diamond Jubilee Volume): 79–99.

Cardona, George (1979) Review of Hartmut Scharfe, *Grammatical Literarure. Indo-Iranian Journal* 21-2: 117–139.

Cardona, George (1980) Review of Wilhelm Rau, *Bhartṛharis Vākyapadīya. Indo-Iranian Journal* 22-1: 53–56.

Cardona, George (1981) "On the Domain of Pāṇini's Metarule 1.3.10: *yathāsaṃkhyam anudeśaḥ samānām.*" In *Dr. K. Kunjunni Raja Felicitation Volume*, edited by Radha Burnier, K. Kunjunni Raja, A. G. Krishna Warrier, and A. A. Ramanathan (=*Brahmavidyā: The Adyar Library Bulletin* 44–45). Madras: Adyar Library and Research Centre, 394–409.

Cardona, George (1983) *Linguistic Analysis and Some Indian Traditions.* Poona:

Bhandarkar Oriental Research Institute.

Cardona, George (1984) "On the Mahābhāṣya Evidence for a Pāṇinīya dhātupāṭha without Meaning Entries." In *Amṛtadhārā: Professor R. N. Dandekar Felicitation Volume*, edited by S. D. Joshi. Delhi: Ajanta Publications, 79–84.

Cardona, George (1989) "Pāṇinian Studies." In *New Horizons of Research in Indology* (*Silver Jubilee Volume*), edited by V. N. Jha. Pune: University of Poona, 49–84.

Cardona, George (1991) "On Pāṇini, Śākalya, Vedic Dialects and Vedic Exegetical Traditions." In *Pāṇinian Studies: Professor S. D. Joshi Felicitation Volume*, edited by Madhav M. Deshpande and Saroja Bhate. Ann Arbor: University of Michigan, Center for South and Southeast Asian Studies, 123–134.

Cardona, George (1993) Review of Harold G. Coward and K. Kunjunni Raja, *The Philosophy of the Grammarians*. *Journal of the American Oriental Society* 113-1: 137–139.

Cardona, George (1994) "Indian Linguistics." In *A History of Linguistics, Vol. I: The Eastern Traditions of Linguistics*, edited by G. C. Lepschy. London; New York: Longmann, 25–60.

Cardona, George (1996) "Āmreḍita compounds?" In *Veda-Vyākaraṇa-Vyākhyāna: Festschrift Paul Thieme zum 90. Geburtstag am 18. März 1995 dargebracht von Schülern, Freunden und Kollegen*, edited by Hanns-Peter Schmidt and Albrecht Wezler (=*Studien zur Indologie und Iranistik* 20). Reinbek: Dr. Inge Wezler, Verlag für Orientalistische Fachpublikationen, 67–72.

Cardona, George (1997) *Pāṇini: His Work and Its Traditions. Volume One: Background and Introduction*. Delhi: Motilal Banarsidass, 1988. Second edition, revised and enlarged, 1997.

Cardona, George (1998) "A New Edition of Vyāḍi's *Paribhāṣāvṛtti*." *Journal of the American Oriental Society* 118-2: 239–244.

Cardona, George (1999) "Approaching the *Vākyapadīya*." *Journal of the American Oriental Society* 119-1: 88–125.

Cardona, George (2000) Review of Otto Böhtlingk, *Pâṇini's Grammatik,* 1998 Motilal Banarsidass reprint edition. *Journal of the American Oriental Society*

120-3: 464–465.

Cardona, George (2003) "Sanskrit." In *The Indo-Aryan Languages*, edited by George Cardona and Dhanesh Jain. London; New York: Routledge, 104–160.

Cardona, George (2004) *Recent Research in Pāṇinian Studies*. Delhi: Motilal Banarsidass, 1999. Second revised edition.

Cardona, George (2009) "Bhartṛhari and Patañjali: Traditions Preserved." In *Bhartṛhari: Language, Thought and Reality* (*Proceedings of the International Seminar, Delhi, December 12–14, 2003*), edited by Mithilesh Chaturvedi. Delhi: Motilal Banarsidass, 119–161.

Cardona, George (2012a) "Pāṇini and Padakāras." In *Devadattīyam: Johannes Bronkhorst Felicitation Volume*, edited by François Voegeli, Vincent Eltschinger, Danielle Feller, Maria Piera Candotti, Bogdan Diaconescu, and Malhar Kulkarni. Bern; New York: Peter Lang, 39–61.

Cardona, George (2012b) "*pūrvatrāsiddham* and *āśrayāt siddham*." In *Studies in Sanskrit Grammars* (*Proceedings of the Vyākaraṇa Section of the 14th World Sanskrit Conference*), edited by George Cardona, Ashok Aklujkar, and Hideyo Ogawa. New Delhi: D.K. Printworld, 123–162.

Cardona, George (2013) "Developments of Nasals in Early Indo-Aryan: anunāsika and anusvāra." *Tokyo University Linguistic Papers* 33: 3–81.

Cardona, George (2014a) "Pāṇini and His Predecessors: Tradition and Innovation." *Journal of the Department of Sanskrit* (University of Delhi) 3-1: 1–21.

Cardona, George (2014b) "Some Contributions of Ancient Indian Thinkers to Linguistics." In *Sanskrit and Development of World Thought*, edited by Vempaty Kutumba Sastry. New Delhi: D.K. Printworld, 1–22.

Chakravarti, Srish Chandra (1913–1925) *The Kasika Vivarana Panjika* (*The Nyasa*)*: A Commentary on Vamana-Jayaditya's Kasika by Jinendra Buddhi, Edited with Introduction and Occasional Notes.* 3 vols. Rajshahi: The Varendra Research Society.

Dahiya, Yajan Veer (1995) *Pāṇini as a Linguist: Ideas and Patterns*. Delhi: Eastern Book Linkers.

D'Avella, Victor Bartholomew (2018) *Creating the Perfect Language: Sanskrit Grammarians, Poetry, and the Exegetical Tradition*. PhD dissertation, The University of Chicago.

Deokar, Mahesh, Dragomir Dimitrov, and Chōjun Yazaki (forthcoming) *Cāndra-vyākaraṇa 1.3: The Section on Primary Derivatives of Candragomin's Grammar of Sanskrit. A Critical Edition of the Cāndrasūtra, Vṛtti, and Pañjikā.* Pune: Department of Pali, Savitribai Phule Pune University.

Deshpande, Madhav M. (1975) *Critical Studies in Indian Grammarians I: The Theory of Homogeneity (sāvarṇya)*. Ann Arbor: University of Michigan, Center for South and Southeast Asian Studies.

Deshpande, Madhav M. (1985) "Historical Change and the Theology of Eternal Sanskrit." *Zeitschrift für vergleichende Sprachforschung* 98-1: 122–149.

Deshpande, Madhav M. (2011) "*Ārṣa* versus *anārṣa* in Pāṇini and Allied Literature." *Studia Orientalia* 110: 85–92.

Deshpande, Madhav M. (2012) "Underived Nominals as a Derivationally Productive Category in Pāṇini." In *Indian Grammars: Philology and History*, edited by George Cardona and Madhav M. Deshpande. Delhi: Motilal Banarsidass, 101–109.

Devasthali, Govind Vinayak (1967) *Anubandhas of Pāṇini*. Poona: University of Poona.

Eggeling, Julius (1879) *Vardhamâna's Gaṇaratnamahodadhi, with the Author's Commentary: Edited with Critical Notes and Indices.* Part I. London: Trübner.

Ellis, Alexander J. (1848) *The Essentials of Phonetics*. London: Fred Pitman.

Ellis, Alexander J. (1874) *On Early English Pronunciation*. Part IV. London: Trübner.

Emeneau, M. B. (1988) "Bloomfield and Pāniṇi." *Language* 64-4: 755–760.

Falk, Harry (1993) *Schrift im alten Indien: Ein Forschungsbericht mit Anmerkungen.* Tübingen: Gunter Narr.

Filliozat, Pierre-Sylvain (2021) "An Eccentric Commentator on the *Mahābhāṣya*: Śivarāmendra Sarasvatī." In *Śabdānugamaḥ: Indian Linguistic Studies in Honor of George Cardona, Volume I, Vyākaraṇa and Śābdabodha,* edited by Peter M.

Scharf. Providence: The Sanskrit Library, 509–529.

Hall, Robert A. Jr. (1990) *A Life for Language: A Biographical Memoir of Leonard Bloomfield.* Amsterdam: John Benjamins.

Hock, Hans Henrich (2014) "The Sanskrit Phonetic Tradition and Western Phonetics." In *Sanskrit and Development of World Thought*, edited by Vempaty Kutumba Sastry. New Delhi: D.K. Printworld, 53–80.

Hockett, Charles F. (1970) *A Leonard Bloomfield Anthology*. Bloomington: Indiana University Press.

Hockett, Charles F. (1987) "Letters from Bloomfield to Michelson and Sapir." *Historiographia Linguistica* 14-1: 39–60.

Houben, Jan E. M. (2012) "Studies in India's Vedic Grammarians, 1: Nārāyaṇa Bhaṭṭa's *Prakriyā-sarvasva* and Pāṇini's *Śe*." In *Studies in Sanskrit Grammars* (*Proceedings of the Vyākaraṇa Section of the 14th World Sanskrit Conference*), edited by George Cardona, Ashok Aklujkar, and Hideyo Ogawa. New Delhi: D.K. Printworld, 163–194.

Houben, Jan E. M. (2015) "Pāṇinian Grammar of Living Sanskrit: Features and Principles of the Prakriyā-Sarvasva of Nārāyaṇa-Bhaṭṭa of Melputtūr." *Bulletin d'Études Indiennes* 32: 149–170.

Houben, Jan E. M. (2018) "Linguistic Paradox and Diglossia: The Emergence of Sanskrit and Sanskritic Language in Ancient India." *Open Linguistics* 4: 1–18.

Iyer, K. A. Subramania (1969) *Bhartṛhari: A Study of the Vākyapadīya in the Light of the Ancient Commentaries.* Poona: Deccan College.

Joshi, Madhav Ganesh Nipanikar (1992) *Svarayuktā Aṣṭādhyāyī.* Aḷaṃdī: The author.

Joshi, S. D. and J. A. F. Roodbergen (1973) "The Treatment of Compounds in Sanskrit Grammar: A Survey." In *Studies in Historical Sanskrit Lexicography*, edited by A. M. Ghatage, R. N. Dandekar, and M. A. Mehendale. Poona: Deccan College, 45–56.

Joshi, S. D. and J. A. F. Roodbergen (1976) *Patañjali's Vyākaraṇa-Mahābhāṣya: Anabhihitāhnika* (*P. 2.3.1–2.3.17*). *Introduction, Text, Translation and Notes.* Poona: University of Poona.

Joshi, S. D. and J. A. F. Roodbergen (1983) "The Structure of the *Aṣṭādhyāyī* in Historical Perspective." In *Proceedings of the International Seminar on Studies in the Aṣṭādhyāyī of Pāṇini* (*Held in July 1981*), edited by S. D. Joshi and S. D. Laddu. Pune: University of Poona, 59–95.

Joshi, S. D. and J. A. F. Roodbergen (1990) *Patañjali's Vyākaraṇa-Mahābhāṣya: Sthānivadbhāvāhnika. Part I.* (*P. 1.1.56–1.1.57*)*, Introduction, Text, Translation and Notes*. Poona: Bhandarkar Oriental Research Institute, 1990.

Joshi, S. D. and J. A. F. Roodbergen (1993) *The Aṣṭādhyāyī of Pāṇini with Translation and Explanatory Notes*. Volume II (1.2.1–1.2.73). New Delhi: Sahitya Akademi.

Joshi, S. D. and J. A. F. Roodbergen (1994) *The Aṣṭādhyāyī of Pāṇini with Translation and Explanatory Notes*. Volume III (1.3.1–1.3.93). New Delhi: Sahitya Akademi.

Joshi, S. D. and Saroja Bhate (1984) *The Fundamentals of anuvṛtti*. Pune: University of Poona.

Kanjilal, Dileep Kumar (2007) *Tantrapradīpa of Maitreya Rakṣita: A Treatise on Kaśikā and Nyāsa*. In Collaboration with Kripamayee Kanjilal. Kolkata: Sanskrit Pustak Bhandar.

Katre, Sumitra Mangesh (1967) *Pāṇinian Studies I.* Poona: Deccan College, Postgraduate and Research Institute.

Kawamura, Yūto (2016) "Illustrations of Aṣṭādhyāyī 1.3.29 in the Mahābhāṣya and the Bhaṭṭikāvya." In *Vyākaraṇaparipṛcchā* (*Proceedings of the Vyākaraṇa Section of the 16th World Sanskrit Conference*), edited by George Cardona and Hideyo Ogawa. New Delhi: DK Publishers Distributors, 153–174.

Kawamura, Yūto (2017) "Sambandha Versus Sambaddhasambandha: The Semantics of Sixth-Triplet Endings." *Journal of Indian Philosophy* 46: 179–192.

Kawamura, Yūto (2018) "Candragomin's Theory of *karman*." *Journal of Indian and Buddhist Studies* 66-3: 992–998.

Kielhorn, F. (1876) *Kâtyâyana and Patanjali: Their Relation to Each Other, and to Pâṇini.* Bombay: Education Society's Press.

Kielhorn, F. (1883) "On the Grammarian Bhartṛihari." *The Indian Antiquary* 12: 226–227.

Kielhorn, F. (1885) "Prâkṛitworte im Mahâbhâshya." *Zeitschrift der deutschen morgenländischen Gesellschaft* 39: 327.

Kielhorn, F. (1886) "The Chandra-Vyakarana and the Kasika-Vritti." *The Indian Antiquary* 15: 183–185.

Kielhorn, F. (1887a) "Notes on the Mahabhashya. 5. The Authorities on Grammar Quoted in the Mahabhashya." *The Indian Antiquary* 16: 101–106.

Kielhorn, F. (1887b) "Notes on the Mahabhashya. 6. The Text of Panini's Sutras, as Given in the Kasika-Vritti, Compared with the Text as Known to Katyayana and Patanjali." *The Indian Antiquary* 16: 178–184.

Kielhorn, F. (1908) "Bhagavat, tatrabhavat, and devānāmpriya." *The Journal of the Royal Asiatic Society of Great Britain and Ireland*: 502–505.

Kiparsky, Paul (1979) *Pāṇini as a Variationist*. Cambridge, Pune: Poona University Press and the MIT Press.

Kobayashi, Masato (2017) "The Phonology of Indic." In *Handbook of Comparative and Historical Indo-European Linguistics*, edited by Jared Klein, Brian Joseph, and Matthias Fritz in cooperation with Mark Wenthe. Berlin: De Gruyter Mouton, 325–344.

Liebich, Bruno (1891) *Panini: Ein Beitrag zur Kenntnis der indischen Literatur und Grammatik.* Leipzig: H. Haessel.

Liebich, Bruno (1919) *Zur Einführung in die indische einheimische Sprachwissenschaft. II. Historische Einführung und Dhātupāṭha.* Heidelberg: Carl Winter's Universitätsbuchhandlung.

Liebich, Bruno (1920) *Zur Einführung in die indische einheimische Sprachwissenschaft. III. Der Dhātupāṭha.* Heidelberg: Carl Winter's Universitätsbuchhandlung.

Liebich, Bruno (1922) *Materialien zum Dhātupāṭha*. Heidelberg: Carl Winter's Universitätsbuchhandlung.

Liebich, Bruno (1930) *Kṣīrataraṅgiṇī, Kṣīrasvāmin's Kommentar zu Panini's Dhātupāṭha, zum einen ersten Mal herausgegeben; mit fünf Anhängen.* Breslau:

M. & H. Marcus.

Lowe, John J.（2020）"Segmental Phonology in Ancient India?" *Language* 96-2: e97–e113.

Morpurgo Davies, Anna（1998）*History of Linguistics. Volume IV: Nineteenth-Century Linguistics*. Boston: Addison-Wesley Longman.

Müller, F. Max（1890–1892）*Rig-Veda-Samhitâ: The Sacred Hymns of the Brâhmans Together with the Commentary of Sâyanâkârya*. 4 vols. London: Henry Frowde.

van Nooten, B. A.（1973）"The Structure of a Sanskrit Phonetic Treatise." *Acta et Commentationes Universitatis Tartuensis: Oriental Studies* 2-2: 408–436.

Norman, K. R.（1994）"The Development of the Middle Indo-Aryan Dialects." *Memoirs of the Chūō Academic Research Institute* 23: 21–50.

Ogawa, Hideyo（2004–2005）"Approaching the Sentence Meaning in the *Mahābhāṣya*: The *Vṛtti* and the *Ṭīkā*." *Journal of Indological Studies* 16–17: 109–152.

Ogawa, Hideyo（2005a）*Process and Language: A Study of the Mahābhāṣya ad A1.3.1 bhūvādayo dhātavaḥ*. Foreword by George Cardona. Delhi: Motilal Banarsidass.

Ogawa, Hideyo（2005b）"The Status of Grammar in the Indian Philosophical Tradition: Does the Science of Grammar Belong to All Schools of Thought?" In *Buddhism and Jainism: Essays in Honour of Dr. Hojun Nagasaki on His Seventieth Birthday*, edited by the Committee for the Felicitation of Dr. Hojun Nagasaki's Seventieth Birthday. Kyoto: Heirakujishoten, 598–618.

Ogawa, Hideyo（2007）"Being an Agent." *The Annals of the Research Project Center for the Comparative Study of Logic* 4: 93–99.

Ōjihara, Yutaka and Louis Renou（1962）*La Kāśikā-vṛtti*（*adhyāya I, pāda 1*）*traduite et commentée par Yutaka Ojihara et Louis Renou.* 2e partie. Paris: École française d'Extrême-Orient.

Palsule, Gajanan Balkrishna（1955）*A Concordance of Sanskrit Dhātupāthas*（*with Index of Meaning*）. Poona: Deccan College.

Palsule, Gajanan Balkrishna（1961）*The Sanskrit Dhātupāṭhas: A Critical Study.*

Poona: University of Poona.

Palsule, Gajanan Balkrishna (1991) "A Glimpse into a Pre-Pāṇinian View about vikaraṇas." In *Pāṇinian Studies: Professor S. D. Joshi Felicitation Volume*, edited by Madhav M. Deshpande and Saroja Bhate. Ann Arbor: University of Michigan, Center for South and Southeast Asian Studies, 283–288.

Ratié, Isabelle (2018) "On the *Ṣaḍdhātusamīkṣā*, a Lost Work Attributed to Bhartṛhari: An Examination of Testimonies and a List of Fragments." *Journal of the American Oriental Society* 138-4: 709–741.

Rau, Wilhelm (1977) *Bhartṛharis Vākyapadīya: Die Mūlakārikās nach den Handschriften herausgegeben und mit einem Pāda-Index versehen*. Wiesbaden: Steiner.

Rau, Wilhelm (1996) "Die vedischen Zitate in der Candra-Vṛtti." In *Veda-Vyākaraṇa-Vyākhyāna: Festschrift Paul Thieme zum 90. Geburtstag am 18. März 1995 dargebracht von Schülern, Freunden und Kollegen*, edited by Hanns-Peter Schmidt and Albrecht Wezler (=*Studien zur Indologie und Iranistik* 20). Reinbek: Dr. Inge Wezler, Verlag für Orientalistische Fachpublikationen, 327–338.

Renou, Louis (1940) *La Durghaṭavṛtti de Śaraṇadeva: Traité grammatical en sanskrit du XIIe siècle, édité et traduit*. Volume I. Fascicule I: Introduction. Paris: Les Belles Lettres.

Renou, Louis (1941) "The Valid Forms in 'Bhāṣā'." *The Indian Historical Quarterly* 17: 245–250.

Renou, Louis (1942) *Terminologie grammaticale du sanskrit*. 3 vols. Paris: Champion. Reprint in one volume, 1957.

Renou, Louis (1963) "Sur le genre du sūtra dans la littérature sanskrite." *Journal Asiatique* 251: 165–216.

Renou, Louis (1966) *La grammaire de Pāṇini traduite du sanskrit avec des extraits des commentaires indigènes*. 3 fasc. Paris: Klincksieck, 1948–1954. In two volumes, with the Sanskrit text of rules. Paris: École française d'Extrême-Orient.

Rogers, David E. (1987) "The Influence of Pāṇini on Leonard Bloomfield."

Historiographia Linguistica 14-1: 89–138.

Roodbergen, J. A. F.（2008）*Dictionary of Pāṇinian Grammatical Terminology*. Pune: Bhandarkar Oriental Research Institute.

Salomon, Richard（1998）*Indian Epigraphy: A Guide to the Study of Inscriptions in Sanskrit, Prakrit, and the Other Indo-Aryan Languages*. New York: Oxford University Press.

Salomon, Richard（2015）*Siddham across Asia: How the Buddha Learned His ABC*. Amsterdam: J. Gonda Fund Foundation of the KNAW.

Śāstrī, K. Sāmbaśiva（1931）*The Prakriyāsarvasva of Śrī Nārāyaṇa Bhaṭṭa with Commentary*. Part I. Trivandrum: Government Press.

Scharf, Peter M.（1996）*The Denotation of Generic Terms in Ancient Indian Philosophy: Grammar, Nyāya, and Mīmāṃsā*. Philadelphia: American Philosophical Society.

Scharf, Peter M.（2008）"Pāṇinian Accounts of the Vedic Subjunctive: *leṭ kṛṇvaíte*." *Indo-Iranian Journal* 51-1: 1–21.

Scharf, Peter M.（2012）"Vedic Accent: Underlying versus Surface." In *Devadattīyam: Johannes Bronkhorst Felicitation Volume*, edited by François Voegeli, Vincent Eltschinger, Danielle Feller, Maria Piera Candotti, Bogdan Diaconescu, and Malhar Kulkarni. Bern: Peter Lang, 405–426.

Scharf, Peter M.（2013）"Teleology and the Simplification of Accentuation in Pāṇinian Derivation." In *Vyākaraṇa across the Ages*（*Proceedings of the 15th World Sanskrit Conference*）, edited by George Cardona. New Delhi: Rashtriya Sanskrit Sansthan; D.K. Printworld, 31–53.

Scharf, Peter M.（2014）"The Relation between Etymology and Grammar in the Linguistic Traditions of Early India." *Bulletin d'Études Indiennes* 32: 255–266.

Scharf, Peter M.（2021）"Are taddhita Affixes Provided after prātipadikas or after padas?" In *Śabdānugamaḥ: Indian Linguistic Studies in Honor of George Cardona, Volume I, Vyākaraṇa and Śābdabodha,* edited by Peter M. Scharf. Providence: The Sanskrit Library, 125–169.

Scharfe, Hartmut（1977）*Grammatical Literature*. Wiesbaden: Otto Harrassowitz.

Scharfe, Hartmut (2021) "Fragments of Ancient Versified Sanskrit Grammars." In *Śabdānugamaḥ: Indian Linguistic Studies in Honor of George Cardona, Volume I, Vyākaraṇa and Śābdabodha,* edited by Peter M. Scharf. Providence: The Sanskrit Library, 375–384.

Smith, John D. (1986) Review of S. D. Joshi and Saroja Bhate, *The Fundamentals of anuvṛtti*. *Bulletin of the School of Oriental and African Studies* 49-2: 401–402.

Staal, Frits (1975) "The Concept of Metalanguage and Its Indian Background." *Journal of Indian Philosophy* 3-3/4: 315–354.

Steiner, Roland (1997) *Untersuchungen zu Harṣadevas Nāgānanda und zum indischen Schauspiel.* Swisttal-Odendorf: Indica et Tibetica Verlag.

Tanuja P. Ajotikar, Anuja P. Ajotikar, and Peter M. Scharf (2021) "Nāgeśaparyālocitabhāṣyasammatāṣṭādhyāyī-pāṭha: A Work on Variations in the sūtras of the *Aṣṭādhyāyī*." In *Śabdānugamaḥ: Indian Linguistic Studies in Honor of George Cardona, Volume I, Vyākaraṇa and Śābdabodha,* edited by Peter M. Scharf. Providence: The Sanskrit Library, 1–53.

Thieme, Paul (1935) *Pāṇini and the Veda: Studies in the Early History of Linguistic Science in India*. Allahabad: Globe Press.

Thieme, Paul (1982–1983) "Meaning and Form of the 'grammar' of Pāṇini." *Studien zur Indologie und Iranistik* 8/9: 3–34.

Thieme, Paul (1985) "The First Verse of the Triṣaptīyam (AV, Ś 1.1～AV, P 1.6) and the Beginnings of Sanskrit Linguistics." *Journal of the American Oriental Society* 105-3: 559–565.

Timalsina, Ramhari (2022) *The Sumatipañjikā: A Commentary on Cāndravyākaraṇavṛtti 1.1 and 1.4.* Pondicherry: Institut Français de Pondichéry; Paris: École française d'Extrême-Orient.

Trivedi, Kamalashankar Pranashankar (1925) *The Prakriyâkaumudî of Râmachandra (in Two Parts). Part I. With the Commentary Prasâda of Viṭṭhala and with a Critical Notice of Manuscripts and an Exhaustive and Critical Introduction.* Poona: Bhandarkar Oriental Research Institute.

Tubb, Gary A. and Emery R. Boose (2007) *Scholastic Sanskrit: A Handbook for*

Students. New York: The American Institute of Buddhist Studies at Columbia University.

Vasu, Śrīśa Chandra (1891) *The Ashṭādhyāyī of Pāṇini: Edited & Translated into English*. 2 vols. Allahabad: The Pāṇini Office. Reprint, Delhi: Motilal Banarsidass, 1977.

Visigalli, Paolo (2022) "On the Expression '*pañcavidhaṃ niruktaṃ/niruttiṃ*'." In *Jñānapraśaṃsā: In Praise of Knowledge: Essays in Honour of E. G. Kahrs*, edited by Alastair Gornall. Halle: Universitätsverlag Halle-Wittenberg, 351–361.

Wezler, Albrecht (1972) "Marginalien zu Pāṇini's Aṣṭādhyāyī I sthānin." *Zeitschrift für vergleichende Sprachforschung* 86-1: 7–20.

Whitney, William Dwight (1879) *A Sanskrit Grammar: Including Both the Classical Language, and the Older Dialects, of Veda and Brahmana*. Leipzig: Breitkopf and Härtel; Boston: Ginn & Company. Fifth edition, Leipzig, 1924. Reprint, Delhi: Motilal Banarsidass, 1973.

Wielińska-Soltwedel, Małgorzata (2006) *The Bhāṣāvṛttivivaraṇapañjikā of Viśvarūpa, the First adhyāya and a Detailed Examination*. 2 vols. PhD dissertation, Universität Hamburg.

Wujastyk, Dominik (1993) *Metarules of Pāṇinian Grammar: The Vyāḍīyaparibhāṣāvṛtti, Critically Edited with Translation and Commentary*. 2 vols. Groningen: Egbert Forsten.

Yagi, Toru (1984) *Le Mahābhāṣya ad Pāṇini 6.4.1–19*. Paris: Institut de Civilisation Indienne.

Yazaki, Chōjun (2023) "The *Apādāna* Theory of Cangragomin and Bhartṛhari." *Annals of the Bhandarkar Oriental Research Institute* 100: 72–85.

Yudhiṣṭhira Mīmāṃsaka (1984) *Samskṛta vyākaraṇa-śāstra kā itihāsa*. 3 vols. Bahālagaḍha: Rām Lāl Kapūr Trust.

有田潤［訳］(1970)『ギリシア文法』(シャルル・ギロー［著］) 白水社。

泉井久之助 (1976)「言語研究の歴史」『岩波講座 日本語 1 日本語と国語学』所収 (pp. 277–349) 岩波書店。

伊原照蓮 (1992)「Vyāḍi について」『成田山仏教研究所紀要』15: 71–85.

岩崎良行（2005）「『マハーバーシャ』における prasaṅga―古代インド思想における〈ことばの永遠性〉の理解へ向けて」『札幌大谷短期大学紀要』36: 1–73.

上田真啓・堀田和義（2023）「プラークリット語を照らす光―*Prākṛtaprakāśa* 和訳（1）」『仏教文化研究論集』23: 64–111.

小川英世（1985）「意味制限と接辞制限―文法学派における「制限」（niyama）の概念」『哲学』（広島哲学会）37: 131–146.

小川英世（1988）「Bhāvapradhāna-nirdeśa について」『印度学仏教学研究』37-1: 443–446.

小川英世（1993）「Mama Pāṇineḥ」『渡邊文麿博士追悼記念論集―原始仏教と大乗仏教 下』所収（pp. 241–264）永田昌文堂。

小川英世（2000）「バルトリハリの〈能成者〉論」『インドの文化と論理―戸崎宏正博士古稀記念論文集』所収（pp. 533–584）九州大学出版会。

小川英世（2002）『インド古典文法学研究』広島大学博士論文。

小川英世（2009）「Vākyapadīya「〈能成者〉詳解」（Sādhanasamuddeśa）の研究―VP3.7.55–58:〈目的・行為主体〉論（1）」『比較論理学研究』6: 23–40.

小川英世（2014）「パーニニ文法学〈言葉の領域外不使用の原則〉について―ディグナーガ「アポーハ論」の文法学派的解釈」『インド論理学研究』7: 53–78.

尾園絢一（2014a）「正しい言葉（*śábda-*）―ヴェーダとパーニニ文法学の観点から」『論集』（印度学宗教学会）41: 43–70.

尾園絢一（2014b）「Mahābhāṣya ad Pāṇ. III 1, 7 の研究：意欲語幹（Desiderativ）動詞の機能に関するパーニニ文法学の理解について」『東北大学文学研究科研究年報』63: 261–284.

尾園絢一（2015）「Mahābhāṣya ad Pāṇ. III 1, 7 の研究（2）」『東北大学文学研究科研究年報』64: 202–218.

尾園絢一（2016）「Mahābhāṣya ad Pāṇ. III 1, 7 の研究（3）」『中央学術研究所紀要』45: 177–192.

尾園絢一（2018）『パーニニが言及するヴェーダ語形の研究―重複語幹動詞を中心に』東北大学出版会。

尾園絢一（2022）「ヴェーダ祭式とパーニニ文法学」『ブラフマニズムとヒンドゥイズム 1 ―古代・中世インドの社会と思想』所収（pp. 291–311）法藏館。
風間喜代三（2005）『ラテン語・その形と心』三省堂。
梶原三恵子（2021）『古代インドの入門儀礼』法藏館。
桂紹隆（2021）『インド人の論理学―問答法から帰納法へ』法藏館。
桂紹隆（2022）「龍樹における存在と言語―羅什の視点から」『東洋の思想と宗教』39: 1–21.
亀井孝・河野六郎・千野栄一［編］（1996）『言語学大辞典 第 6 巻 術語編』三省堂。
川村悠人（2017a）「接辞重複問題に見るパタンジャリの言語理論」『東方学』134: 98–111.
川村悠人（2017b）『バッティの美文詩研究―サンスクリット宮廷文学とパーニニ文法学』法藏館。
川村悠人（2017c）「初期文法学派のダルマ論序―日常世界と祭式世界における知行」『比較論理学研究』14: 103–121.
川村悠人（2019）「古代インドにおける語源学学習の四目的」『比較論理学研究』16: 29–46.
川村悠人（2020）「文法家パタンジャリが認める所有接辞の用法」『東方学』140: 59–71.
川村悠人（2021a）『神の名の語源学』溪水社。
川村悠人（2021b）「『言語学大辞典』所収「インドの言語学」に対する覚書」『*Nidaba* ニダバ』50: 50–63.
川村悠人（2022a）「インドの言語学の理解に向けて（1）―パーニニとパーニニ文法」『*Nidaba* ニダバ』51: 23–39.
川村悠人（2022b）「古代インド文法学の意味論―パタンジャリ著『大注釈』における「行為実現者日課」の研究（1）」『比較論理学研究』19: 107–137.
川村悠人（2022c）『ことばと呪力―ヴェーダ神話を解く』晶文社。
川村悠人（2022d）「正しい言葉遣いがもたらす功徳と繁栄―祭式世界と日常世界における知行」『ブラフマニズムとヒンドゥイズム 1 ―古代・中世インドの社会と思想』所収（pp. 313–323）法藏館。

川村悠人・堂山英次郎（2022）「古代インドにおける語源学について」『ブラフマニズムとヒンドゥイズム 1 ―古代・中世インドの社会と思想』所収（pp. 325–354）法藏館。

キャット・アダム　アルバー／川村悠人（2022）「古代インド言語科学へのいざない（1）―パーニニ文典訳注（規則 1.1.1–1.1.75）」『東京大学言語学論集』44: e174–e231.

キャット・アダム　アルバー／川村悠人（2023）「古代インド言語科学へのいざない（2）―パーニニ文典訳注（規則 1.2.1–1.3.93）」『東京大学言語学論集』45: e86–e234.

窪薗晴夫（1999）『日本語の音声』岩波書店。

熊本裕（1996）「インドの言語学」『言語学大辞典 第 6 巻 術語編』所収（pp. 83–100）三省堂。

後藤敏文（1989）「*vācārambhaṇaṃ vikāro nāmadheyam*」『インド思想史研究』6: 141–154.

後藤敏文（1990）「インド伝統文法学をめぐって」『特定研究「近代諸科学から見たインド思想の批判的分析」報告書』所収（pp. 65–85）岩手大学人文社会学部。

小林信彦（1988）「アシュヴァゴーシャと詩人パーニニに共通する前古典性」『南都仏教』60: 1–16.

甚野尚志／中澤務／ F・ペレス［訳］（2002）「メタロギコン」『中世思想原典集成 8　シャルトル学派』上智大学中世思想研究所。

竹崎隆太郎（2020）「パダ頭の *h-* のサンディ」（第二回広島サンスクリット集会，広島大学，配布資料）。

辻直四郎（1974a）『サンスクリット文法』岩波書店。

辻直四郎（1974b）「インド文法学概観―サンスクリット文法附録」『鈴木学術財団研究年報』11: 1–28.

友成有紀（2015）『インド論理学者が描くパーニニ文法学―「ニヤーヤマンジャリー」第六日課の研究』東京大学博士論文。

中島平三［総監訳］瀬田幸人・田子内健介［監訳］（2016）『ことばの思想家 50 人―重要人物からみる言語学史』（マーガレット・トマス［著］）朝倉

書店。
中村完・後藤斉［訳］（1992）『言語学史』（R. H. ロウビンズ［著］）研究社出版。
長澤和俊［訳］（1998）『玄奘三蔵―西域・インド紀行』講談社。
野矢茂樹（2006）『入門！論理学』中央公論新社。
肥爪周二（1994）「〔書評〕馬渕和夫著『五十音図の話』」『国語学』178: 125–130.
藤山覚一郎・横地優子［訳］（1994）『遊女の足蹴―古典インド劇・チャトゥルバーニー』春秋社。
本田義央（1993）「インド文法学における saṁjñāsaṁjñisaṁbandha の一考察―nityapakṣa と kāryapakṣa の観点から」『広島大学文学部紀要』53: 42–61.
間瀬忍（2011）『パーニニ文法学 antaraṅga 解釈規則の研究』広島大学博士論文。
馬渕和夫（1993）『五十音図の話』大修館書店。
水谷真成（1999）『大唐西域記 1』平凡社。
三宅鴻・日野資純［訳］（1962）『言語』（L. ブルームフィールド［著］）大修館書店。
宮林昭彦・加藤栄司［訳］（2004）『現代語訳 南海寄帰内法伝―七世紀インド仏教僧伽の日常生活』法藏館。
柳沼重剛［編］（2003）『ギリシア・ローマ名言集』岩波書店。
矢崎長潤（2022）『チャンドラゴーミン研究序説―仏教徒の見たサンスクリット文法学』法藏館。
吉町義雄（1995）『古典梵語（サンスクリット）大文法―インド・パーニニ文典全訳』泰流社。

あとがき

パーニニ文法学はとにかく専門性が高い。長い期間にわたって専門家のもとで訓練を受けない限り，容易にあつかえる代物ではない。かといって日本にパーニニ文法学の専門家がそこまでいるわけでもなく，いたとしても，忙しいなか多くの時間を割いて一から丁寧に教えてくれるなどという人は稀であるかもしれない。しかし，パーニニ文法学の知識を前提とした議論はインド古典文献のそこかしこに出てくるわけであるから，インド古典学の領域に携わる者ならば何とかして同文法学にある程度は親しんでおく必要がある。入門書のようなものを希求したことがある人は少なくないであろう。

私の専門領域の 1 つはこのパーニニ文法学である。それゆえ，日々読解する古典文献も，拝読する論文や専門書も，パーニニ文法学に関わるものが今も昔も多い。自分でもパーニニ文法学を扱う論文や専門書をこれまで少なからず世に問うてきた。

そんな日々を送るなかで，何をきっかけとしてかはよく覚えていないのだが，人類史が残したこの神に入るような偉業を多少なりともわかりやすく本邦の読者に伝えてみたいという気持ちが，いつ頃からか芽生えてきていた。私が古代インドの語源学を扱った『神の名の語源学』（溪水社，2021 年）を上梓した際に，桂紹隆先生からいただいた「次は，インド文法学に関する入門書をぜひ書いてください」という言葉も，私の背中を後押しするものであった。私は，いよいよ本格的に入門書のようなものを用意してみようかという気になっていったのである。

千軍万馬の先生方がいるなかで，パーニニ文法学の入門書を書きあげるべき人物が私でよいのかどうか，この点については甚だ心もとなかったのだが，とにかく準備を少しずつ進めていった。西日本言語学会が発行する学術雑誌『*Nidaba* ニダバ』に，連載を企図してパーニニ文法学入門用の原稿第一弾を寄稿したり，京都大学のアダム・キャット先生と一緒にパーニニ文典の日本語完訳注を目指す計画を開始したりもした。後者については今も継続中で，『東京大学言語学論集』に訳注の第一弾と第二弾が掲載されている。

そのようなことをしていたある日，京都の臨川書店の方が，私の研究室を訪ねて来られた。新刊の案内に続いて，どうも私の研究に興味を抱いてくださっている方が本社の編集部におり，その方とお仕事をしてみないかという打診を受けた。待ち人来たる。その後，話は順調に進み，かねてより構想していたパーニニ文法学の入門書を出版していただける運びとなった。私の研究を評価し，このような書の出版を引き受けていただいた臨川書店さん，そして編集を担当してくださり，懇切丁寧なご指摘をいただいた工藤健太さんに，この場を借りて拝謝の意を伝えたい。

聞くところによると，編集部の工藤さんが京都大学の船山徹先生とお話をしているときに，船山先生が拙著『神の名の語源学』を見せ，いま一番面白い研究の 1 つと言って私の研究について色々と語ってくれたという。なんともありがたい話である。私の研究に注目してくださり，本書出版のきっかけをつくってくださった船山先生に深謝する。

当初は 1 人でやり遂げるつもりであったが，内容のさらなる充実と正確さの徹底を求めて，パーニニ文典の訳注研究をともに遂行していたアダム・キャット先生にお声がけし，本書の共著者となっていただいた。毎週木曜日の午前中に Zoom 上で会合し，議論し合い，推敲に推敲を重ねていった。

原稿が一通り仕上がったと判断した後，パーニニ文法学をはじめとするインド古典文法学に詳しい矢崎長潤氏に第Ⅳ講を除く草稿全体を精読していただいた。日本語の音声学や音韻論に明るい坂水貴司氏には，第Ⅳ講全体を丹念に読んでいただいた。また，2023 年 10 月から 1 ヶ月ほどの間，本書の草稿を利用して有志の方々と私的な勉強会を開くことができた。矢崎氏と坂水氏および同勉強会の参加者の方々から頂戴したご指摘やご助言を吟味し，修正を加え，できあがったのが本書である。皆さまに心より感謝する。さらに，本書作成にあたって関連資料の収集にご助力をいただいた張倩倩，堀田和義，虫賀幹華の各氏にも，この場を借りて謝意を表する。

嘘か誠か，サンスクリット語は世界一難しい言語だとよく言われる。そう易々と習得できる言語でないのは確かである。独学もなかなか難しい。確かな知識と経験のある先達から教えてもらうのが一番の近道であると思う。私は，サンスクリット語の最初の手ほどきを本田義央先生から受けた。学部生時代にはじめてサンスクリット文献を読解したのも本田先生とであり，そのなかでパーニニ文法学の片鱗にも触れる機会を得た。この世界に入る端緒を開いてくれた本田先生に対し，本書の出版をもって謝を鳴らしたい。

大学院に進学してから，私はパーニニ文法学の世界へ本格的に足を踏み入れていくことになる。それからは，私の主指導教員は小川英世先生となり，小川先生のもとで私はおよそ6年間にわたって極めて峻厳な訓練を受けた。決して楽ではない時間だったが，とにもかくにも眼前のやるべきことをやりながら勇往邁進（ゆうおうまいしん）していく日々であった。あらゆる如才（じょさい）を排し，読解する文献や執筆する論文のたった一語，たった一音であっても疎略に扱うことを断じて許さないその厳格な学的態度に，私は大いに感化風動されていった。そのときの経験が血となり肉となって今の私を形づくっている。

パーニニ文法学の精髄を情熱的に叩き込み，学問の厳しさと興奮を教えてくれた小川英世先生に対して，本書の出版が何よりの恩返しとなることを信ずる。

本書は JSPS 科研費 21K12842 による成果の一部である。

川村悠人（著者代表）

索　引

以下に索引を設ける。この索引部は，1. 用語索引（日本語），2. 人名索引（日本語），3. 用語・文献名索引（サンスクリット語），4. 一次文献索引，の 4 つからなる。文法規則の索引を設けていないのは，本書に別冊でつけてある「規則早見表」がそのまま文法規則の索引としても機能するからである。本書のどこでどの規則が説明されているかを確認したい場合には，この「規則早見表」をご活用いただきたい。

1. 用語索引（日本語）では，パーニニ文法学の用語を中心として，本書に現れる用語類を日本語で挙げる。問題の用語が出るすべての頁を指示することはせず，初出の箇所や説明を与えている箇所または当該の用語が問題となっている箇所のみを指示する。ただし，複数の頁数あるいは網羅的な頁数を指示した方が読者に資すると判断した項目については，その限りではない。
2. 人名索引（日本語）では，本書に現れるパーニニ文法家の名前及び第 IV 講で言及する西欧の学者の名前を中心として，人物名をカタカナで挙げる。西欧の学者の名前は，よりよく知られていると思われる姓の方を先に出す形で提示する。頁数の指示方法の方針は 1. と同じである。
3. 用語・文献名索引（サンスクリット語）では，1. において日本語で挙げた項目を，対応するサンスクリット語で挙げる。この 3. でサンスクリット語によってのみ挙げる用語もあり，1. で対応する日本語は挙げずに 3.でサンスクリット語のみを挙げる用語の方が多くなっている。本書の利用者は，サンスクリット語で索引を引くことの方が多いだろうと考えたためである。用語類に加えて，本書で言及するサンスクリット文献名もこの 3. にサンスクリット語で挙げる。列挙の順番はサンスクリット語のアルファベット順による。頁数の指示方法の方針は 1. と同じである。
4. 一次文献索引では，本書で利用し，脚注において指示しているサンスクリット文献を略号によって挙げる。この 4. に限り，すべてのサンスクリット文献について，それが言及されるすべての箇所への指示を行う。ただし，パーニニ文典（A: *Aṣṭādhyāyī*）については，「規則早見表」に含まれていないものであり，かつ規則の規定内容を問題としている文法規則である場合にのみ，言及している頁への指示を行う。当該の頁では「規則～」という言い方をしていても，索引ではこの A: *Aṣṭādhyāyī* の箇所に取り込んでいる。略号の列挙順は英語のアルファベット順による。

1. 用語索引（日本語）

アーラニヤカ　7
アヌスヴァーラ　275, 275 note 15, 276
アヌナーシカ　275 note 15
アビニダーナ　280
アメリカ構造主義言語学（American structural linguistics）　285
誤った言葉　28, 80–81, 80 note 216, 223
アルゴンキン語　289, 295, 304–305
一語残存　133
一人称語尾　209
一般規則　18, 297, 303–304
イロカノ語　295
韻文評釈　11
ヴィサルジャニーヤ／ヴィサルガ　275
ヴェーダ語　7, 15, 24, 26–28, 33 note 83, 37, 40, 50, 56–57, 60–61, 64, 88, 239 note 196, 265–266, 286–287
ヴェーダ聖典　15, 24–25, 28–30, 37, 40, 58, 79, 265, 279
ヴェーダ補助学　27, 29, 79
ウパドゥマーニーヤ　275, 275 note 15
ウパニシャッド　7, 45
l 接辞　201
延伸母音　145, 178, 278 note 26
オジブワ語　302–303, 305
音の相対的な大きさ・聞こえ度（sonority）　137 note 100
音声・音韻学書　15, 27, 118, 156 note 120, 261, 274, 274 note 13, 275 note 15, 246, 276, 278, 280, 280 notes 34–35, 282
音声学書　276 note 20
音素　103, 280
回帰　188
解釈規則　20, 65–66, 94, 100, 107–108, 116, 116 note 58, 118–119, 128–130, 139, 141, 145 note 110, 152, 155, 159, 177–178, 191, 206, 232, 237, 241, 256, 258–259, 259 note 12, 262
外心的（exocentric）　289, 297–299
歌詠　25, 30
格限定複合語　236, 238, 289, 296–297, 299
格語尾を欠いた提示　188
拡大規則　20, 129
関係　118, 173, 195
記述的（descriptive）　22
規範的（prescriptive）　22–24
義務的複合語　300
休止　12–13
共起語　209
強語幹格語尾　233
曲アクセント母音　33, 88–89, 108
禁止規則　20, 139 note 105
屈折形　125
グプタ文字　271
クローシュトラ学派　43
継起　60, 104, 107
形態素（morpheme）　18
言及（mention）　106
原要素　118
原要素扱い　130
語　17
高アクセント母音　88
行為　147, 200, 202
行為基体　180, 193
行為起点　168, 192
行為実現要素　147, 192, 196 note 155
行為受益者　163, 192
行為主体　153, 193, 202–203
行為手段　153, 193
行為対象　147, 193, 202
行為対象・行為主体　193 note 152
口語　56
交錯法（chiasmus）　11
後続を表す第七格語尾　212 note 176
高低アクセント　16–17, 50, 56, 88, 90, 98 note 28
肯定的随伴と否定的随伴　18
国際音声記号　282–285
語形成の立場　102
五十音図　271–272, 277–279
5 種の語源説明法　14 note 22
語尾　112, 114
語尾変換　107, 154, 229

最近似要素の解釈規則　141
祭詞　25, 30
讃歌　25, 30
サンスクリット語　1–3, 7–8, 15–16, 23–25, 28–29, 28 note 61, 34, 36–37, 39, 45, 48, 50, 56–57, 73–77, 82–83, 87–88, 98 note 28, 120, 128 note 86, 132, 137 note 102, 189, 194–197, 222–223, 245, 257, 265, 270, 272, 273 note 6, 281–283, 287–294, 334–335
三聖　40
三聖の文法学　40
三人称語尾　209
サンヒター　26
残余　173, 207, 218
指示記号の規定規則　136
時制の説明を与えない文法学　200
自然類（natural class）　92
持続時間　137–138, 141, 145, 145 note 111
舌の根（tongue-root）　282
悉曇学　271–272
悉曇文字　271
［師の］宣言に基づく曲アクセント母音　33, 108
［師の］宣言に基づく鼻母音性　33, 121
指標辞　93, 119
ジフヴァームーリーヤ　275, 275 note 15
使用（use）　106
ジャイナ教文法学　8, 246
シュヴァーサ　280 note 35
終止　127
従属要素　239
主題規則　20, 106, 108–109, 147, 200, 224, 228, 237–239, 254 note 10
主題項目　106
朱儞　45, 45 note 114
呪文　25
主要部（head）　297–299
順番対応　11 note 14
所有複合語　236, 289, 297, 299
数詞複合語　236, 289
スナーガ学派　43
制限規則　20, 117 note 59, 207
聖者一人見解　78
聖仙　78
青年文法学派（Junggrammatiker）　287
接辞　18, 106, 200, 207, 225, 229
接辞前語基　154, 227
接辞前語基の文法操作　155
ゼロ　123, 232 note 190
ゼロ化が行われていない複合語　118 note 62
ゼロ要素（zero element）　289, 291, 301–302
先師たちの用語　12
先代の師　9
前代の文法規則　12
全動詞接辞　210, 212 note 177
操作規則　19, 110, 117 note 59, 124, 139 note 105, 143–145, 162, 167–168, 175, 177, 186, 200, 211, 225, 232, 256
俗語　28–29
属性主提示　113
空を示す文法家　131
反舌音　184
第一次接辞　207, 224–225
第一格語尾　112, 194
第一級の知識人　78
第五格語尾　168, 194
第三格語尾　153, 194
大慈恩寺三蔵法師伝　1
代置関係　118
代置／代置操作　117, 300–303
代置要素　118, 123
大唐西域記　16, 34
第七格語尾　180, 194
第二格語尾　147, 194
第二次接辞　228
第八格語尾　185, 194
第四格語尾　163, 194
第六格語尾　173, 195
タガログ語　289, 291, 295
正しい言葉　23, 36, 73, 75, 77, 79 note 212, 80, 80 note 216, 83
正しい言葉の教示　79 note 212
単一名称部門　206
段階的説明　102
単語読み　12–15, 13 note 19, 279–280
短縮記号　92–93, 114–115, 135–136
単数語尾　114, 208
短母音／単母音　145, 178, 275–276

知識人　75–77, 222–223
知的な閃きのない者　132
チベット語　9
次末音　227
チャンドラ文法学　8, 32, 49, 51
中期インド語／中期インド・アーリヤ語　8, 16, 28–29, 28 note 61, 246–247
中動語尾　205
調音位置　137, 141
調音点　275
調音動作　137
長母音　145, 178
通鼻音　120
続け読み　15, 279–280
低アクセント母音　88
停止　107
転訛語　28
伝説・古潭　25
同一対象の指示　210
同格限定複合語　236, 289
動詞語基　198
動詞前接辞　239 note 196
同類音　136
特徴づけられるべきもの　23
特徴づけるもの　23
閉じた母音　188
ナーダ　280 note 35
内心的（endocentric）　297–299
南海寄帰内法伝　34, 45, 92 note 7
二重母音　156 note 120, 275–276
二人称語尾　209
二人称代名詞　218
任意　170–171, 237
能動語尾　204
バ　233
パーニニの原理（Pāṇini's principle）　303
パーニニ文法学　8
パーリ語　8, 287
パーリ文法学　262
ハカーラ　280 note 35
派生教本　60
派生語基（derived base）　199
パタンジャリの水を飲んだ者　73
バッティの美文詩　34, 36, 38, 56
話し言葉　24–25
歯の根（teeth-root）　282
バラドヴァージャ学派　42–43
半動詞接辞　212, 212 note 177
反復複合語　289
半母音　274–276
鼻音　157, 273, 275–276
鼻音性　137–138, 276 note 20
非派生語基（underived base）　199
美文作品　83
非文法学者　14
開いた母音　188
複合語　237
複数語尾　114, 208
仏教文法学　246
不変化複合語　236, 289, 299
プラークリット語　8, 16
ブラーフマナ　7
ブラーフミー文字　271
ブラフマン　38
文　17, 17 note 32
文形成の立場　102
分析的説明　102
分節音（segment）　273–274, 280, 283 note 47
文法学　14, 21, 23, 36–38, 79–80, 200, 223
文法学者　14
文法学の補完　14
並列複合語　236, 289, 296, 299
ペリオタイプ（palaeotype）　282–283
ベンガル学派（Bengal/Bengali School）　55
母音　274, 274 note 12, 276
母音空間（vowel space）　277
補充（suppletion）　301
無気音　138
無声音　138, 184
名詞語基　102–105, 228
名称規則　20, 88, 103–104, 112, 114–115, 120, 123, 125, 127, 135–136, 138, 140, 145, 147, 151, 153–155, 163, 168, 170, 180, 198, 204, 206, 208–209, 224, 256
名称語　226
名称の同時適用　114, 205–206
メタ言語　120
モンゴル語　9

唯一の代置要素　139
有気音　138
有気・無気　275
有声音　138, 184
有声・無声　275, 283
有標性（markedness）　277
呼びかけ　185, 194
呼びかけ形　186
呼びかけ語尾　186
領域を表す第七格語尾　212 note 176
両数語尾　114, 208
例外規則　18, 145 note 110, 297, 303-304
連声　279, 296
連接　127, 139
ローミック表記（Romic Notation）　282

2. 人名索引（日本語）

アーナンダヴァルダナ（Ānandavardhana） 82
アーピシャリ（Āpiśali） 10, 12 note 16
アンナムバッタ（Annambhaṭṭa） 53
ヴァージャピヤーヤナ（Vājapyāyana） 42
ヴァースデーヴァディークシタ（Vāsudevadīkṣita） 64
ヴァーマナ（Vāmana） 51, 83
ヴァッカーナーゲル，ヤーコプ（Jacob Wackernagel） 288–290, 289 note 66
ヴァラダラージャ（Varadarāja） 64
ヴァラルチ（Vararuci） 192
ヴァルダマーナ（Vardhamāna） 54, 99
ヴィッタラ（Viṭṭhala） 60
ヴィディヤーダラ（Vidyādhara） 197
ヴィマラサラスヴァティー（Vimalasarasvatī） 60
ヴィマラマティ（Vimalamati） 57
ヴィヤーディ（Vyāḍi） 42, 65
ウィルキンズ，チャールズ（Charles Wilkins） 282, 294
ウッジュヴァラダッタ（Ujjvaladatta） 101
ヴント，ヴィルヘルム（Wilhelm Wundt） 296
エジャートン，フランクリン（Franklin Edgerton） 290–291
エリス，アレクサンダー・ジョン（Alexander John Ellis） 282
オルデンベルク，ヘルマン（Hermann Oldenberg） 287
カーシュヤパ（Kāśyapa） 10, 10 note 9
カーティヤーヤナ（Kātyāyana） 40–43
ガーラヴァ（Gālava） 10, 10 note 9
ガールギヤ（Gārgya） 10, 10 note 9, 14
カイヤタ（Kaiyaṭa） 53
カウンダバッタ（Kauṇḍabhaṭṭa） 67
カルハナ（Kalhaṇa） 44
義浄 34–36, 45 note 114, 92 note 7
クシーラスヴァーミン（Kṣīrasvāmin） 59
クマーリラ（Kumārila） 16
玄奘 1, 16, 34
コールブルック，ヘンリー・トーマス（Henry Thomas Colebrooke） 282, 293
サーヤナ（Sāyaṇa） 59
サルヴァラクシタ（Sarvarakṣita） 58
シーラデーヴァ（Śīradeva） 65
シヴァラーメーンドラサラスヴァティー（Śivarāmendrasarasvatī） 53
シェーシャクリシュナ（Śeṣakṛṣṇa） 60
ジネーンドラブッディ（Jinendrabuddhi） 51
シャーカターヤナ（Śākaṭāyana） 10, 12 note 16, 14, 100
シャーカリヤ（Śākalya） 10, 12–14, 13 note 19
シャーンタナヴァ（Śāntanava） 88 note 1
ジャヤーディティヤ（Jayāditya） 51
ジャヤーピーダ（Jayāpīḍa） 44
ジャヤクリシュナ（Jayakṛṣṇa） 64
ジャヤンタ（Jayanta） 81, 83, 83 note 229
シャラナデーヴァ（Śaraṇadeva） 58
シャンタヌ（Śantanu） 88 note 1
ジュニャーネーンドラサラスヴァティー（Jñānendrasarasvatī） 64
ジョーンズ，ウィリアム（William Jones） 281
スウィート，ヘンリー（Henry Sweet） 282
スポーターヤナ（Sphoṭāyana） 10
スマティ（Sumati） 50
セーナカ（Senaka） 10
ソーマデーヴァ（Somadeva） 91
ダッタカラシ（Dattakalaśi） 84–85
ダルマキールティ（Dharmakīrti） 60
チャークラヴァルマナ（Cākravarmaṇa） 10
チャンドラゴーミン（Candragomin） 49–50
ナーゲーシャ（Nāgeśa） 53
ナーラーヤナ（Nārāyaṇa） 39
ナーラーヤナバッタ（Nārāyaṇabhaṭṭa） 61
ニーラカンタディークシタ（Nīlakaṇṭhadīkṣita） 66
パーニニ（Pāṇini） 15–17
バーマハ（Bhāmaha） 36, 38, 81, 83
バーラドゥヴァージャ（Bhāradvāja） 10
パタンジャリ（Patañjali） 43–48
バック，カール・ダーリン（Carl Darling Buck） 287
バッティ（Bhaṭṭi） 36, 38

バットージディークシタ（Bhaṭṭojidīkṣita） 54, 62
ハラダッタ（Haradatta） 51
ハリディークシタ（Haridīkṣita） 63
ハリバースカラ（Haribhāskara） 66
バルトリハリ（Bhartṛhari） 48–49
ビーマセーナ（Bhīmasena） 97 note 25
プニヤラージャ（Puṇyarāja） 67 note 190
ブルークマン，カール（Karl Brugmann） 287
ブルームフィールド，モーリス（Maurice Bloomfield） 286
ブルームフィールド，レナード（Leonard Bloomfield） 285–305
プルショーッタマデーヴァ（Puruṣottamadeva） 55
ヘーラーラージャ（Helārāja） 54
ホイットニー，ウィリアム・ドワイト（William Dwight Whitney） 282
ボージャ（Bhoja） 62
ボップ，フランツ（Franz Bopp） 281, 293–294
マイトレーヤラクシタ（Maitreyarakṣita） 57, 59
マッリナータ（Mallinātha） 197
ミュラー，フリードリヒ・マックス（Friedrich Max Müller） 282
ヤースカ（Yāska） 14
ラージャシェーカラ（Rājaśekhara） 30, 229, 236
ラーマチャンドラ（Rāmacandra） 60
ラクシュマナセーナ（Lakṣmaṇasena） 56
ラトナマティ（Ratnamati） 50
リービッヒ，ブルーノ（Bruno Liebich） 292
龍樹（Nāgārjuna） 1
レスキーン，アウグスト（August Leskien） 287

3. 用語・文献名索引（サンスクリット語）

akarmaka 202
akālakaṃ vyākaraṇam 200
akṣara 273-274
akṣarasamāmnāya 91, 273
agrāmya 81
aghoṣa 138, 184, 275, 283
aṅga 129 note 88, 154, 227
aṅgakārya 155
atideśasūtra 20, 129
Atharvaveda 7, 26, 272-273
Atharvavedaprātiśākhya 282
atharvāṅgirás 25
adupadeśa 122 note 71
adhikaraṇa 180, 193
adhikāra 106
adhikārasūtra 20, 106
adhyāya 44
ananta 229
anabhihite 147
anavayavatva 122 note 71
anuktaduruktacintākara 41
anudātta 88
anunāsika 120, 275 note 15
anunāsikapāṭha 33
anubandha 110, 119
anuvṛtti 60, 104, 107
anuvṛttiphalaka 108 note 49
anusvāra 275-276, 275 note 15
anekānta 122 note 71
anaikāntikatva 122 note 71
antaḥsthā 274, 276
antaratamaparibhāṣā 141
antargaṇa 96
antyādeśa 119
anyatarasyām 171
anvayavyatireka 18, 302
apabhraṃśa 28
aparispandana 200
apavāda 18, 303-304
apaśabda 28
Apāṇinīyapramāṇatā 62
apādāna 168, 192
aprāptavibhāṣā 170
abhinidhāna 280
abhyudaya 80
Amarakośa 99
Amarakośodghāṭana 99
artha 141
arthapāṭha 97 note 24
aluksamāsa 118 note 62
alpaprāṇa 138, 275
avagraha 12
avasāna 127
avibhaktikanirdeśa 188
avaiyākaraṇa 14
avyaya 129 note 88
avyayībhāva 236, 289, 298-299
avyutpattipakṣa 101
avyutpanna 100, 105, 197
Aṣṭaka 94
aṣṭamī 185
Aṣṭādhyāyī 7, 94
asandigdhoccāraṇārtha 119-120
asiddha 131 note 92, 191
aspṛṣṭa 137
ākṛtigaṇa 99
ācārya 45, 77
ācāryadeśīya 45
ātmanepada 205
ātmanepadin 98
ātmanebhāṣa 98
ādiśiṣṭa 78
ādiśyate 123
ādeśa 118, 123
ādeśana 117, 300
ādeśin 118
ānunāsikya 137
Āpiśali-Śikṣā 276 note 20
ābhimukhyakaraṇa 185
āmantrita 186
āmreḍita 289, 298
Āraṇyaka 7

ārdhadhātuka 212, 300
ālasatā 80 note 216
āsya 137
āhnika 44
it 93, 110, 119
itihāsapurāṇá 25
īṣatspṛṣṭa 137, 184
īṣadvivṛta 137, 184
iṣṭijña 223
uccāraṇārtha 93, 119, 123, 216
Uṇādivṛtti 101
Uṇādisūtra 100
uttama 209
uttara 139–140, 140 note 106, 177
uttarā vidyā 21
utsarga 18, 303–304
udātta 88
Uddyota 53
Uddyotana 53
upadeśa 120 note 65
upadhā 227
upadhmānīya 275, 275 note 15
Upaniṣad 7
upapada 209
upasaṃharati 276
upasarga 239 note 196
upasarjana 239
ubhayatobhāṣa 98
ubhayatravibhāṣā 171
ubhayapadin 98
ūṣman 274, 274 note 12, 276
Ṛgveda 7, 26, 279
Ṛgvedaprātiśākhya 15, 274–276, 274 note 13, 278, 280, 282
ṛ́c 25
ṛci 26
ṛṣi 78
ekadeśin 45
ekamunipakṣa 78
ekavacana 114, 208
ekaśeṣa 133
ekasañjñādhikāra 206
ekādeśa 139
ekānta 122 note 71
Ekāvalī 197
Aitareya-Āraṇyaka 274
Aitareya-Brāhmaṇa 274
om 274
oṣṭha 137, 275
oṣṭhya 142 note 109, 278
kakāra 276
kaṇṭha 137, 278, 280
kaṇṭhatālavya 141
kaṇṭhauṣṭhya 141
kaṇṭhya 141, 142 note 109, 275 note 16
Kathāsaritsāgara 91
karaṇa 153, 193, 275–276
kartṛ 153, 193, 202
karmakartṛ 193 note 152
karmadhāraya 236, 289, 298
karman 147, 193, 202
kalpasūtra 118 note 60
kavarga 276
Kāṭaka-Saṃhitā 26
kāraka 21, 147, 192, 196 note 155
Kārakacakra 196
kārakavibhakti 193
kāryātideśa 130
kāryin 128 note 86
kāla 137
kāvya 83
Kāśikāvṛtti 31, 51
kumbhakāraḥ 300
kṛt 104, 129 note 88, 207, 224–225
krameṇānvākhyāna 102
kriyā 147
kroṣṭrīya 43
Kṣīrataraṅgiṇī 59
Gaṇapāṭha 98, 292
Gaṇaratnamahodadhi 99
gāvī 28
guṇa 89, 141, 141 note 107, 155, 156 note 119, 196 note 155
guṇapradhānanirdeśa 113
go 28
goṇī 28
gotā 28
gopotalikā 28

grahaṇakaśāstra 136
grahaṇakasūtra 136
ghoṣa 274 note 12
ghoṣavat 275, 283
cakāra 276
cakṣus 76
caturthāḥ 276
caturthī 163, 194
Caturbhāṇī 84
cavarga 276
Cāndrapañjikā 50
Cāndravṛtti 49
Cāndrasūtra 49, 292
cūrṇi 45
chandas 25
Chāndogya-Upaniṣad 274
Jāmbavatīvijaya 17
jihvāmūla 275, 282–283
jihvāmūlīya 275, 275 note 15
jñāpaka 96
Jñāpakasamuccaya 96
jñāpya 96
ṭavarga 276
Tattvabodhinī 64
tatpuruṣa 236, 236 note 193, 238, 289, 296, 298–299
tadantavidhi 126
taddhita 90, 104, 129 note 88, 228
taddhitamūḍhāḥ pāṇinīyāḥ 229
Tantrapradīpa 57
tapara 138 note 103
tavarga 276
tālavya 142 note 109, 278
tālu 137, 275
tṛtīyā 153, 194
tṛtīyāḥ 276
Taittirīyaprātiśākhya 15, 274, 274 note 13, 280 note 35, 282
Taittirīya-Saṃhitā 26
trika 112
Trikāṇḍī 48
Tripādī 54, 191
trimuni 40
trimunivyākaraṇa 40
danta 137
dantamūla 137, 275, 282
daśapādī 100
dīrgha 145, 178
Durghaṭavṛtti 58
devatāsampradāne 26
devadiṇṇa 29
devasūtra 91
daivānugraha 75
dravya 196 note 155
dvandva 236, 289, 296, 298–299
dvādaśākṣarī 272
dvigu 236, 289, 298
dvitīyā 147, 194
dvitīyāḥ 276
dvivacana 114, 208
dharma 80
dhātu 18, 129 note 88, 198, 198 note 156
Dhātupāṭha 59, 96
Dhātupradīpa 59
dhāraṇī 272
navya 63
nāda 280 note 35
Nighaṇṭu 98 note 28
nityasamāsa 300
nipātanasūtra 33 note 83
niyamasūtra 20, 117 note 59
Nirukta 14, 98 note 28
nivartaka 80
nivṛtti 107
niṣedhasūtra 20
niṣṭhita 130
niṣpratibha 132
naiyāsika 52
Nyāsa 51
Pañcatantra 17
pañcapādī 100
pañcamāḥ 276
pañcamī 168, 194
pañcavidhaṃ niruktam 14 note 22
pada 17, 125, 129 note 88, 229, 300
padakārya 125
Padapāṭha 12, 279–280
Padamañjarī 51

padasaṃskārapakṣa 102
para 106, 108, 139, 140 note 106, 177
paratantra 203
paratva 145 note 110
Paramalaghumañjūṣā 67
parasaptamī 212 note 176
parasmaipada 204
parasmaipadin 98
parasmaibhāṣa 98
pariniṣṭhita 130
paripūrṇagaṇa 99
paribhāṣā 65, 107
Paribhāṣāpāṭha 65
Paribhāṣābhāskara 66
Paribhāṣāvṛtti 66
paribhāṣāsūtra 20, 65
Paribhāṣenduśekhara 66
paroccārita 156 note 119
paryāyaśabda 171
pavarga 276
pāṇinīyavyākaraṇa 8
Pātālavijaya 17
pāda 44, 54, 94
pītapātañjalajala 73
punarvidhānārtha 108 note 49
pūrva-sūtra 12
pūrvācārya 9
pūrvācāryasañjñā 12, 198 note 156
pūrvoccārita 156 note 119
Prakāśa 54, 60
prakīrṇakāṇḍa 67
prakriyā 60
prakriyākaumudī 60
Prakriyāsarvasva 61
pratijñānunāsikya 33, 121
pratijñāsvarita 33, 108
pratiṣedhasūtra 20
pratyaya 18, 106, 108, 200, 207, 225, 229
pratyāpatti 188
pratyāhāra 114
pratyāhāragrahaṇārtha 120, 149 note 114
pratyāhārasūtra 91
prathama 209
prathamā 112, 194
prathamāḥ 276
Pradīpa 53
pradhāna 299
pramāṇa 75, 141
pramāda 80 note 216
prayatna 137, 276
prayogadarśin 76
pravetṛ 223
prasaṅga 210 note 172
Prasāda 60
Prākṛtaprakāśa 8
prājitṛ 223
prātipadika 18, 102, 104–105, 186 note 142, 228, 240 note 197
prātiśākhya 15, 274
prāptavibhāṣā 170
prāptāprāptavibhāṣā 171
prāptijña 223
prauḍha 63
Prauḍhamanoramā 63
pluta 145, 178, 278 note 26
Phiṭsūtra 88 note 1
phiṣ 88 note 1
bahuvacana 114, 208
bahuvrīhi 236, 289, 297–299
bāla 64
Bālamanoramā 64
Bṛhacchabdenduśekhara 64
Bṛhatparibhāṣāvṛtti 65
Bṛhatśabdaratna 63
bráhman 25
Brāhmaṇa 7
brāhmaṇe 26
bha 233
bhagavat 77
Bhaṭṭikāvya 34
bhavat 200–201
bhavati 63
bhaviṣyat 201
Bhāgavṛtti 57
bhāradvājīya 43
bhāva 202
bhāvapradhānanirdeśa 113
bhāṣā 25, 56

Bhāṣāvṛtti 55
bhāṣyakaiyaṭa 67
bhūta 200–201
bhvādi 211
madhya 280
madhyama 209
maharṣi 78
mahāprāṇa 138, 275
Mahābhāṣya 43
Mahābhāṣyadīpikā 54
Mādhavīyadhātuvṛtti 59
mukhasukhārtha 93
munitraya 40
mūrdhan 137, 275
mūrdhanya 184
Maitrāyaṇī-Saṃhitā 26, 272–273
Yajurveda 26
yajuṣi 26
yájus 25
yajñakarmaṇi 26
yathāsaṅkhya 11 note 14
yuṣmad 218
yoga 118
Ratnaprakāśa 53
Rājataraṅgiṇī 44
Rāmāyaṇa 38, 87
Rūpamālā 60
rūpātideśa 130
Rūpāvatāra 60
lakāra 201
lakṣaṇa 23
lakṣaṇaikacakṣuṣka 76
lakṣya 23
lakṣyaikacakṣuṣka 76
Laghuparibhāṣāvṛtti 65
Laghuvṛtti 55
Laghuśabdaratna 63
Laghuśabdenduśekhara 64
Laghusiddhāntakaumudī 64
lākṣaṇika 237
lipikara 30
libikara 30
luptaṣaṣṭhīka 240 note 197
lopa 123, 232 note 190
laukika 24
vacanānusārin 76
vaṭṭati 28
vaḍḍhati 28
varṇa 103, 273–274, 280
varṇasamāmnāya 273
vartamāna 201
vā 10, 171
vākya 17
Vākyapadīya 48
vākyasaṃskārapakṣa 102
Vārttika 40
vikaraṇa 211
vidhisūtra 19, 110, 117 note 59
vibhakti 112, 112 note 53, 114
vibhaktipariṇāma 107, 154
vibhajyānvākhyāna 102
vibhāṣā 171, 237
virāma 273 note 6
vivṛta 137, 137 note 99, 184, 188, 280
viśeṣaṇārtha 120
viṣayasaptamī 212 note 176
visarga 275
visarjanīya 126, 275
vṛddhi 140, 141 note 107
vedāṅga 29, 79
vaicitryārtha 108 note 49
vaidika 24
vaiyākaraṇa 14
vaiyākaraṇakhasūci 131
Vaiyākaraṇabhūṣaṇa 67
Vaiyākaraṇasiddhāntakārikā 68
Vaiyākaraṇasiddhāntabṛhanmañjūṣā 67
Vaiyākaraṇasiddhāntalaghumañjūṣā 67
vyañjana 274 note 12, 276
vyākaraṇa 14, 21, 21 note 41, 23, 200, 223
vyākaraṇasya kārtsnyam 14
vyākhyāgamya 38
vyākhyāna 95
Vyāḍīyaparibhāṣāvṛtti 65
vyutpattipakṣa 100
śakti 196 note 155
śaktivaikalya 80 note 216
śaṅkara 226

Śatapatha-Brāhmaṇa 26
śabda 23
Śabdakaustubha 54
śabdasañjñā 105
śabdānuśāsana 79 note 212
śikṣā 276 note 20
śivasūtra 91
śiṣṭa 75–77, 222
śiṣṭaprayogānusāri vyākaraṇam 223
śiṣya 45
śeṣa 173, 218
ślokavārttika 11
śvāsa 280 note 35
Ṣaḍdhātusamīkṣā 54
ṣaṣṭhī 173, 195
saṃvṛta 137 note 99, 188, 280
saṃhitā 26, 127, 139
saṃhitāpāṭha 15, 279–280
sakarmaka 202
saghoṣa 138, 184
Saṅgraha 43
sañjñā 11, 103, 206
sañjñāsamāveśa 114, 205–206
sañjñāsūtra 20, 103
sañjñin 11
sandehanirāsārtha 120
sandhi 279, 296
sandhyakṣara 275–276
saparispandana 200
sapādasaptādhyāyī 191
saptamī 180, 194
samartha 230, 237
samarthāśrita 237
samānākṣara 275–276
samāsa 90, 237
sampradāna 163, 192
sambandha 118, 173, 173 note 130
sambuddhi 186
sambodhana 185
Sarasvatīkaṇṭhābharaṇa 62
sarvanāman 292
sarvanāmasthāna 233
sarvavedapāriṣada 27
sarvādeśa 119
savarṇa 136
sādhakatama 153
sā́man 25
sāmarthya 230
Sāmaveda 26
sāmānādhikaraṇya 210
sārvadhātuka 210
siddha 191 note 148
siddham 272, 272 note 3, 273 note 6
Siddhamātṛkā 272, 272 note 3
Siddhāntakaumudī 62
siddhāntin 45
suptva 130
Subodhinī 64
Sumatipañjikā 50
sūtra 94
sūtragaṇa 96
Sūtrapāṭha 94
sautra 96
saunāga 43
sthāna 141, 275
sthānaṣaṣṭhī 119
sthānin 118, 210 note 172
sthānivadbhāva 130
sthāneyoga 118
sthānyādeśabhāva 118
sparśa 274, 276
sparśayati 276
spṛṣṭa 137, 184
syāt 63
svatantra 203
svabhāva 75
svara 137, 247, 276
svarita 88
svasvāmibhāva 173
hakāra 280 note 35
hanumūla 275
halanta 273 note 6
Hitopadeśa 39
hrasva 145, 178

4. 一次文献索引

A: *Aṣṭādhyāyī*
1.1.3　156 note 119
1.1.27-1.1.36　292
1.1.42-43　233 note 191
1.1.51　93 note 10
1.1.54　119
1.1.61　232 note 190, 291
1.4.80-82　239 note 196
2.3.61　26
2.4.52　300
2.4.56　223
3.1.4　210-211
3.1.7　199
3.1.32　103 note 40, 199
3.1.92　209 note 171
3.1.133　195 note 154
3.3.94　195 note 154
4.2.33　105
6.1.77　300
6.1.104　139 note 105
6.1.186　122 note 71
7.2.35　199 note 158
7.3.24　15
7.3.52　226
8.2.18　275 note 15
8.4.37　152 note 116, 157 note 121
8.4.47　171 note 129, 174 note 132
8.4.55　174 note 132

AĀ: *Aitareya-Āraṇyaka*
2.2.4　274 note 12
3.2.1　274 note 12

AB: *Aitareya-Brāhmaṇa*
5.32.2　274 note 11

AP: *Apāṇinīyapramāṇatā*
14　223 note 2
27　9 note 7
29　62 note 172
35　75 note 199, 77 note 205

BhV: *Bhāṣāvṛtti*　56-57 notes 152-153

BM: *Bālamanoramā*　53 note 138
on SK（*śivasūtra*）　93 note 11
on SK 11　188 note 143
on SK 14　136 note 97
on SK 24　171 note 126
on SK 28　127 note 84
on SK 76　127 note 85
on SK 162　124 note 78, 126 note 83
on SK 178　103 note 42
on SK 183　121 note 68
on SK 187　105 note 43, 130 note 89, 226 note 182
on SK 206　171 note 129
on SK 212　184 note 138
on SK 236　240 note 197
on SK 647　237 note 194
on SK 732　133 note 2
on SK 2169　216 notes 179-180
on SK 2170　220 note 181

ChU: *Chāndogya-Upaniṣad*
2.22.3-5　274 note 12

CS: *Cāndrasūtra*
2.1.95　173 note 130

DhP: *Dhātupāṭha*
I.1　214, 217-219, 221-222
I.906　227

DV: *Durghaṭavṛtti*　58 note 158

HP: *Hitopadeśa*
2　39 note 5

KA: *Kāvyālaṅkāra*
5.3　39 note 4
6.1-3　36 note 92
6.4　83 note 228

KASV: *Kāvyālaṅkārasūtravṛtti*
on KAS 1.3.4　83 note 228

KC: *Kārakacakra*　197 note 1

KM: *Kāvyamīmāṃsā*　30 note 70, 229 note 187, 236 note 193

KSS: *Kathāsaritsāgara*
1.4.20　92 note 7

KV: *Kāśikāvṛtti*
KV (*śivasūtra*)　93 note 10
on A 1.1.49　118 note 62
on A 1.1.50　141 note 108
on A 1.1.56　129 note 88
on A 1.1.70　138 note 103
on A 1.2.35　78 note 211
on A 1.2.45　103 note 42
on A 1.2.64　133 note 94
on A 1.3.1　198 note 156
on A 1.3.2　33 note 84, 121 note 67
on A 1.3.11　33 note 85, 108 note 49
on A 1.3.77　209 note 171
on A 1.4.22　113 note 55
on A 1.4.24　192 note 151
on A 1.4.32　164 note 123, 192 note 151
on A 1.4.42　192 note 151
on A 1.4.45　192 note 151
on A 1.4.49　192 note 151
on A 1.4.54　192 note 151
on A 2.1.49　210 note 173
on A 2.3.47　185 note 141
on A 2.3.50　173 note 130
on A 3.1.2　108 notes 50–51
on A 3.1.92　209 note 171
on A 3.4.69　201 note 162
on A 4.1.2　123 note 76
on A 4.1.76　229 note 186
on A 4.2.74　27 note 59
on A 6.1.69　186 note 142
on A 6.1.186　122 note 71
on A 8.4.68　188 note 144

LSK: *Laghusiddhāntakaumudī*　64 note 179

MBh: *Mahābhāṣya*
MBh (*paspaśā*)　17 note 33, 39 note 1, 78 note 206, 95 note 14
on vt. 5 (*paspaśā*)　17 note 33
on vt. 14 (*paspaśā*)　23 note 44
on vt. 2 (*śivasūtra*)　29 note 64
on vt. 15 (*śivasūtra*)　122 note 71
on vt. 7 to A 1.1.1　95 note 16, 141 note 107, 156 note 119
on vt. 10 to A 1.1.1　80 note 218
on vt. 6 to A 1.1.38　112 note 54
on vt. 1 to A 1.1.50　31 note 73
on vt. 14 to A 1.1.62　123 note 75
on vt. 6 to A 1.3.1　19 note 37
on vt. 8 to A 1.3.9　120 note 66
on vt. 1 to A 1.4.1　32 note 80
on vt. 1 to A 2.4.56　223 note 1
on vt. 1 to A 3.3.1　100 note 35
on vt. 5 to A 7.1.2　100 note 36
on vt. 10 to A 8.2.6　78 note 206
on A 1.1.1　31 note 73
on A 1.3.9　123 note 74
on A 1.3.93　108 note 49
on A 1.4.89　7 note 1
on A 2.1.1　107 note 47
on A 2.1.6　299 note 89
on A 2.1.53　133 note 1
on A 6.3.109　75 note 200, 75 note 202
on A 8.4.68　189 note 145

NM: *Nyāyamañjarī*　82 note 225, 83 note 229

Nyāsa　46 note 118
on KV to A 1.3.9　123 note 74
on KV to A 1.3.93　108 note 49
on KV to A 2.4.49　130 note 90
on KV to A 3.2.123　201–202 notes 163–164
on KV to A 4.1.2　120 note 64, 123 note 77, 149 note 114, 151 note 115, 153 note 118

PIŚ: *Paribhāṣenduśekhara*　171 note 128
4–5　122 note 71

22 100–101 notes 36–37
33 159 note 122
59 145 note 110
115 171 note 128
122 95 note 13

PM: *Padamañjarī* 41 note 101, 52 note 137, 80 note 216, 81 note 223, 99 note 32
on KV to A 1.1.4 52 note 137
on KV to A 6.1.45 120 note 65

Pradīpa 44 note 112
on MBh (*śivasūtra*) 79 note 212, 122 note 73
on MBh to vt. 3 ad A 1.1.56 227 note 184
on MBh to vt. 1 ad A 2.1.58 30 note 69
on MBh to vt. 1 ad A 2.4.56 224 note 3
on MBh to vt. 1 ad A 6.1.163 128 note 86
on MBh to A 1.1.29 74 note 197
on MBh to A 1.3.93 108 note 49
on MBh to A 2.1.53 133 note 2

PS: *Prakriyāsarvasva* 61 note 170

PŚ: *Pāṇinīya-Śikṣā* 91 note 6

PT: *Pañcatantra* 35 note 87, 36 note 95, 37 note 96
2.33 17 note 30

RA: *Rūpāvatāra* 60 note 165

ṚP: *Ṛgvedaprātiśākhya*
1.9–10 274 note 13
4.1 280 note 31

RT: *Rājataraṅgiṇī*
1.176 49 note 123
4.488 44 note 113

SDS: *Sarvadarśanasaṅgraha* 73 note 195

SK: *Siddhāntakaumudī*
SK (*śivasūtra*) 93 note 11
10 184 note 137, 190 note 146
178 103 note 41
181 108 note 50
188 139 note 105
191 145 note 110
192–193 185 note 139
193 186 note 142
197–198 152 note 116
198 157 note 121
206 171 note 129, 174 note 132
212 184 note 138
222 75 note 199
623 195 note 153
647 237 note 194
2875 75 note 199

ŚK: *Śabdakaustubha* 55 notes 146–147

ŚKD: *Śabdakalpadruma* 95 note 15

SN: *Saundarananda*
2.4 11 note 14
2.10 11 note 14

Tarala 197 note 3

TP: *Taittirīyaprātiśākhya*
2.4–6 280 note 35
2.11 280 note 35
2.31–34 276 note 19

TS: *Taittirīya-Saṃhitā*
6.4.7.3 21 note 41

TV: *Tantravārttika* 16 note 29

Uddyota 41 note 99, 67 note 189, 108 note 49

UV: *Uṇādivṛtti* 101 note 38

VP: *Vākyapadīya*
1.11 39 note 2
1.14 80 note 219
1.15 81 note 222
1.22 80 note 221

1.23　78 note 208
1.174　80 note 217
2.483　43 note 111
2.484　43 note 109
2.485–486　49 note 122
3.7.148　180 note 134
3.14.80　76 note 203

Vṛtti
on VP 1.13　81 note 224

VS: *Vārarucasaṅgraha*
1　192 note 150

vt.: vārttika
10 on A 1.1.1　80 note 218
5 on A 1.1.9　93 note 10
1 on A 1.1.69　137 note 101
29 on A 1.1.72　159 note 122
1 on A 1.3.11　107 note 45

川村悠人（かわむら　ゆうと）
広島大学大学院人間社会科学研究科・准教授。専門：古典インド文法学，古典インド文学，インド哲学。主な著作に『バッティの美文詩研究―サンスクリット宮廷文学とパーニニ文法学』（法藏館，2017），『神の名の語源学』（溪水社，2021），『ことばと呪力―ヴェーダ神話を解く』（晶文社，2022）などがある。

アダム・アルバー・キャット（Adam Alvah Catt）
京都大学大学院文学研究科・教授。専門：インド・ヨーロッパ諸語歴史言語学，古期インド・イラン語，トカラ語，古典インド文法学。主な著作に *QAZZU warrai: Anatolian and Indo-European Studies in Honor of Kazuhiko Yoshida*（Beech Stave Press, 2019）などがある。

パーニニ文法学講義

2024年9月30日　発行

著　者　川村悠人，アダム・アルバー・キャット
発行者　片岡　敦
印　刷　創栄図書印刷株式会社
発行所　株式会社 臨川書店
〒606-8204
京都市左京区田中下柳町八番地
電話(075) 721-7111

装幀：森 華／附録イラスト：岩佐奈津美

落丁本・乱丁本はお取替えいたします。
定価はカバーに表示してあります。
ISBN978-4-653-04580-9 C1087

規則早見表

『パーニニ文法学講義』（臨川書店 2024）別冊附録

規則 1.1.1 *vṛddhir ād aic* ||
ā, *ai*, *au* は増大音と呼ばれる。☞§ 3.2.4

規則 1.1.2 *ad eṅ guṇaḥ* ||
a, *e*, *o* は従属音と呼ばれる。☞§ 3.7.3

規則 1.1.3 *iko guṇavṛddhī* ||
従属音（*a*, *e*, *o*）および増大音（*ā*, *ai*, *au*）は *iK*（*i*/*ī*, *u*/*ū*, *ṛ*/*ṝ*, *ḷ*）に代置される。☞§ 4.1.6

規則 1.1.8 *mukhanāsikāvacano 'nunāsikaḥ* ||
口と鼻の両方で発せられる音は通鼻音と呼ばれる。☞§ 3.1.6

規則 1.1.9 *tulyāsyaprayatnaṃ savarṇam* ||
同じ調音位置と調音動作で発せられる音は，同類音と呼ばれる。☞§ 3.2.3

規則 1.1.44 *na veti vibhāṣā* ||
「あるいはそうでない」という意味は任意と呼ばれる。☞§ 3.13.3

規則 1.1.46 *ādyantau ṭakitau* ||
指標辞 *Ṭ* を有する加音と指標辞 *K* を有する加音は，初頭要素と最終要素となる。☞§ 3.18.2

規則 1.1.49 *ṣaṣṭhī sthāneyogā* ||
第六格語尾は「*x* の所（代わり）に *y*」という関係を表す。☞§ 3.1.5

規則 1.1.50 *sthāne 'ntaratamaḥ* ||
原要素の代わりに，最も近似したものが起こる。☞§ 3.2.4

規則 1.1.52 *alo 'ntyasya* ||
代置要素は最終音に代置される。☞§ 3.1.5

規則 1.1.55 *anekālśit sarvasya* ||
２つ以上の音からなる代置要素，または指標辞 *Ś* を有する代置要素は，全体に代置される。☞§ 3.7.2

規則 1.1.56 *sthānivad ādeśo 'nalvidhau* ||
原要素の音を根拠とする操作が行われる場合を除いて，代置要素は原要素のように扱われる。☞§ 3.1.8

規則 1.1.60 *adarśanaṃ lopaḥ* ||
不知覚はゼロと呼ばれる。☞§ 3.1.6

規則 1.1.62 *pratyayalope pratyayalakṣaṇam* ||
接辞がゼロ化されても，その接辞に依拠する操作が起こる。☞§ 7.4

規則 1.1.65 *alo 'ntyāt pūrva upadhā* ||
最終音の直前の音は次末音と呼ばれる。☞§ 5.3

規則 1.1.66 *tasminn iti nirdiṣṭe pūrvasya* ||
x によって第七格語尾の意味が示されるとき，*x* が指示する項目の前の項目に対して文法操作が行われる。☞§ 3.1.8

規則 1.1.67 *tasmād ity uttarasya* ||
x によって第五格語尾の意味が示されるとき，*x* が指示する項目に後続する項目に対して文法操作が行われる。☞§ 3.2.4

規則 1.1.68 *svaṃ rūpaṃ śabdasyāśabdasañjñā* ||
文法上の用語である場合を除いて，語はそれ自身の語形を指す。
☞§ 3.1.1

規則 1.1.69 *aṇudit savarṇasya cāpratyayaḥ* ||（← *svaṃ rūpam* 1.1.68）
aṆ（母音と半母音および *h*）または指標辞 *Ũ* を有する音は，接辞の場合を除いて，それ自身と同類音を指示する。☞§ 3.2.3

規則 1.1.70 *taparas tatkālasya* ||
t に後続される母音は，自身と同じ持続時間を有する母音を指示する。
☞§ 3.2.3

規則 1.1.71 *ādir antyena sahetā* ||（← *svaṃ rūpam* 1.1.68）
初頭の要素は，末尾の指標辞を伴ってその要素自身およびその間に含まれるすべての要素を指示する。☞§§ 3.1.4, 3.2.3

規則 1.1.72 *yena vidhis tadantasya* ||
適用条件を課す *x* をもって規定がなされる場合，その *x* は，*x* で終わるものを指示する。☞§ 3.1.7

規則 1.2.27 *ūkālo 'j jhrasvadīrghaplutaḥ* ||
母音 *u*, *ū*, *u*3 と同じ持続時間のある母音は短母音，長母音，延伸母音と呼ばれる。☞§ 3.3.3

規則 1.2.28 *acaś ca* ||（← *hrasvadīrghaplutaḥ* 1.2.27）
また，短母音，長母音，延伸母音は母音に代置される。☞§ 3.18.3

規則 1.2.29 *uccair udāttaḥ* ||（← *ac* 1.2.27）
高く発音される母音は高アクセント母音と呼ばれる。☞§ 1.1

規則 1.2.30 *nīcair anudāttaḥ* ||（← *ac* 1.2.27）
低く発音される母音は低アクセント母音と呼ばれる。☞§ 1.1

規則 1.2.31 *samāhāraḥ svaritaḥ* ||（← *ac* 1.2.27）
両者が組み合わされた母音は曲アクセント母音と呼ばれる。☞§ 1.1

規則 1.2.32 *tasyādita udāttam ardhahrasvam* ||
それ（曲アクセント母音）の最初の部分である，短母音半分の長さに相当する部分は高アクセントで発音される。☞§ 1.1

規則 1.2.43 *prathamānirdiṣṭaṃ samāsa upasarjanam* ||

複合語規則で第一格語尾をもって示される項目は，従属要素と呼ばれる。☞§ 7.3

規則 1.2.45 *arthavad adhātur apratyayaḥ prātipadikam* ||
意味を有し，動詞語基でも接辞でもない項目は名詞語基と呼ばれる。☞§ 3.1.1

規則 1.2.46 *kṛttaddhitasamāsāś ca* ||（← *prātipadikam* 1.2.45）
1. 第一次接辞で終わる項目，2. 第二次接辞で終わる項目，3. 複合語も名詞語基と呼ばれる。☞§ 3.1.1

規則 1.2.64 *sarūpāṇām ekaśeṣa ekavibhaktau* ||
同じ語尾の前で，連続する同じ語形のうち 1 つが残存する。☞§ 3.2.1

規則 1.3.1 *bhūvādayo dhātavaḥ* ||
bhū「なる，生ずる」などの項目は動詞語基と呼ばれる。☞§ 4.1.1

規則 1.3.2 *upadeśe 'janunāsika it* ||
教示の段階で，通鼻音である母音は指標辞と呼ばれる。☞§ 3.1.6

規則 1.3.3 *hal antyam* ||（← *upadeśe...it* 1.3.2）
教示の段階で，末尾の子音は指標辞と呼ばれる。☞§ 3.1.4

規則 1.3.4 *na vibhaktau tusmāḥ* ||（← *upadeśe...it* 1.3.2, *hal antyam* 1.3.3）
教示の段階で，語尾（名詞語尾と動詞語尾）における末尾の子音である *t* 系列音（*t*, *th*, *d*, *dh*, *n*）および *s* と *m* は指標辞と呼ばれない。☞§ 3.3.2

規則 1.3.7 *cuṭū* ||（← *upadeśe...it* 1.3.2, *ādiḥ* 1.3.5, *pratyayasya* 1.3.6）
教示の段階で，接辞の初頭の *c* 系列音（*c*, *ch*, *j*, *jh*, *ñ*）と *ṭ* 系列音（*ṭ*, *ṭh*, *ḍ*, *ḍh*, *ṇ*）は指標辞と呼ばれる。☞§ 3.3.2

規則 1.3.8 *laśakv ataddhite* ||（← *upadeśe...it* 1.3.2, *ādiḥ* 1.3.5, *pratyayasya* 1.

3.6）
教示の段階で，接辞の初頭の *l* と *ś* と *k* 系列音（*k, kh, g, gh, ṅ*）は指標辞と呼ばれる。ただし第二次接辞における場合を除く。☞§ 3.6.1

規則 1.3.9 *tasya lopaḥ* ||
それ（指標辞）にゼロが代置される。☞§ 3.1.6

規則 1.3.10 *yathāsaṅkhyam anudeśaḥ samānām* ||
［先行項目と］同数の項目が続いて提示されるとき，その提示は［先行項目と］同じ順番でなされる。☞§ 3.1.4

規則 1.3.11 *svaritenādhikārah* ||
主題項目は曲アクセント母音によって示される。☞§ 3.1.2

規則 1.3.78 *śeṣāt kartari parasmaipadam* ||
行為主体が表示されるべきとき，残余の動詞語基の後に能動語尾が起こる。☞§ 4.1.4

規則 1.4.1 *ā kaḍārād ekā sañjñā* ||
kaḍāra（規則 2.2.38）まで，1つの名称だけが適用される。☞§ 4.1.3

規則 1.4.2 *vipratiṣedhe paraṅ kāryam* ||
互いに対立するとき，後方の文法操作が適用される。☞§ 4.1.3

規則 1.4.13 *yasmāt pratyayavidhis tadādi pratyaye 'ṅgam* ||
接辞が後続する要素で始まり，その接辞の前にある単位は，接辞前語基と呼ばれる。☞§ 3.7.2

規則 1.4.14 *suptiṅantam padam* ||
名詞語尾で終わる項目と動詞語尾で終わる項目は屈折形と呼ばれる。☞§ 3.1.7

規則 1.4.18 *yaci bham* ||（← *svādiṣv asarvanāmasthāne* 1.4.17）

強語幹格語尾以外の，*y* 音または母音で始まる *sŨ*（規則 4.1.2）から *kaP*（規則 5.4.151）までの接辞の前で，先行項目はバと呼ばれる。☞§ 6.4

規則 1.4.21 *bahuṣu bahuvacanam* ||
複数という数が表示されるべきとき，複数接辞が起こる。☞§ 3.3.2

規則 1.4.22 *dvyekayor dvivacanaikavacane* ||
両数または単数という数が表示されるべきとき，両数語尾と単数語尾が起こる。☞§ 3.1.4

規則 1.4.24 *dhruvam apāye 'pādānam* ||（← *kārake* 1.4.23）
離別があるとき，固定点である行為実現要素は行為起点と呼ばれる。☞§ 3.13.1

規則 1.4.32 *karmaṇā yam abhipraiti sa sampradānam* ||（← *kārake* 1.4.23）
行為主体が行為自体または行為対象を通じて志向する行為実現要素は，行為受益者と呼ばれる。☞§ 3.10.1

規則 1.4.42 *sādhakatamaṅ karaṇam* ||（← *kārake* 1.4.23）
最有効因である行為実現要素は，行為手段と呼ばれる。☞§ 3.7.1

規則 1.4.45 *ādhāro 'dhikaraṇam* ||（← *kārake* 1.4.23）
場である行為実現要素は，行為基体と呼ばれる。☞§ 3.19.1

規則 1.4.49 *kartur īpsitatamaṅ karma* ||（← *kārake* 1.4.23）
行為主体が最も得ようと望む行為実現要素は，行為対象と呼ばれる。☞§ 3.4.1

規則 1.4.54 *svatantraḥ kartā* ||（← *kārake* 1.4.23）
自主的な行為実現要素は行為主体と呼ばれる。☞§ 4.1.2

規則 1.4.99 *laḥ parasmaipadam* ||

l 接辞の代置要素は能動語尾と呼ばれる。☞§ 4.1.3

規則 1.4.100 *taṅānāv ātmanepadam* ‖（← *laḥ* 1.4.99）
l 接辞の代置要素である *taṄ*（*ta*, *ātām*, *JHa*, *thās*, *āthām*, *dhvam*, *iṬ*, *vahi*, *mahiṄ*）および *ŚānaC* と *KānaC* は中動語尾と呼ばれる。☞§ 4.1.3

規則 1.4.101 *tiṅas trīṇi trīṇi prathamamadhyamottamāḥ* ‖（← *parasmaipadam* 1.4.99 *ātmanepadam* 1.4.100）
動詞語尾のうち能動語尾と中動語尾の 3 つ組は，それぞれ三人称語尾，二人称語尾，一人称語尾と呼ばれる。☞§ 4.1.4

規則 1.4.102 *tāny ekavacanadvivacanabahuvacanāny ekaśaḥ* ‖
それら（能動語尾と中動語尾の 3 つ組）はそれぞれ単数語尾，両数語尾，複数語尾と呼ばれる。☞§ 4.1.4

規則 1.4.103 *supaḥ* ‖（← *trīṇi trīṇi* 1.4.101, *ekavacanadvivacanabahuvacanāny ekaśaḥ* 1.4.102）
名詞語尾の 3 つ組を構成する 1 つひとつはそれぞれ単数語尾，両数語尾，複数語尾と呼ばれる。☞§ 3.1.4

規則 1.4.104 *vibhaktiś ca* ‖（← *tiṅas trīṇi trīṇi* 1.4.101, *supaḥ* 1.4.103）
名詞語尾と動詞語尾のそれぞれの 3 つ組は語尾と呼ばれる。☞§ 3.1.4

規則 1.4.105 *yuṣmady upapade samānādhikaraṇe sthāniny api madhyamaḥ* ‖
l 接辞と指示対象を同じくする二人称代名詞が共起語として使用されていようといまいと，二人称語尾が起こる。☞§ 4.4

規則 1.4.107 *asmady uttamaḥ* ‖（← *upapade samānādhikaraṇe sthāniny api* 1.4.105）
l 接辞と指示対象を同じくする一人称代名詞が共起語として使用されていようといまいと，一人称語尾が起こる。☞§ 4.7

規則 1.4.108 *śeṣe prathamaḥ* ‖

残余の場合（*l* 接辞と指示対象を同じくする一人称代名詞と二人称代名詞以外のものが共起語として使用されていようといまいと），三人称語尾が起こる。☞§ 4.1.4

規則 1.4.109 *paraḥ sannikarṣaḥ saṃhitā* ||
音が最も接近することは連接と呼ばれる。☞§ 3.1.8

規則 1.4.110 *virāmo 'vasānam* ||
音の休止は終止と呼ばれる。☞§ 3.1.8

規則 2.1.1 *samarthaḥ padavidhiḥ* ||
屈折形に関わる文法操作は，意味的に連関する項目に依拠する。☞§ 7.2

規則 2.1.3 *prāk kaḍārāt samāsaḥ* ||
規則 2.2.38 *kaḍārāḥ karmadhāraye* まで，複合語と呼ばれる。☞§ 7.2

規則 2.1.4 *saha supā* ||（← *sup* 2.1.2, *samāsaḥ* 2.1.3）
名詞語尾で終わる項目は，意味的に連関する，名詞語尾で終わる他項目と複合語を形成する。☞§ 7.2

規則 2.1.11 *vibhāṣā* ||
任意である。☞§ 7.2

規則 2.1.22 *tatpuruṣaḥ* ||（← *samāsaḥ* 2.1.3）
格限定複合語と呼ばれる。☞§ 7.3

規則 2.2.8 *ṣaṣṭhī* ||（← *sup* 2.1.2, *samāsaḥ* 2.1.3, *saha supā* 2.1.4, *vibhāṣā* 2.1.11, *tatpuruṣaḥ* 2.1.22）
第六格語尾で終わる項目は，意味的に連関する，名詞語尾で終わる他項目と任意に複合語を形成し，その複合語は格限定複合語と呼ばれる。
☞§ 7.3

規則 2.2.30 *upasarjanam pūrvam* ||（← *samāsaḥ* 2.1.3）

従属要素と呼ばれる項目は複合語において先行する。☞§ 7.3

規則 2.3.2 *karmaṇi dvitīyā* ||（← *anabhihite* 2.3.1）
行為対象が表示されるべきとき，それが他の項目によって表示されていないならば，第二格語尾が起こる。☞§ 3.4.1

規則 2.3.13 *caturthī sampradāne* ||（← *anabhihite* 2.3.1）
行為受益者が表示されるべきとき，それが他の項目によって表示されていないならば，第四格語尾が起こる。☞§ 3.10.1

規則 2.3.18 *kartṛkaraṇayos tṛtīyā* ||（← *anabhihite* 2.3.1）
行為主体または行為手段が表示されるべきとき，それらが他の項目によって表示されていないならば，第三格語尾が起こる。☞§ 3.7.1

規則 2.3.28 *apādāne pañcamī* ||（← *anabhihite* 2.3.1）
行為起点が表示されるべきとき，それが他の項目によって表示されていないならば，第五格語尾が起こる。☞§ 3.13.1

規則 2.3.36 *saptamy adhikaraṇe ca* ||（← *anabhihite* 2.3.1, *dūrāntikārthebhyaḥ* 2.3.35）
遠近を意味する項目の後に加えて，行為基体が表示されるべきときにも，それが他の項目によって表示されていないならば，第七格語尾が起こる。
☞§ 3.19.1

規則 2.3.46 *prātipadikārthaliṅgaparimāṇavacanamātre prathamā* ||
1. 名詞語基の意味だけ，2. 性だけ，3. 量だけ，4. 数だけが表示されるべきとき，第一格語尾が起こる。☞§ 3.1.4

規則 2.3.47 *sambodhane ca* ||（← *prathamā* 2.3.46）
呼びかけが表示されるべきときにも，第一格語尾が起こる。☞§ 3.22.1

規則 2.3.48 *sāmantritam* ||（← *sambodhane* 2.3.47）
呼びかけを表示するそれ（第一格語尾）で終わる項目は，呼びかけ形と

呼ばれる。☞§ 3.22.2

規則 2.3.49 *ekavacanaṃ sambuddhiḥ* ||（← *āmantritam* 2.3.48）
呼びかけ形の単数語尾は呼びかけ語尾と呼ばれる。☞§ 3.22.2

規則 2.3.50 *ṣaṣṭhī śeṣe* ||
残余が表示されるべきとき，第六格語尾が起こる。☞§ 3.16.1

規則 2.3.65 *kartṛkarmaṇoḥ kṛti* ||（← *anabhihite* 2.3.1, *ṣaṣṭhī* 2.3.50）
第一次接辞で終わる項目が使用され，行為主体または行為対象が表示されるべきときに，それらが他の項目によって表示されていないならば，第六格語尾が起こる。☞§ 3.26

規則 2.4.71 *supo dhātuprātipadikayoḥ* ||（← *luk* 2.4.58）
動詞語基と名詞語基の部分である名詞語尾にゼロが代置される。☞§ 6.3

規則 3.1.1 *pratyayaḥ* ||
接辞と呼ばれる。☞§ 3.1.2

規則 3.1.2 *paraś ca* ||（← *pratyayaḥ* 3.1.1）
そして，接辞と呼ばれるものは後続する。☞§ 3.1.2

規則 3.1.68 *kartari śap* ||（← *pratyayaḥ* 3.1.1, *paraḥ* 3.1.2, *dhātoḥ* 3.1.22, *sārvadhātuke* 3.1.67）
行為主体を表示する全動詞接辞の前で，動詞語基の後に *ŚaP* 接辞が起こる。☞§ 4.1.5

規則 3.1.91 *dhātoḥ* ||
動詞語基の後に。☞§ 4.1.1

規則 3.1.93 *kṛd atiṅ* ||（*pratyayaḥ* 3.1.1, *paraḥ* 3.1.2, *dhātoḥ* 3.1.91）
動詞語基に後続する接辞は，動詞語尾を除いて，第一次接辞と呼ばれる。☞§ 5.1

規則 3.2.123 *vartamāne laṭ* ‖ (← *pratyayaḥ* 3.1.1, *paraḥ* 3.1.2, *dhātoḥ* 3.1.91)
現在時に属するもの（行為）を表示する動詞語基の後に *lĀ̃Ṭ* 接辞が起こる。☞§ 4.1.2

規則 3.3.121 *halaś ca* ‖ (← *pratyayaḥ* 3.1.1, *paraḥ* 3.1.2, *dhātoḥ* 3.1.91, *kṛt* 3.1.93, *karaṇādhikaraṇayoḥ* 3.3.117, *puṃsi sañjñāyām* 3.3.118, *ghañ* 3.3.120)
行為手段または行為基体が表示されるべきとき，男性形である名称語の領域で，子音で終わる動詞語基の後にも第一次接辞 *GHaÑ* が起こる。
☞§ 5.2

規則 3.4.67 *kartari kṛt* ‖ (*pratyayaḥ* 3.1.1, *paraḥ* 3.1.2, *dhātoḥ* 3.1.91)
第一次接辞は，行為主体が表示されるべきとき，動詞語基の後に起こる。
☞§ 5.1

規則 3.4.69 *laḥ karmaṇi ca bhāve cākarmakebhyaḥ* ‖ (← *pratyayaḥ* 3.1.1, *paraḥ* 3.1.2, *dhātoḥ* 3.1.91, *kartari* 3.4.67)
l 接辞は，行為主体に加えて，行為対象が表示されるべきときにも動詞語基の後に起こる。また *l* 接辞は，行為対象をもたない行為を表示する動詞語基の後では，行為主体に加えて，行為そのものが表示されるべきときにも起こる。☞§ 4.1.2

規則 3.4.78 *tiptasjhisipthasthamibvasmastātāñjhathāsāthāndhvamiḍvahimahiṅ* ‖ (→ *lasya* 3.4.77)
l 接辞に，*tiP*, *tas*, *JHi*, *siP*, *thas*, *tha*, *miP*, *vas*, *mas*, *ta*, *ātām*, *JHa*, *thās*, *āthām*, *dhvam*, *iṬ*, *vahi*, *mahiṄ* が代置される。☞§ 4.1.3

規則 3.4.113 *tiṅśit sārvadhātukam* ‖ (← *pratyayaḥ* 3.1.1)
動詞語尾および指標辞 *Ś* を有する接辞は全動詞接辞と呼ばれる。
☞§ 4.1.5

規則 4.1.1 *ṅyāpprātipadikāt* ‖ (← *pratyayaḥ* 3.1.1, *paraḥ* 3.1.2)

1. 女性接辞 *Ṅī*（*ṄīP*, *ṄīṢ*, *ṄīN*）で終わる項目，2. 女性接辞 *āP*（*ṬāP*, *ḌāP*, *CāP*）で終わる項目，3. 名詞語基，これらの後に接辞が起こる。☞§ 3.1.3

規則 4.1.2 *svaujasamauṭchaṣṭābhyāmbhisṅebhyāmbhyasṅasibhyāmbhyasṅas-osāmṅyossup* ||（← *pratyayaḥ* 3.1.1, *paraḥ* 3.1.2, *ṅyāpprātipadikāt* 4.1.1）
1. 女性接辞 *Ṅī*（*ṄīP*, *ṄīṢ*, *ṄīN*）で終わる項目，2. 女性接辞 *āP*（*ṬāP*, *ḌāP*, *CāP*）で終わる項目，3. 名詞語基，これらの後に，接辞 *sŨ*, *au*, *Jas*, *am*, *auṬ*, *Śas*, *Ṭā*, *bhyām*, *bhis*, *Ṅe*, *bhyām*, *bhyas*, *ṄasĨ*, *bhyām*, *bhyas*, *Ṅas*, *os*, *ām*, *Ṅi*, *os*, *suP* が起こる。☞§ 3.1.3

規則 4.1.76 *taddhitāḥ* ||
第二次接辞と呼ばれる。☞§ 6.1

規則 4.1.82 *samarthānām prathamād vā* ||（← *pratyayaḥ* 3.1.1, *paraḥ* 3.1.2, *taddhitāḥ* 4.1.76）
意味的に連関する項目のうち，第一に提示される項目の後に第二次接辞が任意に起こる。☞§ 6.2

規則 4.1.92 *tasyāpatyam* ||（← *pratyayaḥ* 3.1.1, *paraḥ* 3.1.2, *taddhitāḥ* 4.1.76, *aṇ* 4.1.83）
第六格語尾で終わる意味的連関項目の後に，「〜の子孫」という意味で，第二次接辞 *aṆ* が任意に起こる。☞§ 6.2

規則 6.1.69 *eṅhrasvāt sambuddheḥ* ||（← *lopaḥ* 6.1.66, *hal* 6.1.68）
eṄ（*e*, *o*）または短母音の後で，呼びかけ語尾の子音にゼロが代置される。☞§ 3.22.2

規則 6.1.78 *eco 'yavāyāvaḥ* ||（← *saṃhitāyām* 6.1.72, *aci* 6.1.77）
連接の領域において，母音の前で *eC*（*e*, *o*, *ai*, *au*）に *ay*, *av*, *āy*, *āv* が代置される。☞§ 3.17.2

規則 6.1.87 *ād guṇaḥ* ||（← *saṃhitāyām* 6.1.72, *aci* 6.1.77, *ekaḥ pūrvapar-*

ayoḥ 6.1.84）
連接の領域で，*a/ā* の後に母音が続くとき，先行音と後続音に従属音（*a*, *e*, *o*）が唯一代置される。☞§ 3.7.3

規則 6.1.88 *vṛddhir eci* ‖（← *saṃhitāyām* 6.1.72, *ekaḥ pūrvaparayoḥ* 6.1.84, *āt* 6.1.87）
連接の領域で，*a/ā* の後に *eC*（*e*, *o*, *ai*, *au*）が続くとき，先行音と後続音に増大音（*ā*, *ai*, *au*）が代置される。☞§ 3.2.4

規則 6.1.97 *ato guṇe* ‖（← *saṃhitāyām* 6.1.72, *ekaḥ pūrvaparayoḥ* 6.1.84, *pararūpam* 6.1.94, *apadāntāt* 6.1.96）
連接の領域で，屈折形の最終音ではない *a* 音の後に従属音（*a*, *e*, *o*）が続くとき，先行音と後続音に後続音が唯一代置される。☞§ 4.3.5

規則 6.1.101 *akaḥ savarṇe dīrghaḥ* ‖（← *saṃhitāyām* 6.1.72, *aci* 6.1.77, *ekaḥ pūrvaparayoḥ* 6.1.84）
連接の領域で，*aK*（*a/ā*, *i/ī*, *u/ū*, *ṛ/ṝ*, *ḷ*）の後に同類音である母音が続くとき，先行音と後続音に長母音が唯一代置される。☞§ 3.13.2

規則 6.1.102 *prathamayoḥ pūrvasavarṇaḥ* ‖（← *saṃhitāyām* 6.1.72, *aci* 6.1.77, *ekaḥ pūrvaparayoḥ* 6.1.84, *akaḥ...dīrghaḥ* 6.1.101）
連接の領域で，*aK*（*a/ā*, *i/ī*, *u/ū*, *ṛ/ṝ*, *ḷ*）の後に第一格語尾または第二格語尾の母音が続くとき，先行音の同類音である長母音が両者に唯一代置される。☞§ 3.3.3

規則 6.1.103 *tasmāc chaso naḥ puṃsi* ‖（← *saṃhitāyām* 6.1.72）
連接の領域において，男性形で，それ（先行音の同類音としての長母音）に後続する *Śas* の最終音に *n* が代置される。☞§ 3.6.2

規則 6.1.107 *ami pūrvaḥ* ‖（← *saṃhitāyām* 6.1.72, *ekaḥ pūrvaparayoḥ* 6.1.84, *akaḥ* 6.1.101）
連接の領域で，*aK*（*a/ā*, *i/ī*, *u/ū*, *ṛ/ṝ*, *ḷ*）の後に *am* が続くとき，先行音と後続音に先行音が唯一代置される。☞§ 3.4.2

規則 6.4.3 *nāmi* ||（← *dīrghaḥ* 6.3.111, *aṅgasya* 6.4.1）
nām の前で，母音で終わる接辞前語基の最終音に長母音が代置される。
☞§ 3.18.3

規則 6.4.146 *or guṇaḥ* ||（← *aṅgasya* 6.4.1, *bhasya* 6.4.129, *taddhite* 6.4.144）
第二次接辞の前で，*u/ū* で終わる接辞前語基であるバの最終音に，従属音（*a*, *e*, *o*）が代置される。☞§ 6.4

規則 7.1.3 *jho 'ntaḥ* ||（← *pratyaya-* 7.1.2）
接辞の部分である *jh* 全体に *ant* が代置される。☞§ 4.3.4

規則 7.1.9 *ato bhisa ais* ||（← *aṅgasya* 6.4.1）
短母音 *a* で終わる接辞前語基に後続する *bhis* の全体に *ais* が代置される。
☞§ 3.9.2

規則 7.1.12 *ṭāṅasiṅasām inātsyāḥ* ||（← *aṅgasya* 6.4.1, *ataḥ* 7.1.9）
短母音 *a* で終わる接辞前語基に後続する *Ṭā*, *ṄasĨ*, *Ṅas* に *ina*, *āt*, *sya* が代置される。☞§ 3.7.2

規則 7.1.13 *ṅer yaḥ* ||（← *aṅgasya* 6.4.1, *ataḥ* 7.1.9）
短母音 *a* で終わる接辞前語基に後続する *Ṅe* に *ya* が代置される。
☞§ 3.10.2

規則 7.1.54 *hrasvanadyāpo nuṭ* ||（← *aṅgasya* 6.4.1, *āmi* 7.1.52）
短母音で終わる接辞前語基，ナディーと呼ばれる項目で終わる接辞前語基，*āP* 接辞（*CāP*, *ṬāP*, *ḌāP*）で終わる接辞前語基，これらに後続する *ām* は初頭に *nuṮ* をとる。☞§ 3.18.2

規則 7.2.116 *ata upadhāyāḥ* ||（← *aṅgasya* 6.4.1, *vṛddhiḥ* 7.2.114, *ñṇiti* 7.2.115）
指標辞 *Ñ* または指標辞 *Ṇ* を有する接辞の前で，接辞前語基の次末音である短母音 *a* に増大音（*ā*, *ai*, *au*）が代置される。☞§ 5.3

規則 7.2.117 *taddhiteṣv acām ādeḥ* ||（← *aṅgasya* 6.4.1, *vṛddhiḥ* 7.2.114, *aco ñṇiti* 7.2.115）
指標辞 *Ñ* または指標辞 *Ṇ* を有する第二次接辞の前で，接辞前語基の母音のうちの最初の母音に増大音（*ā*, *ai*, *au*）が代置される。☞§ 6.5

規則 7.3.84 *sārvadhātukārdhadhātukayoḥ* ||（← *aṅgasya* 6.4.1, *guṇaḥ* 7.3.82）
全動詞接辞または半動詞接辞の前で，*iK*（*i/ī*, *u/ū*, *ṛ/ṝ*, *ḷ*）で終わる接辞前語基の最終音に従属音（*a*, *e*, *o*）が代置される。☞§ 4.1.6

規則 7.3.101 *ato dīrgho yañi* ||（← *aṅgasya* 6.4.1, *sārvadhātuke* 7.3.95）
yaÑ（半母音と鼻音および *jh* と *bh*）で始まる全動詞接辞の前で，短母音 *a* で終わる接辞前語基の最終音に長母音が代置される。☞§ 4.7

規則 7.3.102 *supi ca* ||（← *aṅgasya* 6.4.1, *ato dīrgho yañi* 7.3.101）
ya̱Ñ（半母音と鼻音および *jh* と *bh*）で始まる名詞語尾の前で，短母音 *a* で終わる接辞前語基の最終音に長母音が代置される。☞§ 3.8.2

規則 7.3.103 *bahuvacane jhaly et* ||（← *aṅgasya* 6.4.1, *ataḥ* 7.3.101, *supi* 7.3.102）
jha̱L（半母音と鼻音以外の子音）で始まる名詞複数語尾の前で，短母音 *a* で終わる接辞前語基の最終音に *e* 音が代置される。☞§ 3.12.2

規則 7.3.104 *osi ca* ||（← *aṅgasya* 6.4.1, *ataḥ* 7.3.101, *et* 7.3.103）
os の前でも，短母音 *a* で終わる接辞前語基の最終音に *e* 音が代置される。☞§ 3.17.2

規則 8.2.1 *pūrvatrāsiddham* ||
これ以降の規則が規定する文法操作は，先行規則が規定する文法操作に対して不成立である。☞§ 3.25

規則 8.2.7 *na lopaḥ prātipadikāntasya* ||（← *padasya* 8.1.16）
名詞語基である屈折形の最終音である場合，*n* にゼロが代置される。
☞§ 7.4

規則 8.2.39 *jhalāñ jaśo 'nte* ||（← *padasya* 8.1.16）
屈折形の末尾で *jha̲L*（半母音と鼻音以外の子音）に *ja̲Ś*（鼻音以外の有声無気の閉鎖音）が代置される。☞§ 3.13.3

規則 8.2.66 *sasajuṣo ruḥ* ||（← *padasya* 8.1.16）
s で終わる屈折形の最終音と *sajuṣ*「同好の士」の最終音に *rŨ* が代置される。☞§ 3.1.7

規則 8.3.15 *kharavasānayor visarjanīyaḥ* ||（← *padasya* 8.1.16, *saṃhitāyām* 8.2.108, *raḥ* 8.3.14）
連接の領域において，*kha̲R*（無声閉鎖音と歯擦音）または終止の前で，*r* で終わる屈折形の最終音に *ḥ* が代置される。☞§ 3.1.8

規則 8.3.59 *ādeśapratyayayoḥ* ||（← *apadāntasya mūrdhanyaḥ* 8.3.55, *saḥ* 8.3.56, *iṇkoḥ* 8.3.57, *numvisarjanīyaśarvyavāye 'pi* 8.3.58）
nu̲M, *ḥ*, *śaR*（*ś*, *ṣ*, *s*）が介在する場合でも，*iṆ*（*a* 以外の母音・*h*・半母音）あるいは *k* 系列音（*k*, *kh*, *g*, *gh*, *ṅ*）に後続する，屈折形の最終音ではない，代置要素か接辞中の *s* に反舌音が代置される。☞§ 3.21.2

規則 8.4.2 *aṭkupvāṅnumvyavāye 'pi* ||（← *raṣābhyāṃ no ṇaḥ samānapade* 8.4.1）
同一の屈折形において，*aṬ*（母音・*l* を除く半母音・*h*），*k* 系列音（*k*, *kh*, *g*, *gh*, *ṅ*），*p* 系列音（*p*, *ph*, *b*, *bh*, *m*），*āṄ* および *nu̲M* が介在する場合でも，*r* または *ṣ* に後続する *n* に *ṇ* が代置される。☞§ 3.7.4

規則 8.4.56 *vāvasāne* ||（← *saṃhitāyām* 8.2.108, *jhalām* 8.4.53, *car* 8.4.54）
連接の領域において，休止の前で *jha̲L*（半母音と鼻音以外の子音）に *ca̲R*（無声無気の閉鎖音と歯擦音）が任意に代置される。☞§ 3.13.3

規則 8.4.68 *a a* ||
a に *a* が代置される。☞§ 3.25